高职高专"十二五"规划教材

公路交通电子系统

陈 军 徐 旻 刘新成 主编

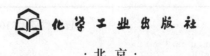

化学工业出版社

·北京·

内 容 提 要

本书主要介绍我国高等级公路交通电子系统涉及的主要技术知识，其中包括监控系统、通信系统、收费系统、供配电系统、照明系统和隧道安全系统。

本书尽可能做到通俗易懂，内容新颖、翔实。本书可以作为高职高专交通控制类专业、公路交通管理类专业、交通院校电子类专业教材；本科交通控制与管理类教材，也可作为从事交通控制与管理的工程技术人员的培训教材和学习参考用书。

图书在版编目（CIP）数据

公路交通电子系统/陈军，徐旻，刘新成主编. —北京：化学工业出版社，2013.9（2024.8重印）

高职高专"十二五"规划教材

ISBN 978-7-122-17993-7

Ⅰ.①公⋯　Ⅱ.①陈⋯②徐⋯③刘⋯　Ⅲ.①公路运输-交通运输管理-电子系统-高等职业教育-教材　Ⅳ.①U491-39

中国版本图书馆 CIP 数据核字（2013）第 165091 号

责任编辑：廉　静　韩庆利　　　　　　　　　装帧设计：王晓宇
责任校对：宋　玮

出版发行：化学工业出版社（北京市东城区青年湖南街 13 号　邮政编码 100011）
印　　装：北京科印技术咨询服务有限公司数码印刷分部
787mm×1092mm　1/16　印张 18½　字数 472 千字　　2024 年 8 月北京第 1 版第 6 次印刷

购书咨询：010-64518888　　　　　　　　　　售后服务：010-64518899
网　　址：http://www.cip.com.cn
凡购买本书，如有缺损质量问题，本社销售中心负责调换。

定　　价：49.00 元　　　　　　　　　　　　版权所有　违者必究

前　　言

近年来，随着国家对交通基础建设的投入不断加大，公路交通，特别是高等级公路的发展取得令世人瞩目的成就，2012年全国高速公路总里程已超过9万公里，接近世界第一的美国。以上成就的取得，极大地推动了社会经济的可持续发展。

为了适应公路交通的发展，越来越多的交通院校开设了交通控制类和交通管理类专业。高速公路电子系统，也称高速公路机电系统。由于教材建设滞后，相关课程一直面临没有合适教材的问题。为了配合教学，解决教材缺乏迫切问题，我们决定编写本教材。

本教材共分12章，重点介绍高等级公路的监控系统、通信系统、收费系统，也被称之为"三大系统"。对供配电系统、照明系统和隧道安全系统这三个系统进行了简要的介绍。

本书结构合理，在内容上充分体现了高职教育理念，第1～4章主要介绍交通安全、交通控制的基本概念、基础知识和相关标准，第5～11章主要讲解交通安全与智能控制技术在交通管理中的具体应用及分析，第12章主要介绍供配电系统、照明系统和隧道安全系统在交通管理中的应用分析。在编写中，主要是结合实际的案例分析，任务驱动、项目化教学讨论交通检测设备与交通环境检测技术在不同工作环境中的应用对原理知识掌握的要求，分析交通事件管理与探测和监控系统的组成及工作原理，分析自动收费系统的具体应用方法，以及新技术应用中存在的问题和解决的策略。为编好本教材，编写团队依托所在学校的课程改革成果，做了出版前大量的准备工作。

① 广泛调研区域内智能交通产品相关生产企业，征询了交通行业建设与管理相关部门的意见，对相关岗位的职业素质、操作技能及知识结构进行分析，在职业课程开发理论指导下优化设计本课程的教学内容。

② 与来自企业一线的技术和管理人员组成编写团队，按岗位实际设计教学项目，将知识介绍、交通检测设备与交通环境检测和技能训练等融入具体的项目实践中，编写了教学讲义。

③ 该讲义在南京交通职业技术学院交通安全与智能控制、电子信息工程技术专业、高等级公路养护与管理专业等专业使用四届，历经5次修订，教学效果良好。

④ 全面体现教育信息化发展趋势，配备了丰富的数字化资源。

本书主要编者，从事相关课程教学近10年，积累了丰富的教学经验。在教材编写中注重知识的系统性，同时注重引入新技术的应用。为了便于教学，尽量避免复杂的公式推导，做到通俗易懂，易教易学。

参与本书编写的人员有：南京交通职业技术学院陈军、徐旻、汪莹、翟永健，江苏怡和科技股份有限公司刘新成。在教材编写过程中，得到了江苏省交通厅相关部门和江苏怡和科技股份有限公司的大力支持，在此表示感谢。

由于编者水平有限，书中疏漏、不足之处在所难免，恳请专家和广大读者批评指正。

编者

2013 年 7 月

目　　录

第1章 绪 论

公路是国民经济的大动脉，是国家交通基础设施。

根据公路的使用任务、功能和适应的交通量可分为高速公路、一级公路、二级公路、三级公路、四级公路五个等级。高速公路为专供汽车分向、分车道行驶并全部控制出入的干线公路。

高速公路包括道路、交通工程设施、电子控制系统（也称机电系统）三大部分，电子控制系统（也称机电系统）也是交通工程设施的重要组成部分，为适应高等级公路运行特点和营运管理要求而建立，是保证高等级公路交通运输正常运行和充分发挥道路通行能力的必要管理工具。

1.1 高 速 公 路

1.1.1 高速公路特点

高速公路是专供汽车分向、分车道行驶并全部控制出入的干线公路。高速公路与普通公路相比，在运行和建造上具有下述特点。

① 运行车辆在高速公路行驶的突出特点是车速快，行车时间短，通行能力加大，运输效率高，安全舒适。我国高速公路的最高设计车速一般为100～120km/h，比普通公路车速约高一倍，我国高速公路多为双向四车道和六车道，四车道年平均昼夜交通量为25000～55000辆/日，六车道为45000～80000辆/日；与普通公路相比，高速公路行车时间约可节省一半，油料可节省20%～35%，相应的车辆损耗和维护费用也要降低，运输效率提高较大；也更安全、舒适。据不完全统计，正常管理下的高速公路每1亿车辆公里的交通事故次数约为普通公路的30%，受伤人数为35%～45%，死亡人数为40%～50%。高速公路运行特点可归结为"高速、高效、安全、舒适"。

② 建造高速公路占地多。双向四车道公路护栏内宽度约为32m，六车道约为40m，加上各种附属设施（如收费站及其匝道和服务区等），100km高速公路占地面积为35～45km^2；其次是投资大。高速公路建设费用由四部分组成：土地费、拆迁费、道路建设费和交通工程建设费，建设耗资巨大。

1.1.2 高速公路营运管理

根据国情，我国采取"筹资建路——收费——还贷——再建路"的滚动模式发展高速公路。建设资金采取国家拨款、地方自筹、引进外资和发行股票等多种渠道筹资。公路开通营运后，使用道路的车辆一律按章征收通行费，以付息还贷，支付管理维护费用等。这样，高速公路营运管理具有明显的经营性质。收费成为公路管理部门的一项重要职责，收费道路是我国高速公路的重要特征。

高速公路与普通公路相比，主要不同处是"高速"和"收费"。"高速"使用户节省行车时间、提高运输效益。因此，车辆争相使用高速公路，需求增加使车辆密度不断上升，当供

1

求失衡或某种异常事件发生（如主车道收费服务时间过长或发生交通事故），极易产生车道挤塞，短时内即可形成大量车辆排队。大雾时，高速公路上可能因"高速"无法躲闪而造成数十辆车尾撞或更大的交通事故。由此看出："高速"和"车多"给行车"安全"和道路"畅通"带来一定的潜在威胁，要想"安全"和"高速"兼得，必须采用现代化的交通管理。

收费是高速公路的主要财政收入，应该把该征收的通行费一文不漏地收到手。但是，办理"收费"需要时间，必然产生行车延误，对"高速"造成一定的障碍。

由上述分析不难看出：避免和迅速排除交通挤塞，保持高速公路"高速畅通"和快速"收费"是高速公路有别于普通公路的一种特殊管理要求。

为发挥高速公路优势，管理上要求获取交通信息要"快"和"准"；对交通事件反应要"快"和"准"；收费工作也要"快"和"准"。对线路长达数十或数百公里的高速公路，要做到以上三个"快"和"准"，单凭人力无法完成，必须采用由先进的技术设备所组成的交通监控、收费、通信、照明、隧道和供配电等系统协助高素质的管理人员来完成。这些系统在建造过程称为"机电工程"；在运行管理过程则称为交通工程设施或简称机电系统。

因此，高速公路的管理除了普通公路常见的道路养护、路政、营运服务等管理外，还要进行交通监控、收费和信息管理。整个管理是一种现代化管理，具有如下特点：

① 信息（数据）管理是通过及时采集、处理各种数据，获取业务信息；并凭借通信工具进行近程和远程动态处理，实现有效管理；

② 机电系统成为管理人员的重要工具；

③ 高素质管理人员是实现现代化管理的必要条件。

1.1.3 高速公路组成

高速公路交通运输是一个综合系统，由公路交通设施、车辆和人组成。公路交通设施本身是一个复杂的系统，它由道路设施和交通工程设施两大部分组成；交通工程设施包含机电系统、安全、服务设施、交通标志与标线等，高速公路交通设施组成如图 1-1 所示。

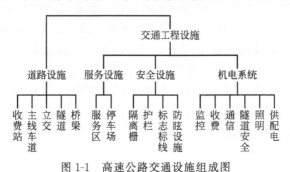

图 1-1　高速公路交通设施组成图

1.2　高速公路道路设施

高速公路具有双向隔离行驶车道，用中央分隔带分开；车道之间有明显标线，路右侧备有紧急停车带。与铁路或其他公路不允许有平面交叉，禁止机动车辆以外的其他交通工具和行人进入公路。高速公路具有明显的封闭性，除指定的进出口外，禁止车辆从路侧的任何地点直接进出公路。道路设施提供的这些条件，使行驶车辆遭受的交通干扰大大减少，车辆高速行驶才具有可行性。

1.2.1 主干道路

高速公路主干道每两个可控制进出口之间的主道称为一个路段。高速公路的道路参数按路段设置，运行时的交通参数随路段而异。路段是分析高速公路特性的基本单元。

路段又分为基本路段、交织区和匝道连接点三个组成部分，见图 1-2。

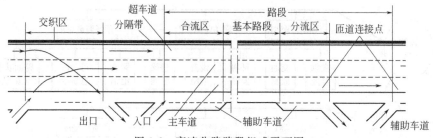

图 1-2 高速公路路段组成平面图

基本路段：不受交织流和匝道连接点附加的合流、分流影响的路段。

交织区：同向行驶车辆，由一个车道穿行至另一个车道所经历的路段长度。

匝道连接点：进入和驶出匝道与高速公路的连接点，车辆在此汇集合流和疏散分流，在连接点附近形成一个具有交织性质的混合区（合流区和分流区）。混合区的交通流属于紊流，车辆在此区行驶有一定困难，也易产生碰撞。因此，在匝道连接点常设置辅助车道（也称变速车道），以有利于混合交通。

图 1-3 是单向两车道路段的横断面组成图。

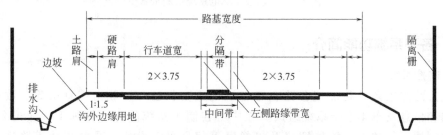

图 1-3 双车道路堤式公路横断面图

1.2.2 立交和匝道

高速公路与其他各级公路相交的立体连接设施称为立体交叉，简称立交。车辆从其他公路进出高速公路都要通过立交。对于停车收费公路，在每个进出口都设有入口收费站（发放通行券）和出口收费站（征收通行费）。立交通过匝道、引道、收费场站将高速公路和普通公路连接起来，形成一个高速公路独特的公路桥—站立交建筑群。桥站建筑群的布局、位置选定和设计，要充分考虑立交选型、匝道及引道的数量和长短、场站数量及位置，以及这些设施的建设费用；还要尊重当地的规划设计。

1.3 机 电 系 统

1.3.1 系统组成

机电系统是发挥道路设施交通功能的主要辅助系统，是高速公路实施现代化管理（实时和数据管理）的主要工具。机电系统是以电子、电气、控制、通信、机械和交通工程等技术为基础的综合性大系统，由监控、收费、通信、照明、供配电和隧道安全运行保障等多个子系统组成。子系统内部和各子系统间由通信网联系，系统组成见图1-4。其中，监控和收费系统大都为计算机控制系统，通过光缆数字通信连结成远程计算机网络，各网络间信息共享。

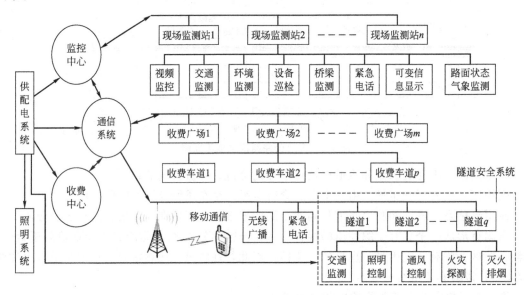

图1-4 高速公路机电系统组成示意图

1.3.2 各子系统功能简介

（1）监控系统

高速公路监控系统是高速公路正常营运的重要保证，一般由信息采集、数据传输、中心控制和信息发布4个子系统组成。在中心控制子系统的统一管理下，通过公路沿线的车辆检测器、气象站、能见度仪及摄像机等信息采集设备，准确统计道路交通数据，有效监测道路的交通、气象状况，及时掌握道路运营状况，将交通量分布、气象参数、车辆运行情况等信息即时采集到监控中心。控制部分根据监测获取的交通信息，经计算机处理形成有效的交通控制决策方案，再通过无线广播、可变情报板、可变限速标志等信息传输手段向驾驶员实时提供道路交通信息和诱导信息，合理地引导、限制和组织交通流，使高速公路的交通流始终保持在最佳的运行状态，及时发现和处理交通事故并减少事故的发生率，提高道路通行能力。

交通监控是指对高速公路交通流的状态以及交通设施和交通环境的监测和对交通流的控制。它是为解决"安全"和"通畅"而设置的复杂机电系统，具有监测和控制两大功能。

监控部分对主干道的匝道连接点、互通立交以及重要路段，如隧道、桥梁的交通状况进行24h的连续监视，并实时显示所采集的图像和信息。监测部分负责实时采集交通流动态数据和交通环境的有关信息（如气象、路面状况），进行传输、显示、统计分析和存储；对隧道的照明亮度和大气状况进行检测；对隧道火灾进行不间断监测。交警和路政的定时巡逻也是监视系统的组成部分。本系统还包括对机电系统主要设备的自动巡回监测和诊断。

控制部分根据监视获取的交通信息，作出有效的控制决策。通过无线广播、可变信息板和可变限速板等信息传输手段，向驾驶员实时提供道路交通信息和有效建议；对入口匝道或主道等可控设施发出控制指令，实施交通控制；响应紧急电话呼叫，对交通事故进行调度处理；对隧道照明的亮度进行自动控制；当隧道发生火警时，及时作出火灾消防紧急处理。

监控系统有利于发挥高速公路快速、安全、舒适和高效率的功能，具有较为显著的经济效益、社会效益和环境效益。

（2）收费系统

通行费是高速公路公司最主要的经济收入，是完成营运管理、道路设备维修、还贷交税、建设新路的财源。按章收费是收费系统的主要任务。

收费系统是经营型高速公路的重要组成部分，其基本功能是收取通行费用，偿还建设投资贷款和用于公路养护及日常运营等。收费系统是高速公路业主为收回投资所采取的主要技术手段。

高速公路有开放式和封闭式两种基本收费方式。开放式收费仅按车型一次性收取通行费；封闭式收费按车型和行驶里程收取通行费，收费系统识别进入高速公路的每一辆车的车型并判定其所属类别，确认其进出口地址，按通行费征收费率计算费额和收费。收费系统具有财务管理功能，能够及时作好当班收费结算，确认各班次通行费收入总额，进行统计核算。

收费系统主要由收费中心管理系统、收费站管理系统和车道收费系统3部分构成，各部分之间通过光纤信道构成一个有机的整体。收费中心对整个收费系统进行控制；收费站汇总收费车道数据并在收费中心和收费车道之间实现数据传递；收费车道按照收费中心的要求对过往车辆实施准确收费。

收费系统的收费设备对收费过程中的车辆、交通和收入数据等及时处理并传送给收费管理中心等各级管理部门；编制各类管理报表，进行数据分析，重要数据还需较长时期保存。收费系统从本质上讲，是一个基于计算机广域网络的收费管理信息系统。

（3）通信系统

高速公路在地理上是一条几十至几百千米长的条形地带或网状区域，管理中心、分中心、路侧监控站和收费场站沿路点群分布。各类大量信息需要及时交互，通信系统是管理信息传输和交换的主要工具。

高速公路需要传输的信息按其功能划分有：监控系统的检测数据、CCTV（公路监控电视）视频图像、电话、控制指令和信息发布指令等；收费系统的车辆、交通和收费数据，控制和收费指令；隧道火情报警信号和控制指令；全线管理调度使用的内部有线电话和集群移动通信；管理部门和社会公共信息网的信息交换等。

高速公路均有自己的通信专网——通信系统，它在高速公路机电项目工程中是重要的基础设施。安全、可靠、完善和高效的通信系统是高速公路正常运营的重要保证。

通信系统不仅为高速公路各级管理机构日常办公提供通信联络，还为收费数据、监控系统数据及图像传输等业务服务。

信息传输分为实时传输和定时传输两种。信息又分为数据业务（收费数据、监控数据、外场设备的控制信号数据、办公数据等）、语音业务（业务电话、指令电话、对讲电话等）和视频图像信息（收费车道、收费亭、收费广场及关键路面监视图像）3类。

通信系统利用光纤、电缆的有线传输和无线微波移动通信等多种形式，满足交通监控、收费及其他辅助系统的信息传输要求。

高速公路信息化建设是高速公路建设的重要内容之一，其信息化营运和管理系统必须以通信系统作为基础信息平台。没有通信系统提供联络手段，信息只能是分散的、独立的，不可能实现管理者、道路使用者、车和道路之间的和谐统一，高速公路信息化建设就无法实现。

监控系统、收费系统、通信系统被称为三大系统，公路机电系统中的核心。

（4）照明系统

公路照明系统一般有三个部分：主车道照明、广场（立交和收费站）和隧道照明。在运输特别繁忙和重要的路段设置主线照明，改善了夜间行车环境，减少了事故的发生。立交和匝道连接点是事故多发地区，照明能使 CCTV 摄像机充分发挥夜间监视作用；收费广场普遍采用高杆照明，以保证收费车辆的安全交汇和排队。隧道照明在白天和黑夜都是必需的，隧道内各区段的亮度分布需满足人的视觉适应特点；各区段的人工照明亮度需按照环境亮度条件进行调节；隧道还应设置断电和火灾时的应急照明系统。

（5）隧道安全运行保障系统

隧道敞口管状形的几何特点给交通环境带来一系列变化，诸如：大量车辆排放物在封闭空间得不到扩散和稀释，有害污染物不断积聚，浓度持续加大，使洞内空气严重污染，对人的身体健康产生损害，大量烟雾使能见度恶化，影响车辆行驶。洞内外亮度差异悬殊、环境照度低、驾驶员产生视觉不适应，加上交通空间的约束和压抑，心理发生变化，交通事件和事故的出现概率上升。隧道一旦发生火灾，在半密闭的空间内，大量烟雾无法自然排出，既给隧道内的人员带来生命危险，也阻止消防人员接近火源迅速扑灭火灾。隧道交通环境的变化严重影响交通的安全运行。为此，长隧道需要建立安全运行保障系统，从多方面改善交通环境，保证车辆行驶安全。

长隧道的安全运行保障措施主要有几个方面：①设立隧道人工照明系统，根据洞内外亮度差异和人的视觉特点，对照明进行合理布设和控制；②根据隧道长度合理选择机械通风方式，布置通风设备，并按检测的空气质量和能见度，调节风量，保持洞内空气质量和能见度符合有关规定指标；③强化交通监控，动态显示全线交通流画面，结合交通状态参数检测，进行正常运行状态的交通控制；④迅速探测出交通事件的发生地点和时刻，组织、指挥异常状态下车辆的安全转移、救援和恢复正常交通；⑤全程检测气温、烟雾浓度，搜索火情，自动报警和确认火灾地点，组织车辆人员转移，指挥灭火、排烟和救灾。

长隧道需要一个完整的安全保障系统，它将包含通风、照明、消防和监控等子系统。

（6）供配电系统

供配电系统是高速公路机电工程必不可少的辅助系统，它的作用是保证 24h 无间断供应电源，既能正常供电，又能紧急供电。

正常供电包含变电和配电两部分。变电应建设高压和低压配电间以及装备各种配电箱和配电屏。配电则需沿线布设电缆管道及各种规格电力电缆和控制、通信电缆。

紧急供电一般配备柴油发电机组、防酸漏铅电瓶或 UPS 电源。

高速公路机电系统工作的最大特点是野外全天候的运行环境，除了承受日晒雨淋、严寒高温和潮湿多尘的侵扰外，还要能抵抗来自车辆、供电线路及其他电子设备和雷击的电磁干扰。所以设备产品性能、系统集成和日常保养维护都必须考虑电磁兼容性问题，采取有效的预防措施。

1.3.3 三大系统相互关系

高速公路的通信、收费和监控系统都是为运营管理服务的信息系统。

收费系统是对收费公路的使用者征收合理费用，偿还修路贷款，提供改善公路路网建设资金的设施。

交通监控系统是连续监测道路状况、交通流状态，根据气候、环境、交通流、出入口车辆、道路使用、异常事件等路网的动态变化，对行驶人员提供道路交通状况信息，发出禁行、限速、路径诱导等指令，避免道路拥塞和交通事故发生。一旦发现交通事故及异常，立即通知路政、排障、交警等部门及时清除故障、疏导交通、减少二次事故的发生、保证道路的交通安全，使道路和路网通行能力最大。

通信系统是为交通监控系统、收费系统提供数据、图像、视频等传输支持，为运营管理提供话音、视频、数据等多媒体通信服务的支持平台。

目前，路段或省域的监控、收费及通信系统多数是自成系统，相互间的信息交换是少量的。要对道路信息综合管理，必须进行监控、收费和通信系统间的信息整合和集成。

（1）通信系统与监控系统的关系

监控系统与通信系统有着密切的联系，它以通信系统提供的信道作为数据传输通道，通信系统必须提供满足相应条件的通信线路和设备接口。

监控系统要求通信系统提供外场设备—监控分中心—监控中心的通信平台。图1-5反映了由路段接入网、SDH（同步数字体系）主干网组成的通信平台与各级监控系统的关系。应该指出：通信平台支持多种媒体传输，特别是在实时图像数据传输的设计中，确保实时、时延、连续、抖动等性能；鉴于联网监控的需要，通信平台应留有充分的带宽，在网络枢纽预留网络接口，以解决联网收费的问题。此外，通信系统还需向监控系统提供通信网管理信息，包括通信网络与通信设备状态和通信系统维护计划及状态等。

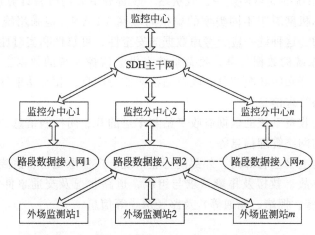

图 1-5　监控与通信系统之间的关系示意图

（2）通信系统与收费系统的关系

通信系统为收费系统提供收费分中心—所辖收费站、收费中心—所辖收费分中心、收费结算中心—所辖收费中心之间的数据传输通道。为保障收费数据传输的可靠性，应提供上述连接的备份路由。图1-6反映了通信系统与收费系统的关系，其中，收费中心、分中心与收费站的收费计算机局域网通过主干通信网和路段通信接入网连接成广域网。

（3）监控系统与收费系统的关系

监控系统与收费系统的联系表现在以下四个方面。

① 收费操作与车道监控。车道计算机在收费操作时，遇到免费车、逃费车等情况，需

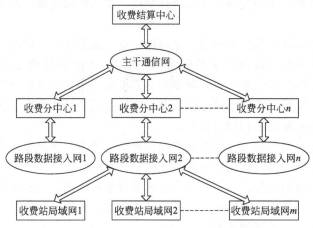

图 1-6　通信系统与收费系统的关系

抓拍车道监控图像，与收费数据一起经过计算机局域网，上传收费站。图像数据由多媒体监控计算机处理、编辑、存储；收费数据由收费计算机统计、处理上传。车道的收费过程需与车道图像监控配合完成，监控确保收费数据准确、安全和可靠。

② 收费识别与监控系统。车道监控计算机利用车载识别卡与收费车道自动车辆识别系统，并结合监控摄像的牌照识别，获取通过车辆的类型、路由和所属用户等资料，由计算机系统加以判断及分析，给出准确的收费信息。它们也可在不同路径的路网中不停车收费时使用。

③ 收费与监控系统的局域网统一。收费站—收费分中心的收费计算机网与各监控站-监控分中心的监控计算机网属于不同类型的虚拟局域网 VLAN，但采用统一的通信平台，在物理层可以是统一的。这种统一应予考虑数据的安全性、可靠性和实时性。

④ 收费与监控系统的数据共享。收费系统提供给监控系统的数据主要有出入口交通量信息、收费车道与站开和闭状况信息、收费站视频监视信息、收费站事件信息、收费系统故障信息、系统与网络管理信息等。

监控系统提供给收费系统的数据有收费站与车道的开、闭控制信息，重要车队、特殊车辆通行信息，系统与网络管理信息等。

监控系统还需与上级主管部门、外部同行业系统、广播电视台、医院、消防、公安等交互交通状况、交通事故、救援及排障请求与组织、道路状况及交通事件、路网中交通状况（包含路段封路、维修、拥堵、畅通等）及路径诱导等信息。

1.4　ITS 及与通信、收费和监控系统的关系

1.4.1　ITS 概述

随着全球经济的发展，社会对交通运输的需求持续增长，单纯的交通基础设施的增加依然不能满足交通运输量的增加，尤其是经济活动比较集中的世界各大城市，交通拥塞已成为普遍现象，严重影响了经济的发展，制约了社会活动的进行，引起了环境恶化。人们不得不把更多的时间花在路途上；而交通事故造成的损失更令人触目惊心。

在研究如何解决车和路之间的矛盾过程中，为了能够充分发挥现有交通设施的作用，促进经济的发展，使交通与环境协调更加和谐，世界各国越来越多地把电子信息技术、数据通信

技术、控制技术、传感技术、运筹学、人工智能和系统综合技术等，集成应用于交通运输、服务控制以及车辆制造，加强了车辆、道路、使用者之间的联系，其不但有可能解决交通的拥堵，而且对交通安全、交通事故的处理与救援、客货运输管理、高速公路收费系统等方面都会产生巨大的影响，智能交通系统应运而生。

智能交通系统（Intelligent Transportation System，ITS）是以先进的交通信息系统为基础，将信息采集技术、数据通信技术、自动控制技术以及计算机处理技术等有效地运用于整个运输管理体系，使人、车、路密切地配合、和谐地统一，从而建立起一种在大范围内全方位发挥作用的实时、准确和高效的运输综合管理系统。

ITS 的本质是最大限度地实现信息的采集、处理、加工和共享，最终实现交通系统的优化运行。ITS 根据所获得的实时信息，不断优化交通控制策略，调整各类交通参与者的行为，实现交通系统的优化运行。ITS 能最大限度地发挥道路网络的交通效率，保障交通安全，提高舒适性，节约能源，有效解决道路的拥挤、堵塞和其他弊端，并满足环保要求。

目前美国、日本、欧洲都投入了巨大力量，用于研究开发及应用智能交通系统。1990 年 8 月，美国成立了智能运输车路系统组织，该组织建立了一个基于用户需求与目标的智能运输系统开发与实施框架计划，确定了系统包含的子系统，定义了各子系统的功能及各子系统间的数据流，确定了 7 个服务领域的 29 项用户服务功能。日本 ITS 体系结构研究采用面向对象的方法，使用统一的建模语言（UML），给出 10 个领域 21 项服务，从而形成一个包括发展领域、用户服务、特定用户服务和子服务 4 个层次的系统服务结构，建立了 ITS 体系的逻辑框架与物理框架。欧洲 ITS 体系框架研究始于 1998 年，由荷兰运输部门领导，采用面向过程的方法建立，与美国统一规划自上而下不同的是，其采用自下而上的方式。

我国在把主要精力放在交通基础建设上的同时，同样十分重视利用高新技术发展全国交通运输。智能交通系统是 21 世纪中国交通运输的发展目标，也是中国经济发展重要产业之一。

我国早在 20 世纪 70 年代末就开始在交通运输和管理中试验和应用电子信息技术来改善交通管理。1998 年初，为推动中国 ITS 的发展，科技部会同国家计委、经贸委、公安部、铁道部、交通部等十几个部、委、局联合建立了发展 ITS 的政府协调领导机构——全国智能运输协调领导小组及办公室，并成立了 ITS 专家咨询委员会。中国发展 ITS 的推进体制框架如图 1-7 所示。

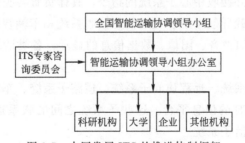

图 1-7　中国发展 ITS 的推进体制框架

目前，我国 ITS 的开发重点在以下几个方面。

① 根据国情制定 ITS 的近期发展战略，以城市为中心，以交通干线为纽带，逐步将ITS 联成网。

② 制定 ITS 标准体系的研究和标准。

③ 道路交通综合管理，关键技术为交通事故管理技术、机动车信息管理技术、驾驶员档案信息管理等技术及应用软件。

④ 城市交通诱导系统，关键技术为城市快速环路及干道交通的诱导和监视、停车诱导技术和系统集成技术。

⑤ 高速公路联网收费和不停车收费，关键技术为自动车辆识别技术、专用短程通信技术和收费系统安全技术。

⑥ 智能控制和管理，关键技术为智能算法、交通事故自动识别和系统集成技术。

⑦ 交通信息服务与车载路径导航系统，关键技术为交通信息采集与处理技术、交通信息发布技术。

⑧ 货物运输信息化与提高商用车辆综合效率的管理系统，关键技术为货运信息系统、货物跟踪调度系统。

⑨ 安全和事故预防系统。

1.4.2 ITS 框架体系

ITS 的核心与基础是交通信息化。从应用的角度看，ITS 国际标准主要包含七大系统：旅行者信息系统（TIS）、交通管理系统（TMS）、公共运输系统（PTS）、车辆控制及安全系统（VCSS）、商用车辆营运系统（CVO）、紧急救援管理系统（EMS）、电子付费与电子收费系统（ERP&ETC）。

图 1-8 给出了美国 ITS 物理体系框架总图，它将智能交通系统中的各类子系统划分为中心子系统、道路子系统、车辆子系统、远程访问出行者子系统和通信子系统五大类。

中心子系统主要包括各类指挥和管理中心是整个 ITS 的大脑，负责实施管理、指挥、调度功能，如发出各类控制指令，协调各类人员的行为，调整通行费率，完成各类信息的采集、处理、存储和发布等。

远程访问出行者子系统主要指协助出行者出行的各种出行方式选择、路径选择系统等，负责接收客户的请求并提供信息查询服务。远程访问出行者子系统与中心子系统之间实时交换各类信息，为客户提供最新的信息服务。

道路子系统主要指交通监测和控制设备、收费站等路上的交通管理和监控设施，提供与车辆子系统之间的通信，并接收中心子系统的指令，具体负责各类信息的采集和发布。

车辆子系统主要指车载导航系统、交通信息接收系统和车辆智能控制系统等，提供人与ITS 的访问和操作界面，如声音、图像、数据信息的显示，各类请求指令的键入等，还提供与道路子系统之间的通信。

通信子系统为中心子系统、远程访问子系统、道路子系统、车辆子系统相互之间提供信息交流的手段，是整个 ITS 的信息平台。这些子系统之间的联系通过各类有线及无线通信设施和协议来实现，即通信子系统。

为了指导我国的 ITS 有序发展，全国智能运输协调领导小组办公室组织了全国 ITS 相关领域的 100 多名专家，在借鉴国际 ITS 框架标准的同时，遵循平等、灵活、开放、术语国际化、国情化等原则，研究制定了中国 ITS 系统框架。该研究成果提出了适合中国交通业现状和发展趋势的 ITS 体系框架与逻辑结构，提出了中国 ITS 的规划与实施以及经济和

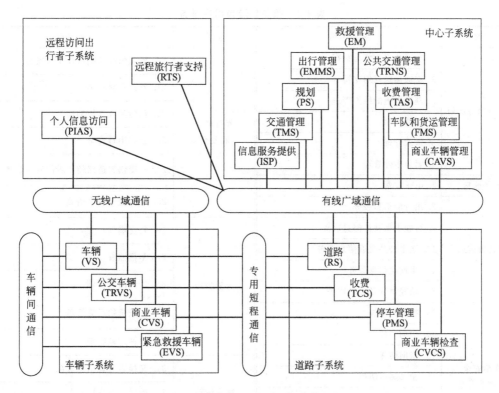

图 1-8　美国 ITS 物理体系框架总图

技术的评估。我国 ITS 体系框架主要由用户主体、服务主体、用户服务、系统功能、逻辑框架、物理框架、ITS 标准和经济技术评价等部分组成，其组成部分与服务关系如表 1-1 所列，服务领域和用户服务见表 1-2。

表 1-1　我国 ITS 体系框架组成部分与服务关系

组成部分名称	作　用
用户主体	谁是被服务对象,明确了服务中的一方
服务主体	谁提供服务,明确了服务中的另一方,它与用户主体和特定用户服务组成了系统基本的运行方式
用户服务	明确系统能提供的服务
系统功能	将服务转化为系统特定的目标
逻辑框架	服务的组织化
物理框架	服务怎样具体提供
ITS 标准和经济技术评价	其他经济技术因素

逻辑框架主要描述系统功能与系统功能之间的数据流，其顶层结构如图 1-9 所示。

物理框架是逻辑框架的具体实现，由一些系统与子系统连接构成。系统和子系统基本上是按交通系统的习惯和职能进行划分，图 1-10 和图 1-11 分别是两种不同的我国 ITS 物理框架顶层结构，以适应目前我国城市不同的管理体制。

表 1-2　服务领域和用户服务

领域	服务名称	领域	服务名称
交通管理与规划	1. 交通法规监督与执行	紧急事件和安全	20. 紧急情况的确认及个人安全
	2. 交通运输规划支持		21. 紧急车辆管理
	3. 基础设施的维护管理		22. 危险品及事故的通告
	4. 交通控制		23. 公共出行安全
	5. 需求管理		24. 易受伤害道路使用者的安全措施
	6. 紧急事件管理		25. 交汇处的安全措施
电子收费	7. 电子收费		
出行者信息	8. 出行前信息服务	运营管理	26. 公交规划
	9. 行驶中驾驶员信息服务		27. 车辆监视
	10. 途中公共交通信息服务		28. 公交运营管理
	11. 个性化信息服务		29. 一般货物运输管理
	12. 路径诱导及导航服务		30. 特种运输管理
车辆安全与辅助驾驶	13. 视野的扩展	综合运输	31. 交换客货运信息资源
	14. 纵向防撞		32. 提供旅客联运服务
	15. 横向防撞		33. 提供货物联运服务
	16. 交叉路口防撞		
	17. 安全状况		
	18. 碰撞前乘员保护		
	19. 自动车辆驾驶	自动公路	34. 自助公路

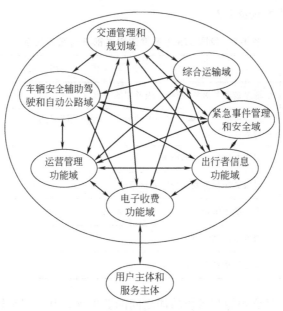

图 1-9　我国 ITS 逻辑框架顶层结构

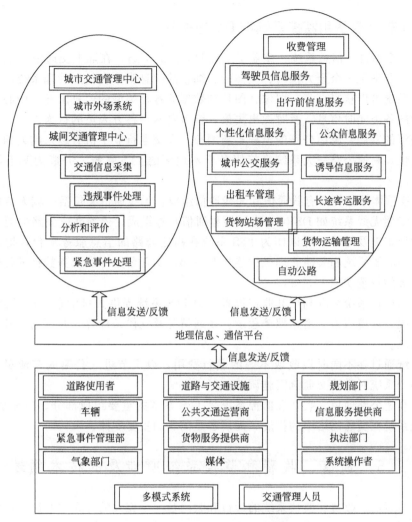

图 1-10 我国 ITS 物理框架顶层结构一

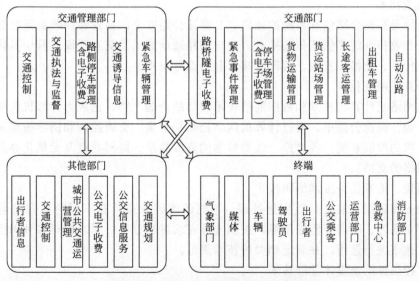

图 1-11 我国 ITS 物理框架顶层结构二

1.4.3 通信、收费和监控系统与 ITS 的关系

ITS 是一个综合的信息系统，涵盖了水陆两方面的交通，在陆上交通中，包含公路交通和城市交通，几乎是一个全方位的、立体的、综合的信息服务和信息管理系统。道路出行者通过车辆子系统可以获得声音、图像、图片和数据等各种类型的信息服务。中心子系统随时掌握路网中的各类实时信息，及时做出决策，调节路网中各方人员的行为。

随着经济的发展，高速公路的里程不断增长，在交通行业中占有越来越大的比例和越来越重要的地位。高速公路三大系统直接服务于本地区的 ITS 系统，并成为其不可或缺的重要组成部分。

ITS 的通信体系结构由有线通信和无线通信组成，无线通信又包括广域无线网络、短程无线网络、专用无线系统如 DSRC（专用短程通信）等组成。依赖高速公路的通信系统，在其基础上加以扩充及延伸，可以作为 ITS 系统在高速公路的信息服务平台，把出行者、道路子系统、中心子系统和公路管理机构连接在一起，实现公路专网业务数据的传输和为公网提供信息服务的双重功能。

高速公路监控系统可以利用其监控设备，为 ITS 系统提供大量信息，包括公路车流量、路面通行状况、环境因素、道路拥挤程度和畅通情况及气候条件等，并利用其外场发布设施发布有关信息。

收费系统通过在不同时段收取不等的通行费用，以调节进入公路的车流量，配合 ITS 系统的中心子系统对道路交通流实施调节。

可见，高速公路通信、收费和监控系统是 ITS 系统的重要组成部分，ITS 系统是通信、收费和监控系统在交通网络中的扩展，而后者是前者的重要支撑。

1.5 通信、收费和监控系统所涉及的技术领域

高速公路通信、收费和监控系统的运行和联网是一个庞大的分布式系统，在实施时涉及的技术领域可以分为以下几个方面。

（1）通信技术

通信系统是高速公路信息系统的基础，是高速公路安全、高速和高效的重要保障，为交通监控系统和收费系统提供了传输平台，为车和路通信提供了交互手段。其中具体技术包括信道、信号传输、交换、复用、编码、接口和协议等技术。

（2）计算机网络技术

计算机网络是计算机技术和数据通信技术密切结合的产物，已成为计算机应用中一个必不可少的方面。高速公路中，通过计算机网络把数据采集、交通控制和诱导策略实施等模块连接成为有机的控制系统。各监控、收费数据的资源共享、协同处理及无纸化办公等都离不开计算机网络的支持。

（3）图像、语音信号压缩编码技术

图像的远程调用，需进行数字化处理，不同的编码方式具有不同的图像质量和传输带宽。首先应对场外、亭内等监控图像，按照实际需求进行分类，同时针对多种图像编码方式和多种传输速率进行选用，并制定相关的技术规范。

（4）监控图像的流媒体处理技术

监控图像的流媒体处理技术，包括实时采集，即将监控数据码流转换成特定格式的流媒

体数据码流；监控数据的实时直播回放，即将经过压缩的流媒体数据以广播或点播的形式发送到 IP 网络上去；监控图像的录播，即将采集后的监控数据进行实时存储，以备以后用户点播；监控数据内容的管理，如数据内容的删除、添加、归档和提供远程访问服务等。

（5）数据采集与处理技术

将高速公路沿路铺设的传感器提供的温度、压力、流量、能见度、湿度等模拟量采集并转换成数字量后，再由计算机进行存储、处理，包括数据采集、模拟信号处理、数字信号处理、数字信号存储等部分。对各路段的监控数据（包括监控命令）而言，其数据速率不一，格式多样，联网监控需要对监控数据进行交互调用，对外场设备进行控制，必然要规范监控数据和监控命令，进行统一和兼容转换处理。

（6）网络管理与设计技术

网络管理与设计技术包括设备管理、权限认证、提供访问保护、授权设施、访问控制、加密及密钥管理、身份认证和安全日志记录等功能。为保护数据和服务器的安全，该系统根据监控业务处理的要求严格规定了一些安全策略，如不同类型的用户可以访问哪些数据，请求何种服务，采取哪些系统的措施等。

（7）信息显示技术

信息显示技术是通过在高速公路两侧设置 LED 或其他显示方式，将交通诱导信息及时告知驾驶员，达到调节交通流量的目的。

（8）图像处理与模式识别技术

采用视频交通检测技术时，可通过摄像机采集视频数据，采用模式识别等技术，识别车辆牌照、捕捉交通事件及分析交通流量。

（9）计算机软件设计技术

交通监控系统的最终目的是为交通管理服务，大量的交通数据采集到监控室后，依靠计算机软件对这些数据进行分析、挖掘和处理。按照软件工程的一般管理方法，软件开发一般分为需求分析、概要设计、详细设计、代码编写、调试和测试等。

（10）交通控制技术

交通控制技术在交通监控系统中占据十分重要的位置。交通控制理论和交通控制机制包括匝道控制、主线控制等。交通控制算法是交通监控系统的核心。

（11）数据加密与信息安全技术

收费数据是收费系统中重要的原始数据，收费数据的安全、保密关系到整个系统的安全。收费数据经过加密处理，以防泄漏和被窃取甚至被篡改。计算机网络也应采取安全防范措施，如进行入侵检测、授权、身份验证、存取控制和路由过滤等。

（12）电源技术

高速公路都有自己专用的配电系统，需保障电源处于良好状态，防止意外事件的发生。

（13）防雷接地技术

高速公路机房和外场设施必须经过防雷接地处理，以防设备遭雷击损坏。

（14）遥感、遥测技术

高速公路采用了不少雷达、红外等遥感、遥测技术。

（15）其他技术

除了信息处理的相关技术外，在交通监控系统实施中还要涉及土建、钢结构件、镀锌等处理技术。这些辅助工作对于保证监控系统的质量和运行效果也是十分重要的。

应该指出，当今新技术快速发展，特别是宽带网络通信、移动通信、图像处理等前沿技术日新月异；并且人们对高速公路的需求不断提高，因此高速公路三大系统的构成必将受到冲击，而需不断谋求发展。

思 考 题

1. 高速公路有哪些特点？
2. 高速公路交通设施由哪些部分组成？
3. 简述高速公路机电系统的组成与各部分的作用。
4. ITS 的本质是什么？
5. 简述监控系统与收费系统的关系。

第2章 监控对象与交通流监控

交通监控是对高速公路交通流状态及其交通设施和交通环境的监测与控制。由现场监控站和各级监控中心组成监控系统，是实现高速公路运行管理的主要手段。交通监控系统的目标是保证行车"安全"和道路"畅通"，并实现高速、环境保护等其他目标。

2.1 监控目标

安全和交通事故相关联，事故不仅造成经济损失，也使车道堵塞，车速降低，行车延误时间加长，无法保持道路的畅通。保证行车"安全"是维持道路"畅通"的前提条件，两者紧密相关。

（1）最大行车安全

高速公路安全性优于普通公路。由于高速公路交通量大，车速高，一旦出现交通事故，车辆的排队长度、堵塞时间、车辆损坏和人员伤亡程度都比普通公路严重，恶性事故多。大雾天气的偶然驾驶差错，能造成很多车辆尾撞。因此，对高速公路的行车安全应有更高的要求，监控系统将行车安全作为主要工作目标之一。

交通事故主要来自车辆和交通环境两个方面：车辆不安全因素为驾驶员操作失误，酒后开车和车辆故障失控等；人们将气象恶劣、道路失修和交通事件（各种意外原因使车道被暂时堵塞）归纳为交通环境干扰产生的不安全诱因。确定各种环境诱因，掌握它们诱发交通事故的机制，监测其状态值，作出预报或预警，采取相应对策是监控工作的任务。

高速公路交通事件发生，跟随而来的是偶发性交通拥挤，容易诱发交通事故；事件产生地点、时刻具有不确定性。监测交通事件的出现成为安全监控的重点。大型桥梁、隧道等关键交通设施尤其需要重点监控。

（2）道路畅通

道路畅通指公路没有堵塞现象，车辆能够持续以理想车速运行的状态。这是公路运输最基本也是最重要的条件。高速公路运行环境存在各种各样影响道路畅通的干扰，交通监控的目标就是通过对交通流的监视来预防事故发生、减轻拥挤程度、排除堵塞，恢复道路的通畅。

车辆群在公路运行称为交通流，它是主要监控对象。畅通和拥挤是交通流的两种对立运行状态，畅通受到干扰就会转变为拥挤。要维持道路畅通，需要掌握交通流现时的状态和检测出各种干扰目前的状态和变化趋势；对所掌握的信息进行处理分析，提出能减轻或消除拥挤的控制措施并迅速执行。主要存在两个问题：一是需要了解的信息能否得到，即监控对象和干扰的可测性；二是控制措施能否实施，即对象的可控性。

最常见的道路堵塞现象为常发性拥挤。产生常发性拥挤的基本原因是道路通行能力和交通流量（交通供求双方）不平衡，外界干扰只起激发作用。应及时测出发生拥挤的路段、时刻、性质和程度，对交通流量（需求方）进行调节控制，以维持道路畅通。整个监控过程要求在尽可能短的时间内完成，时滞过长，阻塞车辆增多，排除拥挤更为困难。具有快速响应能力的电子器件按自动控制原理组成监控系统，实现消除拥挤的控制作用。对需求方的控制只能通过驾驶员来实现，人所表现的时滞和不准确性使整个过程具有弱控制性质，成为交通控制一大特点。

（3）交通设施状态完好

公路交通设施由路、桥、隧道等土木建筑物和各类机电设备组成。任何设施失效都将使公路运输系统丧失部分功能，影响正常运行。设施失效大都有一个从量变到质变的过程，存在征兆，采用针对性强的检测器可以探测出来。监控系统应该通过各种检测轮回采集主要设施的工作状态，作出评价。设备发生故障时，系统能迅速诊断和报警，以利抢修。

机电系统投资通常占公路总投资的 10%～15%，但它可提高道路通行能力达 30% 以上。机电设备应具有自诊功能，在系统建设时，应明确提出主要机电设备的保护和自检要求，使各个子系统能保持良好工作状态。

（4）其他优化目标

为向用户提供优质服务，使高速公路取得更大的社会效益和经济效益，对监控系统提出若干优化目标：如用户总旅行时间最小、车辆总行驶距离最大、油耗量最小和对环境的污染最小等。控制方案将在理论研究和系统试验等方面得到更大的优化。

2.2　监控对象——交通流

监控对象属性在很大程度上决定监控系统的检测、控制方式、系统组成和设备配置。监控需要了解公路交通会出现哪些情况（交通流有几种状态），特别是那些影响"安全"和"畅通"的状态有何特点；需要确定用什么方法描述、检测和转变（控制）这些状态。

2.2.1　交通流特性

在公路上行驶的车辆群称为交通流，不同的交通流表示车辆群体的不同运行状态。车辆运行状态往往随车辆的技术状况、驾驶员特点和交通环境（道路条件、气象、车辆相互影响）和交通管制等而变化。

高速公路交通流状态变化具有下述特点。

① 易变。干扰容易激发状态变化。如一辆车驾驶失误，可以引起后随车辆车速和车间距离出现很大改变。

② 变化幅度大。沿高速公路不同路段和不同时间，交通流的状态可能相差很大。

③ 随机性。状态变化无法准确预测，但是具有一定的特征性倾向。描述这种变化特征的物理量服从一定条件下的统计规律，可用统计方法研究其分布特性。

交通流运行状态的定性定量特征称为交通流特性，常用各种物理量描述交通流特性，并称它们为交通特征变量或简称交通流参数。交通流状态可分为稳态和动态两类：前者指不考虑各参数随时间的变化，只沿公路长度方向有不同分布；后者则既随空间也随时间变化。

交通流状态可按不同方法对其分类，对监控而言，可分为流动、停车排队等待两大类。

（1）流动

流动可分为"通畅"和"拥挤"两种，通畅流动又可细分为自由流和稳定流两种。

自由流——驾驶员在车道和车速的选择上有较大自由度，多发生在交通密度小于 12 辆/km 车道；自由流常因为车速过高而潜伏不安全因素。

稳定流——驾驶员跟随前车行驶，车速受前车制约，转换车道的可能性甚小，如一辆车的行驶状态发生变化（如车速），这种变化将逆流传播；由于车辆跟驰，车流总体上呈稳定行驶状态，多发生在交通密度为 15～40 辆/km 车道。稳定流是公路交通最常见的一种运动状态，由于车辆紧密跟驰，常因偶发事件而产生车辆排队长龙，交通堵塞。

自由流和稳定流属于连续流，用车速、交通量和交通密度三个物理量可以充分描述和检测其状态。

拥挤流动是一种不稳定流。不稳定流的特征是车辆停停走走，处于交通"拥挤"状态，平均车速会低于 50km/h，多发生在交通密度大于 42 辆/km 车道的条件下。

根据拥挤的产生原因将它分为"常发性"和"偶发性"两种：常发性拥挤是由于道路通行能力小于交通需求，拥挤产生地点和时间都有规律性，一般在交通高峰和道路瓶颈处最易出现。偶发性拥挤由随机交通事件诱发，发生地点、时间都具有不确定性，还经常由此而产生交通事故，造成交通堵塞、车辆损坏、人员伤亡，是监控的重点。就产生事件的车辆而言，可看作是交通流的一种特殊状态。对后续车辆而言，事件制造不良交通环境，干扰后续车辆的正常行驶，因而也可视为一种交通环境干扰。将在干扰一节详述事件。

当路段车流的密度上升，车速下降，出现走走停停的拥挤现象，单用车速等三个参数就不足以描绘其全部特征，还应加上拥挤车辆总数、拥挤持续时间、车辆平均延误时间和拥挤出现的时刻、地点等。

（2）停车排队等待

停车排队等待造成交通堵塞，它是交通流的一种极限状态。停车等待的起因有多种：一是交叉路口信号控制；二是公路管理部门对车辆用户作某种特殊服务，如停车征收道路通行费等；三是交通事件或事故所产生的意外堵塞。不管哪种起因，都对其进行监控。常用平均停留车辆数、平均停留时间、起讫时间和地点等参数进行停车等待状态的描绘。

2.2.2　交通流参数

（1）交通量

交通量为单位时间通过公路某横断面的小客车车辆总数（其他车辆换算成小客车）。单位时间一般采用小时或日；"横断面"可以是单向单车道、单向多车道，也可以是双向公路横断面，可按需要选用。其他车辆应折换成小客车。以小时为单位的交通量常用于监控系统和分析交通流，且多以单向路段（上行或下行）或车道作为计算单元；以日为单位的交通量常用于宏观管理。交通量不难检测，只要在给定时间内，对通过特定车道断面的车辆计数就可得出。

对某一具体高速公路，当车辆稀疏、交通需求较少时，高速公路上的交通量小；当车辆逐渐增多时，公路上密度逐渐增大，总体流量也不断增大，到一定程度达到最大值交通量；如果车辆继续增多，密度进一步增大，这时交通量不会再增大，并且因速度下降后使得交通量不断减小，达到拥挤后交通量就下降到接近零了。由此可见，交通量这一变量存在双值性（即在交通稀疏和拥挤的时候交通量都很小），因此仅仅对交通量进行测定其数值上的大小，是无法确定公路交通状态的，必须同时测定其他变量。

（2）平均车速

速度是交通系统中最为常见的变量，速度是随着交通需求的增加不断减小，在可表征交通拥挤程度的多个参数中，速度是最为敏感的变量。因此对速度的检测就尤为重要。常用在交通监测方面的速度参数主要有以下。

瞬时点速度：车辆驶过道路某一地点的瞬时速度，也称为地点速度。

时间平均速度：如有 n 辆车在给定时间间隔内通过某断面，其地点速度的算术平均值称时间平均速度。

路段平均车速 $\overline{U}_s$：在某个特定瞬间，一段特定长度内的道路上全部车辆地点速度分布的平均值，称为空间平均速度，其数值为地点车速观测值的调和平均值。

很难测出一辆车沿路段的速度变化数据，更无法测出多辆车的数据。目前常用车辆通过一个断面的瞬时点速度作为它在全路段的行驶速度，并进而算出众多车辆的路段平均车速。路段平均车速定义为：

$$\overline{U}_s = \frac{S}{T} = \frac{n}{\sum\limits_{i=1}^{n} 1/U_{ip}}$$

显然，它是瞬时点速度的调和中项速度 $\overline{U}_s$。

由于速度集中体现了高速公路的交通状况，而且相对比较容易测量，因此常用作检测的直接变量。实际中多次测定某单一车辆的地点速度，由此计算出整个车队的总体交通平均区间速度。

（3）交通密度 K（辆/km 或辆/km·道）

交通密度 K（辆/km 或辆/km·道）：路段区间单位长度瞬时存在的车辆数称为交通密度，简称密度，大都按方向或车道以每公里车辆数表示，它说明道路上车辆密集程度。如果在长度为 L 的观测区间内有 N 辆车，则交通密度为

$$K = N/L = Q/\overline{U}_s$$

密度是表示交通流拥挤状态的恰当指标，但存在着观测困难的缺点。不用航测或遥测等手段，很难实测到交通密度。在交通管理控制方面，多以较易测定的占有率取代密度。

（4）车头间距

车头时距表征前后两车在时间上的距离，车头间距表征前后两车在空间上的距离，这两个量分别描述了公路上车辆的拥挤程度。车头时距和车头间距越小，说明车辆越密集，交通密度越大。

车头间距 H_s（spacing）：同一车道上相邻两车对应点间的距离，为交通密度的倒数

平均车头间距 $\qquad \overline{H}_s = \dfrac{1}{N} \sum\limits_{i=1}^{n} H_{is} = \dfrac{1}{N / \sum\limits_{i=1}^{n} H_{is}} = \dfrac{1}{N/L} = \dfrac{1}{K}$

车头时距 H_t（time headway）：同道同向行驶相邻两车对应点经过同一横断面的时间间隔，为交通量的倒数。

平均车头时距 $\qquad \overline{H}_t = \dfrac{1}{N} \sum\limits_{i=1}^{n} H_{it} = \dfrac{1}{N / \sum\limits_{i=1}^{n} H_{it}} = \dfrac{1}{Q}$

（5）车辆占有率

车辆占有率在很大程度上反映了高速公路的密度特性，是密度变量的另一种表现形式。常用的有时间占有率。

在一段给定长度的路段上，总的车辆长度与路段长度的比称为空间占有率，它表征了车辆在空间上占有道路的情况。

在一定时段内，全部车辆通过某一断面所用的时间总和与该时段的比称为时间占有率，它表征了车辆在时间上占有道路的情况。

如果交通流是均匀的，则时间占有率与密度成正比例。因此，在实际应用中，多用占有

率作为密度的代替变量。与交通密度有关系的参数为时间占有率和车头时距，由于有良好的检测性，而常用作监测参数；其中，尤以时间占有率用得最多。

观察时间较短时，可取实测平均值表示上述参数；当观察时间长时，则应按统计方法取其平均值和方差表示。

交通流处于"畅通"时，上述三个参数足以表征它的各种状态；拥挤状态时，可由三个参数加上车辆排队长度、排队等候时间和交通波速度表示。

2.2.3　参数间的相互关系

交通参数间存在一定的关系，此种关系随行驶条件发生变化。为了认识参数间的关系及其适用范围，人们运用物理学和数学定律研究和表达不同行驶条件下，参数间的关系及其变化规律，称之为交通流理论；参数间的物理、数学表达式称为交通流模型。在拥挤时，用排队论研究排队长度、排队停留时间与车辆到达率和服务率间的关系；稳定行驶时，建立跟驰模型以研究参数间关系；在不稳定行驶期间，用交通波理论分析和计算密度突变界面的传播速度、拥挤车辆总数和车流因拥挤降速而延误的总时数等。

（1）稳定流的参数关系

稳定跟驰指行驶不存在超车条件，后车的行驶状态受前车制约，参数间存在如下关系式：

$$Q = \overline{U}_s K$$

关系式说明：监控任意两个参数，可以推算出第三个参数。

三参数中的任一个，取固定值或在小范围内变化，其他两参数间也将存在某种特定关系。从安全和行车尽可能快两个角度出发，后随车的驾驶员总是要与前车保持一定的车间距；车速快，间距加大；车速低，间距缩小。车速和密度（车间距）必然存在某种规律，大密度时，车速和密度有：

$$u = u_m \ln(k_j / k) \qquad \text{（Greenberg 式）}$$

中等密度时，有：

$$u = u_f \left(1 - \frac{k}{k_j}\right) \qquad \text{（Greenshield 式）}$$

小密度时，有：

$$u = u_f e^{-k/k_m} \qquad \text{（Underwood 式）}$$

式中　u_f——自由流状态，交通畅通无阻的行车速度，一般等于公路限定最高车速；

u_m——稳定流状态，交通量为最大值时的车速；

k_j——车辆拥挤到无法行进时的交通密度，既交通量与车速均趋近于零；

k_m——具有最大交通量时的交通密度。

（2）非稳定流的参数关系

车队在行驶过程中，表征其状态的参数发生较大的突然变化，称为状态不稳定。车流不可能长期处于拥挤状态，总要经历从相对疏散到相对拥挤，再又恢复到疏散的过程，即相对稳定—不稳定—相对稳定。前一个疏散状态的密度与后一个疏散的密度不一定完全相等。拥挤发生时，在拥挤和不拥挤的交界处会出现一个密度明显不同的界面，这个界面不会静止不动，而是以一种不同于车速的另一种速度向车流上游或下游传播，使拥挤车辆数量发生变化。密度突变界面的传播现象称为交通波，界面运动速度称为交通波传播速度 U_w。

如果车流中有一辆车 A 因故障减速行驶，当后随车辆无法超车时，只有被迫减低车速而使两车间距缩小，密度加大，形成如图 2-1（a）所示的密度突变界面。两车后面的跟随车辆会由于同样原因而减速靠近。从图 2-1（b）看出似乎是密集界面逆车流方向传播，与初始界面形成一段由两个界面夹持的有很多拥挤车辆在内的密集车队。设想缓行首车故障被排除，可以加速行驶，则它和紧随后车距又被拉大，在拥挤的车队形成一个新的疏散界面。随着加速车辆的加多，这个疏散界面会以另一种传播速度也逆车流传播。当这个疏散界面追上原有的后传密集界面，则拥挤车队消失，恢复正常行驶状态，如图 2-1(c) 和（d）所示。

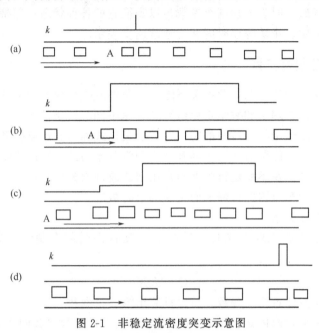

图 2-1　非稳定流密度突变示意图

不难看出，从第一个密集界面出现，到疏散界面追上密集界面为止的这段时间为拥挤持续时间，曾经进入密集界面内的车辆数目为拥挤车辆总数，所有车辆比正常行驶所增加的时间即为总延误时间，它反映拥挤所产生的损失。上述数据都是监控工作应该掌握的。这些数据都与交通波传播速度 U_w 密切相关。

根据流体动力学模拟理论，已得出传播速度和车速、密度间的关系式：

$$U_w = \frac{U_1 K_1 - U_2 K_2}{K_1 - K_2} = \frac{Q_1 - Q_2}{K_1 - K_2}$$

式中　Q_1，U_1，K_1，Q_2，U_2，K_2——界面前后的交通量、车速和密度。

$U_w > 0$ 表示传播方向与车行方向一致；$U_w < 0$ 表示与车行方向相反，即向上游传播。

2.2.4　交通流作为监控对象的属性

（1）可测性和可控性

交通流有多种状态，每种状态都需要用几个特定的参数才能比较全面地描述，这些参数能否检测和控制决定交通流是否具有良好的可测性和可控性。决定通畅状态下自由流和稳定流的三个参数按现有的技术条件完全可以在现场测出路段平均值，因而具有可测性。而表征其他几种状态的参数却难于用设备自动测出，如非稳定流的拥挤车辆总数、拥挤持续时间等参数，由于拥挤发生地点和时间不能预测，无法布置设备实时检测；特别是事故发生时的人、车受损程度、救援需求和为恢复正常交通需要进行的工作，都无法测出，只有依赖人员事后的口头报告，缺乏实时和准确性，因而不具备完好的可测性。

影响稳态交通流的进出口交通量、车速、行驶车道等都可以改变，因此它是可控的；但是，可控性并不很好，表现在：

① 车辆运动改变要通过驾驶员实现，人操作的延时和执行的准确程度都无法精确控制；

② 交通量调节只能在一个狭窄的供求范围内实施，超过此范围控制就无能为力。

（2）对象的多元化

高速公路的稳态交通量、平均车速等参数和控制因子——入口交通量等均随路段而异，只能选择路段交通流向量作为监控对象，具体接受监控的是路段交通流的三个参数。如对稳态交通流进行控制，一条公路有几个路段就有几个监控对象，描述控制的方程也会是多维的。

（3）对象的时空变化

交通流状态随时间、空间、行驶方向、路段、车道和车道上的具体位置而变化，幅度有时还相当大；变化具有明显的不确定性，分布规律也随时间、地点而异，这给监控带来一定的困难。交通流的复杂时空变化是由于以下几点造成的。

① 上下游交通量的变化。上下游的交通状态经常影响路段交通流，如下游交通拥挤，本路段的平均车速将下降，密度则上升，这说明对象内部关联紧密。

② 入口匝道交通量变化。入口交通量与上游交通量变化对本路段交通流具有相同效力，但后者是监控对象之一，而前者则作为控制因子。

③ 驾驶员主观意志和习惯。如驾驶员要超车，车辆将跨越车道行驶，对正常交通产生影响。

针对交通流的时空变化，监控分路段进行。常选取路段某横断面交通流特征参数在采样周期内的平均值，作为交通流在该检测时刻的表征值，即控制对象的状态值。如果选择的监控周期较短（如 20～30s），则可假设此周期内所采集的各种参数由其平均值代表而视为不变。即令如此，每一路段的监测参数和控制量也有好几个，整个公路的数量更大，给监控工作带来较大困难。

（4）对象的监控环境条件

监控需对各个路段每天 24h 不间断地连续进行，监控范围往往在带状区域内长达数十到几百公里，监控车道数一般为 4～6 条，且完全在野外，要在酷暑、严寒、大雪、浓雾等各种恶劣气候条件下可靠地工作，这对系统设备提出较为苛刻的要求。

2.3　交通事件与干扰

交通事件是指非周期性发生且使某段道路通行能力下降的事件，如交通事故、故障停车、货物散落、道路维修、交通阻塞等。引起交通流状态发生变化的外部因素都可归属于干扰。干扰来自道路、交通和气象环境的变化，具有明显的随机性和突发性。

2.3.1　道路环境干扰

（1）道路维修

道路路面的破损及其强度、平整度和抗滑能力的降低对行车安全和舒适影响很大。公路养护可以保证路面处于良好使用状态，并不构成干扰。但是，道路大修必须先封闭车道，造成通行能力变化，破坏供求平衡，形成干扰。表 2-1 说明封闭一条车道对整个道路通行能力的影响。进入和离开维修区时，部分车辆要改变车道，交通量发生突变，车速明显下降，维修区成为路段瓶颈。维修虽然按计划进行，施工现场也设置标志，便于驾驶员提前获得车道封闭信息，但对高速行驶的驾驶员仍具有随机性质，维修区出现事故的概率明显增加。

表 2-1　一条车道堵塞时路段通行能力的变化

单向车道数	最大服务交通量 /(veh/h)	车道事件(封闭1条车道)		路肩事件(影响交通)	
		交通量/(veh/h)	减小/%	交通量/(veh/h)	减小/%
2	1850×2=3700	1300	65	3000	19
3	1850×3=5550	2700	51	4600	17
4	1850×4=7400	4300	42	6300	15

（2）路面状态变化——湿润、结冰和积雪

气象变化经常使路面抗滑能力突然降低，对车辆正常运行产生相当大的破坏作用，形成强烈干扰，需要经常监测这种情况。车辆运行转向和制动以车轮和路面存在附着力为前提，路面湿润、结冰和积雪都会显著降低路面平均附着系数，减小路面抗滑能力，车轮易产生滑动。滑动率 S 的大小反映车轮滑动程度，$S=0$ 为纯滚动，$S=1$ 为纯滑动。一般 $S=0.15\sim0.20$ 有最大（峰值）附着系数 ϕ_P；$S=1$ 时的附着系数称为滑动附着系数 ϕ_S，滑动率继续加大，侧向附着系数急剧下降，侧向稳定性变坏，极易因转向而酿成交通事故。表 2-2 显示各种不同路面状态下的附着系数值，不仅冰雪路面 ϕ 值相差巨大，就是干湿路面也有明显不同。

表 2-2　各种路面状态的附着系数

路面类型	峰值附着系数	滑动附着系数
干路面	0.8～0.9	0.75
湿沥青路面	0.5～0.7	0.45～0.60
湿混凝土路面	0.8	0.7
雪压紧的路面	0.2	0.15
冰路面	0.1	0.07

表 2-2 显示不同路面状态各型车辆滑溜统计数字。这个统计数字清晰地说明路面湿润、结冰和积雪对车辆行驶的危害程度，数字还间接说明车速越高，危害程度越大。

资料统计说明：某省交通事故在七、八月份较多，这是雨季道路湿润引发事故的主要成因；北方某些省交通事故多发生在十一月后的隆冬季节，显然冰雪滑溜是引发事故的主要成因。高寒地区公路管理部门，减少因冰雪滑溜而产生的交通事故是一项重要的管理任务。

以上分析说明：需要对路表温度、相对湿度、积雪厚度、路面冰冻等参数进行经常监测，并将监测结果实时传输给监控中心。

2.3.2　交通环境干扰——交通事件

经常有个别车辆因驾驶员操作错误（如违章开快车、超载、抢道、疲劳驾驶和酒后开车等）、车辆故障（如爆胎、制动失灵和油路电路故障等）和交通事故（撞、翻车和火灾等）而不得不缓行或停驻不动，引起短时期的车道堵塞或通行能力下降，造成后继车辆改道或降速行驶。肇事车辆引起交通环境的突然变化对后继车辆的正常运行形成突发性干扰，在事件发生地附近形成交通紊乱，交通流状态发生较大变化，伴随而来的是偶发性拥挤，并有可能诱发为二次交通事故。

（1）事件起因和事件类型

交通事件具有随机性和突发性，事件出现地点和时刻无法预测。引发事件的起因虽然很多，但存在一定的统计规律，掌握此种规律，将有助于采取预防措施。美国联邦公路管理局利用全国公路闭路电视监视站收集的原始数据，对交通事件的类型和发生频率作过统计，形成图 2-2 所示的事件树。图 2-2 显示：事件类型可按停驻位置、需要援助和起因等划分，如路肩事件（用户能自行将车辆移至路肩停驻）和车道事件（无外来援助，车辆将一直停驻于车道）等。在所有事件中，有 94.2% 是由车辆故障引起的，其中，不能自行排除故障需要援助的为 17.2%；而停驻在车道上，无法自行移走需要援助的故障车辆仅占 3% 左右。这说明：只要能迅速探测出事件发生的地点、时刻和性质，并拥有能作出快速响应的拖拽和维修车辆，就可能使交通事件降低延误和不致酿成交通事故。

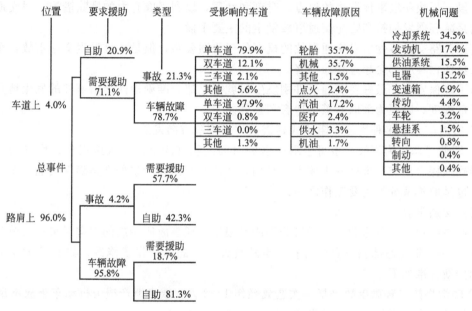

图 2-2　交通总事件树

（2）事件后果

交通事件出现可能产生三种不同后果：一是事件本身不严重，又得到驾驶员和道路管理人员的及时处理，使事件成因很快消失，来不及形成交通拥挤；二是形成偶发性拥挤，造成车辆延误，需要公路管理部门进行管理控制，如果事件能及早发现，管理控制措施得力、及时，拥挤将逐渐消失，交通恢复正常状态；三是事件迅速引发成为交通事故，产生人员伤亡和车辆损坏，需要公路监控部门紧急救援和排除事故。

高速公路运行历史表明：交通事件每天都出现，而且，事件一旦出现，大都伴随着偶发性交通拥挤，只是拥挤的程度和持续的时间长短有所不同。偶发性拥挤对交通运行的影响可从两方面进行评价：一是事件持续时间的长短；二是对车辆的总延误时间。事件持续的时间长，延误和经济损失大。此时间可表示为：

$$拥挤持续时间＝检测时间＋响应时间＋排除时间$$

检测时间指事件或拥挤发生到值班员确认事件存在的这段时间，它与检测和确认方法有关；响应时间指确认事件到援助人员和设备到达现场这段时间，它的长短由管理水平和工作效率决定；排除时间则由事件的性质、援助人员素质和援助设备的质量等因素决定。这三项时间以检测时间最长，应该是解决重点。

任何阻塞高速公路车道的事件都会引起延误。总延误的多少与下列因素有关：

① 通行能力；

② 交通需求；

③ 事件产生的交通减少量；

④ 驶离通行能力；

⑤ 事件持续时间。

由于事件的随机性质，难于预测事件的发生时刻、地点和规律，因而也无法制止事件的发生和控制其规模。但是，事件发生的因果规律仍然存在，如浓雾易诱发尾撞、结冰路面诱发翻车等，这就提供了预防规律，便于及时加强监视和巡逻。平时，也可以使用各种监测、监视手段，尽快获取事件发生的地点、时刻和性质，以利采取有力的排除措施。对交通事件的探测是减轻偶发拥挤和防止交通事故发生的主要手段。

高速公路交通事件引发交通事故的概率低于普通公路，但是一旦发生交通事故，车辆损坏和人员伤亡程度都会超过普通公路。

为了确保安全，最好在交通事件刚发生时就能迅速、准确地探测出事件的发生地点、性质和严重程度，以便为采取对策创造有利条件。

① 有时间采取多种措施，阻止或延缓事件向事故方向发展。

② 即使已恶化为事故，也可争取较多的时间组织排除事故，救援用户，恢复交通。及时、准确地探测出交通事件发生地点、时刻，估计其起因和严重程度是确保交通安全的必要措施，也是监控系统的主要工作之一。

（3）交通事故

交通事故按后果分为四类。后果分类法是根据交通事故所造成的损害后果进行分类的一种方法。1987 年交通部和公安部对有关事故统计分类的标准作了修改，修改后的交通事故等级划分新标准如下。

① 轻微事故。轻微事故是指一次造成轻伤 1～2 人，或者财产损失机动车事故不足 1000元，非机动车事故不足 200 元的事故。

② 一般事故。一般事故是指一次造成重伤 1～2 人；或者轻伤 3 人以上；或者财产损失不足 3000 元的事故。

③ 重大事故。重大事故是指一次造成死亡 1～2 人；或者重伤 3 人以上 10 人以下；或者财产损失 3 万元以上而不足 6 万元的事故。

④ 特大事故。特大事故是指一次造成死亡 3 人以上；或者重伤 11 人以下；或者死亡 1人，同时重伤 8 人以上；或者死亡 2 人，同时重伤 5 人以上；或者财产损失 6 万元以上的事故。

我国对重伤、轻伤的划分，按 1990 年司法部、最高人民法院、最高人民检察院、公安部联合规定如下。

重伤存在以下几种情况。

① 一是指肢体残废，即由于撞击、碾压等各种因素致使肢体缺失，或者肢体完整但肢体功能丧失，如缺失一手任何两指及其掌骨，缺失一足全部足趾，肩关节强直畸形或者关节活动度丧失 50%，肢体重要神经完全断裂或者缺损等。

② 二是毁人容貌，即损人面，致使容貌变形、丑陋及功能障碍，如眼球缺损、严重影响视力、外鼻缺损严重塌陷致使变形等。

③ 三是丧失听力，如损伤后，一耳语音听力减退在 91dB 以上或两耳语音听力减退在60dB 以上。

④ 四是丧失视觉，如损伤后一眼盲等。

⑤ 五是严重骨折，如胸骨、肋骨、脊骨、尺骨、胫骨等部位的骨折。

⑥ 六是颅脑损伤。

⑦ 七是丧失其他器官功能或者其他对于人身健康有重大伤害的损伤。

轻伤一般是指表皮挫伤、皮下溢血、轻度脑震荡，经医生诊断需休息一至三天的情况。

2.3.3　气象环境干扰

浓雾、暴雨、大雪、强烈侧风和雷击等气象环境都将严重地影响交通流状态。

（1）浓雾

浓雾恶化驾驶员视觉环境，影响车辆正常行驶，高速行驶时，极易酿成重大交通事故。为了保证行车安全，车辆行驶过程中驾驶员应该在一定的距离外就能清晰地确认前方车道上的障碍物。对于单向行驶车道，这个距离称为停车视距。它对于行车安全、行驶速度和通过能力等都有很大影响。停车视距是道路几何设计的重要因素，可以通过计算得出。有关标准规定：在车道中心线距路面 1.2m 的高度上，驾驶员眼睛能够看到高度为 0.1m 的障碍物而采取制动刹车，不撞上障碍物，能安全停车的最短距离称为停车视距。制动停车距离应包括驾驶员感到危险后，脚掌从油门移开去踩制动器这段时间内，汽车行驶的距离 S_1（反应距离），和制动器生效到安全停车这一段距离 S_2 之和，可由下式表示：

$$S = S_1 + S_2 = vt/3.6 + v^2/2g\phi 3.6^2$$

式中　S——制动停车距离，m；

　　　v——车速，km/h；

　　　g——重力加速度，m/s^2；

　　　t——制动停车所需的总时间，等于反应时间加上车辆制动时机械传动的迟滞时间。反应时间一般为 0.3～1.5s；对于气动刹车装置，迟滞时间为 0.2～1.0s；因此总反应时间最大约为 2.5s；

　　　ϕ——路面与轮胎的纵向附着系数，在制动过程中不是恒值，随车速、路面结构、轮胎表面花纹、气候条件（干或湿）等因素而变化。

停车视距应由道路线形和几何尺寸予以保证，它表示车辆运行中需要的最小安全能见度距离。显然，停车视距是车速、路面结构和状态（干、湿、冰、雪）的函数。表 2-3 列举各种车速下湿润路面的停车视距，是取 $t = 2.5$s。

表 2-3　湿润路面的停车视距

设计车速 /(km/h)	行驶车速 /(km/h)	ϕ	$S_1 = 0.694v$ /m	$S_2 = 0.00394v^2/\phi$ /m	$S = S_1 + S_2$ /m	停车视距 /m
120	102	0.29	70.7	141.3	212.0	210
100	85	0.30	58.9	94.8	153.7	160
80	68	0.31	47.1	58.7	105.8	110
60	54	0.33	37.4	34.8	72.2	75
50	45	0.35	31.2	22.8	54.0	55
40	36	0.38	24.9	13.4	38.3	40
30	30	0.44	20.8	8.1	29.9	30
20	20	0.44	13.8	3.5	17.3	20

车辆以任何车速行驶，驾驶员在车内所见到的环境能见度应大于该车速下的停车视距。这样，即使车道上突然出现障碍物或前车突然停住，驾驶员都能及时发现并有足够的时间进行规避和刹车，从而避免碰撞，保证安全。反之，就容易发生碰撞，形成事故。

空气中含有大量汽态细微颗粒物就成为雾。当一束光线沿给定方向照射到这些颗粒上，形成统计上各向均等的漫反射，称为瑞利散射。瑞利散射使透过浓雾的光束光强大大削弱，原来看得见的物体也变得模糊不清，即能见度减小。当能见度小于行驶车速下的停车视距时，则尾撞的危险加大，雾越浓，尾撞的概率越大。为了预防浓雾天气出现交通事故，应该检测能见度，把检测结果视为停车视距，并找出相应的行驶车速作为车速限值，通知公路上的行驶车辆在新的限速值内行驶。

（2）大雨、大雪

大雨与大雪给车辆行驶带来双重不利影响：一是显著降低能见度；二是润湿或冻结的路面使车辆轮胎的附着系数大为减少，路面抗滑能力大幅度下降。这种气象环境不仅给行车安全带来危害，也给视频监视带来困难。

（3）侧风

大侧向风力会使车辆在行驶过程中产生不可控制的侧向移动，例如侧向风速为 22m/s 时，车辆向前行驶 60m，可能产生 1.2～1.5m 侧向移动。这个数值可以使车辆身不由己地从一个车道转移到另一个车道，导致交通流混乱和诱发交通事故。

（4）沿海湿热气候

南方沿海地区，湿度大，温度高，而且空气中含有较高浓度的酸、盐成分，对金属具有很强的腐蚀作用，还容易滋长霉菌，对金属设备的使用寿命、电子器件和光学器件的使用性能有较大的影响，应该提出防腐、防霉和防潮的要求。

（5）雷击

雷击通过暂态过电压损坏电子设备而影响高速公路管理的正常运行。

雷击是过电压的主要成因之一，也是破坏电子设备的祸首。我国沿海和雷击频繁地区的高速公路已发生过多起由雷击造成的设备严重损坏事故，值得引起高度注意。

雷击（闪电）是电荷在雨云中分离时发生的。一般在云体顶部积聚正电荷，云体底部生成负电荷。接近地面部分云层的负电荷排斥地表面的负电荷，导致地表高凸部分积聚正电荷。当电荷足够多，电压足够大时，电子流开始在云体和地面之间流动，并呈锯齿形刺向地面，产生闪光放电和轰鸣雷击声。一次闪电的电压可以高到几亿伏特，电流达几万安培，能量足以使一百瓦的灯泡持续照明几个月。

由雷击产生的暂态高电压对电子设备的破坏途径有以下两种。

① 雷击发生在输电和用电线路附近，通过直接或电容耦合的方式在线路上形成暂态过电压，以电压波形式沿线路向各发电和用电设备侵袭。电网虽然采用架空避雷线和加装避雷器等防雷措施，可大大削弱暂态过电压波的强度，减少雷击破坏程度，但是不能完全消除暂态过电压，仍有部分幅值较低的过电压在电网中流动。对一些低压等级的用电设备，特别是对半导体和集成电路组成的电子设备，如计算机和电子仪器等存在较大威胁。

② 雷击发生在所用电子设备的附近，发生概率尽管很小，但破坏力却特别强大。

以上分析说明，有必要对高速公路沿线地区进行常规气象监测和预报，特别是对大气能见度（反映雾）、相对湿度和降雪量更应实施不间断监测。

2.4　监控系统功能

监控系统是保证行车"安全"和道路"畅通"，实现高速公路运行管理的重要手段。通过系统迅速掌握交通流和交通环境等多方面信息，科学地管理交通运行；合理制订交通控制方案并评价其效果，预防常发性拥挤的发生，及时制止和纠正交通违章行为；迅速探测出交通事件，对交通事故进行有效排除和救援；定时提出交通运行报表等。近年来随着公路交通管理任务的扩大，监控系统功能也不断增加。如通过监测获取道路冬季使用状态和特大桥结构应力应变数据，以制订冬季道路养护计划和对大桥实施按需维修等。系统具体功能如下。

① 准确及时采集交通流、交通环境和主要交通设施状态的各种信息。

② 根据已掌握的信息，迅速作出有针对性的处理和优化控制方案，并立即执行。

③ 建立多种信息发布渠道，为用户提供信息服务，通过驾驶员调整行驶行为，达到交通流动态平衡。

④ 专项监控：如探测和确认交通事件；隧道火情监控；冬季路面使用状态监测等。

⑤ 对交通事故能作出快速响应，迅速排除事故根源和提供救援服务。

⑥ 建立道路交通数据库，用以支持道路运行状况评价，为改善道路经营和交通管理的决策提供数据分析。

交通流的闭环控制系统功能方框图见图 2-3。输出为车辆运行状态，输入为控制指标，受控对象为交通流，道路、交通和气象环境等各种影响交通流的因素作为系统的干扰输入；表征交通流状态特征的信息历经采集、处理、决策和执行各个环节，遵循反馈控制原理，按预定指标完成控制任务。

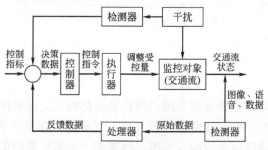

图 2-3　交通监控系统功能方框图

受控对象——交通流的状态特征随路段位置和时间而变化，具体表现为交通量、车速和交通密度等物理量的变化。这些变化由系统内部供求变化和外界干扰造成。表征交通流状态特征的各种参数由布设在各个路段的传感器检测出来并传送给下一环节。这些原始检测信号不可避免地会混入噪声，需要经过处理器对其滤波和统计分析，以对表征输出特征的状态参数进行估计，并反馈给控制器。大部分干扰是可测的，把测出的干扰信号也输送给控制器（或人）；控制器（或人）根据特定的性能指标和环境约束条件，使用经过辨识的模型，对反馈信息进行优化计算，确定控制策略，选定控制参量的标称值，执行控制。

为了探测交通事件，需要掌握交通流更详细的情况。布设在少数断面的传感器无法提供细节，为此在各路段的必要地点设置有摄像机和紧急警话，采集图像、语音信息，由人的视觉、听觉感官对这些信息进行补充识别、判断；当出现事件或事故时，由人组织医疗、消防、车辆救援等部门，并通过计算机网络控制事故现场邻近路段的交通，统一指挥和处理。

由上述分析可以看出，监控系统只有一个，但针对不同的情况和管理目标，系统的运行过程各有侧重，并不完全一样。以安全和设施完好为目标的监控过程具有如下特点。

① 监控和管理紧密结合，表现为人参与监控过程的各个环节，时滞较长，人员素质对效果产生较大影响。

② 监视和监测为人的决策提供信息，监视和监测在监控过程中具有重要地位。

以道路畅通为目标的监控过程特点表现如下。

① 在执行控制环节上需要驾驶员参与，人的素质仍然影响控制效果，使控制具有一定程度的不确定性。

② 其他环节都可由器件自动执行。目前大多数环节有计算机或微处理器介入，形成计算机控制网络，及时性和准确性都较好，为优化控制提供了一定的条件。

2.5 交通监控信息采集

(1) 信息类别

需要采集的信息按性质可分为：数据、图像、语音三种类型。从信息所反映的功能可归属为：交通流、环境干扰、设备状态三大类。具体划分见表 2-4。

表 2-4 需要采集的信息分类

名称	数据	图像	语音
交通流	车辆存在、交通量、车速、时间占有率、车型、车头时距、车长、车长比、排队长度、交通事件	正常运行、交通事件起因、交通事故位置、性质程度	交通事故、援助内容
环境干扰	气温、气压、湿度、风速、风向、降水、能见度、路表温度湿度、路况(湿、冰、雪厚)、烟雾浓度	雨雪、烟雾、能见度	
设施状态	道路桥梁使用状态、隧道火情(技术数据)主要机电设备使用状态和故障特征、部位		

注：车长比＝超过 7m 长的车数与总车辆数之比。

(2) 采集点的选择

高速公路交通流和道路使用状态是随道路位置变化的，交通事件和事故在任何方向、车道和位置上都有可能发生。对于线路较长的公路，气象也会随路段有所不同。要获得全面、真实的信息，就要在公路的各个方向、车道、横断面上采集需要的信息。作这种全面、实时检测在技术上是可以实现的，如卫星遥测、一定高度上的航空器遥测和监视等；但目前要将这些技术措施纳入常规监控显然不经济，也难于办到。

目前的办法是以点代线、以点代面。采集有限个点的信息，用这些点的信息估计道路的全部信息。信息采集点的选择很重要，原则上应按照信息特点选择：首先，采集点本身的信息应具有比较重要的意义；其次，该点外界干扰少，检测提供的信息精度较高；第三，通过它能够相对准确地估计其他各点的信息。

在一个路段两个不同的断面上布设交通流参数采集点。两个断面分设在基本路段两端，这两处地点，或未进入分流区，或已离开合流区。正常行驶时，车辆在车道中央基本处于直线恒速行驶状态，没有跨越车道的行动，检测误差因此较少；而且，它们距离事故高发区——匝道连接点较近，一旦出现事件，这些点的信息也能较真实地反映事件特征。

交通流图像信息能够比较全面地反映交通事故的性质和程度，应在事故常发地区安装摄像机，摄取交通图像供监视用。匝道连接点的分流、合流区是交通肇事区；镜头可作回转俯仰运动的摄像机常安装在此区的高杆上。以监视匝道连接点附近的交通状况。

紧急电话是紧急情况下的信息传输工具，是肇事用户用来向监控中心呼叫求援的主要设施。获取事故和处理事故应该是分秒必争，因此，紧急电话的设置个数是多多益善，布设的距离是越短越好，目前的做法是在道路沿线每隔一公里设置一部紧急电话。

气象往往有较大地区范围的一致性，目前大都根据线路的长短决定采集点数，并选择方便的地点作为气象信息采集点。

图 2-4 显示信息采集点目前常用的布设情况，在匝道连接点附近安装 2～4 台摄像机；每一条车道上安装一组车辆检测传感器（两个），即每个路段每条车道上至少有两组车辆传感器，其他传感器的布设见图。从信息采集点的布设情况看，是以点代线，不可避免地将使所采集的信息代表性不强、准确度不够（误报率较大）和滞后性（时间平均延误）较长。

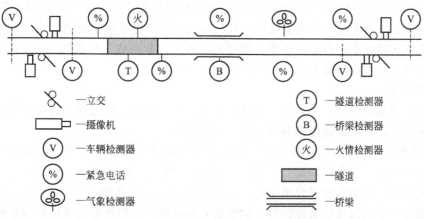

图 2-4　信息采集装置沿路段布设示意图

（3）信息采集方法

信息采集方法由信息的特点决定。数据信息需要通过各种传感器将非电量转换成电量再输出。采集交通流信息主要是检测车辆，将车辆存在和运动状况转换成电信号输出。车辆是一个含有大量铁构件、有质量、有几何形状的实体，并具有一定的光、热、电的物理特性。根据这些特点结合目前成熟技术，车辆检测有下列几种方法。

① 磁性检测。具有铁构件的车辆经过磁场时，对原有磁场产生感应而发出的信号。

② 超声检测。对射入超声波将产生与路面不同的反射波信号。

③ 电磁波检测。车辆对射来的电磁波（光波、红外和微波）具有反射能力。

④ 热检测。车辆具有与周围环境不同的热辐射能力，产生不同量级的热辐射信号。

⑤ 质量检测。车辆的质量使压力和压电元件发出车辆通过和存在的信息。

⑥ 视频图像检测。通过图像识别方法判别车辆运动状态。

⑦ 外形检测。车辆外形尺寸长度、宽度、高度检测。

视频图像信息目前主要通过人眼和摄像机采集。

使用有线电话采集语音信息，要求在路侧安装很多台电话。目前，移动电话广泛使用，普及率日益提高，预期将取代有线紧急电话，实现更灵活的通信。

考虑事件发生地点的不确定性，检测交通事件要求在每条车道每隔 300～500m 安装一组传感器，才有可能采集实时、准确的事件信息。如京津塘高速公路大羊坊路段 10km 长的车道上共装有 22 组传感器以检测事件。

2.6 信 息 处 理

(1) 处理的必要性

采集到的原始信息不可避免地要混入噪声。所谓噪声是指信息采集过程中，存在各种干扰，使采集到的信息偏离真值，出现一个不可忽略的小量误差。噪声来源于以下几点。

① 检测误差。车辆未通过传感器（如环形线圈）中心部分，而是在其作用范围附近通过。如在两车道中间行驶，或是未按正常行驶方向通过，而是侧向跨越车道行驶，这都会使信号减弱，相互冲突，甚至检测不出。

② 系统误差。检测器由传感、转换和放大等器件组成，构成一个电子系统。系统的电源会有波动，各电子元件也有热噪声，这些因素都使检测信号在真值附近摆动。

③ 环境误差。检测环境往往存在干扰，如大风易使超声信号偏转；浓雾和烟尘会影响光波的通过率；汽油车发动机的点火脉冲高压对电信号产生电磁干扰等。

④所有上述噪声都具有随机性质，幅度大都较小，其平均值可能为零（白噪声），也可能不为零，离散分布则各有各的规律（如均方差不同等）。

(2) 抑制噪声

带有噪声的原始信号偏离真值，不能准确表示实际情况，使监测工作难于有效进行。噪声很难完全消除，但可以通过多种方法削弱（抑制）。

① 模拟滤波。信号和噪声都可以分解为不同频率的正弦信号组合，在噪声和信号频率不相重合的条件下（大多数情况），可以用电气元件搭成一些网络，让有用的信号以很小的衰减通过此网络；而噪声通过此网络则产生很大的衰减，从而抑制噪声。信号数据采集时，往往要先通过一个抗混淆低通滤波器，以便削弱高频噪声。检测系统的良好接地和合理的屏蔽都是抑制系统外部噪声。

② 数字滤波。监控系统绝大多数信号都要转换成数字信号并进入计算机，这就提供了一个通过数字计算改变数字信号，抑制噪声的机会，这种技术称为数字滤波。数字滤波主要是将当前的信号与它前后（时间序列上的先后）的信号纳入某种算法程序，以满足抑制某种特定噪声的目的。此方法精度高，稳定性好，灵活性大，易于实现过滤特性的改变。特别是一些专用数字滤波处理芯片进入市场后，使数字滤波技术获得更广泛的应用。

在交通监控的各种检测系统中，常用的有平滑处理、叠加平均和卡尔曼滤波等方法。

统计平均。当信号和噪声在频谱上有重叠时，硬件无法实现滤波；如果信号为周期性，噪声均值又接近于零（白噪声），则可以按信号的周期，把混有噪声的原始信号反复线性叠加。这样，噪声在叠加过程中相互抵消而趋近于零，而信号则可保持原有数值。

(3) 统计处理

采集的原始信号是一辆一辆车的运动信息，监控需要的是交通流的状态信息，即一队车辆在给定的时间间隔内（选定的采样周期）的统计值。因此，对信息的统计处理是必要的。

以公路交通采用最多的双环形线圈检测交通流为例（见图 2-5）来说明统计处理。

主车道检测交通流的环形线圈一般为 $2m \times 2m$ 的方形电缆圈，埋设在车道路面下，有电流通过，从而在埋设处产生磁场。当车辆通过时，车辆上的铁构件使线圈产生附加电流，线圈的电感产生约 5% 的变化量，以此变化作为信号输出对通过车辆计数。为了检测车速，同一车道埋设两个线圈，间距 5~6m，车辆通过线圈，输出变化如图 2-5 所示。

值得注意的是：不同的检测器测出的车身长度和占有率有不同的含义，使用时不能混

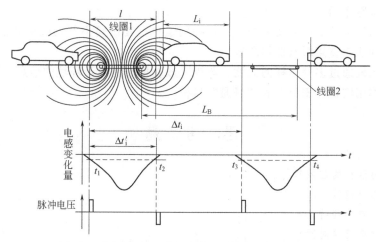

图 2-5　车辆通过环形线圈检测参数变化关系示意图

渭。美国在对交通拥挤作估计时，如使用超声检测，当占有率达到 $15\%\sim25\%$ 时，即作出将发生拥挤预报；如使用环形线圈，占有率必须达到 $20\%\sim30\%$，才发出拥挤预报。

采样周期 T 可以在 $1\sim60\mathrm{min}$ 内任意选取，以满足统计格式的需要；周期过短，检测方法所带来误差较大，在交通量小时，相对误差更大。

（4）参数和状态估计

要想取得良好监控效果，必须对交通流状态有一个比较全面的了解；但是交通流的某些状态无法直接测出，只能凭借已测出的参数去估计、判断。交通事件是交通流的一种状态，它的出现与否、事件性质和严重程度都无法直接测出，只能根据已测出的各种变量，采取一定的数学分析方法去识别、判断。交通流是一条长带形运动群，不可能测出它在每一个地点的状态，只能以点代线，那些没有检测点的状态只有根据测出点的状态去估计它。

各种交通模型的结构需要在运行中进行验证、修正；模型中的参数也需要由大量测出数据来估计和核定，如稳态交通流模型的进出分配矩阵中的系数。

参数和状态估计中用得较多的是统计学的最小二乘和最小方差估计。有关知识请读者阅读数理统计类书籍。

以上所介绍的各种信息处理的方法和模式，都可编成软件，由计算机仿真。

2.7　交通监控特点

从监控对象、干扰性质和监控过程的描述中，可以认识到交通监控具有如下特点。

（1）监控对象复杂

交通流有多种状态，有些状态无法用特征参数描述，各种状态均随地点和时间而变化，具有明显的随机性。

（2）监控系统复杂

系统分布地域广，各个路段的交通相互影响强，对象有明显的不确定性，监控目标又不单一，这些使系统具有大系统性质，给实现监控目标带来很大困难。

（3）监控手段多样

单纯检测交通参数，无法获取交通流状态的全貌，需要采用更多的手段对同一对象检测，如传感器采集交通参数、摄像机摄制交通图像、人员巡视和用户举报等。

（4）人的特殊作用

监控过程的各个环节都需要人的介入，特别是执行控制离不开驾驶员和监控管理人员，人的素质和精神状态直接影响监控质量。

交通监控系统通过多种多样的监测、监视手段获取交通流及环境的信息，凭借自动控制器和人的双重作用实现"安全"和"畅通"目标。

思　考　题

1. 简述交通监控的监控目标。

2. 简述交通流特性。

3. 交通监控有哪些特点？

4. 什么是拥挤持续时间？

5. 简述停车视距的基本概念。

6. 简述交通事件的后果。

7. 名词解释

① 路段平均车速

② 车头时距

③ 时间占有率

④ 交通密度

⑤ 交通事件与交通事故

⑥ 路肩事件与车道事件

第3章　常用交通检测设备

交通检测设备用来检测：车辆存在、交通量、车速、占有率、车头时距、长车比、车重和排队长度等。

检测设备一般包括传感和处理两部分，传感器将被检测量（非电量）转换为电量，处理器负责电量采集、处理、存储和输出（显示、打印或通信）。下面着重介绍传感器部分。

3.1　环形线圈

高速公路检测交通流状态用得最多的传感器件是环形线圈，它可以检测交通量、车速、占有率、车头时距、车长、长车比和车辆存在等多个项目。

（1）工作原理

环形线圈检测原理如图 3-1 所示。线圈由专用电缆绕几匝及其馈线构成，它通过一个变压器接到被恒流源支持的调谐回路，有源环形线圈构成 LC 调谐回路的电感部分，并在线圈周围的空间产生电磁场。当含有铁金属的车体进入线圈磁场范围，导致线圈的电感变化，引起调谐频率偏离原有数值；偏离的频率被送到相位比较器，与压控振荡器频率相比较，确认其偏离值，发出车辆通过或存在的信号。

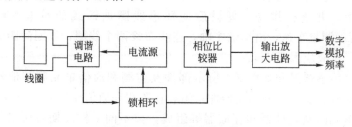

图 3-1　环形线圈检测原理图

感应线圈检测器主要包括：环形线圈及线圈调谐电路，相位比较器和输出电路。

① 环形线圈。线圈的几何尺寸应由被检车辆底盘高度决定。埋在路面下的有源环形线圈产生的电磁场有一定的作用范围，路面上部有效高度称为检测场高。场高决定于线圈的几何尺寸和匝数，约等于方形线圈边长的一半；车辆底盘高度大于场高，将无法获得车辆整体通过的有效输出。

在车道路面下 50～100mm 深处埋设一环形线圈。一般规格为 2m×2m 的矩形形状，使用线圈专用电缆绕 2～4 匝。根据不同要求，可以改变线圈的形状和尺寸以分别检测各种形状大小的车辆。

环形线圈是有源线圈，当铁磁性的物体通过环形线圈时，便产生感应电流，并在金属体内自成闭合回路，产生涡流，反过来涡流又产生感应磁场，其磁场的方向与原来的方向相反，使得线圈总电感量减少。根据检测出线圈环路电感量的变化，分析车辆的存在或通过。

② 调谐电路。调谐电路是一个 LC 并联谐振回路，环形线圈通过一个变压器接到被恒流源支持的调谐回路上，使调谐回路有一个固定的谐振频率（当车辆通过线圈时使其电感量减少，则谐振频率上升），再与相位比较器的压控振荡器频率相比较，从而得到与所通过的

车辆相应的输出信号。

调谐电路设计时适当选择电容 C 和电感 L，使调谐回路有一个固有的振荡频率。车辆进入环形线圈将使环路电感量 L 变化，因而会使得振荡回路频率变化。将该回路的输出送检测电路处理得到频率随时间变化的信号就可检测出是否有车辆通过。

③ 相位锁定器和相位比较器。相位比较器由专用芯片组成，比较器发出的信号控制压控振荡器，使锁相电路的充放电时间常数决定。振荡器频率跟踪线圈谐振频率的变化，输出为一脉冲信号，其信号宽度由锁相电路的充放电时间常数决定，一般为几秒。

④ 输出电路。输出放大器将相位比较器输出的脉冲信号放大，以数字、模拟和频率三种形式输出，其中数字信号是将脉冲与一个基准电压相比较而得到的。频率输出可用来测速，数字信号便于车辆计数，模拟量还可用于计算车长和识别车型。

（2）环形线圈安装

环形线圈由多芯低阻抗软铜线的电缆绕成，一般将电缆绕 4 匝成为线圈，线圈的边长和形状（正方、长方或其他）根据需要而定，主车道的线圈大都为 $2m×2m$ 的正方形；线圈加馈线后的电感量为 $20\sim2500\mu H$（随频率而定），馈线长度应＜500m，最好控制在 150m 以内，线圈与馈线串联电阻应小于 10Ω。在收费车道和入口匝道，线圈采用菱形、长方形和其他特种形状。

线圈埋设点应避开铁磁体。安装时，在路面切一深 $40\sim50mm$、宽 $6\sim8mm$ 的矩形槽，槽底平直无铁屑，槽内干燥清洁。当线圈置于钢筋混凝土上时，线圈距钢筋至少为 50mm。放入线圈后，将馈线穿过承重管，引到路肩外侧监控机箱内与检测单元相接。槽口用胶化沥青或环氧树脂料密封，防止雨水渗入。馈线最好与线圈采用同规格电缆，成对拧在一起，每米缠绕 16 圈以上，并进行屏蔽。埋设后的环形线圈加馈线的对地绝缘电阻＞$10M\Omega$（DC500V）。为精确测量车速，沿车道主轴，连续布设两个线圈，线圈间距为 $2\sim4m$，相邻车道的环形线圈，距离应大于 1m。

环形线圈作为传感器需和如图 3-1 所示部件及监测和通信单元等其他器件组合成检测器，才能对车辆检测。线圈外的其他器件均组装在监测和通信模块上，安装在路侧的现场监控机箱内。监测单元由微处理器和存储器等组成，按不同采样周期对所采集的数据作预处理，并具备将处理结果存储 $3\sim7$ 天的容量，最后由通信单元将检测数据传输给监控计算机。

（3）环形线圈检测器的技术要求及使用效果

环形线圈检测器是目前用于高速公路控制系统最广泛而且也是效果最好的检测器，它的技术要求一般如下。

环境温度：$-40\sim+80℃$；

电源：$(220±20\%)V（AC）$，$(50±4\%)Hz$，功耗 5W；

调谐范围：线圈电感在 $20\sim2500\mu H$ 自动调谐，并在此范围内连续自动作漂移补偿，灵敏度从 $0.02\%\sim1.30\%$ 可调，检测器应具有防冲突功能；

检测精度：两轮以上机动车计数精度大于 98%；占有率检测误差 $4\%\sim6\%$；测速范围 $0\sim50km/h$，误差 $4\%\sim6\%$；排队长度检测误差 $4\%\sim6\%$；

平均无故障时间：1500h；

寿命：＞10 年。

环形线圈使用效果如下。

① 感应检测器是用来检测交通流量、速度、占有率、排队长度等交通性能参数效果比较好而且性价比也比较高的一种检测器。调查资料表明：用 $2m×2m$ 的标准感应线圈进行

检测，交通流量测量值可精确到±2％～±3％，排队长度测量值可精确到±4％～±6％，速度测量值（使用双线圈）可精确到±4％～±6％。当车辆边线在线圈外通过时，检出率约为90％；随车头时距的减小，误检率将提高到大于2％；两车横向距离小于1.5m，纵向间隔小于1.3m，或车辆行驶于两车道中间，则难于分辨；对摩托和底盘高的大型车应调整到两者都有较满意的灵敏度。

② 感应检测器具有很大的适应性。由于环形线圈尺寸变化范围大，因此能适应各种不同的要求和场合。

③ 在高速公路施工或路面翻修期间，安装感应线圈检测器比较经济有效。

④ 使用中问题相对较少。经验表明，其可靠性不低于大多数其他类型的检测器，多数故障都与路面移动有关。

⑤ 对气象和交通环境的变化表现出较强的抗干扰能力；可自我调整改善工作稳定性。

⑥ 感应线圈存在的主要问题是：感应线圈需要有坚固的路面，否则检测点容易遭到破坏；检测较小的车辆比较困难；安装和维修时必须挖开路面，需封闭车道；环境的变化对检测器的工作性能有较大的影响，可使检测器部分电路出现故障而不能准确判断车辆存在造成的频变。感应线圈检测器要定期进行手工检查调整，以保证仪器的正常工作。

3.2　超声波检测器

超声波检测器是一种在高速公路上应用较多的检测器，它利用车辆形状对超声波波前的影响来实现检测。超声检测器是一种波束检测装置。

波束检测装置有多种型式，都由波束发射器、接收器和时控电路组成。前两者为换能器，产生电—声或电磁波的正、逆变换；时控电路对发射器和接收器进行调谐控制，使发射器发射脉冲波；同时，又可接收反射回来的信号，即传感器集发射和接收功能于一身。换能器即超声波探头是一个电-声-电的变换器，实际上在超声波检测器中它起着发射与接收的双重作用。也可分成两个器件，安装于两处。

按波束物理性质划分有：超声波、微波、红外线、可见光等。

按检测方式划分有：反射式和遮断式。

超声检测器由超声波发射器、接收器和时控电路三部分组成，其工作流程如图 3-2 所示。

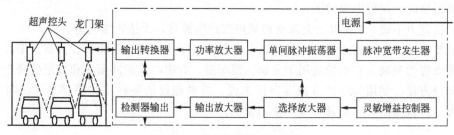

图 3-2　超声波检测工作原理

3.2.1　工作原理

超声波检测器的工作原理可分为两类：传播时间差法和多普勒法。

（1）传播时间差法

这是一种将超声波脉冲射向路面然后接收其反射波的方法。当有车辆时，超声波会经车辆反射提前返回，检测出超前于地面反射的反射波，就表明车辆存在或通过。其具体工作流程为：安装在车道上方的收发式超声探头向下发射超声脉冲。无车时路面反射声波，由安装同一个探头内的接收器接收，时控电路对发射至接收这段时间计时，作为基础时距；有车通过或存在时，由车辆上界面对声波反射。有车时，发射和反射距离缩短，时距减小，与时距的差异即为车辆出现信号。

沿车道方向安装两个间距不大的传感器，即可对车速、时间占有率等变量和车长作出检测。超声波检测工作原理，见图3-2。

发射器由脉冲发生器和换能器构成。脉冲发生器产生电脉冲，由换能器进行电-声转换，变成超声波发射出去。接收器的换能器产生反向转换（声-电），并由输出电信号放大并输出。

超声探头装在车道上方龙门架或路侧高杆悬臂（单车道）上，安装高度大于5.5m，电缆与装在路侧的检测器相联。目前，常是一条车道安装一台探头。

（2）多普勒法

超声波探头向空间发射超声波同时接收信号，如果有移动物体，那么接收到的反射波信号就会呈现多普勒效应。利用此方法可检测正在驶近或正在远离的车辆，而不能检测处于检测范围内的静止车辆。

3.2.2　超声波检测器的主要指标

超声波检测器主要技术指标如下。

发射频率：26kHz；

车速范围：0～150km/h；

检测域：直径 d＝1.6m，探头下方路面，圆直径为 2.5～3.2m；

环境温度：−35～70℃，可见超声波检测器适应的温度范围是相当广泛的。

超声波检测器使用中的主要优缺点如下。

价格便宜，安装方便，维修容易，主要表现为不破坏路面，不封闭车道，不受路面施工和变形影响；

使用寿命长，可以灵活移动，随时改变检测地点；

检测精度不高，检测域为锥形，无法适应车型和车辆高度的变化，对小型车辆的分辨较差，严重拥挤时，误报率也较大；

抗干扰能力不强，6级以上大风使检测声束产生漂移，无法正常检测。

一般要选择分车道路而设，避开行人、自行车的干扰，而且路面不宜太宽。架高龙门架要考虑到市容的美观。它比较适用于分快、慢车道，有中心线的路面上和高速公路上。

从架设方便、使用和维护方便等方面来说，路面埋设的各种检测器都是无法与它比拟的。作为一种检测器，它仍具有推广使用价值。

3.3　红外检测器

红外检测器是波束检测装置的一种。红外传感器件有主动和被动两种型式。高速公路上用的红外检测器主要是主动式。

（1）红外检测器检测原理

红外检测器一般采用反射式或阻断式检测技术，例如反射式检测探头，它包括一个红外发光管和一个接收管。没有车辆通过时，接收管不受光；有车辆时，接收车体反射回来的红外线。其工作原理是由调制脉冲发生器产生调制脉冲，经红外探头向道路上辐射，当有车辆通过时，红外线脉冲从车体反射回来，被探头的接收管接收。经红外解调器解调，再通过选通、放大、整流和滤波后触发驱动器输出一个检测信号。

（2）红外检测器的种类

在检测和通讯中常用的近红外光，波长在 $0.8 \sim 1.6 \mu m$ 之间。主动式红外检测有阻塞（或称为阻断）和反射式两类。

主动遮断式红外检测器的发射器和接收器分别为半导体激光器和光电二极管，将两者对中，水平安装在车道两边。无车通过时，接收器接收细束线状红外光，有信号输出；车辆通过时，遮断光束，接收器无输出，通断转换是对车辆的检测信号。这种设备不能检测车速、占有率等变量，常采用它在收费匝道检测通过车数和车辆前轴处车身高度（车型分类用）。如图 3-3 所示。

反射式检测探头包括一个红外发光管和一个接收管，无车时，接收管不受光，有车时，接收车体反射回来的红外光。在相同红外光辐射下，反射物的大小、材料和结构不同，反射能量就不一样。车体表面反射能量大于路面（如金属与木材的反射率要比混凝土高出一倍），接收器接收不同的反射能量成为区分车辆和路面的标志。

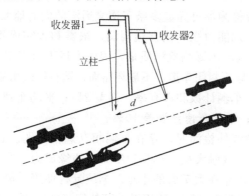

图 3-3　主动式红外检测

半导体激光器发射峰值功率为 $500 mW$，波长为 $0.9 \mu m$ 的红外光束。路面和车体表面反射的红外光，由安装在同一个探头内的光电二极管接收。由于两者反射的辐射能不一样，二极管输出的电流大小不一样。沿车道方向在给定的距离 d 装设两个探头，此种设备就和感应线圈一样，可检测包括车长在内的交通流参数。

3.4　微波监测器

（1）微波检测器的检测原理

前面介绍的超声、红外和光学检测器有一个共同的严重缺点是穿透云雾、雨滴和雪花的能力很弱，无法在这些气候条件下进行检测。而波长 3m 左右的电磁波对云、雨的透射率达 $70\% \sim 90\%$，为此，人们利用成熟的雷达测距、测速和成像技术开发出微波交通检测器。

微波检测器向检测区发射小功率以不同中心频率连续调制微波，中心频率大于 10GHz（波长约 3m），带宽 45MHz，进行分区扫描，获得被测物的反射回波。扫描区域的数量和大小可由软件控制，最多可分为 8 个区，每区长度 2～10m（可调），宽度为 2m（覆盖一个车道）；每区还可进一步细分 2～4 个小区，供测速使用。检测器最多可检测八个车道的交通量、平均车速、占有率、按长度划分的车型和排队长度等参数。

检测器由微波发射、接收探头及其控制器、调制解调器和专用电源三部分组成。发射器可安装在路侧灯杆或专用立柱上，安装高度大于 5m，称为侧视安装，微波波束俯仰角 0～50°，水平方位角 15°，作用距离 3～60m。也可像超声检测一样安装在车道上方的龙门架上，称为前视安装。调制解调器安装在同一根立柱上，通过接线盒与探头联结，将处理过的检测信号调制后发射给接收单元。

检测器面对高速公路车道行驶方向布设，称为前视检测，通常将一条车道划分为一个检测区，配置一台检测器。检测车速时，需要在检测区内沿行驶方向细分成几个窄区，并设定窄区间的距离长度；对通过窄区的车辆计时，就可测出车速及其他交通参数。前视可延长纵向区（车道）监测长度，以提供更精确的数据。检测区及窄区的划分均由软件设定，修改软件可重新设定。因此，可应用于高速公路监测、城市交通信号控制和区域交通事件报警等不同场合。检测器沿车道横向布置，称为侧视检测，可同时得出各车道的交通流状态变量的实时数据。前视和侧视也可以混合使用。

（2）微波交通检测器的特点

一般来讲，微波检测器具有以下特点。

① 多车道检测。一台检测器可完成多条车道交通流的同时监测。

② 全天候工作。抗干扰能力强，能穿透雨滴、浓雾和大雪而不受影响，测速为非多普勒模式，安装杆的弯曲和振动不影响检测质量，因此大风下可以正常检测。

③ 使用方便。安装维修不封闭车道，不破坏路面；运行模式由软件决定，便于扩展升级。

④ 检测精度。前视—车辆计数和占有率：误差 2%；平均车速：误差 5%；侧视—车辆计数和占有率：误差 5%；平均车速：误差 10%。

⑤ 漏检率。低超声和红外检测时，存在车辆相互遮挡问题。特别是小车紧靠着大车行驶，往往出现漏检。厘米波接触大型车车顶边缘时，边缘成为一个副天线，使微波再次发射形成绕射现象，仍可测出紧靠在大车旁的小车。据统计，使用一般车辆检测设备，被遮挡而未能测出的车辆约占被测总数的 2%，使用微波可使漏检数减少一半。

3.5　车辆磁映像检测器

磁映像检测器利用车辆对通过地磁场的影响，检测车辆交通参数。它利用低功耗、高灵敏度的强导磁材料，将地磁磁通线集中约束在比较小的空间，当车辆停驻、慢速接近或通过时，被约束的磁力线发生变形，产生原始信号，经转换、处理后形成一个电压随时间变化的曲线，如图 3-4 所示。这些曲线具有如下特点。

① 各种车辆车体的铁金属材料分布不同，对地磁通线产生的变形影响不一样，所得出的电压-时间曲线形状也各不相同，见图 3-4（b）。这一现象可以用来区分大货车和小客车、检测车身长度，也为识别车型提供了基础。要实现车型识别目标，需要有庞大的车形图像数据库和更大容量、运算速度更快的计算机。

② 车辆车速改变，曲线的形状发生变化。图 3-4（a）所显示图形的变化，表示出横坐标时间轴被压缩，而且压缩量明显地与车速成正比。

检测器体积小，质量轻，安装不需破坏路面，直接平放于路面，加一薄保护罩即可工

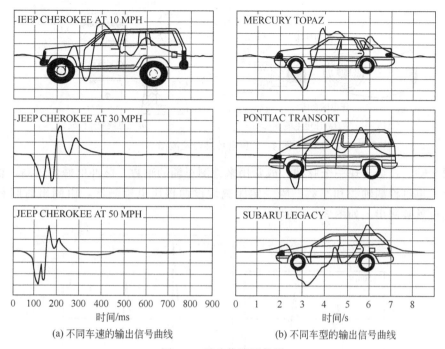

(a) 不同车速的输出信号曲线　　　　　　　(b) 不同车型的输出信号曲线

图 3-4　磁映像检测信号

作；检测数据可先存储后处理，也可计算机现场实时处理，很适合作交通调查等科研使用。

3.6　车载检测器

为了保持道路正常使用寿命，公路法规规定检测车辆的最大轮载、轴载和总重。

（1）公路车辆称重特点

① 从保持道路正常使用寿命出发，没有必要对所有的上路车辆进行载荷检测，只需对载货车作超载检查。

② 货车的轴数和轴距变化很大，很难采用一块平台（如地磅）对各种不同规格的车辆作整体称重。目前大都以轴重检测为基础，算出整车质量。

③ 车辆高速运动时，由于振动会在垂直路面方向产生加速度，将影响动态称重精度；车越快，影响越大。如有一种动态称重器，允许最高车速达 120km/h，但检测误差接近±1%。

④ 从收费匝道引出一条检测车辆超载的旁路，引导重型货车至此作静态或慢速车载检测。称重设备按传感器分类，有应变型、压电型和电容型等多种类型。

（2）压电传感器

压电传感器可检测轴数、轴载和车速，其主要特点是体积小、使用方便。压电传感器的工作原理为压电效应，有套管型压电聚合体，其内外都镀以金属层，形成一条可弯曲的压电电缆。当沿径向施加外力时，在两金属表面产生符号相反的电荷，电荷量与外力成正比。压电传感器的输出能量非常微弱，为了减小检测量误差，一般先将信号送到具有高输入阻抗的前置放大器，然后再进行一般的放大、检波等处理，最终输出指示信号。

市场供应的管形压电检测器如图 3-5 所示，压电电缆被凝结在挤压成型的工程塑料壳体内，壳体连同壳座一并埋设在车道路面下。当车轮滚过时，检测器承受载荷而输出信号，每

41

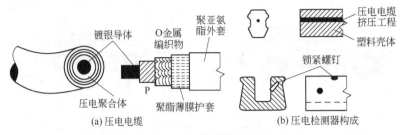

图 3-5　压电传感器检测图

通过一根车轴，就会出现一个脉冲，故常用来检测车辆的轴数。脉冲的峰值越高，轴载也越大。因此，也可检测轴载和车载。隔一定距离埋设两根压电检测器，由测出时间和已知距离，车速也就被测出。如图 3-6 所示。

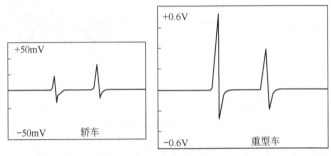

图 3-6　压电检测器输出信号图

压电传感器可有多种形状，它的主要问题是对车速和动态计重的检测精度不太高。

（3）电容式轴载检测原理

板式可移动的电容式车载检测器，工作原理与压电检测类似，其结构如图 3-7 所示。其上下两块为导电橡胶板，中间一块为绝缘橡胶板，粘接后形成称重胶垫；尺寸一定时，两导电板有固定的静电容量；接通直流电源，上下两块橡胶板便载有符号相反的电荷，形成一个电容器。当车辆轮胎压在橡胶板上，绝缘层被压缩，两块导电板的相隔距离和形状都发生变化。电容也随载荷而变化。检测电容变化量，能获得轮重和轴载，各轴载之和即为车载。

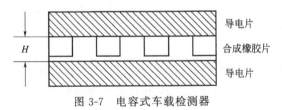

图 3-7　电容式车载检测器

3.7　道路气象检测

气象变化在一定程度上会影响交通流的正常运行，冬天的浓雾严重影响行车视线；横向风速过高，易破坏行驶稳定性而出现安全事故。

将道路、气象结合在一起检测，既为交通运行管理服务，也为道路维修（特别是严寒地区的冬季道路养护）服务。

3.7.1　道路常规气象检测器

气象检测风速、风向、气温、相对湿度、能见度等项目。

道路环境检测路面温度、路面相对湿度、路面积雪深度、路面冰冻等项目。

（1）温度检测器

大气温度测量常采用薄膜工艺制作的铅电阻，路面温度检测常用绕线工艺制作的铂电阻。铂电阻温度传感器的电阻值 R_t 与温度 t 有如下关系：

$$R_t = R_0 + \alpha t + \beta t^2$$

式中　R_0——0℃的阻值；

　　　α，β——铂电阻温度系数。

铂电阻具有良好的化学稳定性，铂电阻温度传感器也具有很好的稳定性。要注意铂电阻的原始阻值 R 为 1000Ω 左右，检测时引线电阻和接线端子电阻对检测精度具有一定的影响，可以采用恒流源供电，用四线制测量方式将引线和接点电阻的影响降到最小。

（2）湿度检测器

湿度检测器用聚合物湿敏电容，其结构见图 3-8。它是由两块下电极刷材料和上电极组成两个电容的串联电路，置于玻璃底衬上。湿敏材料为高分子聚合物，其介电常数随环境的相对湿度而变化，因此电容量是相对湿度的函数。传感器的变换电路将电容量变化转换成电压变化（0~100mV，相当于 0~100％相对湿度）。此检测器结构简单，稳定性较好。

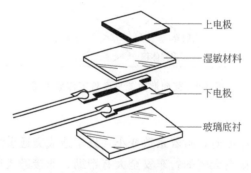

图 3-8　湿度检测器

（3）风速、风向检测器

风速检测器的传感元件为安装在轴承上的三个风杯。风杯由碳纤维增强塑料制成，质量轻、强度高，具有优良的动态和抗腐蚀性能。风杯转速由固定在转轴上的磁律盘及霍尔电路测出并转换成频率，输出信号频率与风速成正比。

风向感应元件是风标，其尾板用轻巧、坚韧的碳纤维增强塑料板制成，以改善动态性能。风标方向用固定在转轴上的导电塑料电位器测量，电位器电阻和转角具有良好的线性关系，改变电阻可以将风向转换成所期望的电压信号值输出。

（4）雨量检测器

常采用双翻斗式雨量传感器，每次降水达到 0.1mm，计数翻斗翻转一次；翻斗上固定有一块永久磁铁，磁铁翻转使磁铁附近的干簧管继电器闭合，闭合次数由计数电路测量并转换成降水量信号输出，双翻斗结构具有高分辨率和较均匀的灵敏度。

（5）能见度测定仪器

能见度是指视力正常的人，在当时天气条件下，能够从天空背景中看到和辨认出目标物的最大水平距离；夜间则是能够看到和确定出一定强度灯光下的最大水平距离。能见度对高速公路上的安全行驶是一个非常重要的影响因素。因大雾使能见度降低而造成的交通事故屡有发生，因此高速公路上常设有仪器测定能见度。

为了检测能见度，研制出透射和散射型能见度检测仪。前者将光发射器和接收器分别安装在两地，按上面所讲的原理检测出透射前后的光通量，从而得出能见度。后者考虑空气消光主要是由于散射，以测量空气的散射衰减系数来确定能见度。使用中常见的有前向和后向散射仪。前向散射仪由光发射器、接收器和控制器等部件组成，见图 3-9，由大功率发光二极管发出的一束经过调制的红外光，投射到被测空间，造成视程障碍的颗粒物（雾、雨等）对入射光产生散射。在与入射光束成同样角度的前方，装有光接收器，接收前向散射光的强度。由散射光的强度可以得出散射衰退减速系数，从而算出表示能见度的光学距离 MOR。发光器投射调制光束是为了在能见度散射仪中采用同步检波技术，有利于减小背景光和散杂光对散射衰减系数的测量精度。

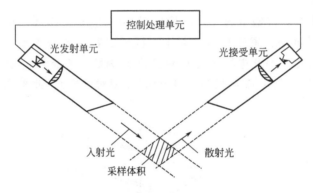

图 3-9　前向散射能见度仪工作原理图

（6）冰冻检测器

高速公路路面和桥面结冰时，附着系数变小，易于造成交通事故，及时收集路面特别是桥面的冰冻信息，对保证雨雪天气的行车安全大有帮助。非接触式冰冻检测器是利用冰冻表面和干燥路面对光的不同反射性质制成的。凡物体表面平整光滑，光的入射角等于反射角。在反射角以外，人眼看不到反射光，这种反射称为定向反射，有水的潮湿路面和冰冻路面具有此性质。光线从某方向入射到粗糙表面，反射光射向各个不同方向，与入射方向无关，称为漫反射，干燥的路表面具有漫反射性质。还有一种反射介于两者之间，称为定向漫反射。在装有路面温度计的道路上方，安装一带有收光器的投光装置，从上往下对路面投射光线。当路表面有水，则带水的镜面对入射光定向正反射，反射的光通量绝大部分被收光器接收。路面温度大于摄氏零度，说明路面有积水镜面；路面温度低于摄氏零度，则路面冰冻成镜面。如果路面干燥，则入射光成漫反射，与投光器装在一起的收光器就不可能接收到较多的光通量，其工作原理见图 3-10。

冰冻检测器主要由投光器、漫反射受光器、正反射受光器、投光量计测器和路面温度计组成。它将投光器、漫反射受光器、正反射受光器、投光量计测器安装在伸臂杆上，将路面温度计和检测器安装在其柱子上。为了将投光器向地面投射的光和外界自然光或街道路灯光区别开来，应该对投射光进行调制。这种调制光碰到路面反射回来可能有几种情况：当调制

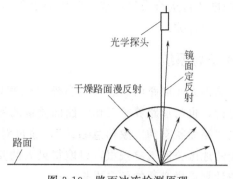

图 3-10 路面冰冻检测原理

光的漫反射率大时表示路面干燥；当调制光的漫反射率小，但正反射率适中或可见光漫反射适中时表示路面有积雪；当正反射率大而漫反射率小，但路面温度高时表示路面湿润；当正反射率大而漫反射率小但路面温度低时表示路面有冻结。这四种状况的判断都必须经检测器中的处理机来完成。

非接触式检测器与埋设式检测器不同，使用和维修都比较方便。特别是北方寒冻地区的冬天，路面上的车道线被积雪覆盖，车辆一般要采用防滑链轮胎，对路面磨损很大，因此，在这种情况下不宜采用埋设式检测器，最好是选用非接触式检测器。日本最新研制的冰冻检测器还具有对雾天检测的自动补偿功能。

（7）积雪深度检测器

积雪不仅改变路面摩擦系数，加大行驶阻力，降低车速，而且积雪在车轮反复碾压下，极易冰冻。需要及时检测积雪厚度。路面积雪计是利用超声波来测定路面积雪深度的一种非接触式检测器，它由超声波探头向路面发射超声波束，根据它由地面反射回来的时间来计算积雪深度。因为声速是随温度的降低而减小，故此项检测需作温度修正。因新下的雪对声波吸收良好，所以可以根据反射的衰减来判断路面的雪质。

（8）路面干温状态检测器

路面状态检测器的结构如图 3-11 所示，将四个路面状态检测探头均匀埋设在所检测路面的四周。

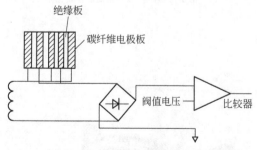

图 3-11 路面干湿状态检测原理

探头由两组碳纤维导电板制成的电极和电极间的绝缘板组成。为了减小电极的极化，在电极加交流电压。通过电极的交变电流经整流电路转换成直流电压。此电压与电极间的漏电电流有关，路面潮湿有水时，漏电电流较大，直流电压也大。将此电压与设定的门限值电压相比较，就可判别探头表面是否有水和沾水的程度。用光电隔离电路将有无积水的开关信号经过 D/A 变换器转换成模拟电压传送给采集系统。此模拟电压与表面有积水的探头数目成正比，也与探头表面沾水的程度有关。

3.7.2 路面状态和气象信息系统

路面状态对车辆运行影响很大，而路面状态又与自然气候密切相关，特别在严寒地区，积雪和冰冻不仅影响交通运行，也与道路养护工作和路面质量的保持有很大关系。国外严寒地区公路管理部门为此建立"路面状态和气象信息系统"，通过对道路环境监测和综合地区气象预报，发布中期和当天的地区公路气象预报，以取得最大的安全运行。同时，也给公路管理部门制订冬季道路养护计划提供必要的信息支持。

（1）公路自动气象站

在公路适当地段设立自动气象站，气象站布置外观见图 3-12，图 3-13 为自动气象站的（局部）照片。气象站检测项目和主要检测项目的要求见表 3-1。

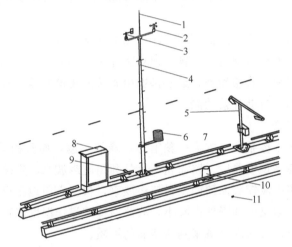

图 3-12　气象站布置示意图

1—避雷针；2—风速传感器；3—风向传感器；4—支杆；5—散射式能见度；

6—温湿传感器；7—小百叶箱；8—控制箱；9—路面温度；

10—雨量传感器；11—路面状态传感器

图 3-13　自动气象站的局部照片

表 3-1　气象站检测项目和主要检测项目的要求

检测项目	空气温度/℃	相对湿度	风向	风速/(m/s)	雨量	路面温度/℃	能见度
检测范围	−50～+50	0～100% RH	0～360°	0～60	强度<4mm/min	−50～+80	10～20000m
分辨率	0.1	1% RH	1°	0.1	0.1mm	0.1	
检测精度	±0.2	±5% RH	±5°	±(0.4+0.03V)	±0.4mm,$Q<10$ ±4%,$Q>10$mm	±0.3	±20%,正常雾 ±30%,降水时

传感器大致分为两类：一是测量常规气象要素的设备，安装在路侧的高杆上。另一类是路面环境检测传感器，有的埋设在路表面下 6cm 处，测量道路表层温度梯度；有的布设在路表面和道路上空，如路面温度、湿度、积雪厚度、冰冻深度和能见度等。常用的一种方法是检测路表面电极化场，因为水、不同浓度盐水、冰、雪和霜的离子极化程度是不一样的。检测的各种数据，经过转换、处理，输入微处理器暂存，待监控分中心交通监控计算机进行轮询时，由通信单元将存储的数据传输出去。

（2）公路气象预报

从交通安全和制订道路维修计划的角度，希望气象预报既"早"又"准"，气象的复杂性使这一要求只能有限度的满足。3 天的中期气象预报是转发地区气象预报；而当天的路面状态和气象预报则需要根据公路部门的检测结果综合地区发布的气象预报，通常是从当天 13:00 至第二天的 13:00。要准确预报下一个小时能否降雪是一件很困难的事，将来通过雷达或卫星的检测也许能实现这一愿望。冰冻使路面滑溜，给交通安全带来极大的隐患。因此，必须及时迅速地将冰冻信息通报用户。

3.8　车型自动分类检测设备

车型分类标准（分类参数）决定车型分类设备应具备的功能。机电设备对车辆外形（几何尺寸、轴数、轮数）为主的间接参数识别能力相当强，对效益型判别参数（座位和车轴重）的识别能力较低。因此，半自动收费系统普遍采用以间接参数为依据的车型分类法，而且广泛采用人工结合设备共同判别的方式。结合国情，我国半自动收费系统大都实施"后判"，即用人工判别车类别并据此收费，而设备识别车类，只记录在案，备事后核查。

（1）轴数检测器

轴数检测器是根据车辆的轴数判断车型。此类设备有多种式样：如以轮轴阻隔波束的红外线测量仪和以检测车轴质量的各种称重仪等。目前系统中多采用压电传感检测器。

压电传感器使用两根细长导管状电容传感器，压电棒外管直径 2mm，内芯约 0.2mm。压电棒外敷一定厚度的硬树脂材料，使压力传导均匀，最外层材料为柔性树脂，以保证压电棒在工作时不受周围敷槽压力的挤压，以提高仪器的检测精度。轴数检测器常用两根压电棒组成，一方面构成检测信号对同一轴的双重确认作用，另一方面可由两根压力棒信号的比较来判断通过的车轴是多轮还是或单轮（如摩托车）。压力棒的布设如图 3-14 所示。车轴检测是存在性检测，只需要仪器能分辨出最小质量 30～50kg 的差别（如摩托车及单轮轴重），而不必测出轴的具体质量，故对传感器的线性度和精度要求不高，一般的压电传感器均可使用。

压电传感器为细长杆状结构，要求安装基础有较强的抗压性，以免经车轮的长期碾压造成土建基础沉降而使传感器断裂。压电传感器的动态响应性较差，它与传感器本身的结构和材料有关，它只适用于低速行驶通过的停车式收费车道，要求：

最低车速等于 5km/h；最高车速等于 30km/h；

检测器应满足工业防护标准 IP 65；

整体平均无故障小时 MTBF＞2000000 次。

（2）轮数检测器

不同车型的载重量还表现在后轴的不同轮数上。轮数检测器用来检测后轴的一端安装的是双轮还是单轮，以间接地判断载荷不同的车辆。传感器大都采用压电或电容式结构，布设的位置和安装的角度如图 3-15 所示。利用双轮将先后两次触发信号而测出它的存在。由于双轮的轮间距较小，车辆在车道行驶的横向位置又有较大的随机性，传感器的出错率20％～30％，是车型判别中一个待解决的难题。

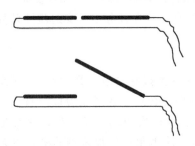
图 3-14　轴数检测器布设

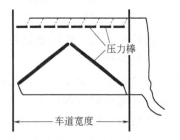
图 3-15　轮数检测器布设

（3）车头高度检测器

车头高是车型分类的重要特征参数之一，占车型比重一半以上的小客车与其他车辆的主要区别是车头高度低。车头高度常用光栅式红外检测器如图 3-16 所示。

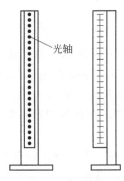
图 3-16　光栅式测高器

发光柱向接收柱（或反光柱）发出红外或激光，在两柱之间形成一道光栅。当车辆经过光栅时部分光线被遮挡掉，检测信号判断车头的高度。它的另一功能是可以判断两辆相距很近的车是一辆拖挂车还是两辆单体车，判别精度比感应检测环等其他仪器都高。

车型几何尺寸常以驾驶室高度或前轴车头高度作为判别参数，因此还需配置压力棒、检测环等作为辅助设备。以判别所检测断面是否正在前轮位置。

红外测高器有主动式（接收柱接收光信号）和被动式（接收柱反射光信号）两种，考虑到收费车道的运行环境较差，受光照、尘埃、水迹等的影响，设备选型时尽可能采用主动式，安装在有顶篷的收费车道工作。车辆经过收费车道时将产生一定程度的震动，红外测高器所有部件应当安装牢固，紧固件应有防震衬垫。信号收发设备要有一定的抗震性，接收电路应对输入信号增加防抖动功能。

车头高度检测器的整体平均无故障小时 MTBF＞200 万次。

（4）车辆外形检测器

传感器对车辆外形作俯视投影检测，以其平面几何尺寸为基础，配合其他检测数据可对车型类别作出综合判定，在车辆类型比较多，特征参数较为复杂时（如欧洲某些国家的车辆类型多达 20 多种），是一种十分有效的方法。车辆外形检测器通过对扫描图形的处理，可判断多种车型，如图 3-17 所示。

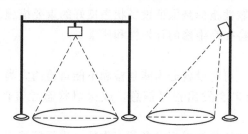

图 3-17　车辆外形检测器安装方式

外形检测器有顶投、侧投、激光、红外等多种式样，应视检测需要而定。按间接参数的分类法并不是依据个别参数值（几何尺寸、轴数和轮数）决定车型类别，而是根据这些参数值的组合范围。单个参数检测值应集中起来，经过综合并与标准对比才能对所测车辆进行分类。当车流量很大，车型较为复杂时，为了迅速作出准确判别，常同时配备外形、车高、轴载和环形线圈等检测器，并配置一台带有专用智能图形识别软件的高性能图形处理计算机，组成车型自动判别系统（Automatic Vehicle Identification System，AVI）。如果车型不很多，则车道控制计算机可以兼任车型分类计算机的工作。系统车型检测设备的选型、配置和安装方式可有多种选择，图 3-18 是其中的一种。设置环形线圈是为了确认车辆的存在，以防止人或其他物体等干扰进入检测域而产生错判。

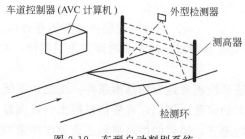

图 3-18　车型自动判别系统

3.9　设备状态检验和自检

设施的完好是重要的监控目标之一，设备状态的检测必不可少。

（1）一般要求

机电系统是高速公路实施现代化管理的主要手段，机电系统设备状态的好坏在很大程度上决定公路管理效率和质量。保持设备良好状态需要两个条件：一是通过各种手段及时掌握设备状态；二是拥有高水平的维修力量，对各种设备进行正确的保养和维护，并能根据已知的设备状态信息，预知和预测有关异常或故障的程度，分析、判断原因及对未来工作的影响，找出必要的对策和及时修复。

现场检查和连续监视是了解设备状态的两种手段。现场检查花钱多且不及时，只在必要时才采用；对于机电系统的大部分硬件，有可能也有必要进行连续监视。

设备的可靠性指标有：

① 平均故障间隔时间（MIBF）：相邻两次故障间隔时间，也称为平均无故障时间；

② 平均修复时间（MTIR）：排除故障需用的时间；

③ 平均寿命：设备或系统发生失效前的平均工作时间。

在采购合同上坚持可靠性指标是保证设备状态良好的重要措施。维修记录的积累和统计能得出设备失效的规律，将提高维修的计划性和质量。

（2）设备状态监视

从检测设备角度出发，可将设备分为能自检和不能自检两大类。凡是能自检的设备，一般对状态不正常的检测结果会发出报警信息，或保留状态异常信号等待主监控机的巡回检测。

对不能自检设备的监视往往要根据设备的工作特点进行监视。最常用的监视方法是：

① 任何一台设备都会有输出，检测有、无输出。有输出则判为正常，无输出则判为异常。

② 在有输出的情况下，判断输出是否正常。若输出有规定范围，则超出此范围可判别为异常；若无规定值，可从历史资料得出统计平均值，并根据经验人为确定一个门限值，超出限值范围也可判为异常。

可变显示系统工作状态的监视是将显示图文反馈给控制计算机，若反馈的图文与发出的指令不一致，可以立即判定系统出了故障。又如环形线圈车辆检测器出现下列情况之一，可判为传感器电子器件失效：

① 检测的交通量（车辆数）超过预置的最大值。

② 车辆存在的时间比预置的最大值还大（如 12min）。

如发现下列情况之一，则很可能是通信单元存在故障。

① 在比预置的时间长（如 4min）的时间间隔内无车辆存在信息。

② 将每天各时段平均交通量乘以平均车头时距作为门限值，在大于限值时无车辆出现。

（3）设施故障检测

及时发现故障，是保证系统正常运行的基本条件；反之，不但不能对交通流进行有效控制和管理，还可能造成更大的混乱。例如，可变信息标志的错误显示，会降低系统的可信度并妨碍驾驶人对显示信息的遵守，错误的信息显示还会导致严重的安全问题。

控制系统设备故障诊断，包括检测器、匝道信号控制器、可变信息标志、计算机系统、通信系统等设备的故障诊断。匝道信号控制器故障，通过比较当前信号相位与计算机要求显示的相位来识别。这种功能是通过控制器接口设计，使控制器显示信息被送回到计算机来完成的。在许多系统中，只将绿灯状态送回到计算机。只送单个显示的优点可以降低通信成本。如果发现控制器处于错误的相位，可用重新同步逻辑校正这一问题。如果校正失败，或者如果控制器不止一个间隔不同步，应确定为故障控制器。

识别出故障控制器以后，计算机应将控制器作为备用，并向操作员显示故障信息，操作员将故障登记在适当的系统报告中。

当测量的车辆存在大于正常的检测器失调时间，或在给定的检测器上车辆计数超过阈值，则指示检测器出故障。

可变信息标志故障，由计算机通过要求改变计算机所发信息的标志响应来识别。可变信息标志的系统设计必须包括重新传送所接收的从标志发回计算机的信息。要求重新传送应在接收到信息之后和紧跟显示的变换之后发生。如果由计算机收到的标志返回信息不同于传送的信息，则确定为标志故障。

思　考　题

1. 环形线圈的安装应当注意哪些问题？
2. 微波交通检测器具有哪些特点？
3. 简述公路称重的特点。
4. 设备可靠性指标有哪些？
5. 如何判断通信单元可能存在故障？

第4章 交通视频监控

视频监控系统也称闭路电视系统（CCTV），广泛用于公路交通监视，主要用来获取固定区域的实时交通图像，凭借视频图像与经验探测交通事件。近年来，计算机图像处理技术迅速发展，视频监控功能进一步扩展，可以对交通参数自动检测记录和交通事件自动识别报警。

4.1 外场前端设备

前端设备通常包括：摄像机、摄像机防护罩、摄像机镜头、旋转云台、解码器和安装支架等。根据需要还会安装监听探测器、各种报警探测器、照明灯、红外灯等多种监控设备。

① 监测所得到的种种数据还不能反映交通流的全部形态，也难于描述交通事故现场的具体细节。借助布设于重要地段的摄像机所拍摄的交通图像，利用视频监控系统在监控室重现这些视频图像，以支持人对监控过程的介入。这些视频图像帮助人们实时掌握全路的交通运行情况，了解重要地段的交通运行细节，以便正确地作出事件探测和控制决策。

② 视频监控系统所提供的活动图像应清晰、逼真、稳定；视场可在一定的范围内调整；系统长期在野外连续工作，应具有较强抗环境干扰能力和较高的工作强度。视频监控系统的监视点多达数十个，配置的设备很多。

（1）摄像机

摄像机是监控系统的"眼睛"，是视频监控系统最重要的设备，作为产生图像信息的传感器（实现信息采集），其原理是把光信号转换成电信号，其性能指标对整个系统来说是至关重要的，在大多数情况下决定了全系统的图像质量水平。

摄像机一般使用电荷耦合固体器件（CCD）或CMOS光电器件作为摄像元件，它能将表示图像的各像素亮度转换成相应强度的电信号。它以体积小、质量轻、灵敏度高、惰性小、图像均匀性好和寿命长等突出优点而被广泛使用。

摄像机种类很多，应根据监视的需要和工作环境条件选择合适的机型。各种类型摄像机应以监视地区的最低照度下能摄取到清晰的图像为主要指标。

按适用照度可分为普通摄像机和微光摄像机：前者要求照度较高，白天和较强灯光下（照度大于$2\sim3$lx），人眼能清晰分辨并摄取图像；后者可以在低照度下（$0.1\sim0.5$lx），如黎明、黄昏、暗光下摄取图像。这些图像帮助人们实时掌握全路的交通运行情况，了解重要地段的交通运行细节，以便正确地作出事件探测和控制决策。对事故现场的视频图像加以录制，叠加时间、地点等附注，以备存档和事后分析。

摄像机主要性能指标如下：

① 色彩；

② 清晰度；

③ 最低照度；

④ 同步；

⑤ 电源；

⑥ 自动增益控制；

⑦ 白平衡；

⑧ 电子快门；

⑨ 背景光补偿；

⑩ 宽动态。

摄像元件 CCD 的尺寸一般选择为 1/2～1/3 吋。

（2）摄像机镜头

镜头的作用是把被摄景物成像在 CCD 的靶面上，形成清晰的光学影像。

影响图像清晰的镜头参数主要是光圈和焦距。光圈孔径和焦距之比愈大，进入的光通量就愈多。摄像机的光圈是根据环境照度自动调节的。焦距决定物像比例，当被摄景物与镜头间的距离改变时，焦距应能自行调整；否则，成像面可能落到焦点深度以外，而使图像模糊。

镜头按照变焦方式又分为手动变焦和自动变焦。

交通监视的汽车大都在 200m 以内，一般采用能自动调焦的摄像机，焦距变化范围选为20～400mm，很多摄像机没有这么大的调节范围，可以配置一个×2 的光圈，扩大焦距调节范围。监视用摄像机快门均能自动调节。

（3）云台

云台的作用是安装和支持摄像机，同时以两个伺服电动机带动摄像机作水平、俯仰运动，以扩大观察视域。交通监视要求摄像机水平回转能接近 360°，上下可转动 90°。运动速度要求均匀，不能太快（每秒 3°～6°），不能有任何抖动，以致影响图像的稳定。云台有室外、室内之分，可按需要选择。

（4）解码器

解码器的主要作用是：接收后端切换控制设备发来的信号，对云台进行上下、左右运动控制；对摄像机镜头作远/近变焦、聚焦等控制；对防护罩进行风扇/电热/喷水雨刷等项控制。

（5）摄像机防护罩

摄像机经年累月在野外环境连续工作，要经受风霜雨雪、阳光直射、风砂侵袭。我国地域广阔，南北室外温度差异很大；沿海地区潮湿闷热，又存在腐蚀和霉菌问题。而摄像机为光电器件，对使用环境有一定要求，上述种种恶劣环境都会给正常摄取图像带来干扰。防护罩就是为解决这些干扰而设置的。其具体功能见表 4-1。

表 4-1　防护罩功能

环境条件	防护罩功能	控制要求
过热，表温 50℃，内温 60℃	密封，装风扇，装通风遮阳板	室内保温－5～30℃；≥40℃，开始吹风
过冷－40℃	装电热器，电热玻璃	<5℃，加热，到 30℃，自动切断
阳光直射镜头	散热型遮阳罩	
雨	自动雨刷器，自动回位	
风砂	定时清洗，高压泵洗净剂清洗器	抗风 36m/s，清洗周期自行设定
沿海盐雾	加强金属镀层防腐	
湿热地区霉菌	定期喷药	自定

（6）一体化摄像机

摄像机的种类很多。交通监控常见的摄像机按用途分大致可分为枪机、半球、一体化全球摄像机如图 4-1 所示。枪机一般用于道路、收费车道监控；半球摄像机主要用于收费亭内和室内监控；一体化全球摄像机主要用于道路监控和收费广场监控。

(a) 枪机　　　　　　　　(b) 吸顶式半球　　　　　　(c) 一体化全球

图 4-1　摄像机

① 一体化摄像机。通常所说的一体化摄像机应专指镜头内建、可自动聚焦的一体化摄像机。一体化摄像机种类繁多，不一而足，市场主体可分为彩色高解型和日夜转换型，以 16、18、20、22 倍最多，其他 6 倍、10 倍应用较少。总体来说，一体机的趋势是照度越来越低，倍数越来越高，已有 35 倍长焦距镜头，黑白最低照度 0.00051x。

② 一体化全球摄像机。一体化全球摄像机如图 4-1(c) 所示。将彩色一体化摄像机、云台、解码器组成一体，集成在球形防护罩内，构成一体化球形摄像机，简称全球。一体化全球以控制与转动方式又分为匀速球与快速球。后者可预设多个监控点，并快速转动切换。

在选择摄像机时，应对摄像元件 CCD 尺寸、最低使用照度、清晰度、信噪比和工作环境温度等指标提出明确、具体的要求。对镜头应提出自动变焦距镜头的焦距变化范围，快门速度和安装形式。对云台应提出回转、俯仰的范围、转动速度、承载能力、环境温度和抗风指标等。

（7）目前主流摄像机

① 高清晰度摄像机；

② 内置变焦镜头的一体化摄像机；

③ 智能球型或半球型摄像机；

④ 室外监控一体化高速摄像机；

⑤ 采用双 CCD 的日夜两用型彩色摄像机；

⑥ 使用单 CCD 的日夜型摄像机；

⑦ 高光敏度红外影像摄像机；

⑧ 微型化摄像机；

⑨ 网络摄像机。

（8）网络摄像机

网络摄像机又叫 IP CAMERA（简称 IPC）由网络编码模块和模拟摄像机组合而成。网络编码模块将模拟摄像机采集到的模拟视频信号编码压缩成数字信号，从而可以直接接入网络交换及路由设备。网络摄像机内置一个嵌入式芯片，采用嵌入式实时操作系统。网络摄像机是传统摄像机与网络视频技术相结合的新一代产品。摄像机传送来的视频信号数字化后由高效压缩芯片压缩，通过网络总线传送到 Web 服务器。网络上用户可以直接用浏览器观看 Web 服务器上的摄像机图像，授权用户还可以控制摄像机云台镜头的动作或对系统配置进行操作。网络摄像机能更简单的实现监控特别是远程监控、更简单的施工和维护、更好的支持音频、更好的支持报警联动、更灵活的录像存储、更丰富的产品选择、更高清的视频效果和更完美的监控管理。另外，IPC 支持 WIFI 无线接入、3G 接入、POE 供电（网络供电）和光纤接入。

网络摄像机将图像转换为基于 TCP/IP 网络标准的数据包，使摄像机所摄的画面通过 RJ-45 以太网接口或 WIFI WLAN 无线接口直接传送到网络上，通过网络即可远端监视画面。

（9）拾音器

拾音器俗称监听头、拾音头。拾音器的主要作用类似话筒，用于音频采集，监听监控区域内的声音。

4.2　后台设备

后台设备主要包括监视器、硬盘录像机、视频切换矩阵、视频分配器等。

（1）监视器

监视器和摄像机配套使用，在监控室播放交通图像。在确定 CCTV 系统时，需要确定监视器的数量、尺寸、色彩和清晰度。对一个监视点不多的系统，监视器和摄像机可以一对一使用，即监视器与摄像机的数目相等。如果监点很多，监视器可以少于摄像机，采用顺序切换，轮流监视或一个屏幕显示多个图像的方法实现监视目的。监视器清晰度应当摄像机匹配。

目前液晶式和等离子式监视器逐步取代 CRT 监视器成为主流。可用多个监视器组成监控室电视墙。

（2）硬盘录像机（DVR）

硬盘录像机是数字视频监控的核心技术。

硬盘录像机（Digital Video Recorder）即数字视频录像机，简称 DVR。它是一个进行图像存储处理的计算机系统，具有对图像/语音进行长时间录像、录音、远程监视和控制的功能。

① DVR 的概念。DVR 是一套进行图像存储处理的计算机系统，具有对图像/语音进行长时间录像、录音、远程监视和控制的功能，DVR 集合了录像机、画面分割器、云台镜头控制、报警控制、网络传输等五种功能于一身，用一台设备就能取代模拟监控系统一大堆设备的功能，而且在价格上也占有很大的优势。

DVR 采用的是数字记录技术，在图像处理、图像储存、检索、备份以及网络传递、远程控制等方面也远远优于模拟监控设备，DVR 代表了电视监控系统的发展方向，是市面上电视监控系统的首选产品。一般分为：硬盘录像机，PC 式（工控机式）硬盘录像机，嵌入式硬盘录像机等。如图 4-2 所示。

嵌入式 DVR 在稳定性、可靠性、易用性等方面有"专业化"的优势，嵌入式 DVR 会逐步侵占 PC 平台的工控机式 DVR 的市场。PC 平台 DVR 在通用性、可扩张性方面占有优势，在网络视频监控系统中仍可负担管理主机的角色，仍然有其自身的市场份额。

② 硬件组成。DVR 系统的硬件主要由 CPU、硬盘、内存、主板、显卡、视频采集卡、机箱，电源、通信接口、连接线缆等构成，其核心技术为视频采集卡，也称 DVR 卡。

目前市场上主流 DVR 卡压缩格式主要采用 H.264 标准或 MPEG4 标准。前者压缩格式更优。MPEG-4、H.264 是最常见的压缩方式；从压缩卡上分有软压缩和硬压缩两种，软压

(a) PC 式 DVR 与 DVR 采集卡

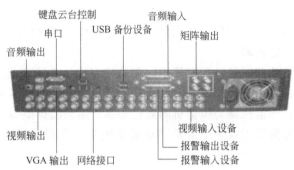

(b) 嵌入式 DVR

图 4-2　硬盘录像机

受到 CPU 的影响较大，多半做不到全实时显示和录像，故逐渐被硬压缩淘汰；从摄像机输入路数上分为 1 路、2 路、4 路、6 路、9 路、12 路、16 路、32 路，甚至更多路数；总的来说，按系统结构可以分为两大类：基于 PC 架构的工控机式 DVR 和脱离 PC 架构的嵌入式 DVR。

以 PC 式硬盘录像机（DVR）为架构的 DVR 是以传统的 PC 机为基本硬件，以 Windows、Linux 为基本软件，配备图像采集或图像采集压缩卡，编制软件成为一套完整的系统。PC 机是一种通用的平台，产品性能提升较容易，同时软件修正、升级也比较方便。PCDVR 各种功能的实现都依靠各种板卡来完成，比如视音频压缩卡、网卡、声卡、显卡等，这种插卡式的系统在系统装配、维修、运输中很容易出现不可靠的问题，适合于对可靠性要求不高的商用办公环境。

嵌入式系统一般指非 PC 系统，有计算机功能但又不称为计算机的设备或器材。它是以应用为中心，软硬件可裁减的，对功能、可靠性、成本、体积、功耗等严格要求的微型专用计算机系统。简单地说，嵌入式系统集系统的应用软件与硬件融于一体，类似于 PC 中 BIOS 的工作方式，具有软件代码小、高度自动化、响应速度快等特点，特别适合于要求实时和多任务的应用。嵌入式 DVR 就是基于嵌入式处理器和嵌入式实时操作系统的嵌入式系统，采用专用芯片对图像进行压缩及解压回放，嵌入式操作系统主要是完成整机的控制及管理。此类产品没有 PCDVR 那么多的模块和多余的软件功能，在设计制造时对软、硬件的稳定性进行了针对性的规划，品质稳定，不会有死机的问题产生，而且在视音频压缩码流的储存速度、分辨率及画质上都有较大的改善，就功能来说丝毫不比 PCDVR 逊色。嵌入式 DVR 系统建立在一体化的硬件结构上，整个视音频的压缩、显示、网络等功能全部可以通过一块单板来实现，大大提高了整个系统硬件的可靠性和稳定性。

③ DVR 主要功能。硬盘录像机的主要功能包括：监视功能、录像功能、回放功能、报警功能、控制功能、网络功能、密码授权功能和工作时间表功能等。

多路监视功能：监视功能是硬盘录像机最主要的功能之一，能否实时、清晰的监视摄像机的画面，这是监控系统的一个核心问题，大部分硬盘录像机都可以做到实时、清晰的监视。DVR 可以进行多路视音频同时监控。监控图像可以多画面显示。

控制功能：主要指通过主机对于全方位摄像机云台，镜头进行控制，这一般要通过专用解码器和键盘完成。

录像与回放功能：录像效果是数字主机的核心和生命力所在，在监视器上看去实时和清晰的图像。大部分 DVR 的录像都可以做到实时 25 帧/秒录像，1 路摄像机录像 1h 需要200MB～1GB 的硬盘空间。录像质量越高，占用硬盘空间多。录像检索、回放方便。回放的过程是将保存于磁盘上的压缩文件通过应用程序在计算机上解压缩，而不需要视频卡的支持。

报警功能：主要指探测器的输入报警和图像视频帧测的报警，报警后系统会自动开启录像功能，并通过报警输出功能开启相应射灯，警号和联网输出信号。图像移动侦测是 DVR的主要报警功能。

网络功能：通过局域网或者广域网经过简单身份识别可以对主机进行各种监视录像控制的操作，相当于本地操作。

密码授权功能：为减少系统的故障率和非法进入，对于停止录像，布撤防系统及进入编程等程序需设密码口令，使未授权者不得操作，一般分为多级密码授权系统。

工作时间表：可对某一摄像机的某一时间段进行工作时间编程，这也是数字主机独有的功能，它可以把节假日，作息时间表的变化全部预排到程序中，可以在一定意义上实现无人值守。

相比较磁带录像机，硬盘录像机的突出优点体现在以下几个方面。

- 实现了模拟节目的数字化高保真存储。能够将广为传播和个人收集的模拟音视频节目以先进的数字化方式录制和存储，一次录制，反复多次播放也不会使质量有任何下降。
- 全面的输入输出接口：提供了天线/电视电缆、AV 端子、S 端子输入接口和 AV 端子、S 端子输出接口。可录制几乎所有的电视节目和其他播放机、摄像机输出的信号，方便地与其他的视听设备连接。
- 多种可选图像录制等级：对于同一个节目源，提供了高、中、低三个图像质量录制等级。
- 录像帧率可调：每秒钟录像帧率可从 0～25 帧/秒可调。大容量长时间节目存储，可扩展性强：用户可选用 1000GB 以上的大容量硬盘进行录像。
- 完善的预设录制功能：用户可以自由的设定开始录像视频的起始时刻、时间长度等选项。通过对摄像机的编辑组合，可以系统化地录制任意组合摄像机的视频信号，便于灵活处理。
- 强大的网络功能：用户通过网络通讯接口，使用 DVR 本身内置的 Web 服务器，通过局域网或者互联网就可远程查看和控制录像机。
- 提供随心所欲的回放方式：由于硬盘快速、随机存储的特点，录制好的视频和正在录制的视频，都可以用 DVR 或者网络多种方式进行回放。

（3）矩阵切换器

矩阵切换器就是将一路或多路视音频信号分别传输给一个或者多个显示设备。如两台电脑主机要共用一个显示器，矩阵切换器可以将两台电脑主机上的内容任意切换到同一个或多个显示器上。

矩阵切换器可独立成为音频切换矩阵，也可以使用专用级联线缆实现和 VIDEO，VGA，RGB 矩阵实现同步切换。该设备具有断电现场保护功能，能保存设备关机前的工作状态，具备与计算机联机使用的 RS-232 通讯接口，并提供通讯协议和演示程序，方便联机使用。

矩阵切换控制键盘具有无级变速云台控制手柄，用于控制云台动作，镜头控制（光圈开/关，聚焦远/近，变焦长/短），报警控制，视频信号切换控制以及预置设置。系统切换容量由监视系统的规模及监视控制需求确定。

① 系统组成。视频矩阵切换系统采用模块化结构设计，一般由一块 CPU 控制主板、多块视频输入板、多块视频输出板、通信控制板等四部分组成。

系统设置和控制通过外接控制键盘和（或）多媒体电脑完成。控制输出有外接云台镜头控制的 RS-485 端口，外接报警信息接收的 RS-485 端口等。

② 基本操作功能。矩阵切换系统除了具备一般切换器的常规操作功能外，还具有多种可编程的操作功能。

a. 循环切换模式：程序切换（对监视器的切换）、巡回、群组切换（对矩阵系统的切换）。

b. 三种报警模式切换：模式 1、模式 2、模式 3。

c. 定时切换功能：可以设定巡回、群组切换的开始与停止时间。

d. 操作员权限设置管理。

（4）视频分配器

视频分配器，具有一路视频输入，多路视频输出的功能。基本单元为一分二或一分四，可通过单元间不同组合实现更多的输出。主要用于同一图像同时多种应用的场合，与视频切换控制器配合使用可以构成灵活的显示及控制方式。

（5）画面分割器

具有将多个摄像机输出的视频信号同时显示在一个监视器上的功能，多画面输出接到录像机上，可用于多工记录，也具有多选一输出功能。例如彩色 16 路数字视频画面器，具有将 16 路图像信号经处理可以录制在一盘录像带上。

（6）时滞录像机

时滞录像机主要用于模拟监控系统。

时滞录像机可以用 180min 的录像带连续录 24h，用 3h 制快速放像或 24h 制实时放像。同时它具有时间发生功能，能在录像带上录制录像时间，与视频控制器相连可以通过报警器自动录制图像，并可自动搜索报警图像。因此对时滞录像机要求具有报警记录功能、报警搜索功能、带有日期/时间发生器、自动磁头清洁以及无故障自动重复录制等功能。

4.3 视频传输

视频监控系统中，通常按照功能分为前端部分、传输部分和主控部分，传输系统将监控系统的前端设备与终端设备联系起来的物理通道。前端设备所产生的图像信号、声音信号、各种报警信号通过传输系统传送到控制中心,并将控制中心的控制指令传送到前端设备。

4.3.1　监控系统图像传输的要点

监控系统往往要根据不同用户、系统规模、覆盖面积、信号传输距离、信息容量等对系统的功能及质量指标要求不同,而采用不同的传输方式。监控系统中往往也要求传输报警信号、音频信号、控制数据信号等,但图像传输决定着监控系统的好与坏是最受关注的。由于动态图像信号的信息量大、频带宽、监视实时性强,因此传输的重点就是视频图像信号的传输。

(1) 衰减传输距离

交通监控系统规模不再局限于几至几十个点,传输距离也由原来的几十、几百米发展到几公里、几十公里,甚至跨省界传输。从而也推动了监控图像的传输方式的变革,由单一视频基带传输方式发展到视频基带、双绞线、光纤、射频(宽频共缆)、微波、数字网络多元化传输并存模式。由于视频信号采用不同的传输方式,其传输介质的物理特性不同导致信号传输距离不同,传输质量也存在很大差异,故建设监控系统必须根据传输距离和图像质量要求选择合适的传输方式。

(2) 视频干扰与抗干扰

在视频监控中,视频信号经过线缆传输时,常常会遇到电源干扰、电磁波干扰、低频干扰、静电干扰等各种外界干扰源的影响,使监控图像出现网纹、横条、噪点等干扰现象影响图像质量,严重的会使监控系统无法达到要求。

车辆在收费站附近频繁的制动、启动产生的油烟,车辆行进中产生的振动,风荷载的作用,车辆起动等产生的电磁干扰,都直接影响了摄像机的摄像质量及图像的传输质量,因此在系统设计与设备选型时应充分注意这些问题。为防止阳光直射镜头,可配遮阳罩;对于夜间或照度较低情况,广场摄像机需要对广场照明提出具体要求;而考虑晚上车灯的影响,车道摄像机则可配备亮度抑制器,一般要求摄像机能够适应昼夜亮度变化,自动亮度调节。

电磁干扰的处理方法如下。

① 可以在视频传输系统的前端加放大器,具有自动增益控制,既提高整个传输系统的信噪比以抑制各种干扰,又可减少信号传输衰减。

② 最好采用光纤传输,如果采用同轴电缆,同轴电缆屏蔽层网格应均匀,埋设时应穿放于钢管中,中间少用接头。

③ 同时为了增强屏蔽效果,整个传输系统应采用独立一点接地方式。

(3) 图像信噪比

信噪比(S/N)就是信号与噪声的比值,图像信噪比和图像清晰度一样,都是衡量图像质量高低的重要指标。图像信噪比是指视频信号的大小与噪波信号大小的比值,两者是同时产生而又不可分离的,噪波信号为无用的信号。监控行业标准规定,系统 $S/N \geqslant 38dB$ 时才能达到监控图像传输国家标准,这一指标取决于摄像机视频信噪比、传输损失和干扰信号。当噪波信号达到某个限度时对视频信号会产生一定影响,所以在选择摄像机和传输系统时,应选择一些视频指标较高的($\geqslant 50dB$),以使图像传输质量得到保证。为确定这个限度,一般取两者的比值作为衡量的标准。如果图像的信噪比大,图像的画面就干净,就看不到什么噪波的干扰(主要画面中有雪花状),图像看起来就很舒服;如图像的信噪比小,则在画面中会布满雪花状干扰现象,就会影响图像收看效果。

4.3.2 常见的几个视频传输方式

（1）视频基带传输

视频基带传输是最为传统的电视监控传输方式，对 0～6MHz 视频基带信号不作任何处理，通过同轴电缆（非平衡）直接传输模拟信号。

其优点是：短距离传输图像信号损失小，造价低廉，系统稳定。

缺点：传输距离短，300m 以上高频分量衰减较大，无法保证图像质量；一路视频信号需布一根电缆，传输控制信号需另布电缆；其结构为星形结构，布线量大、维护困难、可扩展性差，适合小系统。

（2）光纤传输

光纤传输常见的有模拟光端机和数字光端机，是解决几十甚至几百公里电视监控传输的最佳解决方式，通过把视频及控制信号转换为激光信号在光纤中传输。

其优点是：传输距离远、衰减小，抗干扰性能最好，适合远距离传输。

其缺点是：对于几公里内监控信号传输不够经济；光熔接及维护需专业技术人员及设备操作处理，维护技术要求高，不易升级扩容。

（3）网络传输

网络传输是解决城域间远距离、点位极其分散的监控传输方式，采用 MPEG4、H.264 音视频压缩格式传输监控信号。

其优点是：采用网络视频服务器作为监控信号上传设备，有 Internet 网络安装上远程监控软件就可监看和控制。

其缺点是：受网络带宽和速度的限制，只能传输小画面、低画质的图像；每秒只能传输几到十几帧图像，动画效果十分明显并有延时，无法做到实时监控。

（4）微波传输

微波传输是解决几公里甚至几十公里不易布线场所监控传输的解决方式之一。采用调频调制或调幅调制的办法，将图像搭载到高频载波上，转换为高频电磁波在空中传输。

其优点是：省去布线及线缆维护费用，可动态实时传输广播级图像。

其缺点是：由于采用微波传输，频段在 1GHz 以上，常用的有 L 波段（1.0～2.0GHz）、S 波段（2.0～3.0GHz）、Ku 波段（10～12GHz），传输环境是开放的空间很容易受外界电磁干扰；微波信号为直线传输，中间不能有山体、建筑物遮挡；Ku 波段受天气影响较为严重，尤其是雨雪天气会有严重波损现象。

（5）双绞线传输（平衡传输）

双绞线传输也是视频基带传输的一种，将 75Ω 的非平衡模式转换为平衡模式来传输的。是解决监控图像 1km 内传输，电磁环境复杂场合的解决方式之一，将监控图像信号处理通过平衡对称方式传输。其优点是：布线简易、成本低廉、抗共模干扰性能强。其缺点是：只能解决 1km 以内监控图像传输，而且一根双绞线只能传输一路图像，不适合应用在大中型监控中；双绞线质地脆弱抗老化能力差，不适于野外传输；双绞线传输高频分量衰减较大，图像颜色会受到很大损失。

（6）宽频共缆传输

视频采用调幅调制、伴音调频搭载、FSK 数据信号调制等技术，将数十路监控图像、伴音、控制及报警信号集成到"一根"同轴电缆中双向传输。

其优点是：充分利用了同轴电缆的资源空间，四十路音视频及控制信号在同一根电缆中双向传输、实现"一线通"；施工简单、维护方便，大量节省材料成本及施工费用；频分复用技术解决远距传输点位分散，布线困难监控传输问题；射频传输方式只衰减载波信号，图像信号衰减很小，亮度、色度传输同步嵌套，保证图像质量达到 4.5 级以上国家标准；采用 75Ω 同轴非平衡方式传输使其具有非常强抗干扰能力，电磁环境复杂场合仍能保证图像质量。其缺点是：采用弱信号传输，系统调试技术要求高，必须使用专业仪器。宽频调制端需外加 AC220V 交流电源，但目前大多监控点都具备这个条件。

4.3.3 监控视频传输方法的选择

通过对上述几种监控传输方式的比较可以看出，每种传输方式都应一分为二地看待，都有自己的适应性和优异之处，又有不足之处。一种传输方式是否得体不是看其方式本身如何，而是看其所用方式是否适用于应用场所。

对于传输三、四百米内的监控环境，采用视频基带传输方式比较好，其频率损失、图像失真、图像衰减的幅度都比较小，能很好的完成传送视频信号的任务。如果传输中存在高压设备、交流变频器、变电站等干扰源，则应选择宽频共缆、双绞线传输方式，以保证视频传输质量。

对于传输距离较远的监控环境，建议采用光纤传输，光纤传输具有衰减小、频带宽、抗电子电磁干扰强、重量轻、保密性好等众多优点，已成为长距离视音频及控制信号传输的首选方式。有的监控环境比较复杂，且布线难度比较大，可选用微波方式传输监控信号，既不用布线又可以解决信号远传问题，但在南方降雨较多的区域应该慎用，防止下雨天气监控信号受雨衰影响。

对于跨城区、超远距离或已有内部局域网的监控环境来讲，监控信号传输可选用数字网络传输方式，通过把视频或控制信号直接转换成数字格式在网络上传输，用连接在网络中的副控软件对监控信号进行多方监看和控制。但受网络带宽和视频压缩比的限制，图像指标不容乐观，用于普通的监看还可以。

对于点位较多、点位分散、传输距离几百米至几公里的监控环境，或是存在严重视频干扰源的监控环境，宽频共缆监控传输方式具有非常大的优势。一根同轴电缆传输几十路的图像和控制信号，大大减少了电缆使用量，极大地降低了电缆敷设的施工量；把图像直接调制到高频载波上传输，远远绕开了常见视频干扰 0～10MHz 的干扰频段，使系统抗干扰性能大大提高；"总线＋星型"即树型布线结构，方便扩容，便于维护。

总之，监控传输方式的选用应具体问题具体分析，事先把监控传输中出现的问题考虑到。

交通监控一般采用同轴电缆或多模光纤，距离较远时，可采用单模光纤。同轴电缆视频基带传输是短距离电视监控中最经济的一种方式，传输系统较为简单，不需附加设备，但传输距离不能太远并且易受外界电磁波的干扰，多数用于收费监控。而光纤完全不受外界电气干扰，传输频率特性优良具有传输距离长、传输容量大、图像质量高的优点，因此有条件的情况下应尽量采用光纤传输方式。

4.4 视频监控系统

交通监控系统原先采用模拟监控系统。随着 H.264 压缩格式的 DVR 技术产生，DVR 开始取代模拟监控，2006 年数字视频监控已占据监控市场 40% 的份额。2005 年宁沪高速公路南京收费站已开始部分采用数字监控。目前 DVR 技术为核心的数字视频监控基本取代了模拟监控方式。

4.4.1 模拟视频监控系统

模拟视频监控系统主要以矩阵切换器为控制手段，以时滞录像机为存储介质的监控系统。常见的系统组成如图 4-3 所示。

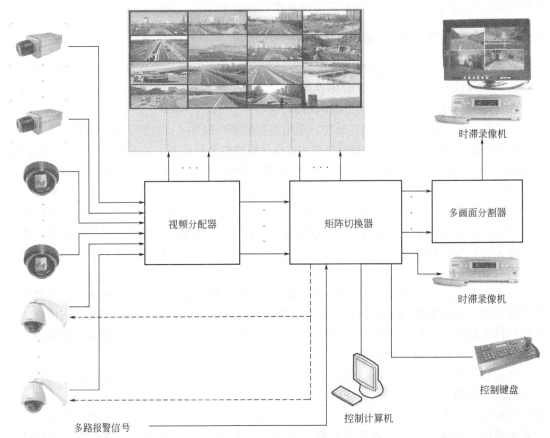

图 4-3 模拟视频监控系统基本配置结构图

如图 4-3 所示为模拟点对点传输，单级矩阵切换方式视频监控的结构图。在该方式中，各摄像机将现场所采集的视频信号以各自信道点对点方式拾取到监视系统中，由传输系统完成视频信号的传递，视频信号在监控室连接到监视器、时滞录像机等输出设备。用户通过操作键盘，通过解码器控制，完成一体化全球摄像机变焦、旋转等功能，其基本原理如图 4-3 所示。CCTV 传统的系统一般采用该方式，可用于收费站内收费监控。该系统简单，各路图像分别采用各自的信道，若距离较长，以增加光端机接续。

4.4.2 数字视频监控系统

数字视频监控是以 DVR 为核心的监控系统。视频信息由模拟视频转换为 H.264 或 MPEG4 压缩格式数字视频数据。视频数据数字化便于存储、传输与检索，为联网监控带来很大的方便；使监控系统结构简化，成本降低。

数字硬盘录像机的设计从根本上取代了原来质量低下，高维修率的磁带录像机，例如视频监控模拟录像机。DVR 不仅仅革命性地扩展了 CCTV 视频监控系统的功能，并且所增加的功能使其远远优于以前使用的模拟录像机。

最重要的是 DVR 把高质量的图像资料记录在硬盘中，免除了不停地更换录像带的麻烦。其次，DVR 的内置的多路复用器可以多路同时记录 CCTV 录像机的视频资料，降低了视频监控系统中所需的设备，显示出了强大的功能。这样，通过把摄像机的视频信息数字化并且基于 MPEG-4、H.264 进行压缩，DVR 可以高效率地记录多路高质量的视频流。DVR 也可能用其他方格式备份视频信息，如 CD-RW/DVD-RW。USB 驱动器，记忆卡或者其他存储卡等等。

常见的数字视频监控系统如图 4-4 所示。

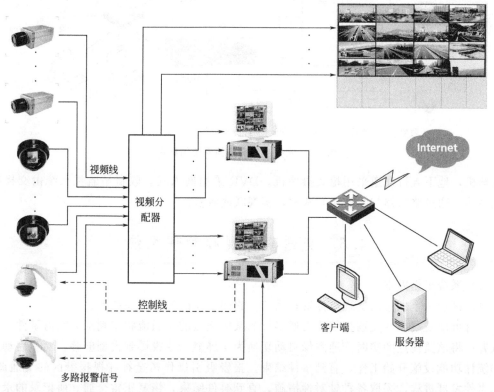

图 4-4　常见的数字视频监控系统结构

DVR 本身就是一种视频服务器，装有专用的监控服务端软件，可直接对前端设备进行监控。通过网卡、交换机方便地组成局域网，实现联网监控。局域网中的计算机、服务器，装上 DVR 监控客户端软件，可通过 IP 地址，对前端摄像机进行监控操作。

4.5　应用实例——收费过程视频监控

收费监控与道路监控的监控目标不同，主要是防止通行费的少收、漏收。需要对收费亭、收费车道、收费广场进行全方位监控。根据有关规定，收费车道超过 8 条，应当设置地下人行通道。

收费站收费监控系统如图 4-5 所示。

收费亭采用吸顶式半球摄像机；收费车道选用枪式日夜摄像机；收费广场两端各用 1 个

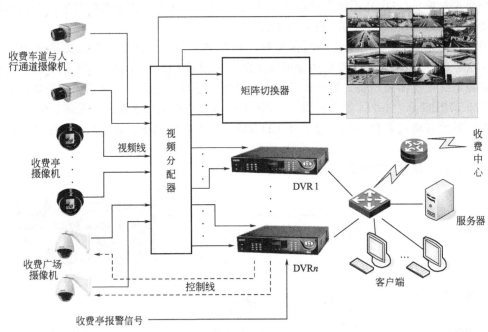

图 4-5 收费站收费监控系统结构图

快速球机，地下人行通道采用枪式摄像机。DVR 采用嵌入式。收费站监控系统由交换机组成局域网，通过路由器与收费中心联网，实现联网收费。

4.6 交通事件视频管理系统

（1）系统工作需求

可以设想一个理想的交通事件管理系统，它的工作内容和程序如下。

对有可能发展成为交通拥挤或交通事故的某监视区的交通流状态判别为交通事件，并发出预警；将该监视点的实时交通图像自动切换为全屏显示或投影到大型屏幕，同步启动录像机和统计功能设施开始工作，直到事件结束。报警吸引操作员全神注视报警区的交通图像，并随事件发展进程，采取各种针对性措施，直到事件结束，恢复正常交通。所记录的录像带和数据统计报表为事后分析提供依据。系统工作的关键为事件判别。前面介绍以数据为基础的判别算法（含门限值设置），其报出率并不高，而误报率却不低。现在以活动图像为判别对象，应该设置以图像识别为基础的门限值。

考虑车辆停驻和慢行是拥挤和事故前期常见现象，故预设报警门限值为：

① 报警前任一辆车最短停驻时间；

② 车队停驻持续时间，即报警持续时间；

③ 慢速行驶的最低车速值，即慢速报警值，解除慢速报警的最低车速值。

由摄像机传送来的交通图像可以分为两大部分：静止的交通设施（车道、匝道、桥梁和隧道等）和运动车辆。在静止图像上可以用鼠标画出一些如图 4-6 所示的检测线，以测出车辆的停驻和慢行。检测是以活动线条与给定的静止线条相交汇为基础的。检测线的形状随需要而定，如在车道和硬路肩检测车辆停驻，一般画成"之"字形线；如检测一定路段的平均慢行车速，则可画成类似环形线圈的方形框。

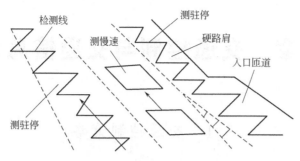

图 4-6 屏幕图像显示上的检测线

（2）系统结构

事件管理系统是在闭路电视系统的基本配置上，增加一台事件主处理器，通过局域网连接控制若干个从处理器的图像处理系统。主处理器提供系统控制和配置，对选用的摄像信号设置所需要的交通状况图像监视区域，并按分配给该信号的监视器支持图像显示。每个从处理器监控三个不同的摄像输入信号，实施实时图像分析并监控同一时刻的每一个输入和输出，统计并把事件数据传送给主处理器。主处理器配备一台功能强大、外设齐全的计算机，并拥有图形支持和专用处理软件。由各摄像机摄取的信号经过切换器（时序或分割）—事件从处理器—主处理器—监视器。主处理器在监视器上显示激活的交通图像，监视区号（摄像机编号）和报警状态。

摄像机的布设按需要而定，对重要路段如隧道和特大型桥梁需要全程监视，摄像机所监视的区域应相互衔接，不能留有未监视的空白区。摄像机镜头宜固定，以提供连续的闭路电视信号，进行持续监视。主处理器设置的检测线应该为"之"字形复合线段，便于采集车辆停驻和慢行信息。在匝道连接点附近，经常安装带云台的摄像机，通过回转、俯仰以获取各进出口的交通图像；此时也可设置类似环形线圈的检测线。

由于在静止图像上设置检测区，当输入当前活动的车辆图像时，应仔细观察车辆在静止图像上的运动轨迹，如不匹配，应进行调整。

思 考 题

1. 摄像机的主要性能指标有哪些？
2. 简述 DVR 的主要功能。
3. 简述数字视频监控与模拟视频监控的主要区别。
4. 主要前端设备有哪些？其主要作用是什么？
5. 视频传输方式如何选择？
6. 名词解释
① 矩阵切换器
② 云台
③ 解码器
④ 时滞录像机
⑤ CCTV
⑥ DVR

第 5 章　交通控制与交通信息诱导

5.1　交通控制策略

目前，高速公路上常用的控制方式有匝道控制、主线控制、通道控制，其中匝道控制是应用最广泛的、效果最好的一种控制形式。这一部分将对匝道控制问题进行深入的讨论，包括单个入口匝道或出口匝道的定时控制、动态控制以及多个匝道的协调控制。

调整供求，争取平衡是控制交通流状态的基本思路。即抑制和转移需求量，通过调整交通和道路参数提高道路通行能力，实现供求动态平衡，使交通流达到预期的控制目标。调整供求有多种控制方法可供选择，根据实际情况选择控制方法称为控制策略。

现有的各种控制方法都是在承认车速与交通密度成反比这一客观现实的前提下做出的，只能在一定的前提条件下使用。

设 C 为车道通行能力，Q 为对车道的交通需求量，则控制前提条件如下。

① $C \gg Q$ 交通流为自由流，无需控制；但仍需监视，紧急处理事故。

② $Q > C$ 在多条路段的不同时刻多次出现，说明整条公路的通行能力低于交通需求，控制难于改善交通现状，只有扩大道路通行能力（如增加车道）解决需求矛盾。

③ $Q > C$ 出现在交通高峰期或个别瓶颈路段。此时，可通过以下方法控制交通流。

5.1.1　入口匝道控制概述

入口匝道控制的基本目标是控制高速公路的交通需求。以高速公路主线交通流为对象，以匝道入口流量为系统的输入控制量，通过计算匝道上游交通需求与下游道路容量差额来寻求最佳入口匝道流量控制，从而使高速公路本身的交通需求不超过它的容量，使高速公路主线交通流处于最佳状态。这样，一些期望使用高速公路的车辆，在允许进入高速公路之前将要求它们在入口匝道上等待。如果不想在入口处等待，它们可以选择不走高速公路，或者从另外一个入口进去，或者另选一个时间再进入。可以预料，入口匝道控制的结果是通过把高速公路上的延误因素转移到入口匝道，从而在高速公路上维持一个既不间断也不拥挤的交通流，也就是把超量的车辆转移到其他可替换道路上，或者转移到需求较低的其他时间，或者采用其他运输方式。

（1）入口匝道控制作用

入口匝道控制的作用有以下几点：

① 减少高速公路主线上所有车辆的行程时间；

② 减少通道内全部行驶车辆的行程时间；

③ 消除或减少车辆汇合中的冲突和事故；

④ 由于改善了交通流的平稳性，因此减少了车辆运行的不舒适感和对环境的干扰。

（2）入口匝道控制的条件

由于入口匝道的控制所获得的高速公路的运行效益是以通道内其他替换道路上交通问题的加剧为代价取得的，前者必须比后者代价大，入口匝道控制才是值得的。因此，实施入口匝道控制的成败取决于下列条件是否得到满足：

① 在通道上应该有可供使用的额外的容量（即可替换的路线、时段或运输方式）。

它们不仅能容纳从高速公路上转移来的交通量，而且也能容纳原来就使用它的正常交通量。如果在通道内没有可供使用的额外容量，尽管入口匝道控制可以防止高速公路上发生拥挤，但在别的地方将会发生拥挤，拥挤有可能扩展，从而在可供使用的替换道路和高速公路入口匝道附近地区都发生拥挤。拥挤的扩展减少了高速公路控制取得的效益，甚至完全抵消它，使控制的最终总效果急剧下降。交通控制方法并没有创造新的容量，因此，为了防止拥挤，必须为通道增加附加容量。

必须注意，还可能有这样的情况，汽车驾驶人由于考虑舒适、个人的安全或其他因素，对可替换道路或其他运输方式不感兴趣，可能只喜欢选用高速公路。此外，为了充分利用入口匝道控制的潜力，应该使用入口匝道控制的优先系统，使交通转移到公共运输和合用车方面。这种系统要求对公共车和合用车提供优先处理，使这类车辆进入高速公路时无延误或少延误，而要求其他车辆在匝道上等待。

② 在入口匝道上应有足够的停车空间（每辆小客车需用的储存空间约为 7m，依次可计算出匝道排队容量）。在实施匝道控制时，使匝道上的排队车辆不至延伸到堵塞引道或平交街道的程度，保证等待的排队车辆不会严重影响非高速公路的交通。

③ 交通模式必须合适。例如，如果从主车道上来的交通量已经等于高速公路该路段的容量，那么允许从入口匝道进入该路段的车辆数就等于从出口匝道离开该路段的车辆数。因此，如果这时交通模式是没有车辆离开该路段，就不允许车辆从入口匝道进入高速公路。但是，在大多数情况下这样做一般都是不能被公众所接受的，将受到强烈反对。

如果短途旅行和地区性交通的比例很小，把入口匝道控制作为鼓励人们使用通道上可替换道路的一种手段，那么意味着这种交通转移将会很少。

④ 为节省行程时间，在高速公路下游出口处必须有可能利用的容量，否则，仅仅使交通瓶颈向下游移动，这样的匝道控制无益。

⑤ 由于匝道汇合不充分、视距不良，会在高速公路上发生常发性拥挤或严重事故的情形。

（3）入口匝道控制方法

入口匝道控制包括匝道调节和匝道关闭两种形式。匝道调节是在匝道上使用交通信号灯对进入车辆实行计量控制，也可通过收费站的收费车道开放数来调节进入高速公路的车辆数。单位时间内进入的车辆数称为匝道调节率。匝道关闭可通过自动路栏、或交通标志、或人工设置隔离墩把某些入口匝道关闭。

入口匝道调节方法很多，如果按照调节率相对时钟是固定的还是变动的；是单匝道调节还是多匝道调节；是用于消除高速公路上的拥挤还是改善汇合运行安全来分类，入口匝道调节方法可分如下几类：

① 入口匝道定时调节；

② 入口匝道动态调节；

③ 入口匝道汇合控制；

④ 入口匝道整体定时控制；

⑤ 高速公路入口全局最优控制。

入口匝道控制是通过转移和抑制交通需求量来保持路段畅通。

收费车道的车道控制器及其辅助装置——灯光控制信号和入口自动栅栏给入口匝道控制

提供手段。单个入口匝道的控制方式见图 5-1 所示。

图 5-1 入口匝道的控制方式

5.1.2 控制方式之一——入口匝道暂时关闭

匝道关闭就是对所有交通都实行关闭，不允许车辆进入高速公路，维持高速公路不拥挤。匝道关闭可以是永久性关闭，或者是在高峰期以及偶发性拥挤期短期关闭。永久性关闭主要用在立交非常接近、交织问题十分严重的地方，但公众的反对可能与日俱增，是一种没有办法的办法。永久性关闭方法一般缺点多于优点。下面讨论临时关闭匝道。

（1）暂时关闭匝道条件

由于入口匝道关闭的局限性，只在下述几种情况下可以考虑使用匝道关闭。

① 在入口匝道上没有足够的停车空间，为防止等待进入高速公路的排队车辆妨碍平交街道交通，此时关闭匝道能消除车队积存问题。

② 入口匝道上游的高速公路的交通需求已达到下游道路容量，而可替换道路上还有足够的容量可供使用。关闭入口匝道就能防止下游路段上交通需求超过容量，并且能把匝道上的交通需求转移到可替换道路上。

③ 虽然理论上应该是匝道的进入交通量等于下游容量和上游交通需求之差。但在实施调节控制时，如允许进入高速公路的车辆很少，会使驾驶人以为匝道调节信号已坏，致使违章事件发生，即不经允许闯入高速公路。在这种情况下，用关闭匝道的方法来防止交通拥挤更实际。另外，在高速公路发生偶然事件时也可以使用关闭。

（2）关闭匝道的方法

匝道关闭有人工设置路栏、自动路栏和标志三种方法。经验表明，单独的标志不能有效地关闭入口匝道，所以一般不要采用这种方法。自动路栏能自动关闭和打开一个入口匝道，作为一种控制手段，它还能增加关闭的灵活性。

5.1.3 控制方式之二——入口匝道定时调节

定时调节是一种限制交通流的方法。当用于入口匝道控制时，就是在入口匝道上使用信号灯，以限制进入高速公路的交通流量，保证高速公路保持高效运行状态，改善车流汇合时的安全。

定时调节是指调节率预先给定的，在某一段时间的运行是固定不变的。这种控制方式主要根据历史情况检查高速公路上的统计情况，把一天划分为若干时段。假定每个时段内，交通流状况近于不变，以此作为依据来确定每个时段内一组不变的入口调节率，使某项性能指标最优。显而易见，这种控制方式不能适应交通流的随机变化。但是，当交通流在一段时间内波动不大时，这种控制是十分有效的，而且定时调节很容易实现多个匝道入口协调控制。此外，这种控制运行十分可靠耐用，使用设备少，是目前使用最广泛的匝道控制形式。

匝道定时调节是限制入口匝道交通流率的控制方法，它每隔一定时间放行一辆车，既用来消除交通拥挤，也用来增进汇合区的汇合安全。

调节率定义为单位时间放行的车辆数。调节率一般保持在 10min、30min 或者 1h 不变，故称为定时调节。

入口匝道定时调节来消除高速公路上的交通拥挤现象，需要根据供求关系进行调节。应当保持整个交通需求量小于高速公路的交通容量，所以匝道调节率的计算应基于匝道上游交通需求 Q_d（辆/h）、匝道下游交通容量 C_d（辆/h）和匝道处期望进入高速公路的交通流量 Q_r（辆/h）这三者的相互关系：

① $C_d > Q_d + Q_r$，不需进行调节，不会发生拥挤。

② $C_d < Q_d$，不可调节。

此时进行匝道调节也无法消除拥挤；可短时关闭匝道，并设法使上游入口匝道减少调节率，减少上游交通需求。

③ $Q_d < C_a < Q_d + Q_r$，可调节，调节率（单位为辆/h）为：$r = C_a - Q_d$。

Q_r 和 Q_d 可根据上一个调节时区的实测值，再参考该时刻历史纪录进行预测，下游通行能力 C_d 按历史资料估算，可求得下一时区的调节率。

5.1.4　控制方式之三——动态调节

路段上游交通需求随时间变化较大，在 10min 或 30min 内，按固定调节率对入口交通量进行调节，将无法追随有较大时变的交通需求，因而也无法获得良好的调节效果。

动态调节的调节率随时间变化，控制周期约为 1~5min。调节率的算式仍为上式，但应实时检测上游交通流率 Q_{ru} 和本站交通需求 Q_{r1} 并代入公式：先判别交通流的状态（稳定或挤塞）与调节条件，如可调，则将计算结果作为下一控制周期调节率的输入数据。

5.1.5　控制方式之四——入口匝道汇合控制

待进入高速公路的车辆在匝道连接点与主车道交通流汇合，如主道交通量不大，车辆汇合不存在困难，无需控制。如交通量已经很大，则车辆强行进入已有很多车辆正在高速行驶的主车道，极易出现尾撞和侧撞，汇合处成为交通事故的高发地区之一。汇合控制的目的是帮助入口匝道车辆最有效的利用外侧车道上的车头间距（或时距），安全汇入，而不产生外侧主车道交通流的明显减速和间断。

入口匝道汇合控制有两种型式。

（1）可插入间隙汇合控制

为保证行车安全，驾驶员随车速的提高而加大车头间距；营运管理部门也提出最高限速下的车头间距值，如最高限速 110km/h，最小车头间距不低于 200m。据调查统计，交通量接近服务流量时，车头时距为 2~5s，高车速与大时距相对应，低车速与小时距相对应。运行中车头间（时）距变化范围较大，有不少是大于最低值的。两台车间如存在可接受插入新车的间隙，才能安全汇入一辆车。可插入间隙汇合控制程序为：

① 确定可插入间隙的大小；

② 指定待汇合车辆的停驻位置；

③ 外侧车道布设车头时距检测器；

④ 停车处设信号灯，发出起动汇合信号；

⑤ 计算机＋编制软件，指挥车辆汇合。

这种控制方式要求在外侧车道布设车速、车头时距等检测器；在车辆停驻处布设车辆汇合检测器、启动信号灯、警告标志灯等，见图 5-2。同时，控制指挥精度要求高，且需要驾驶员的紧密配合。否则，就无法保证具有可插入间隙的车辆到达汇合点时，待汇合的车辆也正好及时赶到此点。

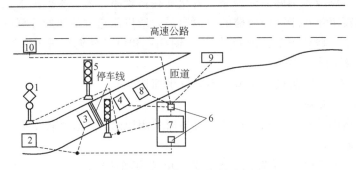

图 5-2 可插入间隙汇合控制设备配置
1—前置警告标志；2—排队检测器；3—检入检测器；4—检出检测器；
5—匝道调节信号灯；6—检测放大器；7—控制器；8—慢车检测器；
9—汇合检测器；10—间隙/速度检测器

可插间隙控制一般只采用单车进入调节，但当入口匝道需求超过单车进入调节所能达到的最大调节率（12～15 辆/min），并且高速公路外侧车道有很多可供利用的大间隙，可在一个绿灯信号期间允许 1 辆、2 辆或 3 辆车通过匝道信号，实行车队调节。某个绿灯时间允许通过的车辆数取决于可插间隙的大小。因此，车队调节系统的控制器必须能识别比几个预计值大的间隙，并能提供允许 1 辆车、2 辆车或 3 辆车进入的调节信号灯。车队调节率上限不超过 1100 辆/h。

在实际使用时，必须注意到，当高速公路出现拥挤时，由于车流行驶速度低，连续的车辆之间的小间隙会形成很大的车间时距，如果以此为依据来控制匝道信号灯，就会有许多车辆被放行而进入拥挤的高速公路，当然这是不允许的。所以，如果高速公路交通流速度低于某预定值时（例如 40km/h），就应该以最小调节率控制匝道车辆（一般为 3～4 辆/min）。

最小可插间隙是指两个相随的车辆的车头间隔时间足够一个入口匝道车辆汇合进入的最小车头间隔时间。影响最小可插间隙因素很多，一般是：

① 高速公路和入口匝道的几何形状；
② 车辆加速特性；
③ 驾驶人的水平；
④ 交通条件；
⑤ 天气条件。

最小的可插间隙可通过现场的实际观测和调查得到。放行时间的计算依据是：

① 可插间隙移动速度；
② 汇合地点到间隙/速度检测器之间的距离；
③ 停在匝道信号灯前的车辆到达汇合点预计行驶时间。

由于货车和公共汽车的加速特性差，因此在这两类车比例大的入口匝道，应考虑使用一种慢速车辆检测器来测量车辆从匝道停车线行驶到该检测器位置所用的时间。如果这个行驶时间大于预定值，说明是慢速车辆，控制器就使匝道信号灯保持红灯，直到交汇区检测器发出信号为止。

（2）自主移动汇合控制

此种控制的思路为：以相同速度在相邻车道并行的两辆车，容易相互插入。即此时可插入新车的间隙要求很小，驾驶员具有自行调整车位（较邻车稍为落后）和插入的能力。需要为这种控制创造加速车辆的环境和提供等待并行插入的时间。要满足这两个条件就需要加长辅助车道（变速车道）长度，特别是入口匝道有坡度（占有较大比例）的情况下，更应增加辅助车道长度。

我国各高速公路很少实施由专用设备操作的入口汇合控制，但是，不少公路都增加了辅助车道长度，有的达到 500～800m，对于交通量不很大的情况，已能充分保证顺利汇合。

5.1.6　入口匝道集总控制

高速公路由若干路段和出、入匝道组成，某一路段出现拥挤，必然和上游各入口的需求及各路段的通行能力有关；各种因素作用的权重虽然不一样，但影响肯定存在。集总控制对高速公路出现的拥挤，从需求平衡角度选择一种优化方案，分配上游各个入口的调节率，而不是只考虑邻近拥挤路段入口的单个匝道的调节。

要做到合理分配各个入口的调节率，取得集总控制的优化，应该详细拥有下述资料：

① 各匝道入口交通需求量的历史资料及其时变规律；

② 任一入口至各出口交通量分配历史资料及其时变规律：

③ 各路段通行能力；

④ 入口几何条件：如引道和匝道长度，匝道线形，连接点有无辅助车道，收费广场的大小等，这些因素将提供匝道被调整的裕度。

入口匝道集总控制可以采用单个入口匝道四种控制方式中的任一种，但在选择各入口匝道调节率时需注意：

① 首先要确定控制的优化目标和性能指标；

② 要根据优化指标、各入口交通需求、各路段通行能力分配各入口调节率。

5.1.7　主线控制

主线控制方式如图 5-3 所示。

图 5-3　主线控制方式

（1）可变限速

降低最高行驶车速不仅可使高峰时期的交通流比较均匀、稳定，还可以提高车道的通行能力。下面介绍一个在可变限速条件下的交通量计算公式：

$$Q = bu_{\mathrm{f}}k\left[1 - \frac{k}{k_{\mathrm{m}}}^{(3-2b)}\right]$$

式中　b——限速系数，$b = 0.6 \sim 1.0$。

限速时的交通量变化如图 5-4 所示。从图 5-4 看出 $b = 0.6$，0.8 和 1.0 时，Q 随密度值的变化。图 5-4 显示出限速可以提高最佳交通量 Q 的数值，说明限速是提高道路通行能力

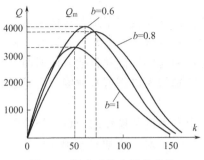

图 5-4　限速时的交通量变化

的有效方法，但它是以延长用户旅行时间为代价的。因此，在控制决策时，必须根据交通需求量的大小来确定与之相适应的车速限值，即最优控制的指标应该兼顾通行能力和旅行时间。此外，还需考虑用户的配合。在欧洲采取降低车辆限速值的措施，曾取得提高 20％通行能力的效果；在北美却效果甚微。

（2）公共车辆优先

我国人口众多，可耕地面积紧张，不可能建设多条并行高速公路。鼓励搭乘公共汽车和长途客车，使它们成为高速公路的高占有率车辆，并在高速公路上实行公用车辆优先制，以减少车辆需求量对道路的压力是一种有效控制策略。公用车辆优先制是划出一条公用车辆的专用车道，其他车辆不允许进入此道，以保障公用车辆高速通畅运行。这种控制策略对社会主义的中国既有可行性，更有必要性。

（3）其他控制方法

交通高峰时期，如双向行驶的交通量相差悬殊，则具备减少一向车道数，增加另一向车道数的可能性。可逆变向车道对交通高峰时期的调节能力极为明显，关键在于寻找一个能迅速改变车道行驶方向的简便方法，且具有显著指路标志，易于诱导驾驶员迅速上道。可逆变向车道经常在一天内要改变 1～2 次，因此都采用可移动标志改变车道通向。

重型车在靠近路肩的主车道行驶有助于提高道路通行能力。设置分道行驶的禁令标志，将它作为交通法规执行，对提高通行能力和降低交通事故都会有帮助的。

5.1.8　通道控制

以高速公路为主体，将邻近的前沿平行道路、连系道路和城市环城道路组成公路网络，实施统一管理和控制，可以最大限度地发挥公路网络的通行能力，这种控制称为通道控制。通道控制的基本目的是在网络所在的区域内，寻求交通需求和道路容量间的最佳平衡。这种控制应贯彻择优分配和动态平衡的原则，其控制手段是交通量的限制（开放或关闭）和转移。所谓择优分配是将组成网络的公路，按其运输效率和道路容量依次分类排列，结合交通需求逐次优先开放，使它们首先达到交通需求和设计服务水平的平衡，然后再依次满足其他各级道路。所谓动态平衡是将网络上各条道路的交通容纳能力不间断地以多种传输方式通告用户，使他们在出行初期就掌握路网的情况，便于及时作出选择，避免在个别路、站拥挤排队。决策器选择控制方案，将方案编制成控制指令，传送给执行器实施交通控制。交通监控系统的决策器由人和计算机（或微处理器）共同组成。

（1）通道控制系统的特点及构成

从理论上说，通道控制采用定时的或交通感应式的控制都是可以的。但实际上通道控制的目的和范围决定了它需采用交通感应式控制，即要求通道控制系统是具有交通响应式控制能力的动态控制系统。另一方面，高速公路通道控制的控制模型维数多，系统结构复杂，有多个相互联系的子系统，且空间分布范围大，系统控制是多目标决策，需采用多个指标评价系统控制效果，因而通道控制系统问题是一个典型的大系统控制问题。

按控制对象分，通道控制系统可由下列子系统构成：

① 高速公路（包括主线和匝道）控制系统；

② 侧道、干道控制系统；

③ 城市道路控制系统；

④ 驾驶人信息系统；

⑤ 交通监视系统；

⑥ 中央控制系统。

按控制功能分，通道控制系统可由下列设备组成：

① 用于提供通道系统内各道路运行情况实时信息的一整套检测系统；

② 对上述信息进行处理，在此基础上作出控制决策的中心控制设备；

③ 执行控制策略的外场控制设备；

④ 联接检测设备、中心控制设备、外场控制设备及车载设备的通信系统。

（2）通道控制

所谓通道控制战略是指从通道系统整体利益出发，为实现提高通道系统的效率和安全的目的，而对通道控制系统的控制目标、评价指标、系统组成、控制功能、控制结构、控制技术和方法以及控制逻辑的一个优选组合方案。具体来讲，通道控制战略是为了最大限度地发挥通道通行能力的利用效率，把通道上各种控制系统的运转和驾驶人信息系统结合起来，所采取的运转方式。

制定通道控制战略是一项交通控制系统工程，它包括下列内容。

① 明确通道控制系统的要求。通过对交通需求特征及通道系统结构特征以及通道系统环境的调查分析，提出设计通道控制系统的具体要求。

② 通道系统的设计和组合。理解并组合系统各部分的功能。内容包括：城市道路控制、高速公路控制、监视、计算机控制、监测、信息传输、系统组成、系统结构，现有的系统技术，候选的通道控制方案。

③ 评价和选择系统。对系统方案分析评价包括：效用/成本分析、成本估算、可靠性分析，选出最优方案。至此形成通道控制战略。

④ 设计、实施和管理。依据通道控制战略设计通道控制系统，实施后交付使用，并对系统进行维护管理。

5.2　执 行 控 制

高速公路执行交通控制有两种方式：一种是通过设备自动执行，如定期（时间可短到1min）下达入口交通量调节率指令给收费站，收费站的车道控制器自动执行。另一种是通过人，即通过驾驶员和管理人员去执行。为此，首先要有将控制指令传输给执行人的信息渠道，即有信息提供或发布手段；其次，执行人要能感知这种信息，乐意接受指令并迅速执行。

（1）管理者和用户的信息通道

在管理者和驾驶员之间存在多种信息联系渠道。

① 图文类。有竖立路侧的可变限速标志和悬挂在公路上方的可变信息板。"可变"指传输给用户的信息可以按照控制指令进行改变，如可变限速板既可显示最高车速为 110km/h，也可显示为 90km/h 或 70km/h；可变信息板主要用文字和图形显示一些必须通告用户的交通信息，如"前面事故，开始减速"，"ACCIDENT AHEAD REDUCE SPEED NOW"等。

② 语音类有线、无线广播和移动电话。

③ 综合类型。最近出现一种车载引导系统，它是用户和监控中心进行一对一联系的有力工具。通过安装在路侧的发送、接收器和车载发送器（语音、键盘或触膜）、接收器（显示屏幕和听筒）构成监控中心和车载微处理机的远距移动联系。驾驶员通过语音或触膜控制，向中心提出询问和各种要求；中心则通过 GPS 系统寻找发讯询问用户在路网上的位置，使用包括通信卫星在内的各种通信手段，将路网的有关交通信息和建议用图文显示在用户车辆的显示屏上，必要时也可用语音通告用户。

④ 内部信息通道监控中心值班员和公司内部救援、维修单位的信息联系也是执行控制、排除事故所必需的。此外，与上级交通管理部门和社会有关单位的联系也不可缺少，目前常用公共、内部电话和集群移动通信系统传送这些信息。

（2）对信息传送的要求

驾驶员在行驶过程中接收外界信息主要靠视觉。研究表明，引起人感觉的刺激物要有一定的强度和持续一定的时间。如果刺激视觉的时间非常短，人眼就无法感受到。随着车速的提高，驾驶员的有效视野会变窄，辨识的距离也随之缩短。有关数据见表 5-1。

表 5-1　不同车速的视野范围和辨识距离

车速/(km/h)		40	60	70	75	80	100
视野范围/(°)		100	75	70	65	60	40
辨识标志距离	警告/m	272	239			212	179
	禁令/m	336	307			276	239
	指示/m	435	411			374	326

系统发出的图文信息必须具有足够的几何尺寸、亮度和持续时间，或以闪烁的方式增加其刺激强度。图文信息亮度应随环境背景亮度而变化。驾驶员对信息的重视程度首先决定于信息的内容，与信息发布的方式也有关，信息的突然性和新颖性能引起用户的重视。因此，研究信息编排的吸引力是必要的。

人从感知信息到分析、判断，直至作出反应需要一段时间，滞后时间的长短还将因人而异。因此，人介入控制执行环节，必然会使环节具有较大的时滞。

5.3　信息显示与交通诱导子系统

高速公路监控系统中的信息发布及交通诱导子系统主要为驾驶员和监控决策人员提供信息。为驾驶员提供信息的系统称之为诱导信息系统，它是主线控制和通道控制的一种形式，通常以可变情报板和可变限速标志显示提供给驾驶员的路况及限速等诱导信息，目的是通知驾驶员有关路上紧急情况的最新信息，还可向驾驶员提供强制性命令。例如，减速限制或者由于某高速公路路段的关闭，要求驾驶员改道行驶等，警告驾驶员路上有危险并为其决定改道行驶提供依据，以便驾驶员有可能采取适当的行动。通道控制系统中，诱导信息系统用于促进交通必要的转向,以实现通道容量的最佳利用。面向决策者的信息显示是把收集到的各种信息进行直接或间接处理后在各种显示装置中(如监控中心或分中心的地图板、大屏幕投影)显示,为交通管理人员制定控制策略、事件管理方法等方面提供迅速直观的信息。显示系统所显示信息的多少,取决于系统数据采集部分所采集的信息种类、数量、频率。

总的说来,诱导信息系统的作用主要表现在以下几点。

① 向驾驶员提供前方交通拥挤信息,以减少追尾事故;并为驾驶员提供改道信息来分流,减轻拥挤程度,以利疏导交通。

② 平滑交通流,使同一路段上车速分布均匀,减小相邻两路段的平均速度差,从而减小事故发生的可能性(因为事故发生的外部因素主要是车速不均匀,导致超车、制动增多,从而增加了事故发生的可能性)。

③ 提供主线、匝道的开通、关闭情况,供驾驶员选择合适路线。

④ 向驾驶员提供事故、灾害、气象、施工等消息,以减轻其急躁和失望情绪,以利安全行车。

5.3.1　驾驶员的交通信息需求

驾驶员是道路的使用者,总是希望得到最多最新的交通信息,以指导其出行,并希望具有最好的驾驶条件:安全、经济、舒适和迅速。比如驾驶员在出行前准备行驶路线,希望获得后段旅行预告情况;驾驶员在行车中希望随时了解前方道路的情况,如道路堵塞、拥挤的情况以及对其持续时间的预测,以便确定或修改行车路线;驾驶员还希望了解前方道路的天气变化情况,路段长的高速公路,跨越不同的地理条件和气候区域,雨、雪、风、霜会改变道路附着系数,影响安全行车。恶劣的自然、地理条件(暴雨、台风、洪水、滑坡、山崩等)常常形成毁坏路面、冲垮桥梁、堵塞隧道等灾害。在这些情况下,驾驶员并不能准确预测这些自然现象的影响,诸如冰或雪警告、雾天警告和堵塞警告等,这些信息直接影响驾驶员的驾驶心理。遇有此种情况,除详细报道气象状况外,还要明确指导驾驶员的具体操作,如限速或暂时封闭那些雪深、路滑和塌方等无法通行的路段,保证运输车辆行车安全。

驾驶员对交通信息的具体需求为:

① 路况(道路的等级、长度、提供的设施、天气状况等);

② 交通状况(出行时耗估计);

③ 沿线拥挤情况(交通流状态,交通资源的消耗情况);

④ 道路服务设施(车辆维修加油站、就餐和住宿)。

5.3.2　诱导信息的内容

通过诱导信息系统,可以在高速公路监控中心与道路上的驾驶员之间建立信息沟通渠道,其主要手段是可视标志和诱导通信。

高速公路交通信息内容由道路设施静态信息和交通流的动态信息以及对交通状态有较大影响的气象灾害信息等部分组成。不同信息及内容分类见表5-2。

5.3.3　诱导系统的信息组成

实时交通标志系统,一般由诱导标志、引导标志、预告标志等部分组成。诱导标志采用可变信息标志,显示有关高速公路状况的信息,并提供有关最佳行动步骤。诱导标志可设置

表 5-2 高速公路交通信息及内容分类表

信息分类		信 息 内 容
静态信息	路况信息	提供有关路面、桥梁、隧道等固定设施的信息,并报导路、桥、隧道检修状况
	道路施工信息	维修施工路段之前设立标志,通知车辆绕行
	道路情况信息	指示高速公路进出口地点以及道路中的陡坡、弯道和险情地段
动态信息	气象信息	雨雪雾等恶劣气候条件
	灾害信息	暴雨、台风、洪水、滑坡、山崩等
	事件事故	交通事故、故障车辆、偶然交通拥挤

在高速公路上、入口匝道处或靠近高速公路的干线通道上。引导标志常用于建议驾驶员使用特定的替换道路到达目的地,或者改道到其他的道路上以绕过事件区及有关的阻塞区。如果受影响的驾驶员对于路线或地区不熟悉,则有必要沿替换道路设置引导标志。在某些情况下,尽管引导标志显示是可变的,但在大多数情况下,都特别地将其称为静态可见路径标志或者标准的线路路径标志。预告标志预告驾驶员位于较远的前方处的信息显示,提供有关路况的建议和最新信息。

诱导标志信息的基本特性就是向驾驶员提供足够的信息以供决策,由下列一个或几个部分组成(无须按下列顺序):

① 问题说明(事故、维修、施工等);

② 影响说明(延误、严重拥挤等);

③ 提醒某团体或个人注意的说明;

④ 行动说明(做什么)。

例如,事故发生在前方多少千米(问题说明);轻度拥挤(影响说明);小心驾驶(提醒注意说明);限速 50km/h(行动说明)等。

5.3.4 诱导信息的设计要求

(1)问题说明和影响结果信息内容

① 事件信息在任何交通条件(高峰或非高峰)下,应显示那些可能对驾驶人产生危险的事件,例如一段高速公路的关闭以及将导致改道或安全减速等警告,不应显示那些路外的或只构成次要障碍的事件警告,因为这些事件能容易看得见而且可以加以回避。

驾驶人要知道对他们有影响的事件,仅仅描述事件对交通的影响是不够的,最好以容易理解的问题说明方式描述事件后果,而不是指定事件本身的类别。例如浓雾,易造成追尾事故。

② 事件的位置当绝大部分驾驶人都是道路上通勤员时,应该用横街的名字或立交桥名字标识事件的位置,也可参照众所周知的路标(如果有的话)给出事件的位置。对于陌生的驾驶人,事件位置应提前在距标志 800m 处加以表示。

③ 交通状态的信息驾驶人只能识别三种、最多不超过四种交通状态。汇总了适用于大小城市几种交通状态信息描述词的相对关系,该表可用于选择适当的描述词组合来描述三种或四种(如果需要的话)交通运行水平。在大城市,交通状态描述词:"繁密交通"、"延误"和"交通拥挤"具有模糊的意义,应予避免使用。

在较小的城市,不应使用诸如"中等交通拥挤"、"较小延误"、"延误"和"特大延误"等意义模糊的描述词。

应避免使用"停停走走式交通"和"正常交通"这类意义非常模糊的描述词。不应使用不能被驾驶人所理解的那些含义不定的描述词。例如,字母 1 级描述词为:

高速公路状况 ABCDEF 或高速公路等级 ABCD 等。

因为那些不固定的数字级描述符不能被驾驶人所理解,应避免使用。

④ 车道阻塞(关闭)情况在具有双车道或三车道的高速公路路段上,可使用适当的描述词来描述车道堵塞(关闭)。对于四车道或更多车道的高速公路路段,一般需要实行编码显示。当至少有一个车道开放交通时,决不能显示"前方高速公路阻塞"这样的信息。只有当所有的车道全部关闭时,才可以显示上述信息。当由于事件影响左车道暂时妨碍通行时,最好显示信息"左车道阻塞";当左车道由于维修和施工而长时间妨碍通行时,应显示"左车道关闭"。

⑤ 拥挤的位置和长度。当系统提供有用信息能力的置信度明显降低时,要告诉驾驶人他们正处在交通拥挤状态之中,决不要显示业已明显的信息。在交通开始拥挤的地方告诉驾驶人他们正在接近排队车流。当驾驶人在排队车流中行驶时,要告诉他们哪里已经畅通。对于熟悉地名的驾驶人使用横街名或界标,而对于陌生的驾驶人则使用距离的概念。

⑥ 临时信息(延误、节约时间等)。驾驶人是根据延误信息而不是根据某类事件作出改道或继续行驶的决定。如果显示出定量的延误时间(以 min 计),它必须是比较准确的,因为驾驶人不难验证这一信息的正确性。

"节约时间"可以在诱导标志所指定的某替换道路或改道路线的地方显示。对于一般驾驶人来说,"重大事故"意味着至少有 20~35min 的延误。"次要事故"意味着不多于 15min 以下的延误。驾驶人理解"延误"(以 min 计)是相对于他们通过高速公路或者到达他们的目的地所需正常行程时间而言。

⑦ 行程时间信息要避免提供行程时间信息,其原因是:

a. 驾驶人怀疑这样信息的准确性;

b. 驾驶人能更容易理解延误和节约时间信息;

c. 信息应当告诉驾驶人最佳行动方向;

d. 除非将某一城市或相交的公路作为终点,否则行程时间毫无意义。

⑧ 可变速度显示经验表明,驾驶人不愿意将车速降低到某一限定速度,除非有明显的理由要求他们那样做(例如,当驾驶人看到缓慢的交通流时),因而应同时给出限速理由信息。

(2)提醒注意和采取行动的信息说明

提醒注意的信息说明总要随采取行动信息说明同步进行。在没有提醒注意说明时,采取行动的信息说明能为高速公路上的所有驾驶人理解。对于提醒注意和采取行动的信息说明信息包括如下内容。

① 目的地所有的城市名称应当同现行的静态标志所使用的名称一致。必须具体指出主要交通始发点的名称,并说明发生交通活动的准确位置。应该显示描述某具体活动的名称而无需显示该活动所处的位置。

② 改道路线名称。当使用可见标志时,规定改道路线名称有利于通信联络。描述通过调查确定的非高速公路替换道路,最好使用"高速公路临时旁路"这一名称。该名称意味着向驾驶人提供如下重要信息:

a. 驾驶人应该改道;

b. 改道的驾驶人最终将回到原来的高速公路;

　　c. 驾驶人最好不用替换道路设施；

　　d. 不曾使用表示其他某种意义的名称。

　　③ 在采取行动的信息说明中动词的选择。每当诱导标志提供一条路线帮助驾驶人到达其目的地时，应选用动词"使用"，每当诱导标志直接指向第一条街或岔路时，应选用动词"前往"。通常，"前往"词不用在显示"下一出口"诱导标志，在这种情况下，人们会从前后关系不言而喻地理解这个动词。

　　动词"跟踪"具有驾驶人跟随其他的标志或暗示的含义。当没有"引导"的含义时，决不能使用"跟踪"一词在采取行动的信息说明中，不得使用动词"去"；"出口"也可以当作动词使用。这时，通常紧跟的是横街名称，或有关的公路出口匝道名称。

　　④ 指定出口。每当要求驾驶人使用某种设施绕过及由此产生的拥挤地段时，最好告诉驾驶人使用哪些出口。如果诱导标志位于排队上游相当远的地方，它就不可能建议驾驶人使用前面几个出口，这时信息必须具体指定某些推荐出口匝道。

　　⑤ 绕过出事地点的回路信息确认。在改道以前，驾驶人希望知道绕过出事地点后最终将返回到原路和返回地点（街道、城市）。某些标志设置场合可在诱导标志下游的第二标志提供所需的这种确认。

　　理想的线路返回信息确认应包括下列信息：

　　a. 替换道路名称，例如，"临时旁路"；

　　b. 返回的地理位置；

　　c. 原路名称。

　　⑥ 城市之间旁路。从高速公路改道的驾驶人希望改到与其主线平行的左侧或右侧旁路上行使。当建议驾驶人使用某平行干道绕过出事地点时，如果通勤旅客知道这条平行干道位于主线的左侧或右侧，则在采取行动的信息说明中无需指定方向。陌生驾驶人可借助他们离开高速公路以后位于第一个横街口的标志，转向平行干道。

　　(3) 引导标志信息组成部分

　　引导标志给驾驶人提供思考过程，以便不按原定主要路线而另选路线行驶到达目的地，或者改道绕开出事地点和有关交通拥挤地段以便到达目的地。这样一来，引导标志必须能够保证驾驶人按正确的路线行驶，当需要转弯时也必须提供预告信息。要完成上述目标，其基本信息部分如下：

　　① 确认目的地；

　　② 确认路线和方向。

　　确认目的地用以保证驾驶人顺利到达目的地。确认路线和方向用以保证驾驶人沿正确的路线和方向到达目的地，或绕过出事地点。

　　(4) 预告标志组成部分

　　预告标志结合可见诱导信息显示来使用，由下列四部分组成（需按下列顺序）：

　　① 提醒注意的信息；

　　② 信息的性质（最佳路线、交通状况等）；

　　③ 适合于去某目的地的信息；

　　④ 信息所处的位置（"前方"或特定的距离）。

　　将预告标志与可见诱导信息显示（推荐通往特定目的地的路线）结合一起使用的，示例如"前方标有去世界之窗的最佳路线"，其信息组成为：

　　① 最佳路线（信息的性质）；

② 罗湖（目的地）；

③ 信息（提醒注意的信息）；

④ 前方（信息位置）。

在唯一地点改道设置标志的场合，现有两条已知主要路线（例如，驾驶人可通过辐射形或环形高速公路穿越某城市）可供选择，最好增加如下信息部分：即两条可供选择的主要路线的路标。

(5) 公路诱导无线电的预告标志

公路诱导无线电系统要求驾驶人接收专用无线电台，因此必须有可见的预告标志。该标志应放在无线电有效接收区上游，应该用标志指明该接收区的起讫点。

如前所述，预告标志信息应由下列内容组成：

① 主题说明（什么样的标志准备给驾驶人接受）；

② 采取行动说明（调谐到指定的频率）；

③ 位置说明（什么地方广播开始）。

例如"注意交通广播，频率 1620kHz"信息，其组成部分为：

注意广播交通信息（信息的性质，提醒注意的信息）；

调谐至 1620kHz（行动）；

广播区间 1.2km（信息的位置）。

(6) 信息显示与信息提供装置设置方法

由于驾驶人看到信息时，正处高速运行中，他们必须把时间用于注意交通和道路状况以及其他困扰的事项。因此，信息提供装置位置必须恰当，信息必须可靠简短，突出重点，告诉驾驶人是什么情况，应当做什么，并要求驾驶人在短时间内必须记住。为此本节讨论怎样从信息的显示时间、显示格式、信息的分割、信息的冗余和可变标示设置位置来达到上述目标。

① 信息显示时间。高速公路信息显示时间一般在交通出现异常才显示，而不始终显示。这是从驾驶人的信息需求与驾驶人的心理来考虑的。

a. 驾驶人需要调整速度或路线时，才需有关信息。

b. 通勤客基本上知道常发性交通拥挤的发生时间和地点，在没有事件发生的情况下，信息的显示对于已经知道情况的驾驶人毫无用处。

c. 当只提供重要信息时，熟悉的驾驶人会在上游更远的地方就开始注意看信息标志。当同时给出普通的和重要的信息时，驾驶人往往就会等待直到更靠近信息标志和看到显示的信息为止，才开始阅读信息，这样降低了系统的有效性。

d. 由于每天高峰期常发性交通拥挤所造成的不利影响都是类似的，因此在所有的时间里始终显示信息会导致多数驾驶人每天看到的或听到的都是几乎相同的内容，系统将因此失去其有效性。加之重复显示会引起驾驶人厌烦，并开始忽视显示的内容。所以，当显示重要的信息并要求驾驶人响应时，许多驾驶人就会不去看信息标志或不去听信息广播。

e. 在常发性交通拥挤的高峰期显示信息使系统的运行更为复杂，因为：当驾驶人已经习惯于忽视通常显示的普通信息时，要使他们的注意力转移到显示的信息上来是比较困难的；在由于事故引起非常严重的情况时，要提出对驾驶人有意义的，用以描述交通状况的信息也就变得比较困难。

② 信息显示格式。高速公路信息显示有顺序格式与连续格式两种。顺序格式是将整个信息分成几部分来显示，每一部分在一组时间段里按顺序显示。例如，信息"前方左车道关

闭，速度限制 60km/h"可以用两部分进行显示，首先显示"前方左车道关闭"，接着显示"速度限制 60km/h"。由 13 个字组成的信息使用两次显示的序列进行显示的信息格式。整个信息的两部分可在连续循环（本例为交替显示）中重复显示几次。

标志以连续格式显示就是把整个信息当作一系列连续运动的字从右到左显示。连续标志显示又称运动信息显示或连续信息显示。连续信息显示的常见例子就像在电视屏幕上频繁显示某一特殊通报一样。

由于此种方式阅读时间长，当驾驶人以较高的车速行驶时，向他们显示连续的信息是不适合的。因此，对事件管理和改道信息最好不用连续显示方式。

通常，顺序信息或连续信息在标志板上要重复出现几次。在标志板上显示一次整个信息所需时间称为信息周期。信息周期包括用于描述信息终止的空白时间。

③ 信息的分割。实验研究表明，在高速行驶中，驾驶人不能有效地扫描长信息，并且在扫描过程中要浪费大量的时间，因此较长的信息显示容易使驾驶人在他们的信息可视距离内不能在较短的时间读完和理解完整信息。一条 8 字长的信息已达到驾驶人处理信息的极限，因此高速公路上可变信息标志字长一般为 8 个，最多不超过 12 个。

经验证明，信息显示单元不应超过三个，这样驾驶人才能完全记住。为了使驾驶人对诱导信息（一般字长大于 8 个）采取适当的行动，也可显示具有四个单元的信息，但其中一个单元是次要的或不必记住的，这些就要求对信息进行分割显示。信息分割时必须把信息分离成可以相容的各单元，信息分割的各信息单元应构成一个类似独立句子的信息。

④ 信息冗余。冗余是以各种不同方式被应用的概念。有时指的是对整个信息或信息中关键字的重复。在这个意义上，它提供保证全部或几乎所有的驾驶人至少要看到一次信息。如果要求记住信息，比如某街名或路标编码，重复就相当于给驾驶人增加一次记忆的机会。每当它们出现在其他标志上时，驾驶人就能识别这些名字或符号。正如前面所讨论的那样，有时整个信息需要显示的时间太长，以至于要么一次全部显示在一块标志板上，要么要求驾驶人在可利用的时间内读完它。这时，有必要将信息分成几部分，并采用顺序显示格式，在两块标志板上分别显示信息的不同部分，或者使用两块板组合显示。当显示空间允许时，建议关键字要显示在信息序列的第一部分或在第一标志板上重复显示。

顺序格式和关键字重复相结合的例子如下。

a. 事故——在中山路。

b. 事故——改走临时旁路。

关键字"事故"在第二条信息中重复显示，这样可保证所有驾驶人明确改走临时旁路的原因，并且强调这样做的紧迫性。

⑤ 信息提供装置设置准则。交通信息标志的设置形式、设置密度也是很有讲究的，因为这些对于信息的可视性、信息的实时性都是很有影响的，也就是说其设置的合理与否对于信息装置能否真正起到其应有的作用是重要的。如果提供的是分流信息，就应允许驾驶人有驶离的可能性。例如，显示下游交通拥挤的标志应安装在距匝道出口足够远的上游。当这类标志显示时，应允许高速公路上多余的车辆便于转移到干线道路上去。如果可变信息标志安装在高速公路入口匝道前的干线道路上（向驾驶人预告有关高速公路的各种情况），标志设置的位置应使驾驶人做到在必要时可转移到其他匝道；决定不再使用高速公路而选用一条干线道路。下面叙述高速公路实时标志系统（诱导标志系统）设置的准则。

a. 一般设置准则。诱导标志位于瓶颈的上游和事件多发区。高速公路与高速公路的互通式立交是标志的主要设置地点，应考虑在这些主要立交桥前面设置可变信息标志。可变信息标志不要位于主要互通式立交区以内。

要避免在高速公路与高速公路互通式立交桥上游设置可变信息来引导交通到立交桥下游的匝道上。

b. 一般间距准则。当选定瓶颈地段时，诱导标志之间的距离以 1.2km 看来比较合适。对于整体的系统来说，诱导标志之间的距离则以 1.6～2.4km 比较实用。在确定这类标志的间距时，出口匝道之间的距离可能是重要的因素。

c. 出口匝道和预告指路标志的相对位置。诱导标志位于匝道出口方向标志的上游，用来实现改道。当出口匝道同时设有 1.6km 和 3.2km 预告指路标志时，诱导标志的推荐位置位于两个预告指路标志之间。

在市区，由于互通式立交的间距较近，因而将预告指路标志设置在靠近出口处，只要最靠近匝道的预告指路标志距匝道至少 0.8km 的距离，即可将诱导标志设在两个预告指路标志之间。当排队延续到匝道的上游时，诱导标志应位于两个预告指路标志的上游。当互通式立交顺序标志用于互通式立交密集的地段时，用于匝道分流的诱导标志应至少位于两个预告互通式立交顺序标志的上游。

d. 诱导标志和预告指路标志的距离。诱导标志与其下游预告指路标志之间推荐的最小间距为 300m。诱导标志与其上游的预告指路标志之间推荐的最小间距取决于信息长度、信息格式、运行速度等因素。

⑥ 高速公路上不设预告指路标志情况下的标志间距。当出口指路标志过于靠近匝道三角区时，诱导标志必须引导驾驶人开始采用车道变换的运行策略。这些诱导标志可设在出口匝道上游至少 3.2km 处。

5.3.5　可视标志的用途与分类

可视信息标志主要用于实现下述控制策略：

① 路线引导；

② 恶劣天气警告；

③ 排队与拥挤警告；

④ 道路施工警告；

⑤ 可现距离（雾）警告；

⑥ 事件警告；

⑦ 隧道和桥梁控制；

⑧ 车道限制；

⑨ 可变车道控制（潮汐流控制）；

⑩ 速度限制；

⑪ 环境警告（烟）；

⑫ 交通信息；

⑬ 安全信息（与交通无关的）；

⑭ 交通有关的安全信息；

⑮ 公路调节控制；

⑯ 特殊用户车道（高占有率车道）；

⑰ 行车管理。

提供驾驶员信息的可视标志有单一信息标志、可变信息标志和可移动信息标志 3 类，它们是目前使用最广泛的实时信息提供装置。

（1）固定信息标志

固定信息标志广泛应用于交通控制领域中。它具有固定的标志面，具有反光或出现特殊危险时就发出闪光，只能提供一项信息。这种标志在明显的、周期性出现的危险地段是很有用的。

（2）可变信息标志

可变信息标志是高速公路监控系统中不可缺少的外场设备。它在监控中心的统一控制下向道路使用者提供前方路段的交通状态信息及气象信息，使驾驶员在车辆行进中及时了解各种交通状况，以便安全驾驶，避免事故发生。管理部门还可通过可变信息标志发出各种控制命令，控制道路交通状态，在车辆行进之中调节车流。

可变信息标志可显示两种或两种以上信息，这些信息可根据要求显示或撤销。这种标志通过遥控装置，人工或自动进行改变。自动装置可以检测需要专门信息内容的临界条件而以电子的或机械的方式显示，自动变换信息内容。

电子式可变信息标志由许多像素点构成点阵显示屏，通过计算机控制，使显示屏某些像素点显示某种颜色或发光，而另外一些像素点显示另外一种颜色或不发光，从而组成不同的文字、图形，向驾驶员提供交通事故、交通阻塞、道路维修、施工等信息，因而与机械式信息标志相比具有灵活、显示能力强、显示速度快等特点，是当今最常见的信息提供装置。

（3）可移动信息标志

在某些情况下，需要使用可移动信息标志来显示实时信息。可移动信息标志的类型包括以下两种。

① 车载信息标志；

② 固定于地面上的具有可拆卸的和可移动的面板信息标志。

临时性的施工、养护工作中，用可移动信息标志划分施工区域，也用于临时的事故现场保护，这类标志一般不与监控系统直接相连。

5.3.6 可变信息显示子系统

（1）信息显示内容及其要求

可变信息按功能划分为可变限速和可变交通信息：前者为具有法规性质的禁令标志，它以数字显示允许的最高车速；后者为诱导信息，它以简要的文字（汉字、英文）或图形（含动画）通告当前的交通情况和驾驶员应该采取的行动。可变信息显示图例如图5-5所示。

图5-5 可变信息显示图例

现场路侧可变信息显示LED屏实例如图5-6所示。可变信息显示屏广泛应用于高速公路和城市交通监控系统，是现代化交通系统中重要的信息发布设备。

图 5-6　路侧可变信息显示 LED 屏实例

高速公路上车速快,对图文有相应的要求。当车速为 100km/h 时,距标志 200～250m 以远,驾驶员昼夜应能清晰辨识所显示的图文。为此有以下要求。

① 图文尺寸可变限速标志的数字直径大于或等于 100cm;红色外圆直径大于或等于 140cm;正方形汉字的边长为 64～96cm。

② 图文亮度信息标志所在地的环境背景照度经常变化,太阳直射时最亮,阴雨天较暗,黑夜最暗。视觉分辨能力决定于恰当的亮度对比值 C,过于光亮的标志会像眩光一样刺眼,不仅引起视觉不舒适,反而会降低分辨率。

$$C = \frac{|L_0 - L_b|}{L_b}$$

式中　L_0——标志亮度;

　　　L_b——环境亮度。

信号的亮度应随环境亮度而变化。试验表明,环境照度为 400～400001x(相当白天),C 取 10～30;环境照度≤401x 时,C 取 30～70。但是,像素点的最低亮度不能低于 20cd/m²。

③ 图文颜色。为了在雾、雨等不良气候条件下仍能辨识信息,信息板的底色应为黑色,图文应为黄色、琥珀色或其他艳色,可以用闪烁信号增加对视觉的刺激强度。

④ 显示长度。试验表明,距标志 50～250m 范围内,驾驶员辨识图文的仰角应小于 4°,图文长度构成的水平视角应小于 12°。因此,文字显示多数为 8～10 个,文字行的中心线距路面高约为 6.3～6.8m。

⑤ 切换时间如果中文和西文信息都要显示,则需要间隔一定的时间切换信号。信号持续显示时间通常为 60～120s,切换时间可选取为 0.1～2s。

(2) 可变信息显示系统组成

现代监控系统的可变信息显示子系统由 LED 显示器、控制执行器和监控分中心计算机组成，如图 5-7 所示，可视为一个有人介入的控制子系统。它有联机和脱机两种运行方式：联机是由图 2-3 所示的监控系统直接控制显示子系统的工作，它从交通监控计算机接受控制指令，驱动可变信息控制计算机检索图文数据库，是否存有与指令相符的图文，如有则立即提出并传输给执行器，在路段现场可变信息器上显示，并将所显示的图文信息反馈给控制计算机，在其显示屏上求得操作者的确认和终止控制；如数据库没有与指令相符的图文，则需调出专用软件，绘制所需的图文，传输给控制器执行。脱机是指脱离中心控制，由现场控制信息显示，主要用于特殊情况和现场检测调试。

图 5-7　可变信息显示子系统框图

　　LED 可变信息显示屏，是由监控系统中心计算机进行远程控制，显示各种图文信息，疏导交通，保证行车安全。LED 可变显示屏的设计和安装，应当符合交通行业标准 JT/T-431—2000《高速公路 LED 可变信息标志技术条件》的要求。可变信息板连接如图 5-8 所示。可变信息板安装在路侧现场可变信息控制箱内，连接如图 5-8 所示。

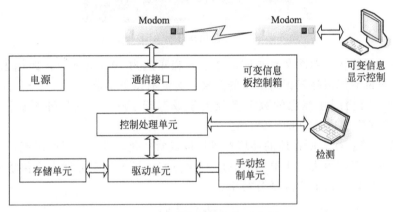

图 5-8　可变信息板连接示意图

（3）LED 矩阵显示器

　　LED 是发光二极管一种半导体固态器件，在特殊的化合物半导体材料中掺入不同的添加剂，就可发射红、绿、黄等不同颜色的光。最些年，在半导体材料和散热方式等方面有了很大改进。高亮度、低消耗二极发光管已步入市场，并在可变信息显示器得到应用。LED 具有制成可变信息显示器的突出优点。

　　① 体积小。单个体积小，可制成比 5mm 还小的管径，易于组装成光点阵。

　　② 转换快。开关特性好，信息写入速度很快，便于信息快速自动转换。

　　③ 易控制。改变输入电流，即可改变所发出的亮度。

　　④ 能耗低。可选用间断开闭方式节能，如亮 16ms 关断 16ms 可产生人眼无法察觉闪烁的连续光亮，又如采用亮 40ms 再关停 100ms 而产生闪烁效果等。

　　⑤ 亮度高。高亮度管出现后，在高照度背景（白天）中也可使用 LED 显示信息；100Lm/W 以上 LED 已在 LED 照明灯具中得到应用，也可用于 LED 信号灯。

　　⑥ 寿命长。由于采用金属底板取代塑料底板等新工艺，散热效果大为改善，管子老化减弱，寿命增长，可靠性也得到提高。现在连续使用寿命已达 10 年以上。

LED 显示器是由若干个 LED 管以矩阵形式布置成显示单元模块，再由单元模块拼装成所需要的尺寸，其外部覆以玻璃镜保护作为显示器。每 LED 管成为图文中的一个像素，由控制执行器控制某些像素通电发光，某些像素不发光，这样就可以组成所需要的任何文字和图形。

（4）控制执行器

控制执行器主要部件是可编程微处理器，储存有各种可变信息的驱动方案。其主要功能是执行可变信息控制计算机下达的指令，调出相应的驱动方案，接通像素点阵中应该发亮的像素光源的电路，产生应该显示的图形和文字。控制器应具有手动功能，即管理人员在现场可通过按键直接操作，显示信息。如控制器控制多块显示板，则应能联动控制，并防止矛盾状态出现。它应能自动调光，即能根据所检测的环境照度自动改变图文的显示亮度。还应具有自检功能，能确认本机的工作状态和所显示的信息，向监控分中心传输此种状态。

控制执行器由安装在印刷电路板上的供电单元、中央处理单元（可编程微处理器）、防冲突电路、存储器、外设扩展单元和叶片控制单元（光纤显示器有）等组成。控制器一般安装在外场监控站的机箱内，执行控制的驱动电路模块则与显示板同装在路面上方的龙门架上。架上还装有光电管，作为检测环境光强的传感器，以控制图文显示亮度。

控制执行器应具有手动功能和与便携式计算机的接口，以便管理人员直接操作，实施脱机运行，检验显示功能。

安装 LED 显示屏的龙门架和应能承受 35～40m/s 的风速，相当于承受 0.016MPa 的风压。

（5）可变信息控制计算机

可变信息控制计算机用来编辑要显示的图文，配备运算速度较快、存储量较大的计算机和图形编辑支持软件。应预先生成经常发布的图文，建立图文数据库，需要时可立即调出使用。操作员还可根据需要利用图文编辑应用软件任意编辑新的图形和文字。

5.3.7　交通信息显示终端

控制与决策者信息终端是监控员道路信息的来源，控制与决策者要随时监视和控制高速公路的交通运行状况，就必须在中心控制室设置一套现代化的信息提供装置。常用的装置有：CRT 显示器、模拟（或电子）地图板（屏）、参数显示设备以及动态大屏幕显示器。除此之外，在监控室中还有打印机、控制台等辅助设备。

这些显示设备专门用来显示与控制系统的运行和交通流数据，计算机操纵读出装置以显示所选定的信息。需要使用这种设备加以显示的典型数据有：交通量、占有率、速度、延误时间、排队长度、被控匝道口的数目、发生故障的控制器数目以及发生故障的检测器数目。此外，通过使用计算机输入设备（通常是键盘），还可以有选择地显示某些信息，如显示某一特定路段的交通量、选定路径的排队长度等。

5.4　公路诱导无线电

在繁重交通流的高速运行情况下，或者当能见度低时，可在几秒钟内通过路旁或架空的标志传送给驾驶人的信息量受到了极大的限制。已有的声音标志或其他的音频通信方法可作为驾驶人信息系统整体的一部分。公路诱导无线电是给自己拥有调幅收音机的驾驶人提供与道路和驾驶有关情报的一种方法。尽管系统可设计成在任何可调幅频率下广播信息，一般只使用 530kHz 和 1610kHz 两种频率。这些公路诱导无线电频率能接受商业调幅广播波段，这样，绝大部分现有的调幅收音机都能接收到。

可作为高速公路无线电诱导系统的声音传输方式有很多，现有以下三种方式更具有这方面的潜力：

① 移动电话系统；

② 无线电广播；

③ 有限范围的路旁无线电（公路诱导无线电）。

5.4.1　移动电话系统

高速公路监控中心设有询问电话，则驾驶人可利用电话（车载电话或移动电话）从监控中心获得最新交通信息。这种信息提供有效性主要取决于：

① 电话的接通率，即是否有足够的外线，如果总是占线，驾驶人将不抱什么希望；

② 是信息提供方式，如监控中心每隔数分钟更新一次交通信息，用录音形式经电话发送给询问的驾驶人，可能并不是驾驶人所需的信息，但这种提供方式不需较多的人力，如采用经过特殊训练的人员，他能提供给打电话的驾驶人所需的有意义的回答，但费用较高；

③ 是比较关键一点，询问电话是否像 122 台、114 台是免费的，如果收费，是否比普通电话通话费要高，这点将制约使用这种信息提供装置的人数。

5.4.2　无线电广播

利用汽车收音机收听广播提供信息是最直观的方式。它比利用视觉更方便，且不必分散精力去注意路边的标志或信息标志。因此，不少国家的国营或私营广播电台都有专设的交通信息广播节目时间，用调幅、调频广播定时播送高速公路及附近普通公路的交通情况。为了及时准确地广播，高速公路管理中心的中央控制室都有交通信息中心播音室，在交通节目时间里，所有广播电台都播送交通信息中心发出的同一内容，每次广播 1~5min。

但是，这种交通广播节目有它的局限性，并不能满足高速公路的需要。一是它只能在固定的时间内向大范围广播相同的内容，所以它不能随时提供主要信息；二是缺乏针对性，大部分驾驶人将不得不收听与他毫不相干的内容。

5.4.3　路侧无线电广播系统

路侧无线电是给拥有调幅或调频收音机的驾驶人提供与道路和驾驶人有关信息的一种方式，它能较好地解决商业无线电广播的不足，一般设置在城市高速公路及城间高速公路的大城市近郊、互通式立交桥、无线通信中断的隧道与气候条件恶劣等地段。它利用设在路肩或中央分隔带上的感应天线进行广播，形成沿高速公路的信息接收带（而在离路两边一定距离外，无法接收）。由于它可以通过路段所设置的发射天线，对不同的路段不同的车流（上行、下行）方向播送不同的内容，因此播收的信息量大，内容随时间地点而变，有针对性，有很大自由度，所以它是可变信息标志的重要补充。

路侧无线电系统还可以根据其天线进行分类，目前有以下几类。

（1）垂直天线公路诱导无线电系统

可使用一个"鞭状"垂直天线或沿着公路按一定间隔使用几个天线，并利用电子仪器装置实行互连。每个天线向各个方向发射信号，从而形成一个环形传输区。"鞭状"天线的主要优缺点如下：

① 体积小，可安装在较小的空间内；

② 易于安装，可在短时间内安装在地面或路面上，以及建筑物塔顶上等各种场合；

③ 易于重新定位；

④ 通常是可见的，但也可以部分地伪装起来；

⑤ 可放在距公路几百英尺以外的地方；

⑥ 容易遭到天气、事故或人为的破坏；

⑦ 需要有效的、稳定可靠的和易于调谐的匹配网络或一组感应器；

⑧ 提供的环形覆盖区可能干扰邻近公路上的其他覆盖区；

⑨ 与感应电缆天线相比，价格和安装费用低。

（2）感应电缆天线公路诱导无线电 HAR 系统

广播的第二种方法是利用路旁电缆而不是用传统的垂直天线。

路侧广播系统主要用漏泄同轴电缆为天线（将同轴电缆外护套及外导体开槽）。该天线可沿路架空或埋地敷设。这种"有损耗"电缆的特性之一是可以在距电缆侧向 30～45m 短距离内产生高强度的，但却是高定位性能的感应型无线电信号。在限制了磁场范围的同时，对于多车道高速公路路幅范围内足以产生可靠的信号。在距电缆几十米处，磁场强度降低到一般汽车所载收音机能接收的有效灵敏度值以下。这样，就可以更有效地使用通信中的无线电频谱，这和在同一区域的几条公路上使用互不干扰的载频效果相同。这种电缆的另外一个特征是可以将系统设计成在同一电缆上同时传输两种不同频率的各种信息。这样，信息可沿各自的方向单独传送。

使用"有损耗"电缆天线的优缺点如下：

① 必须尽量延伸到整个覆盖区；

② 可以连续覆盖所有隧道、建筑物中，以及立交桥下面等场所；

③ 它可以置于地面以上或以下；

④ 如果装在地面以下，它不容易受到天气损害或人为破坏；

⑤ 如果埋入地面以下，购买、安装和重新定位的费用都比较高，而且实际上可以是看不到的；

⑥ 在已经建成水泥路面和公路构造物（例如，互通式立交桥或交叉口）的某些地区安装有困难；

⑦ 电缆天线容易实现电联接，而且无需网络匹配或调谐调整；

⑧ 发射区域被限制在距电缆 30.48m 以内，这样，与附近的覆盖区干扰最小；

⑨ 必须靠近公路设置；

⑩ 温度和天气不致影响发射效果，如果电缆埋入地下，基本不受土壤类型的影响。

目前路侧无线电系统一般组成如下。

① 信息处理及编辑装置。将信息收集系统得到的交通信息不断编辑加工，按照优先程度选择应该提供的信息内容。

② 声音合成装置。中央控制室或终端利用大容量的话音存储器实时地将所选择的信息转成声音。

③ 监测装置。监测合成的声音，必要时可以由播音员直接播音。

④ 路侧广播装置。由天线及发送部组成，将中央装置的模拟话音信号变成高频调制信号从天线发射出去，供汽车收音机收听。

⑤ 指示标志牌。在提供路侧通信的路段起点前预告广播的频率和广播区间长度。

5.5　先进信息子系统

系统采集、编制和传送一些与交通有关的信息，为行驶车辆提供实时诱导和信息服务，以帮助驾驶员、乘客和货物更安全、迅速、顺利到达目的地。

5.5.1　用户需要的信息和信息来源

（1）地理信息

旅行目的地的方向、位置，到达目的地的优化路径和旅行时间，以及与旅行相关的服务信息。运输地理信息系统在地图数据库基础的公路交通（包含城镇交通）电子地图及相关的数据文件，储存在存储器中。对系统输入目的地名称，就可调出含有目的地的图页到显示屏，供用户阅读；图上附有推荐的行驶路径，列出旅行时间和需要的其他服务信息。

（2）动态交通环境信息

正在维修的车道，拥挤和堵塞的路段位置，建议绕行的道路等。这些信息通过无线传输从专门服务机构——交通监控通信中心和车辆专用网络获得。

（3）车辆位置和运动参数

车辆自身位置及其运动轨迹是精确导航所必需的。车上安装微波天线和专用接收器，可接收全球定位系统的 4 颗卫星发射的微波信号，从而确定自身在地球上的经度、纬度和高度，即三维位置、三维速度和时间信息。

（4）气象预报信息

从区域交通监控通信中心的无线数据传输或广播中获得。

5.5.2　系统结构和功能

系统由信息采集、处理编辑、信息提供和信息应用四部分组成，结构框图见图 5-9 所示。信息采集主要由交通管理、测绘、交警等部门负责。在划分的公路网络区域内，由网络管理单位联合有关部门成立区域交通监控通信中心，对采集的交通信息加以处理和编辑，由发送单位及时发送。对长期使用的地理、交通和相应服务信息，鼓励企业编制以画页为单元的电子地图软件，投入市场；编制电子地图的基本地理信息可从国家测绘局或编制运输地理信息系统的部门取得。信息发送方式目前有多路调频和微波数字传播广域信息，用视频和光电信号传送小区域信息。应用设备用得较多的是车载引导系统。

图 5-9　先进交通信息子系统结构和信息配置框图

车载引导系统可采用汽车专用的 GPS 导航设备。系统安装系统有多种通用和专用支持软件。系统从 GPS、监控通信中心、通用 TV 频道获取各种信息，经过处理提供给用户。系统常用功能有下列几种。

① 用户输入旅行目的地，系统从电子地图数据库检索出目的地有关数据和推荐路径及

所需的旅行时间,并能用照片、图形、文字和声音等多种形式通知用户;

② 旅行途中,系统根据中心传播的实时交通、道路和气象信息,用多种方式通知用户,以便及时改变车辆运行状态或调整行驶路线,以适应交通环境;

③ 接收车载传感器捕捉的报警信号,如车间距过小、障碍物临近等,以采取应急措施;

④ 启动导向功能,由 GPS 为导向系统提供一个原始定位坐标,测定本车的位置及行驶轨迹,并与数据库的原定路线吻合核定,显示需要修正的参数,由驾驶员操作,实施修正。

5.5.3 GPS / GIS 应用

一、GPS

全球定位系统 (Global Positioning System,GPS) 是美国从 20 世纪 70 年代开始研制的新一代卫星导航与定位系统,历时 20 年,耗资 200 亿美元,于 1994 年全面建成。该系统利用导航卫星进行测时和测距,具有在海、陆、空进行全方位实时三维导航与定位能力。GPS 以全天候、高精度、自动化、高效益等显著特点,赢得了广大使用者的信赖,并成功地应用于导航、授时、高精度测量等领域。如今,它已成为当今世界上最实用,也是应用最广泛的全球精密导航、指挥和调度系统。

(1) GPS 的基本定位原理

GPS 的基本定位原理:卫星不间断地发送自身的星历参数和时间信息,用户接收到这些信息后,经过计算求出接收机的三维位置,三维方向以及运动速度和时间信息。

GPS 系统采用高轨测距体制,以观测站至 GPS 卫星之间的距离作为基本观测量。为了获得距离观测量,主要采用两种方法:

① 测量 GPS 卫星发射的测距码信号到达用户接收机的传播时间,即伪距测量;

② 测量具有载波多普勒频移的 GPS 卫星载波信号与接收机产生的参考载波信号之间的相位差,即载波相位测量。采用伪距观测量定位速度最快,而采用载波相位观测量定位精度最高。通过对 4 颗或 4 颗以上的卫星同时进行伪距或相位的测量即可推算出接收机的三维位置。

按定位方式,GPS 定位分为单点定位和相对定位(差分定位)。单点定位就是根据一台接收机的观测数据来确定接收机位置的方式,它只能采用伪距观测量。目前单点 GPS 系统提供的定位精度是优于 25m,而为得到更高的定位精度,通常采用差分 GPS 技术即将一台 GPS 接收机安置在基准站上进行观测,根据基准站已知精密坐标,计算出基准站到卫星的距离改正数,并由基准站实时将这一数据发送出去。用户接收机在进行 GPS 观测的同时,也接收到基准站发出的改正数,并对其定位结果进行改正,从而提高定位精度。差分 GPS 既可采用伪距观测量也可采用相位观测量。

在定位观测时,GPS 定位分为动态定位和静态定位。若接收机相对于地球表面运动,则称为动态定位。若接收机相对于地球表面静止,则称为静态定位。

(2) GPS 结构组成

GPS 系统主要包括有三大组成部分:空间星座部分、地面监控部分和用户设备部分。

① 空间星座部分。GPS 的空间部分由 21 颗工作卫星和 3 颗在轨备用卫星组成,这 24 颗卫星均匀分布在 6 个轨道平面内。在 2 万公里高空的 GPS 卫星,当地球自转一周时,它们绕地球运行二周,每颗卫星每天约有 5h 在地平线以上,同时位于地平线以上的卫星数量随着时间和地点的不同而不同,最少可见到 4 颗,最多可见到 11 颗。每颗 GPS 工作卫星都发出用于导航定位的信号。GPS 用户正是利用这些信号来进行工作的。在用 GPS 信号导航

定位时，为了计算观测站的三维坐标，必须观测 4 颗 GPS 卫星，称为定位星座。

② 地面监控部分。GPS 工作卫星的地面监控系统目前主要由分布在全球的由若干个跟踪站所组成的监控系统所构成，根据其作用的不同，这些跟踪站又被分为主控站、监控站和注入站。对于导航定位来说，GPS 卫星是一动态已知点。星的位置是依据卫星发射的星历，即描述卫星运动及其轨道的参数计算得到的。每颗 GPS 卫星所播发的星历，是由地面监控系统提供的。卫星上的各种设备是否正常工作，以及卫星是否一直沿着预定轨道运行，都要由地面设备进行监测和控制。地面监控系统另一重要作用是保持各颗卫星处于同一时间标准——GPS 时间系统。

③ 用户设备部分。GPS 的用户部分由 GPS 接收机、数据处理软件及相应的用户设备（如计算机、气象仪器）等组成。GPS 信号接收机的任务是接收 GPS 卫星发射信号，以获得必要的导航和定位信息。对所接收到的 GPS 信号进行变换、放大和处理，以便测量出 GPS 信号从卫星到接收机天线的传播时间，解译出 GPS 卫星所发送的导航电文，实时地计算出观测站的三维位置，甚至三维速度和时间，最终实现利用 GPS 进行导航和定位的目的。

（3）GPS 主要特点

GPS 的问世标志着电子导航技术发展到了一个更加辉煌的时代。GPS 系统与其他导航系统相比，主要有以下 6 个方面的特点。

① 定位精度高。应用实践已经证明，单机定位精度优于 25m，采用差分定位，精度可达厘米级或毫米级。此外，GPS 可为各类用户连续地提供高精度的三维位置、三维速度和时间信息。

② 观测时间短。随着 GPS 系统的不断完善，软件的不断更新，实时定位速度越来越快。目前 GPS 接收机的一次定位和测速工作在 1s 甚至更短的时间内便可完成，这对高动态用户来讲尤其重要。

③ 携行操作简便。随着 GPS 接收机不断改进，自动化程度越来越高，有的已达"傻瓜化"的程度；接收机的体积越来越小，重量越来越轻，极大地减轻了使用者的劳动强度。

④ 全球全天候作业。由于 GPS 卫星数目较多且分布合理，所以在地球上任何地点均可连续同时观测到至少 4 颗卫星，从而保障了全球、全天候连续实时导航与定位的需要。目前 GPS 观测可在一天 24h 内的任何时间进行，不受阴天黑夜、起雾刮风、下雨下雪等气候的影响。

⑤ 功能多和用途多。GPS 系统不仅可用于测量、导航，还可用于测速、测时。测速的精度可达 0.1m/s，测时的精度可达几十纳秒。其应用领域不断扩大。

⑥ 抗干扰性能好、保密性强。由于 GPS 系统采用了伪码扩频技术，因而 GPS 卫星所发送的信号具有良好的抗干扰性和保密性。

二、 GIS

地理信息系统（Geographic Information System，GIS）作为获取、处理、管理和分析地理空间数据的重要工具，是一种采集、存储、管理、分析、显示与应用整个或部分地球表面与空间和地理分布有关的地理数据信息计算机系统，是分析和处理海量地理数据的前沿技术，目前已广泛地应用于环境、资源、石油、电力、土地、交通、公安、急救、航空、市政管理、城市规划、经济咨询、灾害损失预测、投资评价、政府管理和军事等与地理坐标相关的几乎所有领域。

（1）地理信息系统的组成

从技术和应用的角度，GIS 是解决空间问题的工具、方法和技术；从学科的角度，GIS

是在地理学、地图学、测量学和计算机科学等学科基础上发展起来的一门学科，具有独立的学科体系；在功能上，GIS 具有空间数据的获取、存储、显示、编辑、处理、分析、输出和应用等功能；从系统学的角度，GIS 具有一定结构和功能，是一个完整的系统。

地理信息系统是一种决策支持系统，它与其他信息系统的主要区别是其存储和处理的信息是经过地理编码的，地理位置及与位置有关的地物属性信息成为信息检索的重要部分。一个完整的地理信息系统主要由计算机硬件系统、计算机软件系统、地理信息数据、系统操作人员 4 个部分组成。

计算机硬件系统是计算机系统中实际物理设备的总称，包括计算机主机、输入设备（如数字化仪、扫描仪、解析测图仪、数字摄影测量仪器、遥感图像处理系统、辅助制图系统、图形处理系统等）、输出设备（如图形终端显示设备、绘图仪、打印机等）、数据存储设备等。

计算机软件系统包括计算机系统软件、地理信息系统软件和其他支持软件及应用分析程序等。地理信息系统软件和其他支持软件可以是通过地理信息系统工具专门开发的地理信息系统软件包，也可以包括数据库管理系统、计算机图形软件包以及 CAD 图像处理系统等，用于支持对空间数据输入、存储、转换、输出和与用户交互。应用分析程序则是系统开发人员或用户根据地理专题或区域分析模型编制的用于某种特定应用任务的程序，是系统功能的扩充与延伸。应用程序作用于地理专题数据或区域数据，构成地理信息系统的具体内容，这是用户最为关心的真正用于地理分析的部分，也是从空间数据中提取地理信息的关键。

地理信息数据是指以地球表面空间位置为参照，描述自然、社会和人文经济景观的数据，可以是图形、图像、文字、表格、数字等，通过数字化仪、扫描仪、键盘等设备输入地理信息系统中，是地理信息系统的操作对象和管理内容。其相应的区域信息包括位置信息、属性信息和空间关系等。

地理信息数据分为空间数据和属性数据。

空间数据用来确定图形和制图特征的位置，它反映地理景观在某个已知坐标系中的空间位置，如经纬度、平面直角坐标系、极坐标等，以及实体间的空间相关性即拓扑关系，表示点、线、面、网等实体之间的空间联系，如网络节点与网络之间的枢纽关系、边界线与面实体间的构成关系、面实体与岛或内部点的包含关系等。

属性数据用来反映与几何位置无关的属性，即通常所说的非几何属性，它是与地理实体相联系的地理变量或地理意义，一般是经过抽象的概念，通过命名、量算和统计等方法得到，包括名称、类型、特性、数量和等级等。任何地理实体至少包含一个属性，而地理信息系统的分析、检索主要是通过对属性的操作运算来实现的。

地理信息系统是一个动态的地理模型，是一个复杂的人机系统。仅仅有系统硬、软件和数据还不能构成一个完整的地理信息系统，它必须处于相应的机构或组织环境内，需要人进行系统组织、管理、维护和数据更新、系统扩充等工作。因此，系统的管理、维护和使用人员是地理信息系统中的重要构成因素，它们在地理信息系统环境中起着决定性的作用。

（2）GIS 的工作原理

GIS 把地理事物的空间数据和属性数据，以数字的方式存储在计算机中，再利用计算机图形技术、数据库技术以及各种数学方法来管理、查询、分析和应用，输出各种地图和地理数据。

GIS 将现实世界抽象为相互联结不同特征的层面组合，提供了解决各种纷繁复杂难题的捷径，利用地理坐标系帮助用户在地球表面任意空间定位，通过矢量数据和栅格数据两种基本模式表达离散和连续的地理特征数据。

① 空间模型间模式。GIS 将现实世界抽象为相互联结的具有不同特征的图层（Layer）组合，在 GIS 中，地理数据以图层为单位进行组织和存储，一个图层表示一种类型的地理实体。

② 地理参考系。地理空间数据包括绝对位置信息，如经纬度坐标，以及相对位置信息，包括地址、编码、统计调查等。地理空间数据是用于描述位置和空间要素属性的数据。GIS 可以将这些地球表面的空间要素作为地图要素展现在平面上，但地图图层必须基于相同的坐标系统。与 GIS 有关的坐标系统主要有地理坐标和投影坐标，前者属于球面坐标系统，后者属于平面坐标系统。

③ 矢量和栅格数据结构。要将实际地理世界的实体、现象在 GIS 概念世界表达，需要建立一定的数据模型来描述地理实体及实体关系。在 GIS 领域，目前普遍采用了两种数据模型：基于目标的和基于场的。

（3）GIS 的功能

① 数据输入、预处理。空间数据只有加工为适合的形式才能被 GIS 系统利用。将空间数据输入计算机的过程称为数字化。最新扫描跟踪技术使大规模自动数字化成为可能，中小型作业仍可使用传统手工数字化仪；同时 GIS 软件提供强大的数据转换功能，可从 CAD、文本、关系数据库等几乎所有形式转入数据；与 GPS 和 RS 日趋一体化使 GIS 数据更新不再是应用的"瓶颈"。通过各种方式获取的不同类型空间数据必须经过标准化处理，包括不同比例尺、坐标投影的转换匹配等。

② 数据管理。采用文件结构构造 GIS 数据对于小型应用已经足够，但当数据规模和使用者人数急剧增多时，必须通过大型数据库系统进行严格有效的组织管理。在关系型数据库中，不同表格间通过相关项相互连接，提供 GIS 高度的可扩展性和灵活的配置能力。

③ 空间查询与分析。GIS 提供从最简单的点击式查询到辨证思维的空间分析方法，GIS 最引人入胜的作用是通过各种假设分析来模拟区域内空间规律和发展趋势。GIS 软件提供缓冲区分析工具对地物要素间相互关系进行计算度量，通过空间上的"相交、合并、切割"等运算，可获取和派生空间决策的依据。

④ 可视化表达输出。GIS 的操作结果可通过可视化的地图、影像、多媒体方式加以直观表达，这是 GIS 无与伦比的另一优势。

使用 GIS 技术，可以建立高速公路的地理信息系统，以直观的图形形式，展示高速公路上的车流移动情况，使工作人员及时发现事故及拥堵现象，提高高速公路的使用效率。在进行应急处理时，通过 GIS 和 GPS 技术，管理和救援人员能够准确判断事故地点，进行有效救助。

（4）移动 GIS

通过与流动装置的结合，地理资讯系统可以为用户提供即时的地理信息。安装 GPS 导航软件的导航仪和智能手机，就是一种移动 GIS 应用平台。可以作为交通车辆导航工具。

一般汽车上的导航装置都是结合了卫星定位设备（GPS）和地理资讯系统（GIS）的复合系统。在中国香港曾经很流行的地图王，则是一套可以安装在 PDA 或手提电话上的即时地图系统。汽车导航系统是地理资讯系统的一个特例，它除了一般的地理资讯系统的内容以外，还包括了各条道路的行车及相关信息的数据库。这个数据库利用矢量表示行车的路线、方向、路段等信息，又利用网络拓扑的概念来决定最佳行走路线。地理数据文件（GDF）是为导航系统描述地图数据的 ISO 标准。汽车导航系统组合了地图匹配、GPS 定位计算车辆的位置。地图资源数据库也用于航迹规划、导航，并可能还有主动安全系统、辅助驾驶及位置定位服务（Location Based Services，LBS）等高级功能。汽车导航系统的数据库应用了地图资源数据库管理。

思　考　题

1. 设 C 为车道通行能力，Q 为对车道的交通需求量，则交通控制应满足怎样的前提条件？
2. 入口匝道控制的作用有哪些？
3. 什么是公共车辆优先？
4. 管理者和驾驶员之间信息联系渠道有哪些？
5. 驾驶员对交通信息的具体需求有哪些？
6. 简述可变信息显示系统的基本组成。
7. 简述 GIS 的基本功能。

第6章 监控中心与区域联网监控

6.1 监控系统结构

从控制理论角度分析系统，路段多且相互关连，受控变量和控制量既多又随时间作不确定变化，还要求多种控制目标，这使得系统具有大系统性质。对各路段进行集中式最优控制，困难很多，难于达到预期控制效果。从管理角度分析，要求对各路段交通情况能及时、准确了解，对出现的各类交通事件能迅速、有效地作出响应。如果边远路段发生交通事故，要从数十至数百公里外的管理中心派出队伍进行抢救，将因行驶延迟，无法及时救援而造成巨大损失。

我国大多数高速公路交通量并不大，采用分级优化控制的不多。目前采用分级分散监控主要是为了管理方便。将收费、监控和通信等多项管理任务由各管理区分区段负责；里程较长的高速公路按路段自然排列顺序，将相邻的几个路段组成一个管理区，成立监控分中心。整个公路的监控中心控制各个分中心。分中心下面有专司采集信息和执行控制的现场监控站，三级各有其监控职责，高速公路监控系统组成框图如图6-1所示。

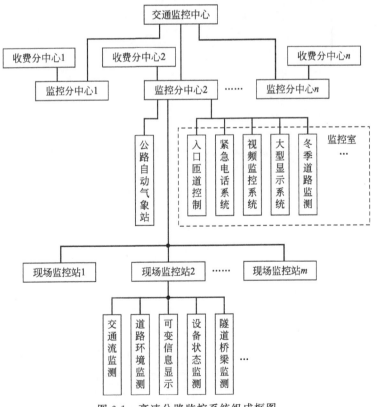

图6-1 高速公路监控系统组成框图

高速公路监控系统结构一般可分为三级：一是监控中心，高速公路管理局需要对辖内所

94

有的高速公路进行统一管理，各高速公路监控分中心将视频信号选择上传到监控中心，由监控中心统一监控；二是高速公路监控分中心，负责高速公路某路段的收费及道路监控，把各现场监控站所选择的部分图像上传至监控分中心；三是现场监控站，高速公路路段包括若干个收费站，把收费亭以及相关道路摄像机上传至现场监控站监控。最高一级是监控中心，各管理区分区段负责收费、监控和通信等多项管理任务。里程较长的高速公路按路段自然排列顺序，将相邻的几个路段（一般 3～5 个）组成一个管理区，成立监控分中心。分中心下面有专门采集信息和执行控制的现场监控站。现场监控站负责信息采集并执行控制。监控分中心配置有闭路电视系统以监视所属路段的交通情况；设立入口匝道控制系统，以控制所属各路段收费匝道入口交通量；接听区段的紧急电话，以便及时作出响应。分中心设有一个面积较大的监控室，配有采集、监视、处理、存储、决策、联系、指挥用的多台计算机及通信设备。监控中心负责协调分中心的工作，设有大型监控室。各层次之间通过计算机网远程联系，形成多级计算机网络监控系统。

在图 6-1 中，监控分中心负责所属各路段的信息处理、控制决策（优化）和下达控制指令。为了监视所属路段的交通情况，配置有视频监控系统；设立入口匝道控制系统，以便对所属各路段收费匝道入口交通量进行控制，区段的紧急电话都接通到分中心，以便及时作出响应；管区内各种设备的状态也由分中心监视。为了完成上述任务，分中心设有一个面积较大的监控室，配备各种专用控制台，装有大、小多种显示屏幕，并配有采集、监视、处理、存储、决策、联系、指挥用的多台计算机及通信设备。

现场监控站担负信息采集和执行控制两大任务。视频监控和紧急电话系统在路段设有前端设备。监控中心负责协调分中心的工作，设有大型监控室。三个层次用计算机网远程联系，形成多级计算机网络监控系统。

由于气象环境的较大范围内有相似处，路段可在道路现场设置一个公路自动气象站，以监测道路气象环境变化。

6.2　现场监控站

（1）监控站组成

每一路段匝道连接点附近安装有交通数据检测器、环境检测器、可变信息显示器和闭路电视前端——摄像机等设备。紧靠基本路段一侧的路肩外，这些设备的监测、处理、控制和通信单元（模块）分别装在各自的机箱内，连同变、配电站和附近的紧急电话亭，组成一个无人现场监控站。现场监测站功能联系框图如图 6-2 所示。由于某些传感器安装相距较近，有可能将它们的处理和通信单元综合作整体设计，安装在同一个箱体内。

（2）监测处理单元（模块）

各类传感器检测出的是多种多样的原始信息，大部分是模拟量，也有数字量和只需计数的脉冲等。这些信息采集后需作各种初步处理，转换成数字量传输给计算机作进一步处理。监测处理单元就是为完成这些任务而设置的。单元的核心是数据采集系统，系统结构一般应根据检测量和检测方法来确定，但大都是多路采集多种不同类型的信号。根据这种需求，系统的一种工作原理框图如图 6-3 所示。它主要由激励信号源、放大器、电压/频率（V/F）变换器、频率测量电路、并行 I/O 接口、串行接口、内存器、显示器、微机（或微处理器）和电源等组成。

多路开关将激励信号源如恒流源加到传感器上，传感器的输出经多路开关进入放大器，

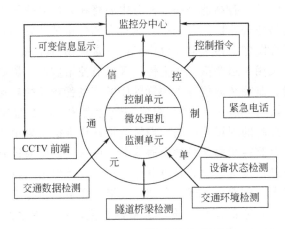

图 6-2　现场监测站功能联系框图

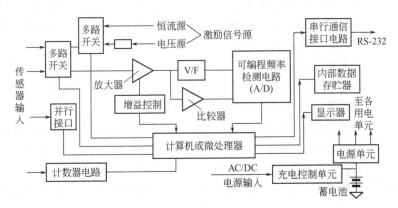

图 6-3　数据采集系统原理框图

放大器一般具有抗混淆低通放大作用，也为了获得较高的输入阻抗和共模抑制比。为适应数值大小不一的输入需求，放大器增益可由程序控制设置成多种档次。经过放大的信号进入V/F电路，将其转变为与电压成正比的频率信号。此信号送入可编程测量电路，在微处理器控制下测出信号周期，算出频率值，从而将电压转换为数字量，送入计算机作进一步处理。

如果传感器的输出是频率信号，则放大后不经过V/F，而是经比较器整形后送入频率测量电路，采用与上述相同的方法转换成数字量。

并行电路用来作为并行码或数字信号输入，也可作为外部控制信号如传感器投电控制，发出报警信号等。计数器电路主要用于事件计数，如车辆计数等。

微处理器采用什么等级的CPU应由系统的需求确定，选择的内容应包括：位数、主频、寻址能力、串行口、DMA控制器和计数器的个数、通信传输速度等。

所检测的数据应该能存储在带后备电池的内部数据存储器内，其容量由需求决定，上位机或便携微机应该能调用和查阅这些数据。

显示器是否配置可由用户确定，有显示器便于维修检查。

最好配置紧急电源（UPS或蓄电池），以免突然断电时丢失数据。

经过采集、预处理并最终经计算机处理过的各种数据，被送入存储器，到预定的通信时间经通信控制单元传输给监控分中心计算机。

（3）通信控制单元（模块）

通信控制模块是外场监控设备的重要组成之一，它的主要任务是在外场监控设备和中心通信控制机之间传输信息。它是通信网络的一个节点，一般由微处理器和存储器等组成，经过调制解调器、光缆和计算机实施远程连接。在监控器内部大都用 RS485 串行口连接，对外则用 RS232 连接。对它的功能要求为：能实施存储、编码（按信道要求）、转发，作同步和异步发信转换；应有容错功能，即监控通信设备中，任一硬件和软件出现故障，能使设备恢复到初始状态。此外，还应有自检和手动控制功能，以便维修调试时使用。监控站各设备的信号传送框图如图 6-4 所示。

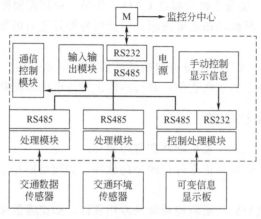

图 6-4　监控站各设备的信号传送框图

6.3　监控中心计算机系统

6.3.1　计算机系统的功能和组成

监控分中心是管理分中心的一个组成部分，它负责所管辖区段的交通运行管理，不仅要汇总处理各路段采集的信息（数据、图像、话音），进行控制决策，还要自动、并行地向上级（监控中心计算机系统）传送运行数据，并接收执行上级指令，同时要和同一个管区的收费分中心进行联系，以获取必需的车辆信息，及时下达入口控制指令。各个现场监控站及所有子系统都是通过计算机系统来进行控制和管理的。

现在，监控计算机网络大都采用客户/服务（Client/Server）体系结构由系统主机（服务器）和客户机（终端）组成。具体可划分为主服务器、交通监控计算机、通信计算机、彩色图形计算机、紧急电话主机系统、可变信息显示控制计算机及一些辅助设备等。

6.3.2　计算机系统硬件

（1）系统主机（服务器）

系统主机负责网络操作、系统进程的管理和运行，采集和处理各种交通监控数据及图像信息，以及外场设备运行状态，并且作为数据库服务器，存储各类有关信息，分析各类交通、气象信息，提出交通监管方案。此外，它还通过网桥接受收费网传送过来的各进出口交通量和车型信息。主机一般采用内存大、主频快的高档 PC 机，也可采用工作站作为主机，CPU 常为 64 位高性能处理器。

（2）客户机

客户机根据工作需要，可以有多种配置。

① 交通监控计算机。交通监控计算机主要负责监视各路段外场监控站设备的运行；收集和处理车辆、交通环境和隧道的监测数据，运行各种优化控制模型，发出控制指令和数据越限报警；统计分析各类数字信息，并生成和打印各种报表。

② 可变信息显示控制计算机。接收主机数据，根据控制指令，编辑需要显示的图文，并向现场发出执行指令；控制可变情报板，监视可变情报板的显示状况和工作状态；与交通监控计算机进行信息交换，发布工作指令等。

③ 彩色图形计算机。接收主机数据或 CAD 工作站（根据需要配置）等其他信息，生成管辖各路段的全部交通状况或局部细节图形，负责将各种处理后的数据和信息在大型投影屏幕上显示。

④ 通信控制计算机。与路段现场监控站的通信控制单元连接，负责本地局域网与下端外场设备、上端监控主中心的双向通信，并与本辖区紧急电话系统和收费系统进行通信。

6.3.3　计算机监控系统软件

计算机监控系统软件包括：系统软件和应用软件。

系统软件是支持计算机网络正常运行的通用软件，如网络操作系统、数据库软件和图形支持软件等。

应用软件是完成高速公路交通监控功能的专用软件，如交通数据采集及处理软件等。

下面简要介绍几种常用的软件。

（1）网络操作系统软件

网络操作系统是计算机软件和网络协议的集合，是在网络环境下用户与网络资源间的接口。通过它实现对网络的管理和控制，实现用户对资源的共享，满足多用户、多任务的环境。

交通监控对网络操作系统的具体要求如下。

① 收集系统各计算机（微处理器）提供的数据，生成监控数据库，向网上客户提供需用的数据。

② 向网络客户机提供功能强大的应用软件，并协调客户机（前台）和服务器（后台）的工作，保证网上各计算机的互操作性。

③ 保证分中心局域网与收费网、外场监测站及其他网络的通信联系。

目前，使用较多的网络操作系统有 Windows NT 和 UNIX 等。其中 NT 既可单机使用，又可作网络操作系统用，具有较强的图形处理能力，新版封装了高效集群服务器，功能更为强大；UNIX 适用于大型数据库操作系统平台。

（2）数据采集及处理软件

① 数据采集计算机与外场监测站轮询周期为 20～60s，常用异步半双工通信，传输速率为 1200～9600bps 可调。三次通信失败判为故障，通过用户接口发出声光报警。

输入信号有：交通流变量、收费站车辆及车道数据、可变信息显示内容、气象数据、交通控制（含匝道控制）信息、交通和道路环境异常信息、紧急电话信息和操作员输入信息。

输出信息有：现场-可变显示信息；收费站-入口匝道控制指令；监控中心-转发处理后的全部输入数据。

②数据处理统计处理、状态估计、事件判别并进行越限报警（事件、事故、冰冻、大雾、暴雨、大雪和隧道火情等），应满足报出率、误报率和平均测算时间等指标的要求。

③事故录入操作员根据电视、电话和巡逻获取并判别事故，通过用户接口将事故输入计算机，计算机立即转发此信号给监控中心和各客户机，事故解除由操作员作出。

④设备状态外场监控站的监测和通信单元均能监测所联设备工作状态，主监控机轮询外场和分中心的各种设备，发现非正常运行时，软件通过用户接口报警。

⑤数据存储建立数据库，完成每天系统数据备份及重要文件存档（硬盘、光盘或其他移动存储介质），并带有时间记录。

⑥生成报表显示和打印报表，包括：交通流（分、时、周、月、季、年的流量、速度和占有率）和气象、事故、事件、发布命令和设备工作状态报表。

数据库系统软件在公路部门采用较多的有 Oracle Workgroup 和 Sybase 公司的基于开放的数据库平台，它为用户提供了功能强大的开发工具系列。

（3）彩色图形处理软件

①显示图形。综合监控机和闭路电视发来的信息，编辑为动态显示图像，并可驱动大型投影屏幕和地图板动态显示。

②建立图形数据库。应有本公路的详细图形及与本公路有关的地形、地物、道路、河流、地面主要构造物和沿线有关的设施（消防队、急救站等）。

③图形开发工具软件中应含有功能强大的开发程序，以便自行开发所需要的功能。

（4）交通控制及可变信息软件

①编辑可变信息，建立图文数据库，存储已生成的 30～60 幅图文；软件支持在图形计算机上编辑新图文，显示的图文应符合国标和国际惯例，发出指令并核实执行情况。

②实时控制按要求编制控制决策所需要的各种程序（建模、参数和状态估计、优化计算、方案比较），作出决策，编写和发出控制指令。

③设备监视接收可变信息显示系统反馈的工作状态信号，发现不正常立即报警。

④工作记录向主机传送已发布的命令记录（含时间、内容）和工作状态。

监控中心的功能要求与分中心大体相同，但要增加协调各监控分中心工作的功能，要根据各分中心所辖路段相互关联的程度，下达必要的控制指令。中心的设备配置也与分中心相类似，它的监控对象是整条公路，而不是部分路段；提供给它的信息是各分中心经过处理的信息，大型屏幕显示的是整条公路的交通图像。

6.4　大屏幕显示

6.4.1　大型显示系统

大屏幕显示系统在信息管理系统中的直观、灵活、信息显示可扩充性、信息网络技术可适用性等优势都受到了专业用户的肯定和信赖。监控室配置大型显示系统，方便监控人员同时观看交通路况实时图像。

大型屏幕投影系统，由数据采集器、多屏幕视频投影器、工作站、控制台和大型屏幕等组成。

大型屏幕由小屏幕拼装而成，投影系统由前投式和背投式两种，前投式投影器安装在屏幕的前上方，以一定的俯角投射；背投式安装在屏幕的正后方，一般是安装在墙上的，墙后有一个投影小隔间或房间，要把背投装置安装得紧凑，就要用到"装置"系统，也就是一个集成框架、投影机和反射镜系统。投影方式有两种：多台投影器同时投射，组成一幅大画面，投射角较小，画面中心和边缘的清晰度、亮度相差不大，视感好；另一种是一台投射机投射一幅大屏幕，画面中心和边缘清晰度、亮度相差较大。

6.4.2 DLP™投影技术简介

当今，在投影显示领域，从模拟电路驱动显示转向全数字显示系统是一个质的飞跃。所推荐的 DLP 投影技术是全数字化处理的，标志着当今世界的最新显示和处理技术。全数字化是我们推荐系统的一个明显标志。

（1）DLP™投影技术的工作原理

DLP™（Digital Light Processing™）技术是一项全数字化的显示解决方案。DLPTM 投影技术对光进行精密控制，以重复显示全数字化的图像。这些图像在任何光线中都明亮夺目，在任何分辨率下都清晰分明。DLPTM 技术的核心是数字微镜器件（DMD)。这是一个指甲大小的半导体器件。DMD 器件由一百三十万个精微镜面组成，起着光开关的作用。每一个镜面都开启或关闭，每秒可达五千来次。输入的影像或图形信号被转换成数字代码，即由 0 和 1 组成的二进制数据。这些代码再被用来推动 DMD 镜面。当 DMD 座板和投影灯、色轮和投影镜头协同工作时，这些翻动的镜面就能够一同将一个天衣无缝的数字图像反射到演示墙面、电影屏幕或电视机屏幕上。

（2）DLP 技术与传统 LCD 技术的比较

DLP 投影原理是将光投射穿过高速转动的红蓝绿色轮盘再射到 DLP 晶片反射成像。像素间隙小，画面清晰，无闪烁现象。DLP 芯片采用密封封装，受环境影响小，且有 20 年以上的使用寿命，可靠性高，DLP 晶片的寿命为 100000h 以上，使用寿命长，且采用 DLP 技术、一体化箱体结构，不受外界光线干扰。

LCD 利用光学投射穿过红绿蓝三原色滤镜后，再将三原色投射穿过三片液晶板上，合成投影成像。像素间隙大，有马赛克现象，微有闪烁。LCD 液晶材料受环境影响大，不稳定，液晶板寿命 20000h 左右。受外界光线干扰严重，在外界光线下，不能正常清晰显示。

下面以基于 DLP™（数字光源处理系统）技术的大屏幕投影系统为例分别介绍大屏幕投影系统的功能和大屏幕显示的系统结构。

6.4.3 大屏幕投影系统的功能

（1）显示的内容

① 实时、动态地显示电子地图、统计报表等数字信息及闭路电视图像。

② 显示高速公路路网全貌及沿线外场设备的图标、桩号、数据和状态等。

（2）满足的指标

① 支持多屏图像拼接技术。

② 支持计算机数字信号源与模拟信号源的选择，可通过控制计算机或与计算机联网的工作站进行本地或远程遥控。

③ 支持视影图像的单屏显示，多屏拼接图像的任意开窗口显示。

④ 具有监测反馈功能，可通过计算机发送指令以获得所需的数据。

⑤ 投影单元与控制系统均采用模块化、标准化、一体化设计，可根据需要进行扩充。

6.4.4　大屏幕显示的系统结构

整个大屏幕显示系统可分为三个组成部分：投影显示部分、信号处理部分和控制系统。

（1）投影显示部分

每套组合显示屏由模块化、标准化、一体化的投影箱体叠加组成。每个封闭式投影箱体包括 DLP 投影机和专业背投屏幕板（如果是反射方式，还包括反射镜面）。投影机及屏幕以背投方式显示图像。

（2）信号处理部分

主要是网络图像处理器。网络图像处理器通过网络连接。传输合成计算机网络图像，以合适的图像大小/分辨率显示在大屏幕上，同时具有活动视频处理功能，可以在计算机图像的基础上叠加视频窗口。

（3）控制系统

主要由一套专用的控制软件来负责控制并调整 DLP 投影机的图像拼接、色彩和显示效果，选择需要显示的信号和图像。

6.5　全彩 LED 显示屏

近几年，随着微电子技术、自动化技术、计算机技术的迅速发展，半导体制作工艺日趋成熟，导致 LED 显示点尺寸越来越小，解析度越来越高，而可将显示光的三基色（红、绿、蓝）复原成全彩色效果，使得发光二极管（LED）作为显示器件的应用范围日益扩大。随着全彩 LED 显示技术的发展，全彩 LED 显示屏越来越多的应用于大型视频显示。

全彩 LED 显示屏是 LED 显示屏的一种，其色彩丰富：由 RGB 三基色（红、绿、蓝）显示单元板组成，红、绿、蓝各 256 级灰度构成 16，777，216 种颜色，使电子屏实现显示色彩丰富、高饱和度、高解析度、显示频率高的动态图像。

（1）全彩 LED 显示的主要特点

全彩 LED 显示具有以下突出特点。

① 全彩 LED 显示屏画面清晰，色彩均匀，亮度高，采用超高亮度的 LED，远距离仍清晰可见。

② 效果好。采用非线性校正技术，图像更清晰、层次感更强；可靠性强：采用分布式扫描技术和模块化设计技术，可靠性、稳定性更高。

③ 显示模式多样化：支持多种显示模式。

④ 操作方便：采用通用视频播放软件，使系统操作十分方便。

全彩 LED 显示屏常用于展会、港口、机场、火车站、汽车站、大型体育及会展场馆、智能交通、高速公路、银行、广告、电力、商业、电信、医院、税务、银行、交易市场、市民广场等几乎所有的相关系统及行业。

高像素的全彩 LED 显示屏，可以逐步取代大型投影仪，更方便地用于监控室的大屏幕显示。

（2）系统功能

① 以计算机为处理控制中心，电子屏幕与电脑显示器（VGA）窗口某一区域逐点对应，显示内容实时同步，屏幕映射位置可调，可方便随意地选择显示画面的大小。

② 显示色彩可达到 281.5 万亿种，完全满足各种高级视频源的输入要求，可显示完美鲜艳的色彩。

③ 配备图文信息及三维动画播放软件，可播放高质量的图文信息及三维动画。播放软件显示信息的方式有覆盖、合拢、开帘、色彩交替、放大缩小等十多种形式。

④ 使用专用节目编辑播放软件，可通过键盘、鼠标、扫描仪等不同的输入手段编辑、增加、删除和修改文字、图形、图像等信息。编排存于控制主机或服务器硬盘，节目播放顺序与时间，实现一体化交替播放，并可相互叠加。

⑤ 分辨率可达 1280×1024 以上，可定制各种更大分辨率的显示屏。

系统组成本系统由计算机专用设备、显示屏幕、视频输入端口和系统软件等组成。

6.6 区域联网监控

6.6.1 区域联网监控的意义

随着高速公路网的纵横成网，独立一条路段的监控系统已经不能充分发挥交通监控的路径诱导、多路径交通流调节控制的作用，有必要在路段间实现视频资源和交通数据的共享，动态掌握路网的交通运行情况。跨区域联网监控也已提到议事日程，其总体功能如下。

① 通过跨区域高速公路专网，从各路段中心，提取与路网状况息息相关的各种重要图像、数据，在必要时直接操作控制信息源。

② 综合各类提取数据进行挖掘和分析，以把握路网的交通状况，进而制定路网交通流控制方案，充分运用交通控制系统的技术手段来提高路网整体的通行能力。

③ 在路网枢纽区域出现拥塞或路段发生重大事故时，能迅速采取措施，发布路况信息，调动迂回，排除交通故障，组织紧急救援，恢复正常运行，以提高高速公路的整体服务水平，强化管理质量，充分发挥其安全、高效、舒适的特点。

考虑到区域联网监控这一发展趋势，江苏开展了省域联网监控系统关键技术的研究项目，本节结合研究内容，立足于设计者角度，从联网监控的需求分析着手，在介绍现有的路段监控系统的基础上，给出联网监控系统的设计方案，包括模拟视频路段监控改造方案、监控数字图像的远程交互和控制以及如何解决监控数据的联网问题等内容。

本节之所以花大量篇幅来加以描述，其一，在于联网监控的现实性和重要性，其二，路段监控系统的结构原理也可借此得以说明。

6.6.2 联网监控需求分析

（1）功能模块

高速公路区域联网监控系统是一个跨区域分布式的、涉及上千台计算机协同工作的系统工程。在制定技术方案之前，首先应结合功能模块（见图 6-5）进行需求分析。其中包括监控数据采集、视频图像采集、图像远程控制、各种信息发布以及实现这些功能所需考虑的网络通信平台、通信带宽、网络管理、系统软件等诸多问题。

（2）监控数据

监控数据分为实时监测数据和统计数据，包括车流量、平均速度、道路占有率等交通参数，气象、能见度等环境参数以及外场设备工作状态等数据。实时数据由底层外场设备采集，统计数据由路段中心数据处理设备进一步整理后得到。一般说来，外调的实时监控数据不宜直接由外场设备提供，而考虑从路段中心的监控计算机调出。区域联网中心可将调入的数据，进行数据挖掘，如根据相关路段的交通流量分布状况，进而制定相关地域的交通流控

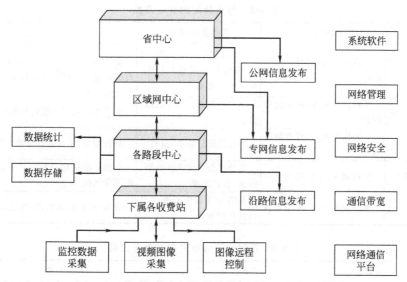

图 6-5　联网监控系统功能模块及其他相关模块示意图

制方案。

由于各路段的监控数据库结构不尽相同，在数据联网调用时必须专题研究。

（3）视频监控图像

监控视频图像是联网监控中最直观的信息源。表 6-1 给出了这些监控图像的相关技术指标和调用范围。

表 6-1　联网监控图像相关技术指标和调用范围

图像源	技术指标			存储	外调	远程控制
	分辨率	帧率/s	带宽/(Mb/s)			
收费站固定摄像	CIF	15～25	0.5～1	本地	一般不	不
收费车道固定摄像	CIF	15～25	0.5～1	不/本地	一般不	不
广场遥控摄像	D1	25	0.5～1	需要时	上级、相邻路段	需要
路况遥控摄像	D1	25	0.5～1	需要时	上级、相邻路段	需要

视频监控图像的远程控制，包括远程图像切换及远程云台控制，对于基于 TCP/IP 协议进行远程控制的全数字化监控系统，可考虑登录路段中心的网管服务器，认证后进行跨路段访问。对于模拟矩阵监控系统，另需考虑远程终端与矩阵的联网数据传输以及模拟矩阵识别命令（包括切换和远程控制）问题。

（4）监控数据/图像调用权限

跨路段的监控数据、图像的调用，需要协调控制调用权限分配。在高速公路专网上，可能同时会有多个用户想要调看同一个视频监控源，甚至进行摄像机的远程控制。为保证高速公路专网的正常运行，而不发生冲突，必须对信息的调看进行权限分配和用户控制。表 6-2 给出了权限分配的参考方案。

（5）交通信息实时发布

联网监控系统需进行相关信息的发布，包括综合各相关数据，经专家系统分析所生成最优的路网调度方案。表 6-3 给出了实时交通信息发布的参考方案。

表 6-2 权限分配的参考方案

调看单位	监控图像调看	监控数据调用	权限
省中心	全路网图像,可授权远程控制	所有路段统计数据、报表,并进行专家系统分析,生成控制方案	负责跨网、跨路段调用调看的权限发放及身份认证,公网用户访问权限认证
区域中心/路公司	所辖路网图像,网络远程控制	本中心各路段统计数据、报表	负责本网内用户权限发放和身份认证
本路段中心	本路段图像,本地直接控制	本路段统计数据、报表	直接控制,生成数据报表上报上级中心
办公局域网用户	授权调看,不能控制	部分授权路段统计数据、报表、监控图像	必须经授权和身份认证才能调用、调看本网图像数据
公网用户	部分授权调看,不能控制	只能调用省中心通过公网发布的信息	有限权限,必须经省中心授权和认证

表 6-3 实时交通信息发布的参考方案

内容	发布对象	发布方式	发布内容
专网发布	道路使用者	高速公路沿线信号灯、车道指示标志、可变限速标志、可变信息标志	气象信息 前方:车流、事故、限速等路况信息 绕行:车流、事故、限速等路况信息
	路段监控中心	监控终端显示	本公司/邻近路段一次信源交通数据、统计报表等
	区域网中心、省中心	监控终端显示	所辖各路段中心统计报表二次信源数据,特殊路况下的一次信源数据,气象信息等
	省、市公路局	监控终端显示	所辖各路段中心统计报表二次信源数据,特殊路况下的一次信源数据,气象信息等
	路政、养护、高速公路巡警等	监控终端显示	由所辖路段中心授权的监控路况图像、报表数据等
	道路使用者	Web 终端、无线广播	路网中气象、车流、事故、绕行、限速提示等
公网发布	省市政府机构	Web 终端:由网络主页链接	重要事故、数据统计、专家系统分析,交通预测、控制方案等
	公众出行参考	网络主页、无线广播、媒体报刊、市内交通信息牌	气象、车流、事故、绕行、限速等

（6）联网监控的网络管理

目前大多数高速公路监控系统的网络管理尚处于初期水平,大多基于人工维护方式。随着联网监控的逐步实施,监控系统的跨域和规模越来越大,系统维护成本、效率、复杂度等问题日趋突出,迫切需要一个针对高速公路监控系统特点,结合网络管理研究现状,操作方便、结构灵活、安全可靠的专用网络管理系统。联网监控的网络管理应满足以下要求。

① 能全面动态地管理全网所有监控设备的配置数据、状态检查和安装功能,并能够以图形、文字等形式分层显示配置相关的各类信息。

② 系统的适应性、灵活性较强。对数量众多、功能不一的设备的属性和接口进行分类抽象和统一操作,每个被管理资源对应一个模块,添加或删除设备只需要增减相应的模块即可。添加和删除模块不会为系统其他部分带来影响;新型设备的添加无需修改网管系统。

③ 实现层次化管理。高速公路监控系统是一个结构层次复杂、跨域甚大的专用网络。各监控中心与分中心及各分中心之间的网络管理能够实现互联互通,系统各层相对独立,兼容性、可扩展性强。

④ 故障管理。实现对监控网内所有监控设备的告警监测和故障定位,配合配置管理功

能进行故障排除和系统设备复测；能够采集和处理各监控设备的各种故障、告警及网络状态异常信息，并具有各种分类统计和指导分析的功能。

⑤ 性能管理。实时监控设备状态，获取网络运行的信息及统计数据，准确地发现系统瓶颈和潜在的性能问题，帮助系统管理人员制订正确的解决方案。

⑥ 安全性和健壮性。联网监控、全程监控的实施对网络管理的安全性和健壮性提出了更高的要求。安全管理：提供访问保护，包括授权设施、访问控制、加密及密钥管理、身份认证和安全日志记录等功能。为保护数据和服务器的安全，该系统根据监控业务处理的要求严格规定了一些安全策略，如不同类型的用户可以访问哪些数据，请求何种服务，采取哪些影响系统的措施等。

⑦ 实时性。高速公路上的设备如果发生故障，后果是很严重的。因此高速公路网路管理系统对实时性有较高的要求，管理人员应能对设备做到实时监控，如果发现异常能及时排除或采取相应措施。

⑧ 操作简单。因为管理人员不是计算机方面的专业人士，所以复杂的操作过程会严重影响管理的效果。这要求管理操作界面要求一定要简单明了，而且功能完备，只需要少量的操作步骤就能完成各种复杂的管理过程。要能提供客户端 WEB 服务方式的管理形式。

（7）数据存储与备份

数据存储和备份的原则是为了能够在有实际意义的、满足工作需要和用户要求的情况下，最大限度地节省存储空间和费用的数据存储。存储备份的数据包括原始数据、集成数据、抽样数据和压缩数据等。

（8）其他

① 以监控中心的时钟为基准统一区域监控系统的时钟。

② 统一联网数据通信协议及数据格式。

③ 统一的 IP 地址管理。

④ 统一的网络管理系统。

6.6.3　高速公路交通监控系统基本要求

（1）系统的开放性

开放系统是当今世界信息产业发展的潮流，一个开放的系统可以充分利用世界上各种产品的优秀特性，在最小的系统开销下，方便地扩充整个系统的功能，充分保证系统的灵活性，并且随着新技术的发展，不断地将新技术集成于系统之中。

（2）系统的规范性

统一性、标准化是系统取得成功的必要条件。总体结构设计乃至接口的设计都要遵循国际及国家通用的规范标准；并将规范化、标准化贯穿于系统开发设计及项目生命周期的每一个阶段之中。

（3）系统的安全可靠性

作为跨区域范围的交通监控计算机网络系统，整个系统的安全和可靠需着重考虑。特别是来自公网的用户有可能访问高速公路专网，必须通过一个功能强大的安全控制系统，对系统中的任何环节、任何对象进行保护，满足国际和国家标准，实现身份认证、访问控制、权限设置等，以确保系统在相当长的一段时间内无故障地安全运行。

（4）系统的兼容性

高速公路联网监控系统作为国内公路交通领域的发展新方向，必须充分考虑与已有的和在建的高速公路监控系统相兼容。应在尽量不破坏已有路段监控系统的同时，对其进行数字化改造，应尽量减少前期投入的浪费和重复建设，提高可利用率。

（5）系统的模块化

在系统总体功能设计时把系统按照实际的功能分解为若干易于处理的系统，然后在各个系统中划分为不同的功能模块，以便于维护和管理。

（6）系统的先进性

为适应 21 世纪技术发展及未来应用需要，系统应建立在先进的软件、硬件平台结构之上，设计采用最新的结构技术和策略保证系统的性能在设计时最优，宜体现下一代网络 NGN 的承载、控制、业务分层的理念，同时考虑其充分的可扩展性，以满足未来的业务发展，在今后随着计算机软件、硬件技术的发展而提高。

思 考 题

1. 简述高速公路监控系统的结构组成，并画出系统组成框图。
2. 简述现场监测站的基本组成。
3. 简述全彩 LED 显示的主要特点。
4. 简述高速公路交通监控系统基本要求。
5. 在屏幕显示系统的主要作用是什么？

第7章 公路通信系统

高速公路通信系统是高速公路现代化管理的重要支撑系统，它要准确及时地传输监控系统和收费系统的话音、数据和图像等信息，保持高速公路各管理部门之间业务联络通信的畅通，并要为高速公路内部各部门和外界建立必要的联系；同时高速公路通信系统作为交通专用通信网的重要组成部分，是交通信息的主要传输载体，为各种网络服务及会议电视系统提供传输通道。

随着计算机技术，网络技术和通信技术的迅速发展，高速公路通信技术也从简单的无线对讲系统发展到 800MHz 无线集群系统，从小容量微波通信发展到 SDH 系列数字光纤传输系统，从单纯的电话业务发展到包括话音、数据和图像等多种信息的综合通信，并从模拟通信向数字通信演变，开始组建先进的宽带综合业务数字（B-ISDN）通信系统。

7.1 公路专用通信特点和要求

近年来，我国的高速公路发展非常迅速，高速公路网正在逐步形成。高速公路通信系统已开始从单条路的内部通信向路网环境的广域通信转变，高速公路各现场监控站有大量监测数据需要及时传送给监控中心，各个收费站也有大批数据文件要定时传送给收费中心，这些传输任务都由通信系统承担。因此为了保证通信的高可靠性，高速公路辟有专用的通信网络。

7.1.1 高速公路通信系统的地位和作用

（1）高速公路通信系统是公路运输的重要基础设施

高速公路通信系统是服务于高速公路运输行业的专用通信系统，主要用于确保道路的安全通行和管理服务，提供运营的技术支持手段。在高速公路运营管理中，它将监控、导航、自动收费、公路管理、抢险救助、交通诱导、安全驾驶、商用车辆运营信息等传输到中央控制室汇总，实时提供道路堵塞信息和通行信息，确保道路畅通；通过与车辆之间的信息交换，进行交通诱导，减少发生危险的倾向；通过消除交通堵塞来提高运营效率，节约能源并减轻对环境的污染。

（2）高速公路通信系统是国家公网不可替代的专用通信系统

国家公网是面向全社会需求的，由于网络结构等原因，公网难于提供位于城市间的沿高速公路的各分散站、点的各种直达通信线路。高速公路通信网是为了解决高速公路的特殊需要而组建的网络，网络结构和通信设备应高速公路生产的实际要求而配置。首先，高速公路的通信设施是沿高速公路设置的，工作覆盖范围需包括高速公路的全部路段以及分散于道路沿线的路段管理单位、收费站口和交通监控点，相互之间有许多业务都要求具有直达通信路由。其次，高速公路的通信网络需要同时提供语音、数据和图像业务的多业务平台，必须具有较宽的传输带宽。第三，根据高速公路的特点，高速公路的有线电话系统需要具有调度功能、脱网直通功能，应具有较快的接续时间，具有数据、静止图像、车辆定位、控制等多媒体传输业务能力和满足保密要求。第四，高速公路安全保障使用的紧急电话系统、监控系统中的通信设施是高速公路专用的通信设施，具有与一般公网通信所不同的技术要求和标准。

（3）高速公路通信系统是高速公路管理的必要手段

高速公路的管理与普通公路的传统管理方式不同，它是一种技术密集的新型动态管理。高速公路的管理离不开通信及信息系统；高速公路的安全、通行能力和服务水平的提高必须依靠先进的手段来实现。通信设施是各种信息有效、实时传输的保证，是交通管理的基础和必要手段。

（4）高速公路通信系统是发展智能运输系统的基础环境

智能交通系统 ITS 的发展归根到底是交通信息化。高速公路形成了网络，要发挥最大的社会效益，最终手段就是靠交通信息化。只有信息化才能使之智能化，达到人、车、路融为一体，无论何时何地均能获取任何信息、与任何一方通信，车变成了一个流动办公室，路变为综合信息平台，信息无处不在。随着新技术的发展和应用，交通信息化是发展的必然趋势。高速公路通信信息系统的建设应是重中之重。ITS 重要的实施手段是通过通信系统向用户直接发布各种交通信息，核心技术是电子、信息、通信和系统工程，而通信系统是先决条件和基础资源。

在 ITS 的运行中，需要综合各种数据、图像信息并融合在统一的数字通信系统中传输，需要所有道路的相关设施连成完整的网络，需要提供足够带宽的系统容量，并形成区域性乃至全国范围的通信网络平台。通信系统为道路使用者提供了紧急通信手段，为交通监控系统、收费系统提供了传输手段，为车和路通信提供了联络方式。没有通信系统，其他设施就变成了孤岛。

（5）高速公路通信系统为交通信息化的发展提供条件

要实现交通信息化，必然涉及通信。通信是信息化的载体，它们是"车"与"路"的关系。目前，我国高速公路均建有设备完善的通信设施，只要解决好网络断头的接续，就可以基本形成以国道主干线为主骨架的干线通信系统，为交通信息化建设提供了网络通信综合业务平台。由于交通信息网和交通通信网都是为交通运输服务的，在网络结构等方面具有一致性，因此目前的公路通信设施应视为交通信息化发展的有利条件。

7.1.2 高速公路专用通信

高速公路管理需要将多种信号沿公路传输和交换，通信成为高速公路管理、监控、收费不可缺少的工具。为了保证通信的高可用性，高速公路建有专用通信系统。

（1）需要传输的信息

高速公路需要传输的信息，按用途可划分为下述几类。

① 监控、收费、隧道消防等机电子系统的控制指令，监测和收费数据（数字信号）；

② 闭路电视的视频信号；

③ 程控数字交换电话和紧急电话的语音信息；

④ 管理部门与车辆用户的多媒体（语音、数据、图像）信息传输；

⑤ 车辆用户与卫星通信（从卫星获取 GPS 信息）。

上述信息可概括为语音、数据和图像三大类。为了方便传输和保证通信质量，常将三类信息都用二进制码元表示成数字信号，公路通信主要是数字通信。

固定端到固定端的通信采用有线传输，目前常用光缆通信，近距通信也采用电线。固定端到运动端（如监控中心与车辆）和运动端间的通信为无线传输，属微波移动通信范畴。

（2）公路专用通信系统

高速公路有线通信常采用以光缆传输为主干线的多种专用通信系统。高速公路普遍建造专用通信网的另一个原因是在道路修建时预设通信管道，可节省通信建设投资。随着公用通信网覆盖面越来越广，也可租用公用线路作为公路专用，以减少投资和维护费用。

① 光缆数字传输系统。公路通信系统采用同步数字系列（SDH）自愈环光缆系统，所有数据和控制指令，电话语音和视频图像全部转换为数字信号，由光纤数字传输线路与各个固定点的计算机及各种终端联接成广域通信网络。

② 紧急电话系统。为车辆客户提供直接呼救求援的专用通信系统，目前有线、无线两种并存。我国采用独立于光缆之外的专线系统较多。

③ 移动通信系统。公路内部各种工作车辆需在运行和工作过程中及时和管理中心进行联系，为此建立专用无线移动通信或专用集群移动通信系统。

④ 专用近距微波传输系统。车辆用户和公路交通智能化都要求建立车辆与管理部门间的专用近距离多媒体通信，如电子全自动收费系统在收费点和运动车辆间交换收费数据；遥测装置和固定监控站间的数据传输；路侧监控站对车辆的检测、通信和遥控等。为此，出现专用近距通信技术——厘米波短距通信。电子收费系统已使用这种通信技术，车辆多媒体应用将来也需依靠它。

（3）高速公路通信特点

高速公路通信的特点如下。

① 专用性强，通信对象主要是公路管理部门内部各个单位和沿线行驶的客户。

② 需要传输的信号种类繁多，有语音、视频图像、数据和 GPS 定位信号等；对各类信号的传输有明确要求，如视频图像和语音的实时性，控制指令和报警信号的高可靠性，收费数据严格的连续性等。

③ 通信方式繁多，几乎包含当前的所有通信方式，如光缆通信，程控电话，计算机网络数据和多媒体通信，移动电话，微波和卫星通信等。

④ 数据、图像和语音的传输和处理直接相联，通信系统是作为监控、收费等计算机网络的通信支网出现的，计算机直接参与通信是公路通信的特点之一。

⑤ 要求高可靠性，系统每天 24h 不间断运行，中断会丢失重要数据或造成事故处理不当。

⑥ 公路通信里程为 50～500km，终端通常不超过 2000 个，可归属小型通信系统范畴。

⑦ 高速公路通信系统建立分级管理体制，通信中心管理各通信分中心。在各管理分中心建有通信分中心，为了保证信号长距离传输不产生严重失真，根据需要还可设立中继站。

针对上述特点，对公路通信系统的突出要求为高可靠性，低差错率。对各专用子系统和主要部件应有具体技术性能指标，在设计、建造、试运行和验收时，严格贯彻执行。

7.1.3　通信技术在公路交通的需求和主要应用

（1）公路交通对通信的需求

随着我国公路里程的不断增加，公路，尤其是高速公路的监控和收费业务的日渐增多，相应的服务水平也逐步提高，因此需要建立一个能够及时、稳定、准确、安全的传输语音信息、图像信息和数据信息的通信平台。基于此通信平台，能够保持公路交通各个部门以及对外的业务联络畅通；能够及时将图像监视信号传输到控制中心并将控制信号准确地下发到各级终端；能够确保收费数据在收费站、收费分中心、收费中心之间安全地传送；最终保障公路交通管理的正常开展。

依据公路交通的业务特点和自身特征，总结出公路交通对通信平台建设的主要需求包括以下几方面。

① 公路交通通信平台多数应为专用的通信网络。传送公路收费数据的通信网络必须具有高等级网络安全性能，同样涉及交通安全的语音、图像和数据信息也对通信网络提出了极高的性能要求。现有的公共通信网络在地域、接口和管理等方面无法满足公路建设、运营管理和养护的需求，同时在网络性能方面也不能完全满足公路对信息传输平台的严格要求，因此公路交通通信平台应建立在专用通信网络基础之上。

② 现有的管理体制和公路建设的特点要求为每条公路服务的主干通信网络应具有统一的技术标准和接口，便于区域范围内公路专用网络的互联，形成全国范围内的交通网络平台。

③ 公路交通通信平台应具有形式多样、体系复杂等特点。各级收费机构、管理结构以及服务机构需要语音通信网络、图像通信网络和数据通信网络；公路沿线机电设施和监控室、监控分中心及监控中心需要数据通信网络；公路路政管理和巡逻、交警交通事故处理和交通调度指挥、养护部门日常巡护都必须保持必要的联络；路侧紧急电话通信、机房环境条件监视、电力系统参数监控等也需要相应的通信网络支持。因此，公路交通通信平台涉及的通信网络形式多样，有无线通信网络，有有线通信网络；有传输网络，也有接入网络和交换网络，这些通信网络综合形成了公路交通通信平台。

④ 公路交通通信设施应适应公路线性化分布特征。由于与公路相关的设施、机构和场均设置在公路的沿线，一般呈线性分布，因此以路段为单位的通信网络也必须具有物理层上的线性特点，必须能够保证长距离的可靠通信。

（2）通信技术在公路交通的应用

根据公路交通对通信的特殊需求，适用于公路交通的通信技术都具有一定的先进性、稳定性和安全性，并易于扩容。按照本书的重点，以下将分别介绍公路交通常用的光纤通信技术和数字程控交换技术。

① 光纤通信技术与 SDH。高速公路机电系统中，监控、收费系统所需的大量气象环境信息、收费数据、图文报表、交通流控制等图像、声音、数据依靠光纤数字通信网络来传输。在现行的高速公路光纤数字通信网中，光纤通信系统大量采用了 IP、ATM、SONET（SynchronousOpticalNetwork 同步光纤网络）/SDH（SynchronousDigitalHierarchy 同步数字体系）、OTN（OpticalTransportNetwork 光传送网）等技术组成了高速公路信息传输的神经网络，已经成为高速公路通信系统的核心。

光纤通信应用技术中 SDH 技术作为骨干通信传输平台是发展最快，也是应用最为普遍的。目前我国高速公路多采用 SDH 光接入网，利用同步复用、标准化的接口、统一的传输速率等级、强大的网管能力、灵活的网络拓扑潜力和高兼容性、可靠性，将 SDH 长距离、高带宽等技术优势带入了广泛的应用领域。

目前高速公路通信系统干线传输基本为 SDH 光纤数字传输系统。SDH 光纤数字传输系统一般根据高速公路上收费站点和服务区、养护工区等的设置设立通信站，在监控和收费中心地点同时设立通信中心。在通信中心布置光纤线路终端设备（OLT），在通信站布置光纤网络单元设备（ONU），按需采用 STM-1（155Mbit/s）或 STM-4（622Mbit/s）速率等级，用 4 芯光纤组成 2 芯通道保护自愈环状网络，这是一种基于 OLT/ONU 的接入网方式，目前已是高速公路基本采用的通信系统方案。

OLT/ONU 光纤接入网由光线路终端（OLT）、光分配网络（ODN）、光网络单元

（ONU）等功能模块组成。OLT 提供了光纤接入网所需的网络侧与本地交换机之间的接口，通过 ODN 与若干 ONU 连接通信，不仅完成分离交换和非交换业务，同时管理来自 ONU 的信令和管理信息；ONU 是用户侧设备，提供大量光接口和电接口，为用户提供电话、图像等业务接口。

② 数字程控交换技术。随着交换系统进入了自动交换的时代，程控交换系统成为了信息网络的主体。以数字信号交换设备为主体的数字程控交换系统，通过数字交换设备对脉冲编码调制（PCM）的信号和对 PCM 信号进行交换，成为了目前最具有代表性的是交换系统，采用计算机常用的"存储程序控制"方式来控制整个交换工作。

高速公路运营管理需要交换系统实现多方位的技术服务功能，其中包括：完成管理部门各单位点对点的话音、传真、图像和数据的传输；实现上、下级管理单位的同时通信等。为此，为了满足日常运营管理的需要，通常高速公路设置专用电话网，与交通部一级卫星通信网、地区路网管理部门通信网以及公用邮电网连接，形成数字通信网。

目前，在公路专用通信网中，数字程控交换系统发挥着重要作用，为公路运营管理提供了高效的通信服务。随着现代交换技术不断进步，交换网路向数字化、宽带化、综合化、智能化发展，综合业务数字网、ATM 技术、全光网和光交换成为了在未来几年高速公路交换系统发展的新趋势。

7.2 通信网技术概述

7.2.1 通信基础知识

（1）通信系统的组成

通信即发信者将信息传送给收信者。整个通信系统包括：信源、发信单元、信道、收信单元和信宿，如图 7-1 所示。

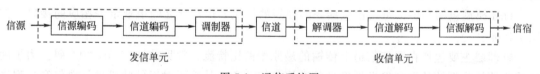

图 7-1 通信系统图

信源是信息的来源，是发信者通过所闻、所见、所感等各种形式的认知活动产生信息的过程。而信息的内容也是丰富多彩的，包括文字、图形、符号、声音、数据、图像等。

发信单元将信源加工产生的信息转换成为适合在信道中传送的信号。由于信息的内容多种多样，因此要对各种不同形式的信息进行加工，使其能够适应在各种不同信道条件下的传输。一般的发信单元包括信源编码、信道编码、调制器三部分。其中，信源编码的作用是将复杂的信息内容通过编码转换成较为简单的信号，同时不丢失或极少丢失原有信息内容的过程。信源编码提高了信息传输的有效性。信道编码的作用是将信源编码后的信号针对不同的信道特性转变成适于传输的编码信号。信道编码提高了信号传输的抗干扰性。调制器将信道编码后的信号转换成能够在信道中可靠传输的信号形式。通过调制器能够实现信号的长距离传输、信道的复用、压缩或扩展信号带宽，进而改善通信系统的性能。

信道是指信源将信号传送给信宿所经过的介质或通道。信道是通信系统的重要组成部分，是决定信号传输技术的关键因素之一。信道的种类繁多，可以简单地划分为无线信道和有线信道，其中无线信道主要包括大气介质等，有线信道主要包括金属介质、光介质等。

收信单元与发信单元的功能和作用相反，它接收信道中传送的信号，将信号还原成为原始的信息并传递给信宿。一般的收信单元包括解调器、信道解码、信源解码三部分。其中，解调是调制的逆过程，它将经过信道传输的信号转变成适于信道解码的信号，并传送给信道解码单元，信道解码单元将信号按照编码的逆过程解码成适于信源解码的信号，并传送给信源解码单元，信源解码单元按照信源编码的逆过程将信号转换成为信宿能够理解的各种形式的信息内容。

信宿是信息传送的最终目的地，作用与信源相反。信宿对接收到的信息内容经过加工和理解转变成为人们需要的声音、图像和数据。

以视频图像传输的实例来说明通信系统各组成部分的功能和作用。视频图像是人们通过视觉感知的最原始的信息，通过摄像机将人眼感知的信息加工成视频图像信号，视频图像信号经过压缩编码后转变成为适于传送的视频编码信号，视频编码信号通过视频发送光端机转换成光信号，光信号在光纤介质中传输到接收端，视频接收光端机将光信号解调成压缩的视频信号，并发送给视频解码器，压缩的视频信号经过解码变成原始的视频图像信号，并通过监视器呈现出来，最终完成视频图像信息的传送过程，如图 7-2 所示。

图 7-2　视频图像传输系统框图

（2）通信系统结构模型

通信系统的各单元之间，以及单元内部各模块之间都需要使用一种特定的方式进行沟通，这就是人们常说的通信协议。为了简化协议的复杂程度，国际标准化组织制订了基于层的开放式系统互联结构模型，称之为 OSI 模型。

OSI 模型包括 7 层，每层都包括一些规定的协议，层与层之间也规定了相应的接口，如图 7-3 所示。

物理层主要包括在通信信道上传输的最原始的比特流，常见的"1"和"0"码。为了确保接收端接收到的数据和发送端发送的数据保持一致，就需要对通信的机械、电气和过程接口进行相应的规定。例如，RS-232 串行通信对物理层协议的规定如下：RS-232 通信的接收器与发送器具有公共信号地，采用非差分信号传输，−5～−15V 之间的低电平表示为逻辑"1"，+5～+15V 之间的高电平表示逻辑"0"；接收器的耐受电压为 ±25V；输出短路电流小于 0.5A；数据传输速率小于 20kb/s；传送距离小于 15m 等。

数据链路层加强了物理层传输原始比特流的能力，对上级网络层提供一个有效可靠的传送线路。数据链路层将物理层的原始比特流封装在帧结构中，并按照一定的顺序传送各帧数据。当发送端将数据帧高速发出时，如果接收端不具备高速接收的能力，则必然会导致数据丢失，数据链路层能够采用流量控制的方法来协调发送端和接收端的缓存空间，确保数据传输的可靠性。传输介质上存在大量的噪声干扰，数据在传输的过程中很容易被突发的噪声破坏，数据链路层能够检测到数据帧的丢失和破坏，并在需要时重复发送相应的数据帧。

网络层关系到网络的运行和控制，它决定了数据从发送端出发经过何种路由到达接收端；同时，网络层还负责将各种不同的子网络进行互联，形成较大范围内的互通网络。

传输层将会话层产生的数据加工处理后发送给网络层进行传输，它提供给会话层一个与

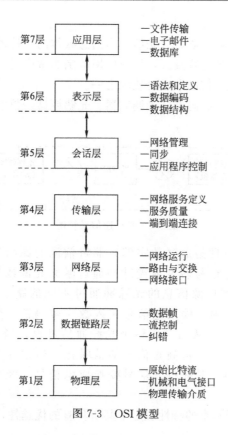

图 7-3　OSI 模型

硬件无关的数据传输连接。会话层只需把想要发送的数据交给传输层即可，而不必顾及信息量大小、网络连接数量多少和网络传输路由形式。

会话层允许不同网络终端之间建立和管理数据传输关系，并提供多种增强型的传输服务。例如，令牌环网，网中的两个终端不能同时发送数据，而是通过在网络中循环的令牌来决定每个终端的数据发送权，否则环网中的数据将发生严重冲突，会话层提供对网络中令牌的管理，禁止或允许网络终端进行某种关键操作权，否则环网中的数据将发生严重冲突，会话层提供对网络中令牌的管理，禁止或允许网络终端进行某种关键操作。

表示层对所传输的信息定义合适的语法和语义。表示层将人们共同使用的信息（如日期、地名等）定义出统一的格式和结构以适应不同网络终端对数据交换的需求。

应用层是整个体系中的最高层次，也是与人交流最密切的部分，包括大量人们能够理解和需要的信息内容。它定义了一个抽象的网络虚拟终端，将信息能够呈现给网络中各种各样的终端；它还提供了网络中文件传输、电子邮件发送、查询等一系列高级服务。

按照一般通信的意义，本章所涉及的主要是 0S1 模型中物理层、数据链路层、网络层和传输层。

7.2.2　主要的通信技术简介

随着半导体技术、计算机技术、光学应用技术的飞速发展，通信技术得到了广泛的应用，并逐渐成为一门关键应用技术学科。通信技术的发展已经深入到各个领域，并逐渐形成了具有各自突出特点和不同实用性的应用技术，例如，通信网技术、光纤通信技术、移动通信技术、ATM 通信技术、数字程控交换技术、快速以太网技术等。

（1）光纤通信系统

光纤通信是以光纤为传输介质，以光信号为信息载体的一种通信技术。光纤通信由于传输载波频率较高，因此通信带宽容量大，目前应用范围非常广泛，尤其在通信干线传输中起着不可替代的作用，是现代通信的最重要技术之一。

光纤通信系统通常由数字编码器、光调制器、光解调器，数字解码器四部分组成。基本组成框图见图7-4。

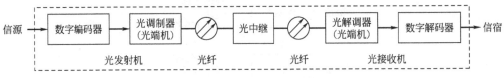

图 7-4 光纤通信系统图

光纤通信系统的工作原理是通过数字编码器将信源的原始信息转换为数字码流送入光调制器中，光调制器将电信号转变成光脉冲通过激光光源或发光二极管光源发送到传输介质光纤中，光纤将携带信源信息的光脉冲通过不同的路由可靠传输到光接收机中，由光解调器对光脉冲进行解调，输出电信号送入数字解码器，数字解码器进一步将电信号复原成原始信息送给新宿，从而完成整个光纤通信过程。当传输路由距离较远时，为了补偿在光纤中的光脉冲损耗，提高光信号的信噪比，通常在经过一段距离传输后增加一个光中继。常用的光中继多是先将光信号变换成电信号，经放大再生后变换成光信号送入下一个中继段光纤中。

光纤通信系统中，光纤本身的特性决定了其所具有的优越性，主要优点体现在以下几个方面。

① 频带宽、传输容量大。由于通信系统的传输容量取决于载波的频带宽度，光纤通信多采用红外光脉冲为载波，波长为几百到几千纳米，对应的载波频率为 $10^{14} \sim 10^{15}$ Hz，传输带宽非常巨大，可高达数十 Tbit/s，能够传输的信息量丰富，适于通信干路传输。例如，窗口为 1310nm 的单模光纤在 1310nm 波长处具有零色散特性，在该窗口单模光纤可以达到几十 GHz·km 的带宽。

② 损耗小、传输误码率低、中继距离长。通常情况下，1310nm 和 1550nm 的单模光纤传输损耗分别是 0.50dB/km 和 0.20dB/km，由于具有低损耗特性，因此光纤的中继距离较长。例如，采用外调制技术的 1 550nm 单模光纤，在传输速率为 2.5Gbit/s 时，其中继距离可以达到 150km。而且随着新型复用技术的发展，光纤的传输距离会逐渐增加，目前，光纤平均损耗一般可以控制达到 0.1~0.2dB/km，因此可以保持几百公里以上的传输距离。

③ 抗电磁干扰性能好，传输可靠性强。由于光纤是由非金属材料制成，同时采用光脉冲传输信息，其线路一般不受电磁场干扰，即使在强电磁场干扰的高压电力线路环境条件下，也能保持传输性能。

④ 先进的光通信复用技术提高了光通信的传输有效性。目前光通信常用的复用技术有时分复用（TDM）、波分复用（WDM）和码分复用（CDM）三种，其中以波分复用技术应用最为广泛。波分复用就是充分利用了单模光纤在通信窗口内的低损耗特点，根据每一信道载波的频率不同，将窗口划分为若干和信道并行进行光脉冲传输，因此使单根光纤的传输容量增加了几倍到几十倍。

⑤ 节约资源、传输成本低。光纤的制造材料主要是二氧化硅，而二氧化硅的蕴藏量非常丰富，因此使用光纤作为通信线路可以节约大量金属资源；同时，光纤具有长距离高可靠

性的优点，单位通信距离的成本相对较低。

当然，光纤还具有质量轻、体积小、泄漏小、保密性好等特点。这使得光纤通信具有显著的优越性，不仅适合长距离干线网传输系统，也适用于接入网，是现代通信的重要组成部分。

（2）移动通信系统

移动通信是指信源和信宿二者之一或二者均属于移动体，并且以无线电波为传输介质的通信方式。移动通信涉及的范围广泛，按照使用环境可以分为陆地移动通信、海上移动通信、空间移动通信和卫星移动通信等；按照使用对象可以分为公众移动通信和专用移动通信等；按照具体系统组成又可以分为数字蜂窝移动通信、无线寻呼系统、集群调度移动通信、移动卫星通信等。

移动通信系统一般由移动交换中心、基站和移动终端三部分组成，如图 7-5 所示。

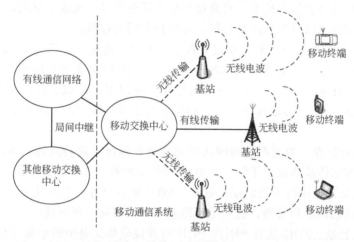

图 7-5　移动通信系统图

移动交换中心通过有线或无线的方式与基站连接，基站通过无线信号与移动终端进行通信，当需要跨局通信时，由移动交换中心通过局间中继与其他通信网络建立通信联系。移动交换中心和基站主要完成交换、接续和无线信道控制等功能，而移动终端负责将信息转换成无线信号发送给基站或从基站接收无线信号并还原成原始信息。当基站的无线信号无法覆盖整个服务地区时，需要通过多个基站协同工作，确保服务区内所有移动终端的及时可靠通信。

移动通信系统是相对复杂的通信系统，综合了多种通信技术，其中主要包括以下内容。

① 调制技术。调制是移动通信的最基本技术之一，通常可以分为调幅技术、调频技术和调相技术，而移动通信中大量使用的是调频技术，主要是因为无线电波的传播环境较差，快衰落效应导致无线信号幅度恶劣变化，而调频技术在抗干扰和抗衰落性能均相对优于调幅技术。

② 低速语音编码技术。语音编码是利用语音信号的信息冗余性，对冗余的信息进行压缩的技术，移动通信常用的编码方式有三种：波形编码、参量编码和频域编码。

③ 抗衰落技术。移动通信，尤其是陆地移动通信，由于通信传播路径极其复杂，多数是由反射、折射和散射的多径波组成，因此无线信号的瞬时值变动特性及延迟失真特性较为明显，需要采用抗衰落技术高速自适应的对接收到的信号进行补偿。常用的抗衰落技术有自适应均衡技术、分集技术、差错控制技术以及扩频技术等。

④ 组网技术。移动通信面临终端用户多、无线频道拥挤、信号干扰严重等问题，而通过按照一定的规范组成移动通信网是解决以上问题的有效措施。同时为了提高频率资源利用率，可在不同的移动通信网间采用多频道共用技术，在网内实行动态分配频道，并通过信令协调控制通信网系统。

（3）同步数字体系（SDH）

同步数字体系（SDH）是 ITU-T 建立的一个世界性的统一技术体制，在光接口、网络设备功能和性能、网络管理控制、协议和信令方面做出了必要的规定，SDH 技术及相关标准第一次在世界范围内实现了统一的传输标准，完成了三种 PCM 一次群系列标准的融合，实现了信息的互通。

SDH 具有以下明显的优点。

① 同步复用技术。SDH 采用了同步字节复用方式和指针调整技术以及灵活的映射技术，通过软件即可从高速信号流中一次直接分插出低速信号，实现了支路信号的一步复用特性，避免了对全部高速信号进行逐级分解，再进行复用的过程。

② 统一的传输速率等级。SDH 规定了若干等级的传输速率，从 STM-1 到 STM-N，其中最低等级为 STM-1，传输速率为 155Mbit/s，由 4 个 STM-1 信号同步复用组成 STM-4，传输速率为 622Mbit/s，同样 4 个 STM-4 信号同步复用可以组成 STM-16 等级，传输速率为 2.5Gbit/s，以此类推。传输速率的统一确保了网络节点接口的一致性，同时能够方便承载各种数字业务。

③ 统一的接口标准。为使不同的网络单元能够在线路上进行互连，不同类型产品可以互通，不同地区数字传输体制便于统一，SDH 对接口标准做了严格的要求。

④ 采用数字交叉连接设备控制端口速率。SDH 能够对各种端口速率进行可控的连接配置，对网络资源动态调度和管理，提高了网络利用率，增强了可靠性。

⑤ 较强的兼容性。SDH 兼容 PDH。SDH 可直接分插支路中的低速率信号，因此 SDH 可以方便地得到语音通信、数据通信和智能网等系统的支持，提高了组网性能，为数字传输与交换技术开辟了新途径。

⑥ 帧结构具有丰富的开销比特。SDH 的帧结构非常有利于网络的运行、维护和管理，便于实施网络性能监测、故障检测和报告、故障点定位等网络管理功能。

⑦ 传输形式广泛。SDH 虽然广泛地应用与光纤通信系统中，但是其固有的特性和技术要求使其同样使用于微波通信、卫星通信等其他传输方式。

（4）数字程控交换系统

网络是信息传输的平台，而交换则是网络中的节点。交换技术是通信技术的重要分支，各种不同类型的交换系统在通信网络都中发挥着极其重要的作用。交换机的发展经历了人工交换、机电交换和电子交换三个阶段，当前得到广泛使用的数字程控交换系统就属于电子交换的一种，是现代通信技术、计算机技术和半导体技术相结合的产物，具有众多的功能和特点。

① 数字程控交换系统采用了大规模集成电路，在交换过程中最大限度地降低了信号的衰减和噪声的干扰，确保了高质量的语音和数据信号的可靠传输与交换。

② 数字程控交换系统采用了软件控制技术，可以方便地增加或修改交换功能，向用户提供多种多样的服务，如呼叫转移、呼叫等待、会议电话和呼叫限制等。同时，还可方便地提供自动计费、通话记录、服务质量监视、超负荷控制等多项功能。

③ 数字程控交换系统通常采用冗余技术或故障自动诊断技术，以提高系统的稳定性和

可靠性，同时可以借助自诊断程序分析故障类型，定位故障点，提高系统维护效率，降低维护成本。

④ 数字程控交换系统具有数字接口，通过采用共路信令可与数字传输设备直接连接，提供高速的公共信令通道，使得信令容量大、效率高、传输速度快，能够适应新业务与交换网控制的特点。

⑤ 能够提供多种类型的用户接口和中继接口，方便用户网与交换网的连接。如脉冲/双音多频电话接口、调制解调器接口、模拟用户线接口、数字用户线接口、模拟中继线接口、数字中继线接口等。

(5) 其他

通信技术所涵盖的范围极其广泛，除了以上介绍的光纤通信系统、移动通信系统、SDH、数字程控交换系统外，还有许多重要的技术如综合业务数字网、ATM、高速以太网、无线局域网、光接入网等，这些通信技术是支撑当前信息社会发展的重要平台，也是通信技术发展和进步的体现。

7.2.3　通信系统常用传输介质与特性

传输介质是指传输信息的载体，在现代通信系统中，常用的传输介质主要分为有线传输介质和无线传输介质两大类，本章主要针对有线传输介质的特性予以介绍。

有线传输介质是指在两个通信设备之间实现的物理连接部分，它能将信号从一方传输到另一方，常见的有线介质主要有双绞线、同轴电缆和光纤。

(1) 双绞线

双绞线是由两根具有绝缘保护层的铜导线，按一定密度互相绞在一起组成，这样以降低信号干扰的程度，每一根导线在传输中辐射的电波会被另一根线上发出的电波抵消。它可将串扰减至最小或是加以消除，并能降低非平衡型互电容，具有较好的信号传输性能，主要用来传输模拟声音信息的，但同样适用于数字信号的传输，特别适用于较短距离的信息传输。

双绞线一般用于星型网络的布线，每条双绞线通过两端安装的 RJ-45 连接器（俗称水晶头）与网卡和集线器（或交换机）相连。如果要加大网络的范围，在两段双绞线电缆间可安装中继器（一般用 Hub 或交换机级链实现）。

按照用户对数据传输速率的不同需求，根据不同的应用场合，可以将使用双绞线的布线链路分为 5 类。

① 第 3 类链路。使用 3 类双绞线及同类别或更高类器件（接插硬件、跳线、连接头、插座）进行安装的链路，最高工作频率为 16MHz。这类链路适合模拟话音传输。

② 第 4 类链路。使用 4 类双绞线及同类别或更高类器件（接插硬件、跳线、连接头、插座）进行安装的链路，最高工作频率为 20MHz。

③ 第 5 类链路。使用 5 类双绞线及同类别或更高类器件（接插硬件、跳线、连接头、插座）进行安装的链路，最高工作频率为 100MHz。

④ 增强型 5 类链路。使用 5E 类双绞线及同类别或更高类器件（接插硬件、跳线、连接头、插座）进行安装的链路，最高工作频率为 100MHz。

⑤ 宽带链路。使用 6 类双绞线及同类别或更高类器件（接插硬件、跳线、连接头、插座）进行安装的链路，最高工作频率不低于 200MHz。

(2) 同轴电缆

同轴电缆由内、外两个导体组成，且这两个导体是同轴线的，所以称为同轴电缆。在同轴电缆中，内导体是一根导线，外导体是一个圆柱面，两者之间有填充物。外导体是一层屏蔽金属的绝缘层，金属屏蔽层有的是密集型的，有的是网状，用于屏蔽电磁干扰和辐射，见图 7-6。

常用的同轴电缆分为以下几种类型。

① RG-8 和 RG11，阻抗 50Ω，粗缆。

② RG-58，阻抗 50Ω，细缆。细缆网不需要收发器，只需要一个 T 形插头。但物理范围和所连站点数都比粗缆要少。

③ RG-59，阻抗为 75Ω，用于 CCTV 电视电缆。

④ RG-62 阻抗为 93Ω，用于 ARCnet 网络，其型号是为电视天线所用的同轴电缆。

目前，得到广泛应用于视频传输的同轴电缆是 RG-59 系列的 75Ω 电缆，常用于有线电视系统用干线、分支线和用户线以及其他电子装置。同轴缆型号代码是由同轴电缆的绝缘层、护套层、特性阻抗、绝缘外径等材料类型决定的，常用的型号有 SYWV-75-5、SYWV-75-7、SYWV-75-9、SYWV-75-7、SYWY-75-9 等，主要是物理发泡聚乙烯绝缘、聚氯乙烯护套或聚乙烯护套同轴电缆。

（3）光纤

光纤是一种用于传输光信号的传输媒质，是由中心的纤芯和外围的包层同轴组成的圆柱形细丝。处于内层的纤芯是一种截面积很小、质地脆、易断裂的光导纤维。外层包裹的包层是由折射率比纤芯小的材料制成。正是由于纤芯和包层之间存在折射率的差异，光信号才得以通过反射在纤芯不断向前传播。光能量主要在纤芯传输，包层为光的传输提供反射面和光隔离，并起一定的机械保护作用。通常在工程使用中，都是将多根光纤扎成束并裹以保护层制成多芯光缆，见图 7-7。

图 7-6 同轴电缆结构   图 7-7 光纤的结构

光纤可以从不同的角度，有多种分类方式。根据制作材料不同，可分为石英光纤、塑料光纤、玻璃光纤等；根据传输模式不同，可分为多模光纤和单模光纤；根据纤芯折射率的分布不同，可分为突变型光纤和渐变型光纤；根据工作波长的不同，可分为短波长光纤、长波长光纤和超长波长光纤。

国际电信联盟 ITU-T 公布的光纤特性的系列标准，根据光纤类别规定了传输特性。

① G.651 规定的多模渐变型光纤，在光通信发展初期广泛应用于中小容量、中短距离的通信系统。

② G.652 规定的常规多模光纤是第一代单模光纤，是一种在波长 $1.31\mu m$ 零色散光纤，要实现长距离通信，需采用电/光和光/电的中继方式。

③ G.653 规定的色散移位光纤是第二代单模光纤，其特点是在波长 $1.55\mu m$ 零色散光纤，损耗最小，适用于大容量长距离通信系统。

④ G.654 规定的 $1.55\mu m$ 损耗最小的单模光纤，在波长 $1.31\mu m$ 零色散，是一种用于 1.55Um 改进的常规单模光纤，目的是增加传输距离。

⑤ G.655 规定的非零色散光纤，是一种改进的色散移位光纤，其特点是有效面积较大，零色散波长不在 1.55μm，在密集波分复用（WDM）系统中，用于消除一种称为四波混频的非线性效应，允许信道传输速率可以达到 10Gbit/s 以上。

7.3　紧急电话系统

高速公路紧急电话是用来让高速公路上的驾驶员、执勤等相关人员能通过安装的公路两侧的紧急电话分机（亭）向路段监控分中心紧急电话中心控制总机（台）报告交通事故、车辆故障等情况。让管理部门能够及时处理各种紧急情况，迅速排除故障、清理现场，以确保交通安全与交通通畅。

紧急电话是特殊情况下客户和监控中心联系的应急工具，它沿高速公路两侧成对布设。虽使用次数不多，但一旦使用，要求通话成功率很高，以保证任何条件下的通信无阻，这种高可靠性决定系统结构和功能要求。

7.3.1　系统功能要求

① 控制台对全线所有电话亭全部开放，无一闭塞；

② 免提呼叫，便于受伤人员呼救和设备维护；

③ 客户在电话亭发出紧急呼叫，控制台能立即获得呼叫话亭位置信号和建立线路联接；

④ 控制台具有记录、存储呼叫信息和通话内容的功能，同时可直接联络交警和各救援单位；

⑤ 系统具有远端自动测试能力，能及时上传电话等设备的运行状态；

⑥ 可靠性高，平均无故障时间保持在 80000～100000h（蓄电池除外）；

⑦ 有条件的设立隔音屏，以隔离车辆行驶噪声对通话的影响。

7.3.2　紧急电话系统构成

紧急电话系统构成如图 7-8 所示，有线紧急电话系统由紧急电话控制台、传输线路（传输媒质）和紧急电话分机 3 个部分组成。

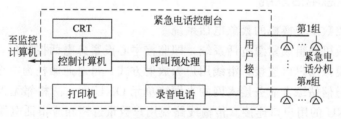

图 7-8　有线紧急电话系统构成图

（1）紧急电话控制台

紧急电话控制台由控制主机和外围设备（包括控制计算机、显示器、打印机、录音电话、连接器及供电设备等）组成。控制主机的主要职能是汇接传输线路，提供各种通信接口（包括对地图板的串行智能通信接口、外设端口和电话机端口等），管理控制所属的紧急电话分机的呼叫业务和系统诊断等。其基本功能如下。

① 识别、定位和显示话亭呼叫，建立控制台和电话亭的接续，并进行通话。

② 对系统进行人工和自动测试，储存和显示同时发生的呼叫。

③ 呼叫保持，即中断与该电话亭的接续，并将保持中的话亭号存储和在屏幕上显示。

④ 呼叫恢复，即与保持中的话亭再建立接续。

⑤ 显示与处理交通事件（事故）有密切关系的单位名单（含专线电话号码）。

⑥ 事件以文件形式存储（日期、时间、主呼亭号，被叫话号等）。

⑦ 屏幕显示系统线路网络图表和系统测试结果。

（2）传输线路

根据功能要求，线路网络以控制台为中心，最多可联接上百门电话，以半双工方式工作，普遍采用 4 芯铜缆，以减轻串音。4 芯由两对具有相同纹距的对绞线组成，一对用于控制台至话亭，另一对用于话亭至控制台。对网络电气特性要求如下。

① 高阻抗输出，使用加感电缆时的输入阻抗应大于 60kΩ。

② 电缆绝缘强度为 1500V（DC）。

③ 300～2200Hz 的线性失真小于 6dB。

④ 1000Hz 的谐波失真小于 5%。

⑤ 任何话亭与控制台间测试信号 800Hz 的损耗小于 18dB；3000Hz 时的最大线路衰减小于 30dB。

⑥ 一般采用模拟信号基带传输，频率为 300～3400Hz，呼叫、振铃等信令信号和测试控制信号常以电报编码形式安排在 2800～3200Hz，和语音信号一并传送，到达终端后再分别检出。

（3）紧急电话分机

设置在道路沿线两侧（护栏外侧）的紧急电话分机按每 1km 设置一对，其主要功能为：

① 接受客户的呼叫，与控制台话务员进行通话；

② 接收和管理控制台的呼叫，响应控制台启动的测试；

③ 测试和远控功能的呼叫管理；

④ 向控制台呼叫时，对信号碰撞现象的安全保证；

⑤ 亭前 40cm 处测得的额定声能级为 90dB；

⑥ 安装事故告警闪光灯或粘贴反光膜，以利于夜间辨识。

7.3.3 其他紧急电话系统

（1）基于程控数字交换机的紧急电话系统

程控数字交换机的组成紧急电话系统，即监控中心设紧急电话控制台，通过控制卡与程控数字交换机的模拟用户口连接，沿线用户为放射方式，每对通话柱为一个用户号，用户接口设在沿线无人通信站综合业务接入网的光网络单元 ONU 中，两相邻无人通信站间的通话柱就近与相关 ONU 的用户口连接。传输线路视用户数量选用相应市话电缆。

程控数字交换机增设通话柱和控制台占模拟用户的容量。该方案较易实施，费用较低，但系统的可靠性受电话交换网及传输网故障的影响。

（2）无线紧急电话系统

目前无线紧急电话系统是以 GSM 公众蜂窝数字移动通信为平台，将无线公网作为高速公路紧急通信的产品，如在广深高速公路应用的 SEDG2000 无线紧急电话系统。其主要具备的功能有紧急终端呼叫、排队和呼叫转移、呼叫显示、中心呼叫紧急终端、事故录入、远程维护、查询统计报表输出、分限权管理和数字录音等功能。

与有线紧急电话系统相比较，无线紧急电话系统有如下优点。

① 系统组网方式、设备配置灵活。系统组网不受电缆信号衰减的限制，可分段设呼叫中心，也可不分段。外场分机不受管道、电缆的限制，高速公路沿线可根据需要配置。

② 维修方便。系统模块化程度高，可通过更换部件方便快捷地排除系统故障。

③ 紧急电话外场分机与中心设备间的信道利用电信部门 GSM 系统，避免了线路的养护工作。线路养护和防盗是有线系统的难点。本系统可避免类似问题，而且不会因一个点的故障造成大段的障碍。

④ 无线紧急电话终端系统模组是专用设备，不能当 GSM 手机使用，所用的 SIM 卡均有 PIN 密码保护，被偷盗后无法使用，这也降低了被盗的风险。

⑤ 音质清晰、录音效果佳。

⑥ 总的维护成本较低，维护频率小。

但是，由于无线紧急电话在国内的使用仍很少，产品尚属小批量生产，部分指标参数还未及时测试，其系统平均无故障运行时间、设备寿命、外场设备防雷等级、对运行环境的要求、GSM 信号补盲、系统组网方式等仍未进行系统的测试，且单机价格较高。

（3）基于软交换和 VoIP 的紧急电话系统

IP 协议目前已成为现今计算机网络事实上的公用协议。早期的 IP 网主要是用于电子邮件、电子布告、远程登录、全球浏览、数据通信和文件传输，但是随着计算机网络技术的飞速发展和多媒体技术应用的日益深入和普及，基于 IP 网的多媒体通信已成为当前网络发展的趋势之一。随着 IP 网的多媒体通信技术的发展，已经或将会产生许多类型的 IP 网多媒体通信业务，如多媒体会议型业务、多媒体会话型业务、多媒体分配型业务、多媒体检索型业务、多媒体消息型业务等。实现上述业务的核心技术是采用 IP 网进行声音、文字、图像等多媒体信息的传输技术，其中最关键的是音频和视频信号的实时传输。

目前 IP 网带宽和计算机通信技术的不断提高，基于 IP 网的实时视、音频信号的传输，尤其是在 IP 网上进行音频语音信号的实时传输已是相当普遍，技术也相当成熟，其中最为典型的应用是 IP 电话，即 VoIP。IP 电话是因特网多媒体通信的一个典型业务，成为当前计算机网络技术和通信技术研究的热点，因此它也是目前增长最快的业务。

人们之所以对 IP 网电话抱着如此大的兴趣和保持如此乐观的态度，有 3 个主要原因。

① 因特网电话在很大程度上减少了长途（国际、国内）电话费用。

② 因特网电话的使用标志着一种全新的功能更强的通信方式的产生，从而可以打破电话的垄断市场。因为与传统传输的媒质相比较，IP 网电话不仅具有传统媒质所具有的一切表现形式和特点，而且传播信息容量大、不受时空限制，突破了传统地缘政治、地缘经济的概念，形成以传输信息为中心的跨国界、跨文化及跨语言的全新的传媒方式。因此，IP 网电话作为现有电话的竞争对手在将来的发展中会形成很大的市场。

③ 符合未来"三网合一"（电话网、有线电视网、数据网）的发展方向。许多网络专家都指出，网络的发展趋势是"IP 一统天下"，"Everything over IP"是网络发展的目标。这或多或少地代表了对今后网络发展的一种观点。同时，很多专家也都指出，IP 电话目前所面临的问题是如何保证因特网语音传输的质量。

在高速公路中，高速 IP 通信专网正在逐步完成。目前的高速公路紧急电话、指令电话和业务电话一般采用程控电话交换系统实现，基于现有 IP 通信专网网络来实现语音的分组传输，实现收费站内的语音对讲和各管理机构间的电话业务，甚至可以实现路边紧急电话业务。在高速公路 IP 通信专网上不断增加语音业务和数据业务的综合，可以减少投资，实现效益。

7.3.4 紧急电话报警控制预案

我国绝大多数高速公路沿线都装有紧急电话系统。在车辆发生故障、事故时，驾驶人员拨打电话紧急呼叫救援、抢险。虽然紧急电话按设备分类属于通信系统，但是由于它具有独特的交通事件报告功能，因此在高速公路监控系统的控制策略中，将其纳入到控制预案之中。

紧急电话报警控制预案的工作流程：报警人在高速公路上摘机拨打紧急电话，监控分中心控制台电话振铃，值班员接听记录，并执行自动通话录音，同时通信计算机显示电话编号和位置桩号，并显示路政、交警、消防、医疗救援电话，自动调用附近的摄像机观察并记录事件情况；监控值班员通过电话和图像信息（必要时排出巡逻车）落实交通事件，制订控制预案和救助方案；发布道路相关设备控制指令，通知相关单位进行救援。见图7-9。

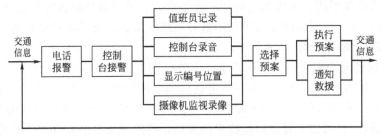

图 7-9　紧急电话报警控制流程

7.4　公路光纤数字通信

7.4.1　光纤数字通信系统概述

随着光纤通信事业的迅猛发展，我国各大城市的光缆互连通信网相继建成。高速公路也普遍采用多芯光缆数字通信系统实施通信。光纤通信以光导纤维作为传输介质，传输光脉冲信号。信号载体是波长为 $0.8 \sim 1.6 \mu m$ 的单色近红外光；信号传输介质是以石英为原料的光导细纤维。通信质量由产生光波的光源和传输光波的光导纤维决定。

光纤通信具有容量大、频带宽、传输速率高、损耗低、可靠性高及抗干扰性强、保密性好等特点。

目前的光纤通信主要指光电通信。信息系统的基本组成包括：数据终端设备（DTE）、电发射端机、电接收端机、光发射端机、光接收端机、输入/输出接口、光中继器和网管及辅助设备。它将信源信息先转换成电信号，再将电信号变换为光脉冲输入光纤，以极高的速度传送至接收端进行光/电逆变换，最后将电信号转换为信宿可以理解的信息，如图7-10所示。

光发射端机的主要任务是将电信号转换为光信号。光接收端机从光纤传来的光信号进入

图 7-10　光纤数字通信系统组成

光接收电路，将光信号变成电信号并放大后，进行定时再生，又恢复成数字信号。光中继器采用光电再生中继器，即光—电—光中继器，这相当于光纤传输的接力站。如此，就可以把传输距离大大延长。

7.4.2　光同步数字通信网

光同步数字通信网（简称 OSDH 网）是一个将复接、线路传输和交换功能融为一体、由统一网管系统进行管理操作、用光纤传输光同步信号的综合信息网。它可显著提高网络资源利用率，大大降低管理和维护费用。早期的公路通信系统大都为光准同步网（OPDH），1995 年后逐步采用 OSDH 网。

7.4.2.1　SDH 网的概念和基本技术特点

（1）同步数字系列 SDH（Synchronous Digital Heirachy）

准同步数字系列 PDH（Plesynchronous Digital Heirachy）系统对通信技术的发展作出过巨大贡献，但也存在一些弱点。

① 如表 7-1 所示，世界存在两个基本系列，造成国际通信困难。

表 7-1　准同步数字复接系列

使用国家	群号	基群	二次群	三次群	四次群
中国	数码率/Mbps	2.048	8.448	34.368	139.264
欧洲	话路数	30	120	480	1920
北美	数码率/Mbps	1.544	6.312	32.064	97.728
日本	话路数	24	96	480	1440

② 需要通过逐级复接实现分/插功能，硬件多而复杂，上下话路业务费用高。如图 7-11（a）所示。

③ 缺乏全球性的标准光接口规范，不利于光纤通信的推广。

④ 帧的网路管理、通信业务和监控的比特数太少，不利管理。

ITU-T 推荐一种同步数字（SDH）复接系列，见表 7-2，它要求以同源信号参加复接，有一套标准化的信息结构等级，称为同步传递模块（STM-N），模块以块状帧作为传输单元。一阶同步传送模块 STM-1 的帧以字节为单位，用行数与列数矩阵表示，有 9 行，270 列，共 2430 个字节，每秒传送 8000 块帧，故数码率$=8\times2430\times8000=155.52$Mbps。$N$ 阶帧为 N 个 1 阶帧的组合，每秒仍传送 8000 块，高阶帧的字节成倍增加，数码率也随着成倍增加。显然，它们可以大规模复接数目极大的多路电话，如 STM-1 可复接 $30\times63=1890$ 路电话，以极快的数码率在一条光纤中传。光纤通信的网络节点单元都有标准的光接口，采用分插复用器（ADM），可一次插入或分出 2Mbps、34Mbps、……信号，非常方便，如图 7-11（b）所示。

表 7-2　同步数字复接系列

等级	数码率/Mbps	等级	数码率/Mbps
STM-1	155.52	STM-16	2488.32
STM-4	622.08	STM-64	9953.28
STM-256	39813.12		

（2）SDH 网基本网络单元组成

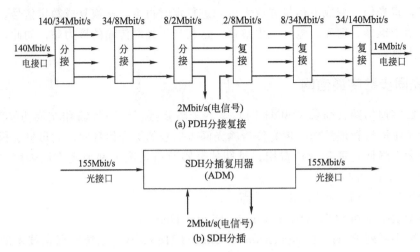

(a) PDH分接复接

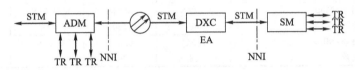

(b) SDH分插

图 7-11　PDH 与 SDH 的 PCM 帧结构

SDH 网基本网络单元组成，是一个能进行同步信息传输、复用、分插和交换连接的通信网络。它有统一的网络节点接口（NNI）和信息结构模块（STM），见图 7-12。其传输通道可以是电缆、光缆或微波。

图 7-12　SDH 网络构图

其中：TR 为支路信号；STM 为同步传送模块；SM 为同步复用器；ADM 为分插复用器；DXC 为交叉连接器；EA 为接入设备；NNI 为网络节点接口；"←→"微波信道；"↑↑"光缆

SDH 取代 PDH，在全球迅速推广使用是因为它能同步复用，有统一的光接口和复用标准，强化网络管理能力，使传输质量大大提高，而且兼容 PDH 网。主要特点如下。

① 采用分插复用器和数字交叉连接器等先进设备，增强了组网和自愈能力，降低网管费用。

② 有全球统一的网络节点接口和各网络单元光接口的严格规范，使任何网络单元在光路上可以互接，实现了横向兼容。

③ 采用复用映射结构，低阶和高阶信号的复用/解复用可一次到位，简化了处理过程。

块状帧有大量开销比特，网络运行、管理、维护和指配等控制信号都可用开销比特中的各种字符表示，管理能力大大加强，促进网络管理系统和智能化设备的发展。

7.4.2.2　同步复用技术

将低速支路信号复用成高速信号时的要求是：任何一路信号都必须在 $125\mu s$ 时间内传送一次，此时间内，线路上传输的信号越多，数码率就要相应提高；复用后各路信号的数码率相等，码元脉冲相位一致；各路信号在帧内的位置固定且有标志指示，方便收端辨识和分解复用。

采用正比特塞入或固定位置映射两种方法，可将低速支路信号复用成高速信号；但前者难于直接接入和取出支路信号，后者易导致信号延时和滑动损伤。SDH 结合并用上述两种方法，用净负荷指针技术和虚容器法，实现直接分插支路信号，避免延时和滑动损伤。

SDH 必须兼容复用 PDH 原有各阶次的信号，如 1.5Mbps，2.0Mbps，34Mbps…140Mbps 等，因此，它针对这些数码率设计了多种规格的虚容器以分别装载这些信息。所谓容器是一种用来装载各种速率业务信号的信息结构。虚容器是在容器原有信息结构的基础上，塞入几个指定字节作网络管理用，加装字节后的虚容器仍然保持 125ps 的传送时间，因而虚容器内部可装载各种不同容量和不同格式的支路信号，但它的包封与原网络同步。这样，不必了解支路信息内容，就可以对同规格的虚容器进行复用，交叉连接和交换处理。SDH 复用要经历映射、定位和复用三个过程。映射是一种进入 SDH 网前就将支路信号装入匹配虚容器的过程；定位是在几个虚容器复用前，塞入的字节中应有规定虚容器所装信号中的第一个字节在帧中位置的指针。复用采用同规格虚容器信号字节间插组合方式。

7.4.2.3　SDH 网络单元关键设备

（1）ADM——分插复用器

ADM 是复用器族的一种，是 SDH 网中应用最广的设备。ADM 是一种光电设备，上半部为接口区，包括与外界连接、测试和电源等接口；下半部为设备各种模块的安装区，各种模板对号插入。其中，线路卡实现电/光和光/电转换，恢复电信号和完成开销处理；交换矩阵实现上/下支路或直通连接；支路卡实现信号汇接并对信号进行处理，每支路卡装有 16 个 2Mbps 支路；通信卡处理数据通信通道及接口协议，实现网元间或与网管系统间的信息传输。控制卡完成对 ADM 的各种功能控制；辅助卡实现各种测试；电源卡提供需要的电源电压。所有卡均用主/备用制，出现故障时，通过倒换保持系统正常工作。它利用时隙交换原理，可将 PDH 和 SDH 任何阶次的接口信号，不需逐级组合或分解，直接从 STM 信号模块中分出或插入，即具有支路—群路（上/下路）、群路—群路（直通）和支路—支路（交叉）的连接能力。公路专用通信系统利用它组成环形自愈网，增加了使用灵活性，也大大提高了网络生存能力。ADM 器如图 7-13 所示。

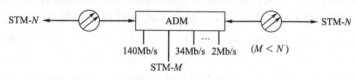

图 7-13　分插复用设备

（2）DXC——数字交叉连接设备

DXC 具有 ADM 的基本功能，并扩展了配线、保护/恢复、监控和网络管理等多种功能的智能化传输节点设备。DXC 有多个 PDH 和 SDH 端口，对具有不同端口速率的信号可进行可控连接和再连接的设备，它的使用给通信网带来巨大的灵活性、智能性和经济性，在网络管理与保护、线路调度、特种业务提供（如广播）等方面起着重要作用。DXC 简化结构如图 7-14 所示。

图 7-14　DXC 简化结构

（3）TM——终端复用器

终端复用器可进行分接、复接，并提供业务适配，它的作用是将支路端口的低速信号复用到线路端口的高速信号 STM-N 中，或从 STM-N 的信号分出低速支路信号。终端复用器如图 7-15 所示。

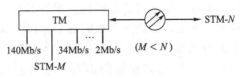

图 7-15　终端复用器

（4）REG——再生中继器

REG 用于接收来自光纤线路的信号，进行再生并传送到下一段线路，同时产生的开销加到承载信号，并对线路信号质量进行监视。

（5）光接口

SDH 的重要特点是有统一的光接口。它是在光纤通道上确定两个重要的接点，在这两个参考点上，规定了与它们相连接的光发射端机、光通道和先接收设备据点应具有的最低性能参数值。

7.4.3　网络保护与自愈网

通信网络出现差错或且线路中断，首先是失去对交通流的监控，公路管理将产生混乱，造成极大的损失。在设计通信网络时，首要问题是进行网络保护，确保网络的生存力。目前，主要是利用网络节点间预先分配的冗余线路实施保护，如 1+1 保护、m：n 保护等。

自愈网是一种无需人为干预，可在极短的时间内从失效状态自动恢复通信功能的网络，而且，使用户感觉不到网络出现过故障。目前，多采用线路保护倒换和环形网保护等措施。

采用 ADM 组成环形网实现自愈是用得最多的保措施。环形网有多种形式，图 7-16 为二纤通道保护环形网，用 1+1 保护方式，其中一根光纤用于传输业务信号（S_1），另一根光纤用于保护（P_1）。正常运行时，两光纤沿两个方向传送业务信号，收端只择优选取其中一路信号。当测出某一离环通道信号质量不合要求或节点间复用段信号消失（如在 B、C 节点间断路），则网管系统发出告警，并控制 ADM 自动倒换，形成如图 7-16 的运行方式。

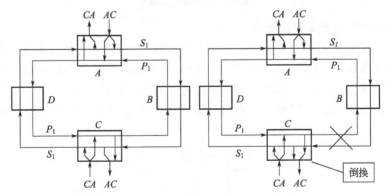

图 7-16　二纤单向通道倒换环

7.4.4　网络管理系统

通信网应具有高可用度，但网络不可避免地存在脆弱性，必须加强网络各个层次和设备的管理。有效的网络管理是提高信息传输、服务质量和降低维护成本的主要手段。

SDH 网采用层次管理。高速公路专用通信 SDH 网大都实行两级管理。以基层通信站（包括收费和现场监控站的通信设施）作为网元，通信中心作为网元管理层实施分层管理。管理功能主要包括：故障、性能、配置、安全及综合管理。

（1）故障管理

指连续监视和及时报警不同网络层的传输缺陷，如信号丢失、指针丢失、误码率超标、编码器故障和局部电源故障等或出于测试目的而进行的某些操作。

（2）性能管理

指对网元和设备的状态和性能（参数）进行监测、分析和控制。收集、存储和评价各层次的性能参数（如各种误码率），对参数作门限管理，发出越限报告，统计系统的特殊事件（如指针调整事件等）。

（3）配置管理

指开销字节设置和检索；自动保护倒换状态设置和管理；设备参数（包括硬件和软件的工作模式和版本）的设定、检索和对网元端口的连接（上下和交叉）进行管理。

（4）安全管理

指通过设置口令对使用权限实施网管系统的接入安全管理；网络资源管理。

（5）综合管理

包括人机界面管理、报表生成、打印管理、管理软件的下载和重载管理。

SDH 网管系统利用块状帧中管理丰富的开销字节，沿已有的数据通信通道和控制通道，在管理层和网元间传送数据和控制信号，实施对设备和传送网路的管理，设置专用接口连接网元和管理层，设置专用网管计算机统一管理等。

7.4.5 网同步

同步传输网的各级时钟应该同步，高速公路专用通信系统常采用主从同步方式。

误码特性和抖动特性是评价光纤数字通信系统的重要指标。

误码的基本概念是：在数字通信系统中，当发送端发送"1"码时，接收端收到的却是"0"码；而当发送端发送"0"码时，接收端却接收到了"1"码，这种接收码与发送码不一致的情况就叫做误码。产生误码的主要原因是传输系统的噪声和脉冲抖动。

在数字光纤通信系统中，误码性能用误比特率 BER 来衡量。

$$BER = 错误比特数/传输总的比特数$$

对于数字光通信系统来说，一般要求系统的误比特率小于 10^{-9}。

抖动又称为相位抖动，是指数字脉冲信号的相位摆动，或时间上的前后摆动。

在系统测量中，描述抖动程度的单位是"单位间隔"，简写为 UI，其意义是指一个码元的时间长度。在光纤数字通信系统中，必须把抖动限制在一定的范围之内，否则，会导致定时脉冲的相位偏离最佳判决位置，结果造成误判概率的增加和引起再生脉冲流的时间间隔不规则，码间距不一致。

7.4.6 高速公路光纤数字通信网络

高速公路光纤数字通信网大都采用环形自愈网。网络主要由多芯光缆、分插复用和交叉连接复用等器件组成，在光路由排布和交换应用方面起到更为重要的作用，通信系统一般设有总站、有人管理站和无人站三种。

图 7-17 和图 7-18 即为我国高速公路 SDH 同步数字传输系统的主干传输网和接入网两

种组网方式。

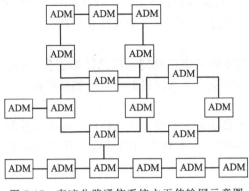

图 7-17　高速公路通信系统主干传输网示意图

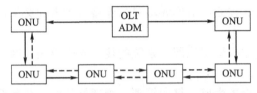

图 7-18　高速公路通信系统接入网示意图
其中：ONU——光网络单元；OLT——光线路终端

　　如图 7-17、图 7-18 所示，各个路段中心之间是通过主干传输网方式进行连接，各路段的 ADM 将自己路段的数据通过复用传送到主干通信网中；在各路段内部主要采用接入岗的组网方式，高速公路沿线上的各种低速数据通过转换设备上传到附近的各个 ONU，再通过链路传到路段的 ADM 上，通过 ADM 再向更高一级传递。

7.5　程控数字交换系统

　　高速公路光缆通信系统采用多芯光缆，话音、数据、视频图像都各有专用光纤。为了获取高可靠性的通信工具，高速公路还设置有专用程控数字交换系统，程控数字交换系统为高速公路沿线提供业务电话和指令电话等多种服务功能。

7.5.1　程控数字交换系统概述

　　（1）程控数字交换系统
　　程控数字交换系统是以程控数字交换机为核心的通信网，在技术上实现传输和交换的数字化。根据高速公路专用通信的现有业务，程控交换类型可分为集中控制和分级控制两种。该系统可完成管理部门各单位点对点的话音、传真、图像和数据的传输；实现管理中心和下属各单位一点对多点的同时通信（如电话会议等）；与上级业务管理部门和外界社会进行通信；且能对系统状态进行自动测试。
　　（2）程控数字交换系统工作过程
　　程控数字交换系统为实现多个用户能在同一时间成对地可靠通话，需将语音信号变换为数字信号，编辑成二进制代码。用时分多路复用技术，将多路话音按序以一定规格编排，沿一条线路顺序传送给交换机，交换机根据用户的通话要求，分别接续各自的线路，让顺序排列的各路话音对号进入，并将数字代码恢复为原有的模拟语音信号，让接收端能正确理解。

公路专用电话网一般采用一个汇接局和若干个端局组成复合星形或环形数字通信网。局交换机间中继线使用数字光缆，话机则以模拟机为主。

各局数字交换机通过用户线接口电路，进行数模转换后用双绞线（模拟信号）连接话机。对于某些远端用户，也可用数字线或数字环路载波设备延伸其传输距离。数字通信网传输的是离散脉冲，为了减少误码率，网中各单元应该使用共同的基准时钟频率。新建公路通信网大都为数字同步网。

7.5.2　多路复用、复接技术

（1）多路复用技术

多个信号互不干扰的沿同一条信道传输，称为多路复用。多路复用技术使多对终端使用一条信道通信，大大提高了信道利用率。多路复用包括频分多路和时分多路。

① 频分多路复用 FDM（Frequency Division Multiplexing）。将各终端基带信号调制到宽带信道的不同载波频率，然后将它们经一个信道同时传送出去，再经检波解调恢复原信号面貌。

② 时分多路把时间划分成均匀时隙，将各路信号的传输时间分配在不同的时隙，做到互相分开，互不干扰。

（2）数字复接技术

光纤和数字微波信道允许速度极高的数字信号通过。将各种低速数字信号复接成高数码率信号，让更多的话路语音信号从一条线路中传输，成为技术发展的需求。数字信号时分复用也称复接，参与复接的信号称支路信号，复接后的信号称合路信号。从合路信号中将各个支路的数字信号一一分离开来称为分接。

由一个主振器提供时钟以确定脉冲频率和相位的各路数字信号称同源信号，它的数字复接称同步复接。由不同时钟产生的数字信号称异源信号，其数字复接称异步复接。

为了在一条线路上传送更多路电话，将 n 个基群帧组合成复帧作为传输单元，则线路传输的话路数和数码率都将提高 n 倍。我国采用 2Mbps 为基群的准同步数字系列，组合成高次话路群。高次群的复接和分接按级一步一步地进行。

同步数字（SDH）复接系列，它要求以同源信号参加复接，有一套标准化的信息结构等级，称为同步传递模块（STM-N），模块以块状帧作为传输单元。光纤通信的网络节点单元都有标准的光接口，采用分插复用器（ADM），可一次插入或分出 2Mbps、34Mbps……信号，非常方便。

7.5.3　程控数字交换机

7.5.3.1　数字程控交换系统原理

随着交换技术和通信网的发展，电话网中任意两点间的信息交换技术进入了数字化时代。从人工交换台发展到自动交换设备，由机电制交换设备发展到电子制，信息交换与通信的能力不断提高，服务更加灵活，工作更为可靠、高效，同时随着数字技术的发展，为交换技术和传输技术的统一提供了条件。

随着交换系统进入了自动交换的时代，程控交换机成为了信息网络的主体。自动交换系统按照不同的信息传递方式，可分为模拟交换系统和数字交换系统。

① 模拟交换系统。以模拟信号交换设备为主体。空分式电子交换和脉幅调制（PAM）

的时分式设备都属于这一类的电子交换设备。

② 数字交换系统。以数字信号交换设备为主体。常用的有数字信号为脉冲编码调制（PCM）的信号和对 PCM 信号进行交换的数字交换设备。目前，最具有代表性的是数字程控交换系统，采用计算机常用的"存储程序控制"方式来控制整个交换工作。

目前，在公路专用通信网中，数字程控交换系统发挥着重要作用，为公路运营管理提供了高效的通信服务，不仅能够完成基本的点对点的话音、传真、图像等数据的传输，还提供了一点对多点的指令电话、电话会议等特殊服务。

（1）电话网

电话网由电话终端、传输线路及交换设备组成，通常是以交换机为主体而构成的电路交换型信息网络，目前所承载的业务主要以模拟电话和传真为主，但随着综合业务数字交换技术的发展，如今已配有多种接口，可以同时传送电话、计算机数据和图像信息。

电话网按照不同的角度可以分为不同种类，仅从运营方式来看，可以将电话网分为公用电话通信网和专用电话通信网。公用电话通信网是最大的交换网，由电信部门经营、向全社会开放的通信网，根据服务范围又可以分为本地电话网、长途电话网和国际电话网。专用电话通信网则是由特殊部门管理的，只为本部门服务，不对外经营。目前，公路运营管理中多采用专用电话通信网，只为单个路段或者运营管理区域部分路段提供业务服务。

（2）数字程控交换机结构

数字程控交换机作为电话网的主体，实质上是通过采用计算机存储程序来控制的交换机，由程序软件实现各种电路的接续、信息交换机及接口等设备的管理、维护、控制功能。从硬件接口来看，主要由话路系统和控制系统组成，如图 7-19 所示。

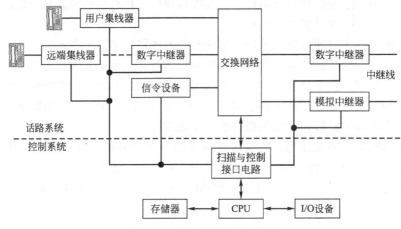

图 7-19　数字程控交换机结构

从整体来看，硬件主要由交换网络、用户电路、中继器和信号终端等几部分组成。交换网络是交换机话路接续的核心部件，由不同类型的时分接线器组合起来的多级数字交换网络，可以完成接至交换网络的各条数字复用线间的时隙交换。用户电路主要包括用户集线器和远端用户集线器，用以实现各种用户线与交换网络之间的连接，并将分散在用户线的话务量向数字交换网络方向集中。中继器是数字交换机的接口电路，又可分为模拟中继器和数字中继器，除了具备与用户电路相似的功能外，还具有码型变换、时钟提取、时钟设置等功能。信号终端负责发送和接收各种信号。

整个系统的控制软件都存放在控制系统的存储器中。控制系统是程控交换机的指挥中心，通过计算机系统（CPU、I/O 设备、软件）控制硬件，执行存储程序的各种控制命令，完成内、外线用户的呼叫要求，同时实现信息的交换和维护管理功能。从控制方式来看，分为集中控制和分散控制两种。集中控制是将整个交换机的所有控制功能都集中由一部处理机完成，即通过 CPU 完成包括呼叫处理、维护管理等功能，基于安全性的考虑，一般采用双处理机主/备用工作方式。分散控制是多台处理器按照一定分工，相互协调完成全部交换的控制功能，多台处理之间既可按功能分担、也可按容量分担和负荷分担。

从数字程控交换机的结构上来看，它提供了大量供信息传输与交换的专用接口，既可以通过模拟用户线接口实现模拟电话用户间的拨号连接与信息交换，还可以通过数字用户接口实现数字话机或数据终端间的拨号接续与信息交换。同时，经模拟用户线接口和 MODEM，以及数字中继接口、MODEM 线路单元、调制解调器组以及模拟中继线接口实现不同数据终端间的数据通信。通过软硬件的配合，数字程控交换机提供了诸多应用功能。

模拟用户线电路是为适应模拟用户环境而配置的接口，目前主要用于连接脉冲或双音多频（DTMF）式模拟话机，因而在程控交换系统中它是用量最多、对体积和成本影响也最大的部件。交换机模拟用户线电路连接框图如图 7-20 所示。

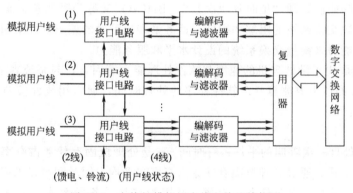

图 7-20　交换机模拟用户线电路连接框图

数字用户线电路（DLC）是为适应数字、数据用户环境而配置的接口，它一般通过 2 线或 4 线数字用户环路连接数据终端设备（DTE）、计算机、终端适配器或数字话机等。

（3）数字程控交换机的服务性能

程控交换机由于其自身的优越性，可以提供多种新型服务功能，下面列举了常用的几种新业务。

① 缩位拨号（abbreviated dialing）。这项服务是指用户只需用一位或者两位号码来代替原来的多位被叫电话号码，这项功能使得用户节约拨号时间和减少错误。

② 热线服务（hotLine service）。这项服务又叫免拨号接通，是指主叫用户摘机后不需拨号自动接通事先指定的被叫用户的电话，主要针对使用较为频繁的电话。

③ 呼叫等待（call waiting）。这是一种提高呼叫接通率、避免重复呼叫的方法。当具有呼叫等待功能的用户正与对方通话时，有第三个用户呼人，具有呼叫等待功能的用户可以听到有新的呼叫打入的等待，可以暂停与对方通话而先与第三个用户通话，通话完毕后仍然可以恢复与对方通话，而打入的用户互相隔离。

④ 遇忙回叫（call back）。遇忙回叫是当用户在遇到所拨叫的电话忙时，不用再拨号，一旦对方电话空闲由程控交换机自动回叫的功能，可以减少主叫用户再次呼叫的重复拨号

操作。

⑤ 免打扰服务。如果用户在某一段时间内，因某种原因不希望受电话铃声打扰，此项服务可将对本用户的呼叫转由程控交换机代为应答。

⑥ 三方通话（three party service）。这项功能为 3 个人同时通话提供了方便，既可以三方同时通话，也可以分别进行两方通话。

除了以上特色服务外，会议电话、呼叫转移、闹钟服务、无应答转移等多种新型服务功能。

7.5.3.2　数字程控交换机处理能力

数字程控交换机作为数字程控交换系统的主体，其话务能力指标作为表征整个数字程控交换系统性能的技术参数。

评价一台数字程控交换机的话务能力常用的基本参数，包括故障率、话务量和呼叫处理能力（BHCA）。其中，故障率又称呼损率，用未成功完成处理与服务的业务量与用户发出的呼叫业务量的比值来表征，用以衡量交换系统的服务质量；话务量用以描述用户使用电话的繁忙程度的量，又称为电话负载，定量表示为单位时间内平均发生的呼叫数与每次呼叫平均占用时长的乘积；呼叫处理能力以单位时间控制设备能处理的呼叫数体现，通常用话务量最大一小时内的呼叫次数即"忙时呼叫次数"（BHCA）又称为呼叫负荷来衡量。对于数字交换机而言，一般交换网络的阻塞率很低，话务量和故障率的差异性并不明显，往往用控制设备的呼叫处理能力来衡量交换系统的设计水平和服务能力。

BHCA 的值取决于微处理机的速度与软件处理能力等因素，与系统容量和话务量有关。精确测算 BHCA 的值需要测算各个软件程序的处理时间，通常用线性模型来估算处理机的占有率 y，如下：

$$Y=ax+b$$

式中，a 是处理一次呼叫的平均占有时间，b 是处理机固有任务占有率。x 是各类呼叫的总次数，根据上式，通过处理机固有任务占有率和平均占用时间可以求得呼叫负荷（BHCA）。其中，b 之所以是固有任务占有率，是因为它与话务量无关，即与是否发生呼叫无关，主要是时钟级开销。a 是各种呼叫类型的处理时间的加权平均值，主要是处理机的开销，同时涉及本局、出局、入局的呼叫比例以及拨号不全、阻塞、被叫忙、被叫不应答所占的比重，以及基本级任务的各种程序和功能，随着话务参数而变化。因此，b 决定了 BHCA 是针对一定的话务参数而求得。

7.5.4　程控数字交换系统的质量要求

程控数字交换系统的质量通常从接续质量、传输质量和稳定质量三方面予以衡量。

（1）接续质量

接续指将需要通话的线路接通，并保持通话连续，质量稳定。接续质量包含接续呼损和接续延时两项指标。在此先介绍一个与接续质量有关的概念——话务量。

① 话务量。话务量是用户占用交换机有效资源的宏观度量，在给定的时间内，话务量由下式表达：

$$话务量＝呼叫次数×平均通话时间长度$$

② 接续呼损。用户发出呼叫时，如果在中继电路中无法占用一条空闲出线，则不能建立接续完成通话，称这种状态为呼叫遭受损失，简称呼损。呼损表示流入的话务量中有一部分损失掉而未能实现通话，常按呼叫次数计算呼损。它表示用户发生呼叫，交换网络所有出

线全部被占用时呼叫遭受损失的概率（B）。概率 B 可以用话务量表示：

概率(B)＝完成话务量/流入话务量＝(流入话务量－损失话务量)/流入话务量

公路电话网通常只有一个汇接局，端局数量也不多。工作需要接续呼损小，往往更关注交换机在通话繁忙时的接续呼损，以交换机的忙时阻塞率表示。

③ 接续延时。接续延时指通话过程中交换机进行接续和传送相关信号所产生的时间延迟。接续过程分为几个阶段，因此，全程时延包括拨号音延时概率规定的几个阶段的时延，如接续前后的时延，各交换机建立接续的时延（交换时延）等。

（2）传输质量

电话通信网传输语音信号，故传输质量即通话质量，也是受话方听到语音信号的满意程度。目前，普遍使用"响度参考当量"对通话质量作出评估。

建立一个标准参考语音传输系统（CCITT 实验室的 Nosfer 系统），用在标准参考系统加入衰减值的办法，使受测系统与参考系统的受话音量相等，加入衰减分贝数（dB）的数值即为响度参考当量值。如由发话用户送话器输入端到所在市话端局用户电路的最大发送参考当量应不大于 12.0dB，最小发送参考当量不小于 3.0dB。

通话系统是由发送端声/电转换、信号传输和接收端电声转换三部分组成，通话质量将受到三部分质量的影响。在传输线路上信号需要分出、插入（复接），线制改变等都会带来一定的插入损耗，因此也常规定插入损耗的大小。如要求采用 2Mbps 数字传输链路的插入损耗为 0dB，模拟插入损耗：2 线到 4 线小于或等于 3.5dB；2 线到 2 线小于或等于 1.0dB；4 线到 4 线为 0dB。

（3）稳定质量

通信网的传输、交换等设备可能出现故障，网路也会因话务量异常而产生拥塞，最终将影响向用户提供业务服务的稳定性，应该规定稳定质量指标，以保证上述影响最小。常用不可用度（失效率）作为稳定质量指标。可用度常用平均无故障时间和平均修复时间来表示：平均无故障时间（MTBF）为相邻两次故障间隔时间，越长越好；平均修复时间（MTFR）为排除一次故障需用时间，越短越好。

在公路专用程控电话系统中，常用一些具体项目和指标来规定不可用度。如：程控数字交换系统中断累计时间 20 年内不得超过 1h；单个中继中断每年平均不大于 30min；用户线系统同时中断每年不超过 20min；一终端每年不能正常呼出和呼入时间 30min/每年/户线；30min/每年/中继线。

公路通信设施中的数字程控交换系统的工程验收指标也是依据公路专用程控交换系统的要求制定，具体参见表 7-3。

表 7-3　公路数字程控交换系统部分测试指标要求

检测项目	技术要求	检测方法
局内障碍率	$\leqslant 3.4 \times 10^4$	模拟呼叫器
接通率	$> 99.96\%$	模拟呼叫器
处理能力(BHCA)	系统达到 BHCA 值是对人机命令的响应 90％均应在 3s 以内	模拟呼叫器

7.5.5　程控交换机交换过程步骤

程控交换机的交换过程的步骤如表 7-4 所示。

表 7-4　程控交换机的交换步骤

序号	步骤	功能内容
1	呼叫请求	主叫用户通过用户线向交换机发出呼叫请求信号,该信号由用户线接口电路(称为线路终接器)检测到后,经交换网送到中央控制部分
2	呼叫证实	处理机收到呼叫信号后,向主叫发出呼叫证实信号,同时要确定该用户的类型和信令方式(可通过查得到),并在内存中安排一个呼叫块,用于存放呼叫建立和拆线阶段所需要的随机信息,以作业务统计用
3	着手选择	在安排好呼叫块后,向主叫用户发送着手选择信号,通知主叫可以发送选择信息
4	接收选择信息	按规定格式,主叫用户送出选择信息,选择信息中包括有被叫地址。处理机在去掉一些无用信息(例如间隔等)之后,把选择信息存放在呼叫块中
5	查寻路由	由交换程序中的路由子程序使用路由表分析呼叫块中的选择信息,确定输出电路。若被叫在其他交换机上,则要在本交换机和另一交换机之间重复上面 5 个步骤,然后转入下面步骤
6	呼入	处理机在确定被叫是本交换机用户后,如果被叫空闲,则向被叫发出呼入信号,同时向主叫方向发出接通指示信号
7	呼入接受	如果被叫终端正常且接受呼叫,则发出呼入接受信号
8	呼叫联通	被叫接受呼入后,由交换机发出(或由交换机启动用户发出)主、被叫线路识别信号给主、被叫用户,表明线路已经接通,处理机把呼叫块中信息转移到大存储量的外存上缓存,该呼叫块又可用于其他呼叫或拆线
9	数据传送	通常在主、被叫用户之间有双向通路进行数据传送。有些交换机和网络对用户传送的速率和码型要有所约束
10	拆线请求	用户传输结束后,向交换机发出拆线请求信号,处理机要设置一个呼叫块存储拆线时的信息,并由呼叫记录统计程序做各类业务统计等
11	拆线证实	通常拆线证实作为对拆线请求的回答,由交换机向主叫用户发出
12	保护延时	在交换中,完成拆线动作需要对时间长度进行判断,留有一定保护延时
13	恢复原始	经保护延时后,各外线成为空闲线路状态。由处理机中线路状态表指明

7.6　千兆以太网

7.6.1　千兆以太网概述

千兆以太网是 IEEE802.3 以太网标准的扩展。千兆以太网建立在以太网协议之上,但比快速以太网(FAST Ethernet)快 10 倍,其数据速率可达到 1000Mbps,这一 MAC 子层和 PHY 子层的标准已经成为 LAN 骨干网以及服务器连接的重要标准。千兆以太网和大量使用的以太网与快速以太网完全兼容,并利用了原以太网标准所规定的全部技术规范,其中包括 CSMA/CD 协议、以太网帧、全双工、流量控制以及 IEEE802.3 标准中所定义的管理对象。作为以太网的一个组成部分,千兆以太网也支持流量管理技术,它保证在以太网上的服务质量,这些技术包括 IEEE802.1P 第二层优先级、第三层优先级的 QoS 编码位、特别服务和资源预留协议(RSVP)。千兆以太网还利用 IEEE802.1QVLAN 支持、第四层过滤、千兆位的第三层交换。目前,千兆以太网已经发展成为主流网络技术。

7.6.2　千兆以太网的特点

千兆以太网的特点主要包括以下几点。

① 千兆位以太网提供完美无缺的迁移途径,充分保护在现有网络基础设施上的投资。千兆位以太网将保留 IEEE802.3 和以太网帧格式以及 802.3 受管理的对象规格,从而使企

业能够在升级至千兆性能的同时，保留现有的线缆、操作系统、协议、桌面应用程序和网络管理战略与工具。

② 千兆位以太网相对于原有的快速以太网、FDDI、ATM 等主干网解决方案，提供了一条最佳的路径。至少在目前看来，是改善交换机与交换机之间骨干连接和交换机与服务器之间连接的可靠、经济的途径。网络设计人员能够建立有效使用高速、关键任务的应用程序和文件备份的高速基础设施。网络管理人员将为用户提供对 Intemet、Intranet、城域网与广域网的更快速的访问。

③ IEEE802.3 工作组建立了 802.3z 和 802.3ab 千兆位以太网工作组，其任务是开发适应不同需求的千兆位以太网标准。该标准支持全双工和半双工 1000Mbps，相应的操作采用 IEEE802.3 以太网的帧格式和 CSMA/CD 介质访问控制方法。千兆位以太网还要与 10BaseT 和 100BaseT 向后兼容。此外，IEEE 标准将支持最大距离为 550m 的多模光纤、最大距离为 70km 的单模光纤和最大距离为 100m 的铜轴电缆。千兆位以太网填补了 802.3 以太网/快速以太网标准的不足。

7.6.3　千兆以太网的构建

千兆以太网络是由千兆交换机、千兆网卡、综合布线系统等构成的。千兆交换机构成了网络的骨干部分，千兆网卡安插在服务器上，通过布线系统与交换机相连，千兆交换机下面还可连接许多百兆交换机，百兆交换机连接工作站，这就是所谓的"百兆到桌面"。在有些专业图形制作、视频点播应用中，还可能会用到"千兆到桌面"，及用千兆交换机联到插有千兆网卡的工作站上，满足了特殊应用下对高带宽的需求。

在建设网络之前，究竟用千兆还是百兆，要从实际应用出发，考虑网络应该具备哪些功能。不同的应用有不同的需求，而且几乎没有只有单一业务的网络。但是，在各种业务中，生产性业务肯定是优先级最高的。如果在网络中传输语音，那么语音业务也需要优先安排。如果对业务优先的需求很高，网络必须有 QoS 保证。这样的网络必须要智能化，在交换机端口能够识别是什么类型的业务通过，然后对不同的业务进行排队，为不同的业务分配不同的带宽，这样才能保证关键性业务的运行。数据业务本身是有智能的，不管多少带宽都可以传输，只是时间长短而已，但是语音或者视频就不一样了，如果带宽小了之后，马上就听不清楚了，或者图像产生抖动，这都是不允许的。所以 QoS 非常重要。对单纯的数据网络，在 QoS 方面的需求就很低。在规划网络的时候，必须先了解哪些功能是必须的，哪些可以不考虑。例如，目前多址广播是比较重要的性能之一，如果需要在网络中传输图像，而网络不具备多址广播的特性，那么，网络的带宽浪费就会非常严重，甚至根本无法实现。

7.6.4　千兆以太网的传输介质

千兆以太网物理层包括编码/译码、收发器和网络介质三个主要模块，其中不同的收发器对应于不同的网络介质类型，包括多模光纤（也被称为 1000Base.IX），短波多模光纤（也被称为 1000Base.SX），1000Base.CX（一种高质量的平衡双绞线对的屏蔽铜缆），以及 5 类非屏蔽双绞线（又称 1000Base-T）。

IEEE802.3x 委员会模拟的 1000BaseT 标准允许将千兆位以太网在 5 类、超 5 类、6 类 UTP 双绞线上的传输距离扩展到 100m，从而使建筑楼宇内布线的大部分采用 5 类 UTP 双绞线，保障了用户先前对以太网、快速以太网的投资。对于网络管理人员来说，也不需要再接受新的培训，凭借已经掌握的以太网网络知识，完全可以对千兆以太网进行管理和维护。

1000Base-LX 基于 1300nm 的单模光缆标准时，使用 8B/10B 编码解码方式，最大传输距离为 5000μm。1000Base-SX 基于 780nm 的 Fibre Channloptics，使用 8B/10B 编码解码方式，使用 50μm 或 62.5μm 多模光缆，最大传输距离为 300～500m。连接光纤所使用的 SC 型光纤连接器与快速以太网 100BaseFX 所使用的连接器的型号相同。1000Base-CX 是一种基于铜缆的标准，使用 88/108 编码解码方式，最大传输距离为 25m。1000Base-T 基于非屏蔽双绞线传输介质，使用 1000Base-T 铜物理层 CopperPHY 编码解码方式，传输距离为 100m。1000Base-T 在传输中使用了全部 4 对双绞线并工作在全双工模式下。这种设计采用 PAM-5（5 级脉冲放大调制）编码在每个线对上传输 250Mbps。双向传输要求所有的四个线对收发器端口必须使用混合磁场线路，因为无法提供完美的混合磁场线路，所以无法完全隔离发送和接收电路。任何发送与接收线路都会对设备发生回波。因此，要达到要求的错误率（BER）就必须抵消回波。1000Base-T 无法对频率集中在 125MHz 之上的频段进行过滤，但是使用扰频技术和网格编码能对 80MHz 之后的频段进行过滤。为了解决 5 类线在如此之高的频率范围内因近端串扰而受到的限制，应该采用合适的方案来抵消串扰。

最初的千兆以太网采用高速 780nm 光纤信道的光元件传输光纤上的信号，采用 8B/10B 的编码和解码方法实现光信号的串行化和复原。目前光纤信道技术的数据运行速率为 1.063～1.250Gbps，使数据速率达到完整的 1000Mbps。对于更长的连接距离，将采用 1300nm 的光元件。为了适应硅技术和数字信号处理技术的发展，应在 MAC 层和 PHY 层之间制定独立于介质的逻辑接口，以使千兆以太网工作在非屏蔽双绞线电缆系统中。这一逻辑接口将适用于非屏蔽双绞线电缆系统的编码方法，并独立于光纤信道的编码方法。

7.6.5　如何升级至千兆以太网

千兆以太网最初的应用将是在路由器、交换机、集线器、中继器和服务器之间需要高带宽的校园或建筑物。下面举出几种升级方式的例子。

（1）升级交换机到交换机的连接

这是很直接的升级方案，将快速以太网交换机或中继器之间的 100Mbps 连接升级或 100/1000 交换机之间的 1000Mbps 连接，从而可支持更多的交换和共享快速以太网段。

（2）升级交换机到服务器的连接

最简单的升级方案，将快速以太网交换机升级成千兆以太网交换机，与安装了千兆以太网卡的高性能服务器组与 1000Mbps 的高速率相连，提供对应用和文件服务的高速访问能力。

（3）升级交换式快速以太网主干

多个 10/100 交换机构成的快速以太网主干可以升级为支持多个 100/1000 交换机及其他含有千兆以太网接口和上连模块的路由器和集线器的千兆以太网交换机。若需要也可安装千兆集线器和/或缓存式分配器。

（4）升级共享 FDDI 主干

方式为将 FDDI 集中器或集线器或者以太网到 FDDI 的路由器升级为千兆以太网交换机或缓存式分配器。

7.6.6　千兆以太网国际标准

1997 年 1 月，通过了 IEEE802.32 第一版草案。

1997 年 6 月，草案 V3.1 获得通过，最终技术细节就此制定。

1998 年 6 月，正式批准 IEEE802.32 标准。

1999 年 6 月，正式批准 IEEE802.3ab 标准（即 1000Base-T），可以把双绞线用于千兆以太网中。

7.6.7　高速公路通信系统的千兆以太网

相对于 ATM 网络所构成的骨干光纤网，千兆以太网系统主要用于通信系统中内部网络的构建。以某省高速公路信息管理总中心为例，在总中心通信机房中放置了两台 7200GB 以太网交换机，构成其内部网络环境，各地的语音、数据、图像的数据包由 ATM 交给 7200 交换机，传输到内部网络进行分类处理。

7.7　集群移动通信系统

高速公路集群移动通信系统是高速公路现代化管理的支撑手段之一，它主要保持高速公路各管理部门之间业务联络通信的畅通，路段维修的施工指挥、人员与车辆指挥调度管理等；同时可为各种服务系统提供传输通道，特别是集群通信系统在高速公路通车进入运营阶段，为实现收费管理、路政巡逻和设备维修等运营管理工作，提供调度指挥的通信服务。

7.7.1　集群移动通信系统概述

集群移动通信系统是按照动态信道指配的方式实现多用户共享多信道的无线电移动通信系统。集群通信允许为数众多的用户通过智能化的频率管理技术自动处理、共同使用相对数量有限的通信信道，其工作方式类似电话交换系统，它通过中央交换站根据需要自动为用户指定信道。它主要为户外作业的移动用户提供生产调度和指挥控制等通信业务。由于系统具有易于使用、建立通话快速及保密性好等优点，在铁路运输、船舶通信、港口导航、航空业务、公安等众多专用指挥调度通信领域得到广泛的应用。

在传统的无线对讲机通信中，所有用户使用一个公共的无线电信道，用户需要随时收听通话状况才知道信道是否被占用；而集群通信系统则进行自动处理，提高了信道的使用效率及通话的保密性。集群通信的基本原理是：它由中央控制器集中控制和管理系统中的每个信道，并以动态方式迅速把空闲信道分配给发起呼叫的用户，通话完成后又将该信道收回给等待的用户使用。因此，该系统极大地提高了频道使用率。另外，当系统内部用户相互通信时，不必接入公网；只有当用户的一方为公网用户时，系统才接入公网。

集群通信系统从运营方式上可分为专用集群通信系统和共用集群通信系统。专用集群通信系统是仅供某个行业或某个部门内部使用的无线调度指挥通信系统，系统的投资、建设和运营维护等均由行业或部门内部承担，如高速公路集群通信系统。共用集群通信系统是指物理网由专业的电信运营企业负责投资、建设和运营维护，供社会各个有需求的行业、部门或单位共同使用的集群通信系统，它是集群通信运营体制的发展方向。按通信方式分可分为模拟集群通信系统和数字集群通信系统。

模拟集群通信系统是指在无线接口采用模拟调制方式进行通信的集群通信系统。

所谓数字集群通信系统，指的是采用低码率语音编码方法构成数字的语音信号，语音信号对载频的调制采用窄带数字调制，从而实现信道的时分复用（TDMA），因而一个载频具有多个信道，这样的无线集群系统称为数字集群通信系统。

数字集群通信是现今专用无线通信的主体，它同属移动通信范畴，除了具有模拟集群系统的全部优点外，还可以解决模拟集群通信系统存在的频率效率低、业务单一、不便加密及功能弱等技术问题，而且其快速接入响应，集团组群用户有效指挥、联络、调度以及其半双工、单工为主的运作方式是其最主要的特征。数字集群通信业务主要包括调度指挥、数据、电话（含集群网内互通的电话或集群网与公众网间互通的电话）等业务类型。

公路运营部门建立专用集群系统原因如下。

① 运营管理需对路政管理、道路养护、交通监控，事故处理进行实时指挥调度，业务量大。

② 通信呼叫方式大都是运营中心对下属的点呼、组呼或全呼，下行信号多，上行信号少。

③ 通信点沿道路分布，具有地域特殊性，无法与其他集群通信系统共用。

集群有集个体为群体，集小群为大群的意思。移动通信中集群的含义是"系统具有自动选择信道功能，能将全部可用信道供全体用户共用"，信道动态共用是集群通信的基础。

集群通信系统特点如下。

① 集群通信采用单工和半双工，公路系统移动台大部为单工或半双工，实行"按-讲"方式。基站和调度台为全双工。

② 集群通信用于调度指挥，主要业务是无线用户对无线用户，传输简短的指令和情况汇报。无线和有线用户的长时间通话只能是少量的，我国规定有线话务占 5%～10%。

③ 集群通信用户具有私人保密性和不同的优先等级，这是由调度指挥性质所决定的。

④ 与普通移动系统相比，有阻塞概率低，接续时间短，信道利用率和服务质量高等优点。

7.7.2 集群通信系统组成

（1）组网方式

集群通信网以大区制为主，可进一步分为单区多基站单中心网和多区多中心网等型式。从一条高速公路运营管理出发，集群通信网常采用单区多基站单中心制，如图 7-21。

（2）设备配置

① 系统控制中心。通常设在公路通信中心，由集群控制管理模块、转发器接口电路、电话互连器和交换单元等组成控制器，用来管理控制整个系统的运行，包括选配信道，监视话音信道状态，安排信令信道等。

② 系统管理终端。由计算机和系统管理软件组成，并与控制器连接，值班员通过终端对系统进行管理控制。

③ 基站。一个基站的通信覆盖范围 20～30km，基站数目由公路里程确定。基站（全系统）通常配置 5～20 个信道，每个信道配置一台转发器和天馈线。转发器为全双工收发信机。

④ 调度台。分有线和无线调度台两种。有线台的操作台和控制器连接；无线台由收发信机、控制单元、天馈线和操作台等组成。

⑤ 移动台。有车载机和手持机等。

（3）频率配置

我国规定 800MHz 集群系统上行（MS-BS）工作频段为 806～821MHz。下行（BS-*MS）工作频段为 851～866MHz。相邻频道间隔为 25kHz，双工收发频道间隔为 45MHz。

（4）集群方式

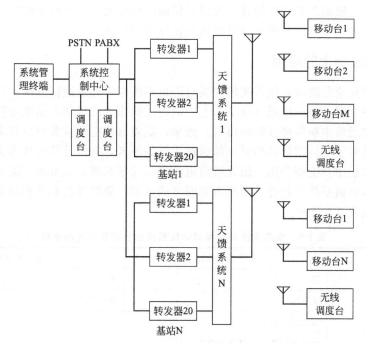

图 7-21　单区多基站单中心集群通信网方框图

集群是指对正在申请服务的用户群自动分配信道的操作。常用的集群方式有三种。

① 信息集群。对呼叫用户分配一条固定的无线信道，待最后一次讲话完毕，松开"按-讲"开始，控制器等待 6～10s 的信道保留时间，再将信道分配给别的通话对使用。这种方式显然未能充分利用无线信道。

② 传输集群。通话双方有一方按下"按-讲"开关，控制器即分配一条信道给它。当通话完毕，松开"按-讲"开关，就立即将该信道调给其他通话对使用，没有信道保留时间。这种方式使信道的利用率很高，但是，可能导致通话不连续和不完整，用户感到不舒适。

③ 准传输集群。按传输集群的方式工作，但在每一次松开"按-讲"开关后，并不立刻调走信道，而是给予较短的信道保留时间（0.5～6s）。这种方式的信道利用率明显低于传输集群，但大大减少通话不连续的出现率，目前，这种集群方式使用最多。

（5）控制信道配置

与移动通信一样，集群通信也需要传送信令实施控制，信令信道有两种配置方式。

① 专用信令信道。采用一条专用信道传送信令，就无需对所有信道扫描来获取信令。其优点有：接续快，可设置紧急呼叫等多种功能，也提高了通信的可靠性。这种方式的最大缺点是减少了话音信道，对信道不多的小系统不适合。

② 随路信令信道。将数字信令调制在低于话音频带以下的亚音频上（150Hz），与话音同时传输而不致产生干扰，不占用单独信道。这种配置使所有信道都用于通话。移动台可预先获得可用信道，接入时间因而缩短。每个信道独立完成信令交换，在任何空闲信道实现接入系统的操作，减少系统的交换负荷，因此阻塞率低，等待时间短，可靠性也高。这种配置的系统，设备相对简单，适宜中小容量的单区通信网，公路集群系统常采用此方式。

集群通信系统每一条信道能容纳的移动台数目与系统所拥有的总信道数成正变，与平均忙时话务量成反变。通常每信道容纳的移动台数会大于 70 台。

移动通信系统是依靠可靠的硬件和完善的软件实现通信的。公路专用集群通信系统如果有特殊的要求，一般都需要相应的软件支持。目前，移动通信正在向压缩频道间隔，提高频率利用率，压缩语音编码的数码率和设备微型化等方向发展。

7.7.3 高速公路上的应用

早期建设的高速公路均采用传统的常规对讲机系统作为无线通信方式，这种通信技术在整个通信过程中受限于单一信道（频率）上。随着无线用户的增加，信道变得繁忙，导致用户等候时间长和通信中断等情况频频出现。近来，随着有线电话业务中继技术的出现，在无线通信上，也借鉴了一组用户共用同一条通信线路的原理，采用计算机技术实现无线信道的动态分配，使大量用户能够公用一组无线信道的移动通信系统，就形成了集群通信系统，而且有逐渐取代对讲机系统的趋势，而两者有明显的区别。集群通信系统和对讲机系统的性能及功能的比较如表 7-5 所示。

表 7-5　集群通信系统和对讲机系统的性能及功能的比较

项目	集群通信系统	对讲机系统
单呼	有	无
组呼	灵活编组	固定模式
级别选择	多级优先级选择	无
用户保护	有远程中断和恢复通话功能	无
通话保密性	信道随机分配,保密性好	信道固定,窃听容易
频率利用	节省频率资源	需有多个频率
使用范围	用户全网内大范围漫游	只能在单站范围使用
通话质量	干扰小	干扰大
穿透力	频段高,穿透力强	穿透力差
可靠性	高,基站任一信道故障仍能工作	低,基站信道故障,该信道对讲机瘫痪
控制方式	智能化计算机控制,可实现多种附加	无控制功能
GPS 服务	有	无

数字集群通信与公众移动通信同属移动通信系统范畴，但却有本质的区别。集群移动通信系统是一种专用移动通信系统，特点为系统所具有的可用信道可为系统的全体用户共用，具有自动选择信道功能，它是共享资源设施、分担费用、共用信道设备及服务的多用途、高效能的无线调度通信系统。由于集群通信具有比较强的调度管理功能，又能与 PABX（公用程控交换机）联网，因而在专用移动通信领域获得广泛应用。

即使是在蜂窝式通信公网覆盖良好的地区，手机式的通信方式毕竟无法提供组呼、群呼等的调度功能，削弱了对突发事故、应急事件等的处理能力。这种状况也不是各管理部门希望看到的，如果交通行业系统有高速公路无线电通信专用网，问题的解决就变得简单了。

高速公路无线集群通信经历了从简单对讲系统到单基站小系统，再到大容量多区域系统的发展历程，后来经历了从模拟集群到数字集群的飞跃。系统一般由终端设备、基站和中心控制站等组成，具有调度、群呼、优先呼、虚拟专用网及漫游等功能。

7.8　专用短程移动通信

专用短程移动通信主要是用来控制车辆运动和征收通行费。控制车辆运动包括对运行车辆位置和方向的测定，对车辆纵向和横向运动速度的控制等。电子收费需要在车辆运动过程中查明车辆型别、进出高速公路的站号，并将计算出的应缴通行费额通知用户。完成这些工作都需要在路侧固定通信站与运动车辆间多次交流数据，只有高可靠性的移动通信才能满足这些要求。特别是不停车电子收费的巨大市场需求推动了专用近距微波通信的发展。

专用短程移动通信是将数字数据信号调制在高频副载波上，再以此搭载有信号的副载波调制到频率、幅值固定的厘米波上，由天馈线在路面通信站和运动车辆之间来回传播，车辆至地面站的信号传送称为"上行"，地面站至车辆的信号传送为"下行"。全部信号的编制、发射、接收、处理、存储和转送均由双方的微处理器按专用软件控制并操作硬件执行。为了在全球推行这些技术，必须制订与此相关的通信协议。

美国、日本和欧盟最早开展这项工作，初期曾采用 915MHz，后来采用 2.45GHz 作为专用近距移动通信频段，近来各国认同 5.8GHz 为专用频带。国际标准化组织 ISO 已着手审议欧盟和日本提出包括通信协议在内的专用近距移动通信的推荐标准。其中，欧洲标准化委员会（CEN/TC278）推荐使用的载波频带为 5.795～5.805GHz，带宽 10MHz 的被动式微波通信，副载波频段为（1.5 ± 15）kHz，调制方式为频移或相移键控，数码率上行为 500kbps，下行 250kbps。日本推荐的为 5.8GHz 频段的主动微波通信，数码率全为 1Mbps，调制方式为幅移键控。欧、美、日已按各自的标准生产出相应的电子收费通信设备并投入使用。

美国确定将 5.850～5.925GHz 共 75MHz 频带资源供 ITS 使用，美 ITS 协会考虑智能交通多方面的需求，如自动化公路、电子牌照、电子收费和多媒体传输等，从 75MHz 中划分出 6MHz 带宽的 8 个频段作为各种专项业务通信使用，并预留部分频段备用。各项专用业务通信目前正处于研究试验阶段。

我国已采用 5.8GHz 频段标准，用于 ETC 自动收费。

7.9　视频图像传输系统

高速公路监控、收费和隧道安全系统有大量图像信息需要实时传送。高速超大规模集成电路、图像压缩和副载波调制技术的发展给利用光纤网络传送图像提供了可行性。

（1）需要传输的视频图像与相关信息

① 重要路段、立交和隧道摄像机拍摄的交通流图像信息需要实时传送给监控中心。与此同时，监控中心需要将对镜头和云台的控制信号分别反向传送给摄像机。

② 收费车道摄制图像需实时传送监控楼，反向控制信号由监控楼传送给摄像机。

③ 收费亭收费工作图像实时传送给收费站监控楼。

④ 异常收费图像需传送给收费中心。

⑤ 传送电视会议图像。

CCTV 图像信号传输主要技术指标为：带宽：5Hz～10MHz；信噪比大于或等于 56dB（加权）；视频信号电平偶抗为 $1V_{P-P}$，75Ω；微分增益小于等于 3dB；微分相位小于等于 3°。电视会议图像信号传输要求稍低于前者。通信方式既有多点-点（监视），也有一点-多点（会议）。可供选用的传输方式有很多，如电缆/光缆有线传输和无线传输。传输距离的长短往往决定传输方式，如短距常用模拟信号电缆基带传送，长距大都用数字信号光缆传送。由于无线传播要建立较多的发射台，故使用不多。

（2）视频图像的同轴电缆传输

同轴电缆适用于基带传输，将摄制图像信息不经调制直接送入同轴电缆传输，简单易行且成本低廉，广泛用于 2km 以内的图像传送，如收费车道和收费亭的监视图像常用这种方式传送给收费站的监控楼。同轴电缆是一种非平衡传输线，为了与其他电视设备实现阻抗匹配，均采用 75Ω 同轴电缆。

同轴电缆对信号的衰减量近似与信号频率的平方根成正比，当铺设电缆长度超过 300m 时，需要使用电缆补偿器进行频率特性补偿。由于发信端和收信端的地电位常常不同，同轴电缆传输视频信号易受低频交流干扰，最常见的是 50Hz 的工频干扰。最好能切断地回路或截断纵向电流通道，也有采用抗干扰稳压器和抑制电路法对干扰进行抑制。

对摄像机的控制信号，可使用屏蔽双绞线单独反向传送。

（3）视频图像的光缆传输

光缆传输可进一步分为基带传输，调制传输和数字传输等方式。

① 基带传输。工作方式与同轴电缆相同，但传输距离更长（可大于 10km），干扰也大大减少，控制信号经过调制后，可从同一光纤反向传输。

② 副载波复用传输。公路交通有多路摄制图像要从不同路段的多个点位实时传输给监控中心，理想的传输方式是将所有信号复用到一条线路传输，副载波复用技术提供一种相对廉价和方便的方法。首先对各路图像信号分配副载波频率（中心频率为几百 MHz 至几个GHz，频率间隔 50～100MHz），副载波用压控振荡器产生。将所要传输的图像基带模拟信号用频率调制法调制在各自的副载波上，然后经过频分复用（合路），用合路的已调信号去调制半导体激光器的输出光强，经光纤将多路图像信号复用传送给监控中心。对模拟视频图像而言，中心仅需选择单个信道加以解调。因此，信号经光电转换和放大后，通过可调谐的本地振荡器、混频器和窄带滤波器即可选出需要的信道，并将其转换成中频信号，经中频放大和解调，恢复原来的基带信号，传送给指定的监视器。摄像机控制信号可在同一信道调制后反向传输。这种方法的优缺点如下。

a. 成本低不需要复杂的编码、复用设备，调制/解调，合路/支路及放大等微波电器件，技术成熟，价格低廉。

b. 频带宽。副载波频率只受激光器调制速率限制（目前已达 20GHz），可实现大容量传输。

c. 数模混传在同一光纤内，既可传送数字信号，也可传输多路模拟信号。

d. 传输质量易受光源非线性和光纤色散影响，产生失真，使图像质量下降。

e. 多次合路 由于图像摄制点相距较远，信号需经多次复用合路。

③ 数字传输。传输一幅电视图像的数码率为 140Mbps，数十幅视频图像复用合路同时传输，要求高数码率信道和相应的传输设备，一次投资和网络管理维护费用都将大幅度上升。因此，图像数据压缩编码是实现图像传输的关键技术。图像压缩编码技术的各种算法大都可以通过高速超大规模集成电路予以实现。

交通监视图像背景变化小的特点有利于图像压缩技术的使用。采用 2M 数码率的图像信号更方便从 ADM 的 2M 端口插入光同步数字网，充分利用光纤数字通信线路，可省去专用光纤来传输视频图像信号，但反向控制数字信号则需用专用线路单独传送。

思 考 题

1. 简述公路专用通信系统的组成。

2. 简述高速公路通信特点和要求。

3. 紧急电话系统的主要作用是什么?

4. 视频图像传输系统需要传输哪些视频图像与相关信息?

5. 简述紧急电话控制台基本功能。

6. SDH 网络单元关键设备有哪些?

7. 名词解释

① PDH 与 SDH

② ADM

③ DXC

④ 集群移动通信

⑤ 自愈网

第8章　道路收费系统体系

征收道路通行费是高速公路经营管理的重要任务之一。路费是高速公路管理公司的主要财政收入。收费系统建设和经营直接影响到道路运行质量和管理的经济效益。

8.1　道路收费概述

8.1.1　收费目的

从行为科学角度分析，驾车者在选择出行路径和出发时间时，主要考虑自己将付出的成本。当道路的通行能力充足时，这种的行为不会影响到其他人的出行，对道路中其他使用者的影响较小。但是，当交通流量接近通行能力时，拥挤程度上升，道路新增加车辆会使系统中所有成员的利益受损。此时，如果交通需求继续增加，大家又都坚持原来的出行计划，不另择它路或改变出发时间，就会使交通系统拥挤，直到瘫痪。在无法采用技术手段改变交通系统的混乱情况时，最好的办法是采用经济手段进行调控。道路使用者之所以坚持在拥挤路段出行，是因为他们仅仅考虑自己的感知成本或者边际个人成本，而没有支付他们给其他出行者所带来的"外部不经济"，即出行者没有为其出行支付全部社会费用（即边际社会成本），从而鼓励了交通量的无节制增长。缓解交通拥挤上最直接、经济上最有效的办法就是对拥挤路段的使用者收费，不想付费就另择它路或改变出发时间，从而使原来拥挤的路段就被缓解了，从而使道路网络的使用达到最优。

随着经济建设的发展，需要建设足够的道路满足交通需求或者已经发生的交通使用。为筹集资金，政府鼓励资金持有者或者采用贷款的方式去建设道路，而作为投资回收的措施之一就是向使用该条道路的驾车者收取通行费。道路收费只是一种手段，用于抑制交通需求或用于资金筹措。在交通系统的运行过程中，道路收费作为一种交通需求和交通供给之间的平衡因素，会存在长期存在。

道路收费与交通需求之间关系一直是收费系统研究者关注的课题，一种比较合理的收费成为了保护投资者和社会整体利益的有效杠杆。交通需求和用户认知的道路使用成本的关系如图8-1所示。

我国的高速公路收费是筹措资金的一种方式，由中央和地方政府贷款或部分资金拥有者占有一定比例的股份，由政府委托地方组织营运管理公司，以企业法人形式进行管理。部分路桥股份制公司通过上市将高速公路变为公众企业，道路所有者将会对道路的经营提出各种各样的要求，所以在高速公路的收费中，会使得高速公路联网收费在实施中变得艰难，在平衡交通需求和交通供给之外，还需平衡社会成本、企业成本和股东的利益。在收费系统中，道路使用者是弱势群体，消费者的利益需要保护。要平衡各方权益，这就要发挥政府职能，制定收费标准。

8.1.2　高速公路收费体系的基本组成

高速公路收费系统与城市道路、普通道路的收费系统相比，在收费对象、收费环境等方

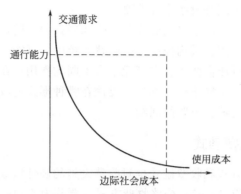

图 8-1　交通需求与道路使用者成本关系示意图

面显得比较统一，外部的干扰问题较少，相对比较简单，实际操作中也容易把握。高速公路收费系统由人、车、硬件、软件工程、协助机构组成，每个元素在整个系统中相互作用，帮助资金和信息完整无差错的送到各个环节，在这些元素的共同作用下，收费系统得以完成资金流和信息流的完整运行。高速公路收费系统具备了系统的诸多条件，所以可以从系统工程的角度来分析高速公路收费系统。

从系统工程的角度讲，收费设施主要由人、车、硬件设施、软件工程及协作机构组成，各组成部分相互作用，共同完成通行费的征收和资金及信息的处理流程。

收费设施中的"人"主要指收费操作员、收费管理员、系统维护人员等。收费操作员是指利用收费设施的软件和硬件，直接完成通行费收取的操作，将与通行费相关的信息，如通行费费额、车辆信息、高速公路使用情况等纳入到收费设施中的人员。收费管理员主要指两方面的人员，一方面是指在收费车道上有比收费操作员更高一级的系统操作权限和管理权限，主要应对收费车道上出现的非正常收费现象，如降档车、使用手撕票据等的人员；另一方面是指对流通于本收费站的票据、通行卡进行核对管理，对本站收缴通行费资金信息及其他相关信息进行核查校对的人员。此类人员一般为防止收费作弊，提高收费的准确性而设置。收费车道产生的原始收费信息需经过核查校对，准确无误方可上传至下一管理环节。维护人员拥有对系统的维护操作权，主要保证系统的正常、安全运行。

收费系统工程中的"车"是指道路的使用者，也是高速公路的服务对象。"车"是收费设施中资金流及信息流的起点。

"硬件设施"是指组成收费设施各级管理单元的硬件设施，如车道控制机、有线对讲及紧急报警设备、各种管理计算机、交通指示设备等。这些设备与软件一起组成收费设施功能的执行单元，构成收费系统正常运行的物质基础。

"软件工程"从一定程度讲是收费系统的核心，收费系统各项功能都是以硬件设施为基础，依靠软件功能，辅以人的操作实现的。从技术层面讲，软件是信息的真正控制者，软件是否正确合理决定了收费的安全与效率。软件主要由操作系统、数据库、通信软件、各功能模块软件等组成。对于软件来说，准确无误是基本要求。

"协作机构"是指银行、交通执法部门、路政管理部门等。这些机构不直接参与收费的行为，但是在收费流程中也发挥重要作用。银行可以理解为收费系统资金流的终点，当资金流入银行时，由银行根据收费系统提供的资金划拨指令，使用自己的资金划拨系统将资金划拨至各指定账号。这套资金划拨系统属银行自身功能，是完全脱离于高速公路收费设施的。交通执法部门、路政管理部门是保证高速公路车辆合法行驶、道路路况良好的部门，这对保障高速公路服务水平、提高服务效率十分重要。

其他的道路收费系统中，由于采用的收费方式和制式的不同，上述的元素并不一定都存在，也不一定发挥相同的作用。采用纯手工的收费系统中，可能会缺少硬件和软件元素；采用通行证的收费系统中，可能会使人、车等元素有不同的作用；在采用自由流电子收费系统中，可能缺少了人元素中收费操作员。不过，无论在哪种形式的收费系统中，资金流和信息流的完整和准确是收费系统最为重要的问题。

8.1.3 收费方式和收费制式

高速公路采取的收费方式和收费制式也对收费设施的硬件组成和软件功能构成影响。按照《公路收费方式》（GB/T 18367）公路收费方式主要分为 4 种：人工收费方式、半自动收费方式、全自动机械收费方式和全自动电子收费方式。目前我国高速公路主要采用的是人工判别车型车种、人工收费、计算机管理、闭路电视辅助监视的半自动收费方式。根据《公路收费制式》（GB/T 18277），公路收费制式主要有：均一式、开放式、封闭式和混合式。我国收费高速公路主要采取的是封闭式的收费制式，个别特殊的桥、涵、隧道采用开放式收费。收费方式和收费制式对收费设施及行为的影响将在后文中详细论述。依据我国现采用的收费方式和收费制式，各高速公路相应采用收费车道—收费站—收费（分）中心三级管理模式。

8.1.4 国内外收费道路的现状

面对高速公路建设的巨额费用负担，世界上许多国家的政府不得不采用贷款修路的方式，通过收取通行费和汽油税来偿还贷款和维持道路系统的日常通行。我国同样采用了这种方法来募集建设高速公路所需的资金。

我国高速公路最早始于台湾省，基隆到高雄的高速公路全长 370km，交通工程设施、控制系统和收费系统完善，其投资来源是利用亚行贷款、发行公债、增收汽车燃料税，总投资达 12 亿美元。

我国大陆自 20 世纪 80 年代中后期开始修建高速公路，大部分高速公路均采用设置收费站的方式收取通行费。收费系统也从最初全盘引进国外系统到逐步采用国内集成商提供的自制设备，系统的造价也比以往有了大幅度的下降。为了更好地管理高速公路和方便道路使用者，高速公路联网收费也在国内各省份大面积实施，电子收费系统（ETC）越来越多地被使用。

德国、英国、瑞士等国的高速公路建设和管理费用由政府负担，高速公路全部实行不收费制度。英国只有一部分特殊的桥梁收取过桥费。德国统一以来为尽快改善原东德的交通状况，部分高速公路开始收取通行费来弥补国家高速公路建设资金的不足。

日本的高速公路是由日本道路公团、首都高速公路公团等半官的公司投资建设和管理的，实行全线收取通行费，这也是日本高速公路发展迅速的主要原因之一。

美国、法国、意大利等国家，部分高速公路收取通行费，收费公路的比例不尽相同。美国州际高速公路的建设费用，联邦政府负担 90%，州政府负担 10%。因此绝大部分道路不收通行费，只有一部分投资费用较高的路段、特殊的桥梁和隧道设施收取通行费。美国用收取汽油税的方法来部分补偿高速公路建设费用的不足。

法国、意大利等国家，收费高速公路占绝大部分。法国有 80%～90% 的高速公路是由政府批准的高速公路特许公司投资修建和管理，这些道路要靠收取道路通行费来回收投资和支付日常管理费用，但收费率一般是由政府根据国家经济情况与公司协商确定和调整，只有10％～20％的城市高速公路、城市间高速公路、连接主要港口及战略目的干线高速公路是由政府投资修建的，这些道路是不收费的。

8.1.5　收费系统特点

高速公路收费系统具有如下特点。

① 兼容多种收费方式，即人工收费、半自动收费和自动收费，具体包括通行券、接触式 IC 卡、非接触式 IC 卡、ETC 收费、联网收费等多种形式。

② 收费数据的安全性要求高，并具有相对独立性。

③ 收费数据通信的可靠性要求高，并具有一定的连续性和实时性。

④ 对收费数据访问权限要严格控制。

⑤ 收费数据信息系统容错性要强，并要有相应的故障恢复机制。

⑥ 系统具备全天候和适应恶劣条件下工作的能力。

⑦ 关键设备有冗余设计，系统具有很好的健壮性。

8.1.6　目前收费系统的不足

高速公路收费系统经过多年的发展，其功能、结构逐步得到完善，能较好地发挥其应有的效益。但还存在着不少问题，这些问题有些是体制造成的，有些是囿于技术的原因，还有些是人为的因素，主要表现在如下几方面。

① 影响道路通行能力。发放通行券（卡）、收取通行费以及驾驶员询问道路等，会引发严重的交通阻塞和行车延误，收费站成为高速公路的"瓶颈"。

② 由于我国车型复杂、没有统一标准，主要靠人工判断车型，尚不能达到理想的准确程度，给实际工作带来不便，造成收费中的不合理现象。

③ 道路收费实行 24h 工作制，每个出入口都需要收费人员，大量的收费人员增加了人工成本。从目前国内的情况看，高速公路工作人员中，收费人员占了将近 1/2。

④ 功能采用闭路电视监视和计算机抓拍图像，稽查人员检查时必须审核全部录像内容或抓拍信息，信息量太大。

此外，ETC 采用 DSRC 手段，在宽带移动通信高速发展的今天，显得落后，受到不少局限。

为了克服上述收费过程中的缺陷，在实际应用中，可采取一些相应的解决手段如下。

① 运用计算机统计分析、数据挖掘、图像模式识别等技术，改善交通流量和分布、车型自动分类（Automatic Vehicle Classification，AVC）、图像疑点处理等。

② 通行券（卡）的信息由设备自动录入或读出，减少人工参与。

③ 采用车牌照自动识别技术、IC 卡自动发卡/回收系统等。

高速公路收费系统中一切管理措施和应用技术的推出，都是为了最大限度地提高收费效益和服务水平。可以预见，随着各项技术的发展，高速公路联网收费的区域将进一步扩大，电子付费将日益普及。

8.2　收费结算体系

随着路网的连通，有新的高速公路加入到高速公路网中，这就有了相互信息交换和拆分的需求，并且随着越来越多的道路使用者开始使用高速公路，道路使用者会对收费系统也会提出各种各样的要求。管理体系、收费制式、通行券选择、结算模式等问题上，选择合理与否将大大影响今后高速公路的营运效率和建设成本。

收费体系与实施区域当地的经济发展、信息化程度和以往历史传统都有一定的关系，与收费系统本身的技术发展也存在着一些关系。规划一个地理区域内或者一条路的收费体系需充分了解该地理区域内的收费对象、经济水平、车种组成等情况，除此之外，收费制式、付款方式、通行媒介、管理体制与制度、报表内容、通行费率及计算方法等问题也需要在规划的过程中确定下来。

8.2.1　收费对象和收费费率

收费对象和收费费率是需要法规制度来确定的，投资者和道路使用者都应遵守法规制度中相关条文，同时法规制度也对投资者和道路使用者作出相应的保护，避免出现该收费的不缴费或该免费的却收费的问题。在收费对象和收费费率的确定中，政府有责任保护道路收费的环境，投资者有权力保护自身的利益，道路使用者有权力对不合理的条文作出申诉和要求修改。在法律允许的范围里，投资者可以根据自身的运行状况制定符合自身条件的政策，然而，由于其政策的社会影响较大，所以道路使用者可以要求投资者作出解释，政府可以在两者之间协调，平衡双方的利益。

从我国建设规范及标准来看，根据使用者的不同，我国的道路主要可分为三种：汽车专用路、公共道路、内部道路。汽车专用路只为机动车提供服务，如高速公路、城市高架主干线等，有些汽车专用路对机动车的性能提出了要求，对不符合要求的机动车禁止其进入汽车专用路。公共道路是指为所有的道路使用者开发的道路，包括行人和人力车，有些公共道路对道路使用者有一定的限制，这些限制往往出于交通安全和交通组织的考虑。内部道路是指由专门机构或单位建设并用于某一特定用途的道路，对于道路使用者的规定由建设或管理单位自行确定。

收费道路往往指汽车专用路和公共道路，内部道路一般不允许收费，如果允许收费，则可在法律的允许下由投资者和道路使用者协商确定收费费率。

收费道路作为一种服务产品提供给用户，具有普通产品的特点同时也有专卖产品的特点，收费费率的制定应符合市场经济的要求，同时也需考虑社会经济的影响。在考虑这种"服务产品"的定价时，应综合成本、社会效益、用户接受程度等多方面因素确定。

8.2.2　收费制式

收费制式是道路收费系统的基本体制，如图 8-2 所示，收费制式决定了道路收费系统的建设规模、建设位置、收费流程。收费制式与收费区域有关，一般认为，区域面积较大，收费站数量较多的情况下，采用封闭式或混合式收费制式；区域面积不大且路网中交通流容易控制的情况下，可采用开放式收费制式。不过，实际选择收费制式时需对当地的社会、经济、路网等情况作充分了解，以便使道路收费系统对道路使用者的影响最小又不损害投资者的利益。

（1）开放式收费

开放式收费如图 8-2(a) 所示，不计行驶里程多少，只按车型和通过次数，一次性征收固定路费额，称为开放式收费。适用于大、中型桥梁、隧道、机场等专用路，以及里程不长、无匝道出入口或较少出入口的以主线交通流为主的公路。收费站设在主线上，各出入口

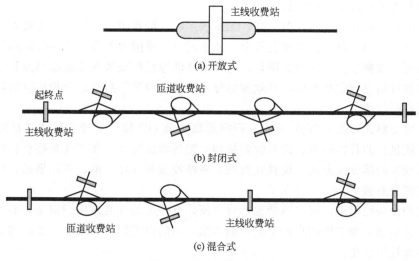

图 8-2　收费制式示意图

不设收费站，开放式收费道路简称开放道路。

开放式收费分单向和双向收费两种形式。该收费系统的最大优点是收费过程与历史信息无关，用户缴费方便；收费设备简单，投资少，建设周期短，人员配备少，易于管理。以开放收费式为基础，出现多种收费制式。

① 均一制收费。收费站设在主线或各匝道入（出）口，按车型一次性征收固定通行费。车辆缴费上路后，可以在公路上自由行驶，不受阻拦地在任何出口驶离收费公路。其优点接近开放式，但设站多，工作人员多；费额对用户不可能完全合理。它适用出入口较多的城市近郊道路。

② 广义开放式收费。道路里程较长的跨省份国道、道路主干道一般采用分段式开放式收费，即广义开放式收费。分段式收费站的设置根据车流分流等各种因素综合确定，但距离不宜小于 40km，以避免收费站过密造成主线上车辆频繁停车，影响交通流的动态平稳性。

广义上开放式收费对用户来说不完全合理，如车辆行驶距离不同，却征收相同费额；有的车辆上了收费公路只要不经过收费站，就可不必交费。开放式收费站主要设置在主线上，其通过率将直接影响主线交通流状态。因此，开放式收费系统设计时要充分考虑道路主线与匝道的交通流分布、收费站点设置和路费额合理等问题。

（2）封闭式收费

封闭式收费如图 8-2(b) 所示。封闭式收费根据车辆类别和行驶里程数征收通行费。它适用于城间和环城道路。封闭式收费必须知道车辆的道路入口和出口信息。车辆进入道路，在入口处领取通行券，出口时按车型、出入口之间距离和通行费率计算通行费。收费站必须建立在所有匝道及管辖路段的端点主线上。由于整条公路所有出入口被收费站完全封闭，可以控制车辆进入，故此种道路也称为封闭式道路。

封闭式收费的基本参数是收费费率，即不同车型行驶每公里的通行费额。确定费率要考虑投资额、贷款归还额度、物价指数、系统结构及其功能等多种因素。收费费率一般是固定的。路桥公司可根据营运状况、物价升降、还贷等情况调整收费费率。调价须得到当地物价部门批准，征收通行费需在有关部门的监督下执行。

按照行驶里程计算出来的通行费往往不是整数，这给收费时带来找零钱的麻烦，增加行车延误时间。根据均值平衡原则，可将费额归整，角分向元，元逢五、逢十归整，尽可能地使通行费额与人民币面值呈整倍数。

封闭式收费的最大优点是收费合理，无漏收多收，但系统相对复杂，投资大，建设周期长，管理难度大。为了及时回收建设资金，还本付息，我国大部分经营型道路均采用全封闭式收费。封闭式收费系统设计的关键是：充分而准确地预测交通流变化趋势及其分布，尽可能合理设置收费站点与收费车道，有效地划分系统结构和采用与交通量相适应的收费方式。

（3）混合式收费

混合式收费制式如图 8-2(c) 所示。根据道路交通 OD 流（交通 OD 流就是指起终点间的交通出行流量）的具体分布，设置收费站和确定各站的费额。在主线某些点和与主线站靠近且交通量较大的部分匝道入口设置收费站，各站收费额只计车型，不计里程；但各站费额根据站的位置会有差别。

混合收费设备较简单，用户缴费也相对方便，有一定的现实作用。但是，要保证收费的基本合理，又不过多地增加用户停车缴费的次数，站的设置数目和地点，各站的收费额度都需根据 OD 流进行优化。

（4）浮动式收费

收费费率不固定，随时间而变化的收费制式称为浮动式收费。交通量随时间变化，白天车辆多，交通拥挤，晚间则处于低谷期。如果收费费率随交通量的时间变化规律而改变，高峰期费率高，低谷期费率低，就可通过费率这一经济杠杆在一定程度上调节进入道路的交通量，降低其波动幅度，使道路服务水平处于较佳状态。

浮动式收费是用于调节车流，改善交通拥挤状况，鼓励使用高通过率车道的有效控制方法。不同路段随上下游交通量动态调节费率。调节时间最短可达每 5min 改变一次。采用浮动式收费的条件是有完善的收费系统计算机网络和控制功能，收费管理中心可按照时间段，实时采集上下游交通数据，按照一定的控制策略，给出下一周期的收费费率值。

浮动式收费系统与近几年发展起来的电子收费系统技术有较为密切的关系，利用电子收费系统在交易过程中无需人员参与的特点，可以轻松地完成浮动式收费的任务。

8.2.3 收费系统的系统模型

基于道路本身的特性，收费系统必然与地理区域有关，根据地理区域内设置收费站的多少可划分为多种模式。

① 在一个地理区域内只设置一个收费站，分析这样的单个收费站则要简单得多，收费系统的管理层次较少，数据处理也较简单，投资比较省。

② 在沿着单条道路设置收费站，收费站在地理上呈带状分布，道路不成环，这种模式虽然较第一种要复杂，但在数据处理上和系统模型中也比较好处理，没有路径识别的问题，拆分较容易。

③ 在路网中设置收费站，联网收费模式如图 8-3 所示。这种模式在现实生活中最多，我国目前所说的道路联网收费系统指的就是这种模式下的收费系统。这种收费系统设计和处理比较复杂，其中的流程设计不仅要考虑第一种、第二种模式的流程，更主要的是要解决道路成网后出现的问题，例如路径识别与通行费拆分。本节的讨论中主要讨论第三种模式的收费系统。本节所讨论的收费制式采用封闭式，其他类型的收费系统则可以类似作出分析。

在一些地区，为了降低第三种模式的运行难度和建设难度，将所涉及的地理区域再次划分，依据行政或天然分割将该地理区域划分出多个子区域。子区域和子区域的联网收费由更高层的管理机构协调，这样也就解决了因区域过大带来的同步的问题，划分后子区域内的投

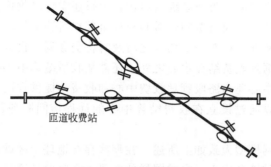

匝道收费站

图 8-3　联网收费模式

资数量减少，也进一步降低了道路收费联网的协调问题，建设成本也会有相应的下降。然而，难度的降低也带来了一些问题，通过子区域间的道路使用者不得不为此付出多停一次的代价。至于具体采用哪种方式进行联网收费，决策部门根据地理、行政等多方面的因素作出决定。

从地理位置和管理层次上划分，与道路收费联网直接有关的单位有四种类型。

（1）收费站

收费站为收费信息的采集终端，也是道路使用者的缴费（或扣费）的窗口。收费站以收费车道为采集单位，逐一将每辆车的信息输入到收费系统，成为系统的原始数据。该数据通过专门的通信程序将其中一份送收费站数据库服务器内保存，一份送收费结算中心供清分处理，根据管理体制的需求，该数据可以送到路段收费管理中心或其他所需的地方。收费员收缴的通行费通过了收费站管理人员的初步确认后由当地的银行集中收取，当地银行需进一步对收取的通行费进行确认，然后将对通行费和收费站提供的通行费数据作校对，如有差错，则及时反馈至收费站，收费数据和通行费金额的校对在收费站和当地银行这一级完成，上传的数据如有误则应采用补充纠正记录，原始数据不允许修改。

（2）收费结算中心

收费结算中心在系统模型中位于最高层，担负着许多功能上的要求，主要工作是数据清分，有些地方可能给收费结算中心更高的要求，如收费体制的建立和维护管理等。收费结算中心对收费数据进行处理，通行费的实际运作在银行。数据的处理采用较高等级的服务器和数据库，接受采用前置通信机来完成。为了数据的安全和可靠，进行数据处理的服务器采用双机热备份，提高系统的可靠性。数据保存在磁盘阵列中，备份采用磁带机。收费结算中心还采用专线或拨号的方式与银行通信机连接，发送和接受收费数据，指示银行按清分结果划账。

（3）路段收费管理中心

从信息管理的角度来看，路段收费管理中心在收费系统的作用并不重要，甚至可以取消，但从管理和维护的角度来看，路段收费管理中心分担了收费结算中心管理和协调的功能，取消之后会造成收费系统难于维护和管理，并且投资者需要一个部门负责自身的收费系统的管理。路段管理中心的系统配置要求根据投资者的预算决定，因为路段收费管理中心只是接受、保存和查询收费数据。

（4）结算银行

银行的选择是有条件的，第一个条件是所选银行的分支机构必须在该地理区域内普遍分布，至少距收费站的距离不远；第二个条件是银行本身应联网，所有的汇兑应在收费系统管理者的时间要求之内。为了配合收费系统的运作，银行还需针对收费系统的业务开发专门的软件和配备专门的人员负责，通行费的收缴和分配全部在所选银行内部完成。有些地区为了保护投资者利益，要求所选银行在资金划分之后及时将资金划到投资者指定的银行中。

收费站除了上传数据到收费结算中心之外，还需从收费结算中心得到一些参数，如费率表、时钟等。收费结算中心还为路段管理收费中心和收费站提供查询、培训等服务，路段管理收费中心和收费站可以通过设立在收费结算中心的远程访问服务器查询自身所辖范围的情况。

道路收费系统的联网模型大致如上所述。在那些存在地理子区域的地区，图 8-4 中的收费结算中心被看作收费结算分中心，完成同样的功能，在收费结算分中心的上面还设立收费结算中心这样一个机构，而此时的收费结算中心只负责子区域和子区域之间的协调和统一，资金的运作基本上在收费结算分中心完成。

8.2.4 管理体制和制度

收费系统管理体制的建立是收费系统正常运行的基本保证，从某种角度来讲，道路收费系统的建设过程就是管理体制建立过程，在信息和资金运转的所有重要流程都存在着许多约定，这些约定就是在运行期间的制度，没有了制度，道路收费系统也就无从谈起。

（1）管理体制的设置原则

在建立管理体制之前，有必要先讨论一下建设收费系统的原因。前已述及，建设收费系统大致有两种原因，第一种为控制交通需求，平衡交通时间和空间的分布；第二种为鼓励投资者将资金投入到道路建设，以收取通行费作为回报。这两种建设原因大不相同，所以在管理体制上也有所区别，第二种收费原因对通行费的完整有着极高的要求，对投资者来讲，可以让道路使用者多停几次，但不能漏掉一个道路使用者，第一种收费原因则是针对交通拥挤产生的，宁可漏掉几个，也不希望道路使用者多停几次。如此相反的行为可能使管理体制有较大的区别。然而，基于公平和利益均衡的原则，道路收费系统的设置原则将会类似。不希望在相同的条件下收费，道路使用者的待遇不同，有些被收费，有些不被收费，这会导致理解上的混乱，当然，也不希望投资者的信心受挫，更不希望将交通需求过分的压制，因为交通需求与社会经济是密切相关的。因此，在考虑设置原则的时候，应首先考虑的是各方的利益，权衡利弊，寻求最佳的原则。

我国目前的高速公路收费系统大部分是基于第二种原因建设的，所以来讨论一下基于第二种原因设置原则。第二种原因相对第一种原因而言，多了一个投资者的身份。投资者在高速公路收费系统中扮演着重要的决策者的角色，作为道路使用者的代表，政府则起到制衡投资者的作用。

一般的管理体制设立原则可归纳如下，具体应用时可增加或减少部分原则如下。

① 一个地理区域（省、自治区、直辖市、大城市、地市县等）内应统一收费、统一监控、统一清分、统一结算。

② 制度和决策的制定应符合少数服从多数的原则，政府拥有否决权，否决对道路使用者不利的制度。

③ 制度和决策的制定应开放，保护小业主和新加盟的业主。

④ 符合道路收费系统所在区域的特殊应用需求。

⑤ 应在满足应用和发展的情况下，尽量采用低廉的系统组成和较低的营运费用。

⑥ 应委托中立机构拆分通行费，制定相关制度和协调机制；结构清晰，易于组织、划

分管理范围。

⑦ 明确与投资机构权责利的关系。

⑧ 银行机构的选择应符合大部分业主的要求。

管理体制的建立是一个长期的、动态的过程，在运行阶段可以调整。

（2）管理体制的结构

根据收费系统的系统模型，整个管理体制可分为三级，如图 8-4 所示。第一级为收费结算中心，第二级为路段收费管理中心，第三级为收费站，这三级均为管理层，收费车道为操作层。收费结算中心对路段收费管理中心和收费站并不拥有产权。

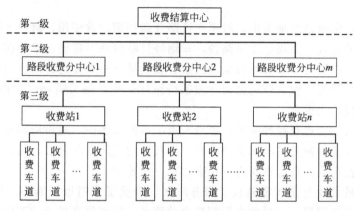

图 8-4　收费系统三级结构模型

（3）收费结算中心的职责

由于要保证收费系统运行的安全、可靠，收费结算中心应担负系统统一协调的功能和职责，尤其是一些与整个收费系统有关的设备和参数，均应由收费结算中心来制定。

① 统一与道路相关的运行参数。收费结算中心负责与各路公司协商并发布通行费率标准表，发布本地理区域内收费系统的基准时钟，定义车型分类标准，解决行驶路径的确认问题，统一非接触式 IC 卡的标准和编码格式，基本统一收费系统各级硬件结构，IP 地址统一规划，统一报表类型与数据传输协议等工作。

② 负责 IC 卡的统一管理。收费结算中心的管理系统主要包括 IC 卡的初始化、IC 卡的配发和储值管理、授权发卡储值网点进行发卡交易、对 IC 卡进行核对及销户等业务。

③ 负责收费拆分的全过程。选择结算银行，在结算银行开设各种账户，通过结算处理由银行根据结算数据在各账户间进行资金划付，通过转账的方式将资金划拨给业主并进行钱款的核对。

④ 协调道路间的运行管理。收费结算中心为非盈利性的中立机构，平时不介入具体的道路运营管理，但在恶性交通事故、火灾、洪水、首长贵宾来访等特殊情况下，收费结算中心视情况而定，可配合其他部门管理收费站的出入控制。

⑤ 负责道路运行信息的组织发布。收费结算中心有义务发布与道路运行相关的信息，除了发布各种运行参数外，还负责将清算拆分结果及当日与收费站有关的钱款交易结果下传至各收费站和管理中心，将交通运行的各种参数（速度、密度、占有率等）、道路和环境参数（路面状况、能见度、气象信息等）、交通管理信息、道路交通图像和其他信息下传到下级单位。

同时，收费结算中心也是道路收费系统面向社会的一个窗口，公众可以从其信息发布站点获取通行费率、储值网点等方面的有用信息。

⑥ 组织、存储信息。收费结算中心应将本地理区域内的地理信息、道路信息、交通信息、道路现场情况、常发性与偶发性事件记录、日常工作记录等分类存储,并建立一个跨越各子系统的数据库平台,以供各级部门交流信息及查询信息的需要。

8.2.5 付款方式

支付通行费的方式是影响收费系统结构和功能的一个重要因素,它还影响收费车道的通过率。付款方式有:现金、预付款、后付款、银行转账等多种形式。

(1) 现金

现金支付在我国道路的征费中,特别在道路开通初期经常使用,跨地区道路和开放式收费系统也常用此种方式。以现金支付路费,车辆经过收费站时需要将车停在收费亭前,把现金递交给收费员,收费员找零和给收据或发票。收费员下班后需进行当班结算,由财务人员核查现金与通行券是否一致。营运公司(或银行派押款车)每天需将现款押解至银行结账。整个资金流动过程均为现金。

现金支付方式的特点是操作简单,收费车道配备的设备少,建设周期短;对临时使用道路的用户,如长途运输的外省车辆交费方便。从我国的实际情况来看,将来即便是高度自动化收费系统普遍使用后,现金支付方式仍会占有一定比例。

现金支付的最大缺点是找零延长了服务时间,降低了车道通行能力,是收费站排队堵塞、交通拥挤的主要因素。大量的小数额现金给清点、核查带来繁杂的工作,为此需配备大量的人员。现金交易容易造成费额人为流失,给资金管理带来困难。

(2) 预付款

① 预付于道路管理公司。用户到道路管理公司预先交付一定数量的金额,管理公司客户服务中心发放一张储值卡,作为在道路行驶的通行券。为了保证用户利益和吸引更多的用户采用预付款方式,客户服务中心需根据预付款数额,给予 5%~10% 的优惠,并将优惠额连同预付款一并写入储值卡。车辆经过收费站时不必交纳现金,只需从储值卡上扣除路费。这样免去驾驶员缴付现金和找零的麻烦,又方便了道路管理。

储值卡往往规定有剩余金额下限,当接近此数额时,可到客户服务中心补充金额。若是储值卡因使用不当、损坏等原因造成储值卡不能使用,可到客户服务中心根据历史信息退还余款。当储值卡使用次数或使用期限到期,可将余款转存到另一张新卡上,继续使用。

我国一些里程较长的道路已经采用此种方式,预计我国将会有更多的公司采用此方式。预付款方式的优点是:在收费过程中没有现金交易,无需找零,节省收费服务时间,提高了收费车道通过率;避免收费员与现金接触,无需点钞结算,可减少人为作弊的可能性;大额的现金交易放在后台,收费管理中心实行用户预付款的划拨,提高了收费车道通过能力和现场管理效率。但是,此法透明度较低,用户与管理公司之间形成路费资金流,道路管理公司独立建立账务管理系统,管理储值卡数据库和收费数据库,银行只起到储蓄银行的作用,不利于政府主管部门的宏观管理和业主的财务监督。

② 预付于银行。该种预付款方式与前一方式基本相同,其不同之处在于,用户在道路指定的委托银行建立专用账号,存储一定金额的预付款,经资格审核后申请储值卡。车辆通过收费区域,收费系统读取储值卡上的车辆信息,上传至收费管理中心,经确认后发送用户账单给银行,由银行将路费从用户专用账户直接转至道路公司账户。现金交易只出现在用户向银行申请购买储值卡的环节上,资金流动的整个过程基本上是电子数据处理,尤其是收费

现场无现金交易界面，避免了路费在流动过程中可能出现的各种漏洞。

借助银行参与道路收费处理过程，一方面可充分利用银行现有的电子处理系统和业务服务网点，减轻了收费管理中心大批量数据处理的负荷和售卡点的建设，减少收费系统的基础设施投资；另一方面，道路可将征收路费纳入社会公共事业服务网络，通过银行实行一个账号多种服务，扩大了用户范围。银行还可允许少量善意透支，方便用户资金周转，同时也减轻了道路管理公司因用户逃费、滞纳所承担的财务风险。这种支付方式非常适用于半自动、全自动收费系统。它具有较强的监督功能和财务审计界面，对用户、银行、道路管理公司，以及政府主管部门四方面都有较强的透明度。

（3）后付款

后付款方式是道路公司对长期用户采用的一种互惠互利付款方式。例如长途客运公司、货物运输公司等商业营运单位与道路管理公司签定先使用后付款的长期协议，领取记账卡。计费方式可按固定路线收取固定费额，也可根据实际行驶里程征收路费。每月定期到银行进行结账。

驾驶员持记账卡使用道路，经过收费车道时由收费设备采集车辆信息，并将车辆行驶信息记录在记账卡上。收费管理中心分类统计用户行驶记录结算路费，发出月结单。营运单位根据月结单直接将路费总额一次性从银行划拨到道路公司账户。后付款方式对道路和营运单位双方都有利；道路单位免除了收费车道现场直接货币交易，减少收费服务时间，提高收费车道通过率，同时保证了一批稳定的用户；营运单位免去了驾驶员随身携带现金，凭发票财务结算的繁杂手续；驾驶员持记账卡可以使用道路的快速通道，缩短了行车时间；在经营上，后付款实际上是一种优惠办法，方便了用户资金周转。采用此方式在收费系统设计中，收费设备和收费管理中心要充分考虑到应具有灵活方便的操作功能和数据统计功能，在管理上也要采取相应的针对性措施。

（4）免费

免费可视为一种不交费的特殊付款方式。在免费车辆实际处理中有两种形式：无卡免费和有卡免费。

道路管理公司对国家及地方法律性文件规定的免费车辆，发放特许卡。无卡的免费车辆，必须停车验明国家颁发的有关证件，按特殊情况处理。执行紧急任务的并配有特殊装置的医疗救护、消防、拯救等车辆，以及特别车队可以不停车地使用快速通道。无卡免费车辆的放行必须经过监控人员的确认，并记录在案，以备核查。

（5）冲卡

冲卡是一种逃避交费，强行通过收费车道的违法行为。冲卡是客观存在的行驶车辆，其路费征收需要事后通过执法部门发出罚款单，车主到指定银行交纳罚金处理。

造成冲卡的原因有：驾驶员强行通过；收费员有意放行；收费设备功能缺陷。对此应采取有效措施，力求减少对道路经营的经济损失。冲卡车与免费车辆同是无路费收入车辆，但免费车辆存在完整的收费处理过程；而冲卡是不完整的、被强制中断的处理过程。两者都应作为收费系统的特殊管理项目专门处理。

8.2.6　结算体系

无论采用哪种收费体系，为保证系统能够安全、可靠、及时地清分和结算，高速公路联网收费系统的结算模式应尽量采用统一交易数据采集、统一结算账户管理、统一结算时间、统一结算资金的四统一结算模式，这种模式能够使收费系统在限定的时间内完成从收费到拆分划账的全过程，减少了资金在途和等待时间，确保了各投资者的利益。在实施过程中，根据投资者的要求，统一的方式可能不尽相同，比如在统一交易数据采集时，根据管理体系的不同，从不同的机构采集，可以从收费车道直接采集，可以从收费站采集或者从路段收费管理分中心采集。

（1）结算模式

结算的过程大致为：收费站或路段收费管理分中心将收费交易数据传送至收费结算中心，采用批量轧差方式进行集中结算，各参与结算的单位在结算银行开设各种账户，通过结算处理由银行根据结算数据在各账户间进行资金划付。为了方便资金管理和加快资金转账，所有的账户应尽量开设在同一家银行（可以是同一家银行的不同地区分行），如采用多家银行会增加协调的难度和成本，对于收费系统的所有参与者来说，其带来的好处并不明显。

目前流行的结算方案大体可以根据资金存储划拨方式分为两类：即"直接清算法"和"备付金法"。

"直接清算法"要求各收费单位将当日通行费收入足额上划到指定账户，将实际收缴资金作为当日结算的拆分对象，在结算完成以前，这部分资金任何机构不可动用。结算中心负责在结算前对当日的交易数据和资金进行核对，结算完成后生成划账指令，交由银行根据指令将各路段管理分中心的应得款划入其指定的收益账户。

"备付金法"则要求各收费单位将当日通行费收入划入路段管理分中心指定的账户，该账户的资金可以由路段管理分中心自由支配，但是为了配合结算中心的结算工作，路段收费管理分中心需要在清算银行设立清算备付金账户，结算后联网收费结算中心将利用收费系统采集的交易数据进行账面的拆分，并用备付金来轧平各路段收费管理分中心收缴款和应收款的差额，从而达到分配收益的目的。为此，要求有关单位必须在结算之前在备付金账户中准备好足够的资金，以避免划账时发生透支。

根据资金划拨方式和账户的不同，收费结算模式可以分为三种：账户集中、统一管理；账户分立、差额划拨；账面清分、差额划拨。

（2）结算银行的选择

由于道路收费系统的资金划拨需要银行的配合，所以结算银行的选择非常重要。首先，由于结算涉及各路公司，所以结算银行必须在高速公路所在地理区域内有完善的分支机构，而且需要有完善的资金结算体系。其次，为了最大限度地保护各单位的权益，结算资金的划拨必须及时准确，因此要求结算银行拥有现代化集中式的计算机处理系统和完善的网络计算机系统，提供现代化的电子转账和支付手段，如电子联行、电子转账或电子实时汇兑系统，保证结算的及时性和准确性。最后，为了各结算单位能有效地管理各自的收缴资金和结算资金，结算银行应该提供各种多样化的服务，如收费金额的及时缴存、上门服务（运钞车到收费站现场服务）、夜间金库、方便的企业查账和对账功能、企业银行等。

（3）资金结算原则

道路收费系统资金结算涉及收费结算中心、路公司等各个企业和单位，资金结算的快速、方便、准确直接影响到各单位的利益，是整个系统成败的关键。在设计结算系统的业务和系统时遵循以下基本原则：公平、公正的结算原则。

资金结算准确的反映各路路段收费管理分中心的实际收益，保护每个路段收费管理分中心的权益。

① 统一交易数据采集。收费结算数据由结算中心统一采集，统一处理。

② 统一结算账户管理。由结算中心统一设立结算账户进行资金的结算。

③ 统一收费资金管理。每个收费站、车道、分中心（路公司）、结算中心按统一制定的时间进行结算和资金结算，统一资金拆分原则。

④ 统一资金划拨。结算资金统一由结算中心划拨给各路路段收费管理分中心。

（4）结算系统与银行结算系统的连接

收费结算中心每个结算日从结算银行取得各结算账户余额，与结算银行交换结算数据和结算结果。这些数据的交换涉及到结算中心主机系统和银行业务处理系统的互联和数据访问，数据传输的可靠性、准确性和及时性非常重要。收费结算系统与银行系统的系统连接图如图 8-5 所示。

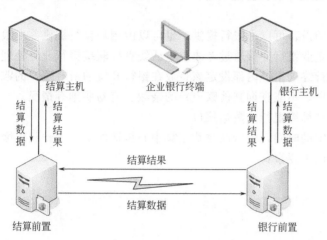

图 8-5　收费结算系统与银行系统的系统连接图

银行业务处理系统一般运行在大型机上，对于外来数据的交换，一般采用前置机方式，即通过前置机接收外系统的数据，然后将数据送到主机系统上，待主机系统处理完成后将结果返回前置机，再由前置机将数据送回外单位的系统。考虑到银行系统的安全性，前置机一般放置在银行系统内网的防火墙外部，这样可以防止恶意的入侵和破坏。

收费结算系统与银行系统前置机的联接也应该考虑到整个系统的安全性，所以建议采用收费结算系统前置机作为与银行系统的接口。收费结算中心日终结算处理后，由主机将结算数据传送到前置机上，再由前置机传送到银行的前置机；待银行结算处理后，由前置机接收结算结果数据，再传送到结算主机上进行后续的处理。

银行系统的前置机一般采用操作系统，如 UNIX 系统、Windows 系统，由于结算中心的结算前置机采用 Windows 系统，所以双方的互联可以采用标准的协议，如基于 TCP/IP 的 FTP（标准的文件传输协议），或由双方约定协议，通过开发应用接口（需要编写通信程序）来实现。为了交换数据的安全性和准确性，必须对数据进行加密，加密算法可采用对称加密算法，同时双方应制定密钥管理、交换的流程，保证数据传输的安全性。

由于收费结算中心与银行交换的数据量不大，而且联机时间不长，与银行的连接可以采用拨号方式，双方都采用可以自动回叫的 MODEM，联结首先由结算中心发起，建立连接后银行前置机自动挂断并回拨结算中心，第二次连接后双方可以进行数据交换。

为了保护划账的安全，银行为结算中心设立支付密码，资金划拨指令需配合支付密码使用，并且掌握在专人手中。每次结算完成后，结算部门将划账数据交专人完成划账操作。由于结算中心每日结算前需要得到各结算账户的最新余额情况，必须提供方便的查账手段。结算中心查询结算账户情况有两种方法：一种是通过结算中心和银行的网络联接，通过电子数据交换的方式从银行得到账户的最新情况；另一种方法是由银行提供企业银行终端，由结算中心自行查询各账户的余额、发生明细账等账户信息。第一种方法需要结算中心和银行配合，银行根据结算中心的请求提供结算账户的情况；而第二种方法对结算中心而言比较方便，不仅可以在结算处理前查询账户情况，而且可以随时查询各账户的最新情况和变化。因此，建议两种方法结合使用，通过和银行的协商和沟通，确定最佳的查账手段和方法。

企业银行终端简介：企业银行终端一般是银行提供给一些大企业、大公司的查询终端，由于这些企业一般在银行开设很多账户，而且账户的变动比较频繁，通过随时查账户的最新情况，可以方便企业及时掌握企业资金的使用情况和变动情况，同时也能提升银行的服务质量。

企业银行终端的设备可以由银行提供，也可以由用户自行提供并由银行安装必要的通信软件和应用软件。企业银行终端通过专线或电话线直接联接银行业务处理系统，能够实时提供各账户（企业银行终端系统内部设定该企业在银行开设的所有账户的账号等信息，企业只能查询本企业的账户，不能查询其他账户）的余额、交易明细等情况。

（5）结算中心与结算银行的数据接口

每工作日在约定的时间，银行向收费结算中心传送的上一工作日汇缴户的余额和明细数据，明细数据包括以下要素：

封包日期

收费站代码

名称

子户账号

车道编号

班次

收费员编号

姓名

报缴金额

实收金额

入账日期

代理行

操作员号

处理标志

银行向结算中心传送的汇缴户、IC卡结算账户、未清算账户余额数据包含以下要素：

日期

时间

机构编码

账号

余额

收费结算中心完成长短款处理和结算后，通知银行进行资金汇集结算中心向银行传送的汇集指令和资金划拨指令明细，汇集指令包括以下要素：

日期

时间

业务标志

支付密码

划账文件的内容包括以下要素：

日期

划出机构编码

划出账号

划入机构编码

划入账户

业务标志

金额

每一工作日结束当天，银行负责将所有通行费收入汇划至汇缴户，结算中心可以通过查询账户余额检查通行费收缴的总额，另外还可以查询储值卡结算账户和未清算账户的余额，查询指令的数据要素有：

日期

机构编码

账号

划账口令

业务标志

银行返回的数据要素有：

日期

时间

机构编码

账号

余额

资金划拨

收费结算中心定期计算各路段收费管理分中心所应得通行费，在完成与各收费管理分中心的校核工作且数据准确无误后，收费结算中心通过专线与银行进行数据交换并通过转账的方式将资金划拨给路段收费管理分中心。在结算中心账户上产生的利息属于各路路段收费管理分中心，结算中心将定期按比例分给每个路段收费管理分中心。

通行费清分的间隔可以经路段收费管理分中心与收费结算中心协商后灵活设置，也可实时清分，以满足路段收费管理分中心不同的需要。

8.3　通行券的选择

在联网收费系统中，由于存在着多种情况的通行方式和过程，道路使用者需要携带一个信息载体记录本次出行的通行方式和过程，如目前常见的道路封闭式收费系统，根据车辆类型和入口位置来判定通行。因此，需要一个记录车辆进出口地址和时间等信息的凭证，该凭证称为通行券。通行券应具有写入和读取数据的功能，也可有确认持卡人身份的 ID（身份）功能和代替现金付账的结算功能。

通行券种类较多，一般按数据记录介质分类，可分为印刷通行券、条码通行券、磁卡通行卡、磁票通行券、IC 卡通行卡、非接触 IC 卡通行卡、车载电子标签和汽车车牌等。发展到目前状况，半自动收费主要采用非接触 IC 卡；电子不停车收费主要采用电子标签。

8.3.1　印刷通行券

印刷通行券为一次性使用的纸质通行券，常用于道路开通初期及人工收费方式。根据用途，券面上印有道路名称、入口收费站与站的编号、车型类别行和通行券编号等必须信息，人工发放时，由人工在印刷通行券上盖上当班收费员号码、当班时间，以防止作弊。为给驾驶员提供充裕的时间准备应付通行费零钱，减少出口收费员找零钱时间，可在通行券上印上价格表、道路地址示意图，也可印有广告或交通宣传等附加信息。

车辆进入收费站或封闭式收费的入口站时，驾驶员在收费站领印刷通行券，车辆驶离道路时，在下一收费站或封闭式收费的出口站驾驶员交回通行券，收费员根据通行券的信息套用收费标准或将通行券的信息输入计算机里进行自动计价，并收取通行费。由于印刷通行券制作简单，成本低，收费处理简便，不需专用设备读/写信息，因此收费设备投资很少，运行成本低，曾经是我国普通道路使用较多的一种通行券形式。但这种通行券记录信息有限，许多随机信息（进入时间、收费员号码或车型）全靠人工难于记录，如必须由收费员完成，不仅工作繁琐，而且会大大增加操作时间，降低了收费效率。另外，这种通行券上的随机信息记录全由人工完成，难于对道路的使用者和收费员进行监督，漏洞很多，给管理带来极大的困难。

采用印刷通行券方式，从通行券印刷、发放与回收过程的管理，到现金与通行券的当班结算，都必须有一整套的管理制度和一支强有力的稽查管理队伍，必要时还需配备一些仪器设备进行监督，如车辆计数器、闭路电视监视和密闭式票箱等。

一些地方采用人口收费员先询问驾驶员抵达地点，然后发券收费，出口验票并收回副券方式的，这种方式比较适合于收费道路里程较短且为全人工收费系统。此种通行票证由路公司制定式样，经省级交通厅、财政厅审定，套印"财政厅票据监制章"和公路公司通行费征收的专用章，印有某收费道路、某车型、某收费站至某收费站通行费金额、通行票证编号等必要信息，在指定印刷厂由路公司统一印刷、统一管理、统一发放。通行票证由存根联、正券（收据联）、副券（验票联）三部分组成，存根是核查通行费收入的重要凭证，由入口收费员售出票后回收入库，正券为通行费报销凭证，副券是查验车辆通行和收费员售票是否正确的依据。在出口收费员验查通行票证，由收费员撕回副券退回正券作为有效收据。为防止作弊，还需在通行票证上加盖当班收费员的工作代号和当班时间，必要时在入口收费车道处设置摄像机监视收费全过程。

采用此种通行票证方式的优点是钱票对应，便于核算；有利于防止车辆闯卡；有人工验票功能，可防止作弊。缺点为印刷票种繁多，票证管理难度大，钱、票据、车型和流量等数据统计复杂；操作繁琐；收费员压力大，服务水平低，等待车辆太多；模式机械，驾驶员不方便，车辆自由度小；收、验票在一起，易拿出旧票回笼作弊；免费车辆难于统计和控制。

8.3.2　打印通行券

打印通行券是一次性通行券，是指在收费入口将一些随机信息（例如日期、时间、收费员号码、车型、入口站号、入口车道编码）打印在事先印刷好固定信息的通行券上。为防止驾驶员在行驶途中换券进行通行费作弊，可将车辆牌照最后几位数打印在通行券上，同时这些信息存入收费员终端和收费站计算机里。在出口车道，收费员只要把通行券上的主要信息通过键盘输入收费员终端，终端会自动计价并显示费额，同时也将这些处理信息存入收费员终端和收费站计算机内。

由于实现了计算机记录、统计，使得收费管理水平有所提高，但是打印信息仍然有限，且易涂改和伪造，入口/出口信息全靠人工键入，易出错，效率低。为防止收费人员输入有误，不得不人工复查，每天要回收大量通行券，不但给管理人员增加工作负担，而且不能充分发挥计算机的作用。为防止产生漏收和舞弊行为，可同时在出入口收费车道设置车辆计数器和在出口设立闭路电视监视系统。

8.3.3　条形码通行券

条形码是由条形码符号及其相应的字符组成的标记，是一种光电扫描识读设备自动识读并实现信息自动输入计算机的图形标识符。目前的条形码有两种：一维条形码和二维条形码，如图 8-6 所示。道路收费系统一般只选用二维条形码，一维条形码的冗余度和对数据库和网络的要求较高，可能会对收费系统的实际运行带来问题。图 8-6 为一维条形码和二维条形码的图片，条形码是印刷在纸上（或其他材料）由一组粗细不同、形状有别的线条、图案按特定规则安排间距的条形码符号和字符组成。当条形码阅读器从条形码上划过时，根据光的反射原理和光电转换原理，条和空的宽度就被译码器译出，从而转换为计算机可读的数据，实现数据的快速自动录入，比键盘录入速度大约快 5 倍。由于条形码的编码规则和高质量的条形码印刷，条形码数据录入的误码率可达到极低，比键盘输入的典型差错率 0.33％低出许多，可达到几百万分之一以下。影响条形码数据录入的原因是没有足够的前后空白区，条色与空白（间隔色）没有足够的对比度，条和空的宽度模糊不清，有污点和脱墨点及断线情况。

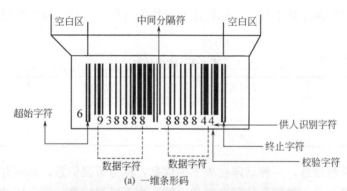

(a) 一维条形码

(b) 二维条形码

图 8-6　条形码

条形码可以记录数据，并能方便实现数据的自动输入，减少了数据录入时间和差错率，提高了工作效率，因而可以用作通行券。当条形码用于通行券时，在入口收费车道配备条形码印刷机，在计算机控制下打印日期、时间、入口地址、车型、车道号等条形码符号制成条形码通行券，在出口由阅读器将条形码通行券上的信息读入计算机，自动计算出通行费，可提高出口收费效率，减少人工键入的差错率。当然也可预先印好条形码通行券，在收费站入口处由人工发放，但此种通行券只能记录入口地址等固定信息。

条形码通行券在公路收费系统中很少采用，其原因一是对条形码的质量要求高，在印刷中和使用中出现污点将严重降低首读率（对一组数据进行一次性识别，其中识别成功的统计概率），甚至读不出来，即对使用环境要求较高；二是对条形码印刷质量要求高，否则首读率低，因此条形码通行券制作成本比印刷通行券或打印通行券要高。

8.3.4 磁卡通行券

在塑料等卡基上涂布或粘贴条状磁面存储媒体用以记录数字数据的卡片称为磁卡。通过专用终端设备与计算机相连，可将磁卡上的数据向计算机输入，磁卡也可记录由计算机输出的数据，且出现时间较早，因而磁卡在国内外的一些早期收费系统使用较多。目前磁卡通行卡在我国广深道路、深汕道路东段等被使用。在现代金融和财贸系统中，磁卡具有相当于电子货币和有价证券的作用，因而广泛地应用到人们的日常生活中，如信用卡、电话卡等。目前世界上应用最广的磁卡的标准尺寸是：长 85.47～85.72mm，宽 53.92～54.02mm，厚 0.68～0.80mm。卡基多用塑料制成，卡片上方有宽约 5mm 的磁条供记录数据用。磁条层一般用热压粘贴在卡基上面，并涂以一层塑料保护膜。在磁卡磁条区域以外部分，可根据需要和用途印上有关的文字图形，其中有的字符有时兼有光学识别的作用，以增加验证磁条信息读写的可靠性。

磁卡上的磁条有 3 个磁道（见表 8-1），对用户来说，第一、二磁道只可读，不能重写，主要用于标识。在卡的生命周期内，这 2 个磁道的信息一直保持不变。第三磁道可读可写，用于记录随时需要变更的内容，记录最大字符数为 107 个。磁道的使用方式按照信息的读写要求，可使用 1 条、2 条或 3 条磁道。磁卡以顶边与右边为定位边，磁条中心线与卡片上侧基准边缘线之间需严格保持平行，以保证读写数据的可靠性。磁卡数据的磁记录方式一般采用调频制。

表 8-1 磁道状态

磁道	读写状态	位密度	字符数
IS01	只读	210	79
IS02	只读	75	40
IS03	读写	210	10

磁卡上存有两种信息，一种是印在卡上的信息，称为可视信息，如卡片发行者、服务项目、卡片制作号等；另一种信息是存在磁条上的，为不可视信息，需专用的设备读写，称为读卡机。当读卡机磁头（由高导磁率的软磁性材料制成的铁芯和铁芯上的线圈等组成）。铁芯的下方，靠近记录介质的地方开有很窄的一条缝隙，称为前隙，线圈通过一种方向电流时（写电流），就在铁芯及前隙附近的空气中产生磁场，在磁性介质上形成一个很小的磁化区。由于介质是铁磁性材料，因此，这个磁化区可看成一个很小的永久磁铁。其磁化方向由写电流方向决定。若两种不同方向写电流表示数字信息"1"和"0"，则这种介质磁化后的两种方向就可表示逻辑"1"和逻辑"0"。改变写电流的方向，就可把"1"或者"0"记录在这个很小的磁化区（位单元）内。此外，由于要记录的信息是连续发生的，磁头与磁条作相对运动，这样，当要记录的信息通过电流的变化送到磁头中来，就会在磁条上留下一个接一个的磁化状态，即一连串的不同方向组合的小的永久磁铁。反之，不加信号的相同结构的磁头与磁条产生相对运动时，磁条上的小永久磁铁产生的磁通通过铁心穿过磁头线圈，磁通方向随永久磁铁的磁化方向变化，并在线圈中产生感应电动势，此感应电动势再经转换，即可还原成原来记录在磁条上的数字信息。

磁卡所用磁记录原理与磁带、磁盘等所用的原理相同。目前其数字磁记录方式普遍使用调频（FM）制或调相（PM）制。这两种方式的优点是密度高、可靠性好。其特点是在读出"1"或"0"信号时，每个数位都可读出一个或两个脉冲。利用此特点可以在同一条磁道内同时获得数据和同步脉冲信号，也即具有自同步功能。从生产、维护、互换等方面考虑，用调频方式较为有利，因此磁卡都采用调频记录方式。

一般的磁卡读写器多做成小型手动插入式的附件形式。用户在操作时，只需将卡片按正确的方向插入读写器的插缝入口内即可启动读写验证等操作，其输入输出则经微处理器控制的接口电路与计算机交换信息。

磁卡读写器主要由三部分组成：卡片传送机构、光源和光敏半导体元件组成的位置检测机构以及读写磁头和电子线路。传送机构一般用伺服电机驱动，两条闭环传送带将卡片夹在中间，使卡片上的磁条表面与磁头接触并可前后运动。光敏半导体元件产生的光电信号用以检测卡片在不同操作时的位置，以便控制卡片的运动，进行所需的读写操作。磁头是预先装在磁头块内的，螺钉将磁头块的基准面固定在读写器的主体框架板面上。为了使磁头能与运动的磁条表面紧密接触，通常在卡片背面附有一层弹性物质。

磁卡的读写操作过程如下。

① 将磁卡插入读写器插缝入口内，光敏半导体检测到卡片后便发出信号启动电机正转，使传送带将卡片上的磁条向读写器位置移动。

② 当磁条始端首位中心线位置与读出磁头缝隙线吻合时，便打开读出电路的门控电路，开始读出磁条上的信息。

③ 读出结束时，关闭读出电路的门控电路，同时电动机停止转动。

④ 当需要写入或修改数据时，启动电动机反转，将卡片退回到插缝入口位置附近，再使电机正转。

⑤ 当磁条始端首位中心线与写入磁头缝隙线吻合时，便打开写入电路的门控电路，进行写入操作。

⑥ 写入结束时，重复以上第②、③步操作，以便读出写入后的信息，检查是否正确。

⑦ 启动电机反转，自动将卡片退出插缝入口处，手动拔出卡片。

塑质磁卡的质地结实，磁条可读可写数千次，故磁卡适于多次使用的收费方式。通行卡每次使用后收回重复使用，其余各类磁卡由用户持有，反复使用数年。因此，磁卡通行卡的一次性投资成本高，运行成本低，相对不易伪造，管理效率高，却增加了管理工作量（因卡需回收），需跟踪通行卡流动情况。但是由于磁卡的所有信息都被编写在磁条上，平时无可视性，通行卡易被人为破坏，收费系统需要为用户配备打印机。当出现设备故障、磁卡损坏、电源停电时，必须有一套切实可行的应急措施来处理异常事件的发生。

8.3.5　磁票通行券

磁票是一条一层薄薄的由排列定向的铁磁性微粒组成的材料，用树脂胶黏剂严密地黏合在一起（磁条）并黏合在名片大小的特制纸质上的卡片。通过专用读卡机与计算机或计算机网络相联，可将磁票上的数据向计算机输入，磁票也可记录由计算机输出的数据。它为人们提供了一种对数据快速准确地进行存取的介质，是目前较多使用的一种通行券，尤其在地铁的收费系统中，使用较为广泛。

磁条物理位置和尺寸是读卡机正确读写磁条信息的技术指标。预成型折叠式封装的纸质磁卡以顶边与右边为基准定位边。

以条形滚筒封装的纸质通行券需有定位标记，一般有定位孔或缺口等，定位标记的尺寸按照生产厂家的生产标准。磁票在读卡机内通常是卡式折叠或卷筒式安放，出票前切割成型。

当磁票用于通行券时，磁票上可根据实际需要预先印刷营运公司名称、收费站编号、车型分类标准、收费目的、收费标准、广告等一些不可变更的信息。在入口时，读卡机与打印机相结合（两者做在一起）在磁条上写入日期、时间、入口广场编号、操作车道、收费员编号、车型和若干管理信息，并在磁票上打印车型、站号、月、日、时、分等必要可视信息；车辆驶离道路时，读卡机读出记录在磁条上的信息，计算机按车型和行驶里程计算费额并在磁票上打印出口广场编号、日期、时间、车型、币种和路费额等。这样在出口收费设备出现故障或磁票损坏的情况下，收费员可根据票面打印的可视信息继续操作，并在驾驶员与收费员发生争执时，易于解决处理。另外，经当地财政管理部门审核批准，常常在磁票上套印"票证监制章"和"通行费专用章"，这样在磁票上打印了车辆使用收费公路信息以及通行费额的磁票可作为正式发票使用，可免除另外打印发票和撕发票过程，减少了收费操作时间。磁票上的信息需要专用的读卡/编码机操作，它是收费系统的通用设备，其读/写方式、磁票的基本特征和规格都必须满足有关标准。法国采用了和信用卡一致的美国国家标准（ANS1×4，16-1976，信用卡磁条编码标准），这样，它的读卡机既可处理磁票通行券，也可处理厚塑料订户卡（信用卡、记账卡和公务卡等统称订户卡）。日本的磁票通行券采用的是自己的工业标准，其通行券长度和磁条位置与信用卡不一样，因此收费终端要设两套读卡机（信用卡用于付费）。意大利采用两条平行磁条的办法，信息重复记录以提高可靠性，其订户卡磁条布置与通行券相同。

由于在磁票上打印了使用信息，不可再次使用，故磁票属于一次性通行券。使用磁票的主要优点是磁票成本低（<0.1元/张），一次性投资低，不需回收，信息读写容易、准确，操作简单，使用方便，不易伪造，有利于防止人为作弊，人工界面少，大部分操作为设备或计算机处理，管理效率高，特别是磁票还有可打印性，可用作正式通行费发票，但运行费可能比磁卡要高。

磁票和磁卡一样，都需要专用的读卡机来读写信息。为保证可靠写入/读出其中的信息，读卡机磁头必须紧贴磁条，两者相对移动速度要均匀，因而读写设备操作一般采用自动方式，需要一套复杂的机械传动部件，机械传动部件和磁头易损坏，是收费设备的主要损耗件，每年为此要花费大量维护费用和占有有效工作时间；同时，由于机械传动的可靠性和速度有限，读写速度慢，增加了收费处理时间，也增加了车辆延误时间。

8.3.6 接触式 IC 卡

IC 卡是集成电路卡，是一种随半导体技术的发展和社会对信息安全性等要求的日益提高应运而生的，具有微处理器及大容量存储器等的集成电路芯片，嵌装于塑料等基片上制成的卡片。它的外型与普通磁卡做成的信用卡十分相似，只是略厚一些，具体为：（85.47～85.72）mm×（53.92～54.03）mm，厚 0.76～0.08mm（ISO 7816 标准）。

接触式 IC 卡上可以印有彩色相片、图案及说明性文字等信息。对安全性要求较高的接触式 IC 卡，在其表面上印有个人签名、全息图像及类似纸币上的回纹等安全标识信息。在接触式 IC 卡的左上角封装有接触式 IC 卡芯片，其上覆盖有 6 或 8 个触点便和外部设备进行通信，如图 8-7 所示。

一般将接触式 IC 卡从功能上分为存储器接触式 IC 卡、智能接触式 IC 卡（带 CPU 的

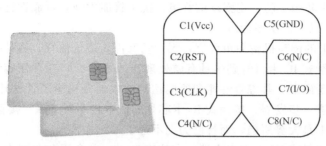

图 8-7　接触式 IC 卡触点图

卡）和超级智能接触式 IC 卡三类。存储器卡只由"硬件"组成，包括数据存储器、安全控制逻辑等；而智能卡（带 CPU）则由硬件及软件共同组成，包括硬件 CPU、RAM、ROM，软件接触式 IC 卡监控程序或操作系统等；超级智能卡是在智能接触式 IC 卡的基础上又增加了数据显示器、键盘和电池单元等。

接触式 IC 卡使用的 IC 芯片以带有安全逻辑的存储器芯片和带有加密运算的微控制器芯片最为普遍。由于接触式 IC 卡的应用要求有较高的安全性，用于接触式 IC 卡的芯片在安全方面比普通芯片具有较多的考虑。例如，防止用扫描高频电子显微镜对存储器进行读取，防止用户再次激活测试功能等。此外，用于接触式 IC 卡的芯片还具有较高的抗干扰能力。

总之，由于接触式 IC 卡采用了当今最先进的半导体技术和信息安全技术，接触式 IC 卡对于其他种类的卡具有以下四大特点。

① 存储容量大：其内部有 ROM、RAM、EEPROM 等存储器，存储容量可以从几个字节到几兆字节。

② 体积小、质量小，抗干扰能力强，便于携带，易于使用。

③ 安全性高：接触式 IC 卡从硬件和软件等几个方面实施其安全策略，可以控制卡内不同区域的存取特性。存储器本身具有安全密码，如果试图非法对其进行数据存取则卡片自毁，即不可进行读写。

④ 对网络要求不高：接触式 IC 卡的安全可靠性使其在应用中对计算机网络的实时性、敏感性要求降低，十分符合当前国情，有利于在网络质量不高的环境中应用。

由于接触式 IC 卡和磁卡为卡的主流，接触式 IC 卡和磁卡比较有以下七大优点。

① 磁卡技术本身有致命的缺陷，其卡上信息本身是暴露的，易擦除、易复制、易伪造，因而安全和保密性差；而接触式 IC 卡有从芯片、卡片到系统的多级安全保障体制，有最好的防伪手段。

② 磁卡可以任意存取，而接触式 IC 卡必须通过卡上芯片内置的微处理器存取，因此保证了接触式 IC 卡内信息存取的安全性。

③ 磁卡只有通过计算机系统进行信息加密，而接触式 IC 卡从卡自身开始就对信息加密，增加了信息的安全性。

④ 在安全验证方面，磁卡远不如接触式 IC 卡那么严密。接触式 IC 卡从制造、运送、个人化到使用时的持卡人验证、卡与读写终端的相互认证，均由密钥管理，并由安全算法严密控制。

⑤ 金融磁卡必须联网实时授权，而接触式 IC 卡自带处理器，具备脱机处理能力，因此信息可分散化处理，大大减轻了对通信网和系统的压力，既可减少设计成本，又可节省系统运行开销，既保证了系统安全，又方便了用户，也提高了工作效率。

⑥ 接触式 IC 卡防磁，防一定强度的静电，抗干扰能力强，可靠性比磁卡高。一般至少可重复读写 10 万次以上，使用寿命长。

⑦ 接触式 IC 卡的读写机构简单可靠，无运动部件，造价便宜，容易推广，维护方便。

综上所述，接触式 IC 卡（特别是具有微处理器的智能卡）在存储容量、脱机使用、安全可靠等方面远胜于磁卡。其综合性能和所能达到的效益是磁卡所无法比拟的。可以相信，随着半导体技术的进一步发展，接触式 IC 卡芯片的成本将不断下降，接触式 IC 卡在广阔的领域逐步地取代磁卡是大势所趋，而且已为期不远了。

与磁卡相比，接触式 IC 卡在安全性、存储容量、一卡多用和非网络环境应用等方面均显示出明显的优势，但也存在以下问题。

① 由于接触式 IC 卡的集成芯片 8 个触点暴露在外，易于沾污，产生接触不良，在使用过程中造成不便。

② 由于接触式 IC 卡为接触读写，当粗暴插卡、非卡之外物插入和尘染严重时，易使读写器损坏或发生读写错误。在干燥气候环境中，外露芯片管脚在插卡中也有可能由于静电而烧毁，造成卡的报废。

③ 接触式 IC 卡在读写时，卡与卡座的配合是有方向性的，并且为了保证良好的接触，卡座狭小，不适合于运动中持卡人使用（如公共汽车验票、道路收费等）。

8.3.7 非接触 IC 卡

非接触 IC 卡又称射频卡，是最近几年发展起来的一项新技术，它成功地将射频识别技术和 IC 卡技术结合起来，解决了无线传输能量（卡中无电池）与无线读写（卡与读写器免接触）这一难题，是电子器件领域的一大突破。它由绕线线圈组成的天线和 IC 芯片集成在一起，然后封装到尺寸为 85.6mm×54mm×0.8mm（长×宽×厚）的 PVC 塑料基片中，无外露部分。芯片中含有一个高速的 RF 接口、控制单元和一定容量的 EEPROM，RF 接口的主要功能是用射频和读写器进行通信联系和相互验证。控制单元的主要功能是控制运算和读写。EEPROM 用于存放需经常变更的数据。非接触 IC 卡基本结构如图 8-8 所示。

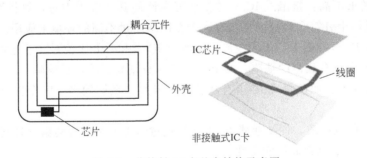

图 8-8　非接触 IC 卡基本结构示意图

（1）MIFARE 卡的特点

非接触式 IC 卡主要有两种国际标准：MIFARE 标准和 LEGIC 标准。在实际使用中，道路收费系统中较多的选用 Mifare 卡，主要是考虑到 Mifare 卡具备以下这些特性。

① 工作频率：13.56MHz。

② 通信速率：106KB/s。

③ 防冲突：同一时间可处理多张卡。

④ 读写距离：在 100mm 内（与天线形状有关）能方便、快速地传递数据。

⑤ 半双工通信方式。

⑥ 在无线通信过程中可保证数据完整性：

a. 防冲突；

b. 每块有 16 位 CRC 纠错；

c. 每字节有奇偶校验位；

d. 检查位数；

e. 用编码方式来区分"1"、"0"或无信息；

f. 信道监测（通过协议顺序和位流分析）。

⑦ 支持多卡操作：

a. 防冲突机制：同一时间内可处理多张卡，并且在处理卡片时可防突发的读或写或读写中断现象；

b. 动态读写：当对某张卡片进行处理时，其他卡可进入或离开射频区域；

c. 快速防冲突协议：每增加一张卡对整个处理过程来说仅增加 1ms。

⑧ 封装材料：PVC。

⑨ 尺寸：符合 ISO 10536 标准。

⑩ 工作温度：－20～50℃（湿度为 90％）。

⑪ 无电池：无线方式传递数据和能量。

⑫ 芯片加工技术：采用高速的 CMOSEEPROM 工艺。

⑬ IC 卡电路组成部分：一个芯片和一个简单的线圈。

⑭ 支持一卡多用的存储结构：

a. 有多种容量的 EEPROM；

b. 分为多个扇区支持多种应用；

c. 每个扇区包括 4 块；

d. 块是最小的读写单位，每块包括 16Bit；

e. 每个扇区有自己的一组密码；

f. 用户可灵活定义每一个扇区的访问条件；

g. 运算能力：加和减；

h. 数据保存 10 年。

⑮ 典型处理时间：

a. 识别一张卡 3ms（包括复位应答和防冲突）；

b. 读一张卡 2.5ms（不包括认证过程），4.5ms（包括认证过程）；

c. 写一个块＋读控制：12ms（不包括认证过程）；14ms（包括认证过程）；

d. 典型交易过程＜100ms。

（2）非接触式 IC 卡读写原理

① 非接触 IC 卡组成。非接触 IC 卡由三部分组成，如图 8-9 所示。射频接口单元包含天线、LC 谐振电路和调制解调器等器件。由于发射功率小（约 50mW），通信距离近，常用盘形线圈作为天线。

控制单元有微处理器和防冲突电路等，微处理器由处理和控制器组成，处理器完成算术和逻辑运算，控制器控制处理流程，发出各种控制信号。防冲突闭合电路保证多张卡申请服务时，能相互无冲突的有序工作。

存储单元的 EEPROM 内存有固化的芯片操作系统和一些不许修改的数据，如卡的唯一性编号等。EEPROM 容量常为 8～32K，划分成多个扇区，每个扇区再细分为若干个只有 16～32 个字节的存储块，作为读写基元。RAM 则作为数据寄存和缓冲用。

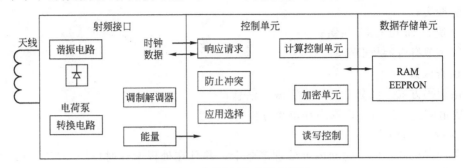

图 8-9　非接触 IC 卡组成框图

读写器与非接触卡配合成对使用，它是一台带微处理器和微波发射、接收双用的读写装置，以 RS-232 串行接口与上位机通信，它支持低层函数库调用，以微波完成对非接触卡的全部访问、读、写及其控制。

② 工作原理。射频读写器向非接触 IC 卡发一组固定频率的电磁波，卡片内有一个 IC 串联谐振电路，其频率与读写器发射的频率相同，这样在电磁波激励下，LC 谐振电路产生共振，从而使电容内有了电荷；在这个电荷的另一端，接有一个单向导通的电子泵，将电容内的电荷送到另一个电容内存储，当所积累的电荷达到 2V 时，此电容可作为电源为其他电路提供工作电压，各模块开始工作，卡与读写器进入通信阶段，通信顺序见图 8-10。

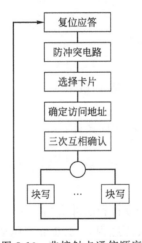

图 8-10　非接触卡通信顺序

当非接触卡片进入读写器的有效工作范围，读写器即以预定的通信协议与它通信。首先确定该卡是否协议中约定的卡型，即验证卡型。当有多张非接触卡进入读写器的工作范围时，防冲突闭合电路读取它们的系列号，选中其中的一张作为下一步处理的对象，而未选中的卡片则返回旁模式，等待防冲突闭合电路再次选读卡片，以求得下一次的卡型确认。选定要处理的卡片后，读写器就确定下一步访问的地址。如访问密码校验正确，则在三次互相确认之后，就可以通过密码流进行任何通信，可以执行下列操作。

读：读取存储扇区内所确定块的信息，如入口编号、剩余金额等；

写：在所确定块中写入信息，如本次收费金额；

减：对接收和存储的信息进行运算，将结果存入数据寄存器中。如将原有剩余金额减去本次收费额的结果存入数据寄存器；

　　加：块中的内容作加法后，结果存入数据寄存器中。

　　非接触式 IC 卡的读写是依靠专用的读写器来完成的。非接触式 IC 卡读写器由控制器、天线、电源三部分组成，它们协同工作，以射频方式完成对非接触式 IC 卡的读写操作。其中控制部分是整个非接触式 IC 卡读写器的核心，它包括一个高性能的微处理器，一个专用的 ASIC 模块，一个射频发送/接收电路及串行（或并行）接口电路。射频电路部分由金属罩加以屏蔽，完成射频信号的产生和调制、解调功能。射频电路通过 50Ω 的同轴电缆与天线相连，通过天线发送射频信号给非接触式 IC 卡，工作频率典型值为 13.65MHz，采用 FSK 调制方式，通信速率为 106KB/s。非接触式 IC 卡通过卡上的环形天线接收读写器发出的固定频率的射频信号。该射频信号既作为通信信号，同时经卡内整流电路处理后，向非接触式 IC 卡内部的集成电路提供能量（卡片内有一个比谐振电路，其谐振频率与读写器发射的频率相同，在电磁波的激励下产生共振，从而使电容内有了电荷，在这个电容的另一端，接有一个单向导通的电子泵，将电容内的电荷送到另一个电容内储存，当所积累的电荷达到 2V 时，此电容可作为电源为其他电路提供工作电压），使各模块开始工作，卡与读写器进入通信阶段。射频电路通过 ASIC 专用芯片与微处理器相连，ASIC 专用芯片用于实现数字与模拟信号的相互转换，微处理器与 ASIC 专用芯片共同实现密码管理、多张卡的防冲突处理等功能。通信接口电路则以串行接口 RS232C 或 RS485 完成读写器与计算机间的通信。读写器也有的制成 PC 标准的插槽接口，直接内插在 PC 机插槽内。

　　非接触 IC 卡与读写器的通信过程如下。

　　① 复位应答。非接触 IC 卡的通信协议和通信波特率是定义好的，通过这两项内容和卡互相验证。当某张卡片进入读写器的操作范围时，读写器以特定的协议与它进行通信，验证卡片的卡型。

　　② 防冲突闭合机制。当有多张卡在读写器的操作范围内时，防冲突闭合电路首先从众多卡片中选择其中的一张作为下步处理的对象，而未选中的卡片则处于空闲模式以等待下一次被选择，该过程返回一个被选中的卡序列号。

　　③ 选择卡片。选择被选中卡的序列号，并同时返回卡的容量代码。

　　④ 三次互相确认。选定要处理的卡片之后，读写器就确定要访问的扇区号，并对该扇区密码进行密码校验，在三次互相认证之后就可以通过加密流进行任何通信（在选择下一个扇区时，则必须进行新扇区的密码检验）。

　　⑤ 读/写。确认之后就可以执行下列操作。

　　a. 读（Read）：读一个块；

　　b. 写（write）：写一个所确定的块；

　　c. 减（Decrement）：将块中的内容作减法之后的结果存入数据寄存器中；

　　d. 加（Increment）：将块中的内容作加法之后的结果存入数据寄存器中；

　　e. 传输（Transfer）：将数据寄存器中的内容写入块中；

　　f. 存储（Restore）：将块中的内容读到数据寄存器中；

　　g. 暂停（Halt）：将卡置于暂停工作状态。

　　(3) 非接触 IC 卡的安全性

　　MIFARE 卡采用以下措施可保证其安全性。

　　① 唯一的序列编号。可用作黑名单、后台处理和唯一的数字签名认证。

② 三重相互确认（根据 ISO 标准）。卡会检查读写器的有效性，读写器会检查卡的有效性。

③ 加密通信。在授权和数据通信过程中实行加密，由于伪随机数的处理使每次通信都不相同，因此不可能记录和回收。

④ 独有的加密算法。用来防止系统外的推算。

⑤ 卡内有 32 个密钥，每个 48 位长度。

⑥ 读写器和卡中都使用单块芯片：加密数据处理和存储都在 Ic 卡内部进行，非接触系统的数据不可能被窃取或改变。

⑦ 独立的多种应用功能：对于多种应用操作，16 个完全独立的应用和其独立的可编程密钥集可在同一张卡中实现，数据可分布在 16 个完全独立的区，并可使用多于一种的密钥。

⑧ 每个扇区都有密钥等级和可配置的读写条件。MIFARE 卡的 8KEPROM 分为 16 个扇区，每个扇区由 4 块组成，每块有 16 个字节。每个扇区的块 3（即第四块）包含了该扇区的密码 A（6 个字节）、存区控制（4 个字节）和密码 B（6 个字节），是一个特殊的块，其余三块是一般的数据块。但是扇区 0 的块是特殊的，它用于存放厂商的代码，已经固化，不可更改，被称为"块 0"。扇区的访问密码分为 Key A 和 Key B 两组不同的密码，根据访问条件，在校验 Key A 或 Key B 之后才可以对存储器进行访问，例如 Key A 用于保护减操作，Key B 用于保护加操作。

⑨ RFID 系统。记录和模拟非接触通信需专用硬件，而其他系统用简单连线即可探测。

⑩ 读写器和读写控制器的通信采用三重 DES 加密。可防止窃取读写器和控制器的通信数据。

⑪ 读写控制器以加密方式置密钥。可防止在远距控制器对读写器进行密钥改变时的攻击。

⑫ 唯一的读写器号码。可对被窃读写器进行识别，并可测试读写器是否遗失。

⑬ 在读写控制器和读写器之间的确认过程中使用读写器的序列编号和随机数。读写器检查读写控制器的有效性，读写控制器检查读写器的有效性。

⑭ 密钥多样性。经过三重 DES 系统密钥和惟一的卡序列号，读每一张卡产生一个独立的卡密钥，即使破译者进入卡中一个区，而整个系统和其他的卡以及其他的区仍然是安全的。

⑮ 读写器的锁定。读写器中的 IC 可编程在完成一定数量的 MIFARE 卡交易后，去执行与读写控制器进行授权，如未通过，读写器 IC 将永远被锁定，这样可防止窃取读写器来试图读取内部数据。

（4）非接触式 IC 卡的优点

非接触 IC 卡与磁卡及 IC 卡相比较，非接触式 IC 卡具有以下优点：

① 可靠性高，维护成本低。非接触式 IC 卡与读写器之间无机械接触，避免了由于接触读写而产生的各种故障，例如，由于粗暴插入、非卡物插入、灰尘或污染导致接触不良等原因造成的故障，大大地减少了磁卡或接触式 IC 卡因机械磨损或接触不良而带来的维修和部件更新费用，并减少了因故障给用户造成的不便和经济损失。此外，非接触式 IC 卡表面无裸露的芯片，无需担心芯片脱落、静电击穿、弯曲损坏等，既便于卡片的印刷，又提高了卡的使用可靠性。

② 全天候工作。可在−20℃、相对湿度 90％的条件下正常工作。

③ 操作方便、快。由于非接触通信，读写器在 10cm 范围内就可以对卡片操作，所以不必插拔卡，用户使用非常方便，同时，非接触式 IC 卡使用时没有方向性，卡可以任意方向掠过读写器表面，即可完成操作，这大大提高了每次操作的速度。典型一次交易时间小于 0.5s，解决了行进过程中卡应用难的问题。

④ 防冲突。非接触式 IC 卡中有防冲突机制，能防止卡片之间出现数据干扰，因此读写器可以"同时"处理多张非接触式 IC 卡。在道路收费系统中通常不允许一次使用多张 IC 卡，但却为车队通过提供了一定的快速处理条件，同时通行卡计算机管理时可以快速输入。

⑤ 实用、耐用。非接触式 IC 卡的存储结构特点使它便于一卡多用，在道路应用中既可作通行卡使用，又可作含金卡支付通行费用，当然它也能应用于不同的系统，用户根据不同的应用设定不同的密码和访问条件。每张卡写入次数大于 10 万次，只读无限制，卡的使用寿命很长。

⑥ 加密性能好。非接触式 IC 卡的序列号是全球唯一的，制造厂家在产品出厂前已将序列号固化，不可再更改。非接触式 IC 卡与读写器之间采用双向验证机制，即读写器验证 IC 卡的合法性，同时 IC 卡也验证读写器的合法性。

非接触式 IC 卡在处理前要与读写器进行三次相互认证，而且在通信过程中所有的数据都加密。此外，卡中各个扇区都有自己的操作密码和访问条件，可单独脱机使用。

由于非接触式 IC 卡具有以上无可比拟的优点，所以它除用于接触 IC 卡领域外还可实现一卡多用，还特别适合于运动中、行动不便和恶劣环境中卡的应用，如公路收费、公共交通收费管理、加油站和停车场收费管理、医疗记录和收费、保险业等。另外，非接触式 IC 卡可实现脱机使用，可使现行银行信用卡、储值卡和电子钱包的推广应用跃上一个新台阶，在计算机网络尚在建设时，银行卡应用的风险将因非接触式 IC 卡技术而降到最低点。

非接触式 IC 卡同磁卡一样，在道路收费系统中可用于通行卡、预付卡、系统卡和记账卡等，但同磁卡一样，需有一整套完善的 IC 卡管理系统，跟踪通行卡流动情况。目前它已在浙江省全省高速公路、太旧道路、沪宁道路、哈大道路等被用于通行卡。

目前非接触式 IC 卡成本较高，考虑到一些实际问题以及影响收费效率的一个主要因素是交钱找零时间，因而非接触式 IC 卡目前在公路收费中更适合用于兼有通行券功能的预付卡、免费卡、记账卡。

8.3.8　电子标签

电子标签是一种安装在车辆上的无线通信设备，可允许车辆在高速行驶状态下电子标签与路旁的读写设备进行双向通信，其结构、工作原理和功能与非接触式 IC 卡颇为相似，主要差别在于通信距离，其外形如图 8-11 所示。它装有微处理器芯片和接收发天线，在高速行驶中（可达 250km/h）与相距 10～15m 远的读写器进行微波或红外线通信，比非接触 IC 卡的工作频率、通信速率高出很多。它以读/写方式验证电子标签的有效性，可写入或读出电子标签中的数据，可同时处理多张电子标签。由于通信距离较远，凭借读卡机发射的微波或红外功率转换为电子标签的能源在功率上难于满足通信距离和通信速率的要求，一般需配备锂电池或接装车辆电源，电子标签一般为有源器件。

电子标签具有身份证明、通行券或兼用代替现金付账等功能，其体积小、质量小，如同一张标签贴在汽车前挡风玻璃上，用于开放式或封闭式不停车收费。当用户在设有不停车收

图 8-11　电子标签

费系统的公路上行驶时，可不停车高速通过收费站，收费系统设备自动完成通行费征收，极大地提高了收费站的通行能力，减少了污染，节约了能源，避免了收费贪污等问题。

电子标签所支持的电子收费系统（不停车收费系统）在国外的一些大城市和环城高速公路应用较多，尤其是行政区域比较独立的城市，如中国香港、新加坡等。在城市中发展电子标签有其独特的天然合理性，随着成本的降低，国内近年来越来越多的道路收费系统选用电子标签作为通行券。

有关电子标签的具体内容在后面相关章节，将进一步介绍。

8.3.9　车辆牌照

车辆牌照是公安部门颁发的统一车牌，一车一牌，具有唯一性，因而识别出车辆牌照号并传到收费中心，收费中心根据各收费站出入口记录的车辆牌照号进行比较，即可确定出车辆行驶的距离，根据交警车辆户口管理中心或收费中心计算机（已进行了登记的车辆）可查出车辆的类型和车主，进一步确定出该车通行费，给车主寄账单要求车主来收费公路公司缴费或从车主的银行账号划账或预交金中划账等方式得到通行费，故车辆牌照可用作通行券，支持后付款方式。

车牌自动识别技术是通过摄像机等设备得到车辆的后车牌或前车牌图像，利用计算机图像采集与处理系统对该图像进行数字化，并进行处理，定位出车牌位置和其上的数字、汉字、字母等符号，再运用模式识别和人工智能技术识别出车牌上的这些符号，从而在非人工参与下，计算机系统自动获得通行车辆车牌号码的技术。

车牌自动识别系统是以车牌自动识别技术为核心，辅以相关的外场设备和与之配套的通信、计算机图像采集与处理系统、监视器、录放像设备、交通管理软件、车籍数据库等构成的一个综合系统。外场设备主要有摄像机、照明灯和光感设备、车辆检测装置等，其作用是获取高质量的图像。通信设备主要有车辆检测器电缆、图像传送电缆或光纤等，该通信设备的作用是实现计算机联网，实现收费站与收费中心之间的远程信息传递。

车牌自动识别系统的外场设备安装在收费路、桥的出入口车道。摄像机等外场设备通过光纤或电缆与收费站监控机房的车牌自动识别系统主机相联并受其控制，识别出的车牌号码、车辆通过时间、地点等信息，通过远程通信设备传输到收费中心计算机数据库中。

车牌用于通行券的详细操作过程如下。

在入口车道，一旦车辆进入车辆检测域，车辆检测器得到有车辆通过信号，该信号被立即传送到车牌识别系统计算机主机，主机随即启动摄像工作，拍摄车辆牌照图像。摄像机为每车道一台，并配有照明灯具。摄像机与照明灯具是联动的，当光感装置测定需要照明，照明灯即打开。拍下的一般是后牌照，因为后牌照往往较前牌照干净，而且在夜间也容易拍照（前牌照有车前灯的干扰）。当车辆进入系统后，摄像机拍摄的车牌图像会马上通过图像传送电缆或光纤线路传到车牌识别系统的计算机主机，由图像采集/处理装置转换成数字图像，该数字图像可直接存入计算机，供识别软件识别出车牌号码。识别出的号码存入数据库中，同时存入数据库的信息还包括该车通过计费口的时间、地点等。另外，车牌的数字图像可通过图像监视器显示出来，供管理人员核对，也可通过录像机录下来长时间保存。

出口车道的结构与入口车道完全一致，工作方式也与入口车道相仿，同样也是识别并记录下通行车辆的车牌号码、时间、地点等信息，并存入数据库。各车牌自动识别系统得到的这些车辆通行信息，可通过远程计算机联网通信，及时准确地传送到上级管理中心，由管理中心的计算机计费软件根据车辆的行驶里程、行驶时间，共享车籍数据库所登记的该车车型及当时的费率，可计算出车辆的当次应缴费用。最后，系统通过与交警部门的车籍数据库联网，按月打印出车主的账单，并通过邮局寄给车主，车主直接到银行或有关部门一次性缴纳即可。

车牌用于通行券的最大特点是不需安装车载电子标签，不会给用户增加任何经济负担，因为每辆车都有牌照。其次是自动车牌识别技术是以电视摄像技术为基础的，人工的介入常能克服系统的车牌自动定位、分割识别的任何错误。然而车牌自动识别技术不如 RPID 技术成熟，系统的可靠性和识别精度还存在一些问题。影响自动车牌识别系统识别精度的主要因素为：

① 车速；

② 车流量；

③ 周围的亮度（白天、夜晚、晴和阴天）；

④ 车辆之间间隔空间；

⑤ 气候状况；

⑥ 车辆类型（客车、小车、货车、拖车等）；

⑦ 车牌样式、质量和车牌安装位置（车头或车头和车尾都装）；

⑧ 车牌的倾斜、旋转和干净状况；

⑨ 摄像机至车牌的距离、通信方式。

由于车牌自动识别技术还不很成熟，识别率还较低，一般来说，车牌不能单独用作通行券，但可以和车载电子标签一起用于全电子不停车收费系统（无人工收费），并且要求车流中绝大部分车辆拥有车载电子标签，否则车牌自动识别系统的工作量太大，处理大量的无车载电子标签车辆的收费所需人员和时间多，这样的系统较少有益。

目前我国有相当一部分车辆的车主与驾驶员不是同一个人，考虑一些实际情况，如车牌用于通行券，收费管理部门按月打印出车主的账单，通过邮局寄给车主，车主直接到银行或有关部门一次性缴纳通行费或直接从车主银行账户中扣除，这可能很难实施，尤其是对过境车辆的收费。

目前车牌摄像与车牌号自动识别主要用于收费监控上，目的是监控收费过程、车辆冲卡以及实时处理收费中发生的一些问题，特别是采用设在收费道路出入口车牌自动识别系统所获车牌号和通行券信息相结合的办法，可以很好地解决驾驶员途中换通行券进行作弊问题。

8.4　车型分类和路径识别

无论采用哪种收费方式，均会遇到车型分类的问题。车型分类较多的被认为既是政策的问题，更多的也是一种成本核算思路问题。对于车型分类主要依据什么原则分类，体现了路公司对不同决策的思路，如以环保的角度来看，则以排量和对环境影响来分类；如以道路维修成本角度来看，则以载重作为区分；如以资源占有角度来看，则以车辆大小和速度来分别收费；实际的分类一般主要考虑维修成本和资源占有为主要出发点。

道路网络的存在导致道路使用者在选择行驶路径时有着多种不同方案的比较，最终确定行驶路径的原因有许多，可能是因为距离的缘故，可能是因为时间、价格的缘故，也有可能是个人偏好的原因。种种不同的行驶路径给道路收费系统出了一个难题，在解决这个难题中，合理分类车型可以对路径识别起到极大的作用。

8.4.1　车型分类的理论基础

车型分类应坚持两个原则：公平合理性和简单明确性。公平合理性是为了保证通行费征收的公平合理以及吸引交通；简单明确性是为了在尽可能按公平合理的原则进行车辆分类的同时，还要考虑到车型判别的简明性（适用于人工判别或机器自动判别或不停车收费的机器自动判别），从而保证系统的高效和杜绝错收、漏收。

为保证上述两个原则，就必须知道如何来区分车型，了解车型的参数以做分析。可供车辆分类的特征参数较多，仅列出部分供讨论。

几何尺寸：车辆外型的长、宽、高区分小、中、重型车辆。

轴数轮数：车辆轴数和轮数区分不同的车型。

质量：车轴及其车轴载质量区分实际质量不同的车型。

车辆效益：货车的吨位数、客车的座位数区分营运车辆。

车辆用途：用户使用的性质分类，如公务车、营运车、私家车等。

其他特征：以汽车发动机的排量区分车辆类型，这是一个较为客观的特征参数。以汽车废气排放量来分类，排放量越大的车辆征收的路费越高，用经济手段来限制汽车对空气的污染，以达到保护环境的目的。

在这些参数中，比较简单明确的是几何尺寸、轴数轮数，借助称重设备的，还可明确的是质量参数。

车辆在车道上占有空间大小不一样，对车道通行能力的影响也不一样。例如一辆 15m 长的特大型客车与一辆 5m 长的轿车，在长度上前者是后者的三倍多，而且，前者在坡道和弯道上，车速较慢，占据车道并影响后面整个车流的行驶速度，对车道通行能力的减少就不仅是三倍的关系。从车型换算表值可以看出，对大型车多收取通行费是合理的。

不同型号车辆的车轮对道路施加的载荷不同。一般小型客车（轿车）的轴载小于 1000kg，车轮载荷不足 500kg，接触地面平均压力约 0.3MPa；而特大型货车的轴载可达9～10t，车轮平均压力约 0.8～0.9MPa。不同载质量的车辆，其轮胎接触地面积差别很大，对路面的磨损程度也就大不一样。众所周知，车轮对地面施加的是碾压型的循环动载。显然，不同载质量的车辆对道路施加的动载、摩擦都相差甚多，最终对道路的损坏作用不同，对重型车辆征收高额通行费是合理的。大货车和大客车的运输经济收入高于小车，从利益分配角度讲，大车应交付更多通行费。

8.4.2　车型分类所需考虑的因素

车型分类参数可选择效益参数，即货车质量和客车座位。我国大多数高速公路收费是以该参数进行分类的。这种分类法合理，人工判别较为简单，适用于人工收费以及无车型自动分类系统的半自动收费系统。但是，要采用设备自动进行车型判别却存在较大的困难；如轴载检测装置有静态和动态两种，静态检测精度较高，但处理时间较长，影响收费车道通过率，而动态检测精度又较低，检测结果不易被用户接受。另外，座位数和车辆几何尺寸并不存在严密的对应关系，很难用设备自动识别客车座位数，确定车辆类型。

从收费管理需要用设备自动判别车型这一角度出发，不少国家采用一些间接参数来进行车型分类。如车辆几何尺寸、轴数、轮数、前轴的车身高度，车身侧视或俯视投影尺寸等。严格说，用这些参数进行车辆分类不尽合理，但它易于采用设备自动判别类型，有较好的可行性，故目前在自动化程度较高的收费系统中广为采用。

不同类型的车辆，在道路上占有的空间大小和行驶速度不同，对道路通行能力的影响也就不一样。大车比小客车体积大，因而比小客车占用更多的空间。另外大车行驶能力（加速、减速和保持速度的能力等）一般要低于小客车，这些不同的行驶性能会导致混合交通流中形成间隙，特别是长距离上坡路段，交通流中会出现非常大的间隙。大型车在单位时间内的通过能力明显比小汽车要小；其次，大型汽车一旦出事，大多数是重大事故，这种事故不仅损失严重，而且处理事故所需时间也长，一般为处理小型车事故所需时间的 $2\sim3$ 倍，从车型对交通的影响来看，根据车辆外形大小进行分类，对大车多收费是合理的。

车辆使用收费道路的效益体现在营运成本节约、时间节约和事故减少三方面。不同的车型，使用收费道路的运输经济收入不同，大货车和大客车的收入明显要高于小车，从利益分配的角度来看，大车也应付出更多的通行费才是合理的。因此在划分车辆类型时，应充分考虑不同类型车辆的营运效益。

目前我国绝大多数收费系统是以货车额定载重量和客车座位数来进行车辆分类的，如表8-2 所示。这种分类方法人工判别较为简单，适用于人工收费系统以及无车辆自动分类（AVC）装置的半自动收费系统。但是，座位数、额定载重量和车辆几何尺寸并不存在严密的对应关系，又我国素有万国车之国的称号，各种改装车辆多，车型多达千种，这就使得根据外形准确判断车辆额定载重量或座位数成为一个难题，由额定载重量和座位数引起的收费标准的争议，在实际营运中屡见不鲜（裁决车辆类别以车辆行驶证为准）。另外，按额定载重量或客车座位数分类也有不合理的成分，空车与满载车对路面破坏程度显然不一样；座位数并不能准确反映车辆的大小及对路面的破坏程度，例如某些大型豪华客车车座少，但车身重，功率大且车身长，而某些客车本属于中型客车，但为了载客需要，内部的车座设定较多，会导致收费失当。

表 8-2　目前我国典型收费车辆分类表

车辆类型	车型名称	车辆判别参数	
		额定载重量/m	座位数/N
1	小型货车	$m\leqslant2.5$	
	小型客车	（含摩托车）	$N\leqslant19$
2	中型货车	$2.5<m\leqslant7$	
	中型客车		$20\leqslant N\leqslant39$
3	大型货车	$7<m\leqslant14$	
	大型客车		$N\geqslant40$
4	大型货车	$14<m\leqslant39$	
5	特大型货车	$m\geqslant40$	

8.4.3　自动车型分类简介

随着科技的发展，自动车型分类（Automatic Vehicle Classfication）开始变得可能，尤其随着网络和数据库技术的发展，使庞大的车型和车辆信息数据库变得唾手可得，不再受时间和空间的约束，所以在收费站内装上自动车型分类系统变得可能。下面简要介绍一些自动车型分类的知识。

上述已介绍了一些车辆分型的参数，对自动车型分类来讲，比较重要且能决定车型的要素主要有以下几点：

车轴数、轮胎数、轴距；

几何尺寸（高、宽、长、轮宽、轮高）；

车重。

自动车型分类技术通过检测器收集车辆的这些要素，通过后台的处理，将其归并到管理者所认为的车型中去。所以在自动车型分类技术中，分类标准在很大程度上决定了自动车型分类技术的精度。

（1）自动车型分类工作原理

自动车型分类系统车道检测设备和处理单元组成。车道检测设备通过电流感应、红外线、无线电等物理手段检测出通过某一界面的车辆的通过时间、外形尺寸或者照片并将其传输给处理单元，处理单元则根据检测设备的不同调用相应的处理程序，将这些传输过来的物理量转换为车辆要素值，如轴数、轴距、尺寸等，通过专家系统或其他一些智能识别技术分析该车辆的归属类别。

（2）车辆检测设备

AVC系统包含了置于车道上的传感器，用来记录车辆的实体特性，以及处理器，用来整合由传感器传输的资料，以判别车辆车种，车辆经过分类后即将其信息送至车辆交易处理系统。车辆分类可用其相关设备技术如下。

① 压力检测器。车辆压力检测器的工作原理在于汽车的重量使密封在橡皮压力板里的接触板闭合，从而把一个信号送到控制器。这种接触板一般在100磅或更少一些的压力下就能闭合，这样实际上各类车辆都能使压力检测器正常工作。在路面安置一个金属框架用来支撑压力板并固定其位置。

压力检测器的接触部件可以有以下两种类型。

无方向压力检测器：这种检测器只有一组触点能把一个信号送到控制器中，不考虑汽车驶过检测器的方向（注意：车辆通过检测器时，车上每两根车轴都使触点动作）。

有方向压力检测器：这种检测器装有两组顺序闭合的触点，触点闭合顺序由方向检测器内的继电器记存并通过逻辑电路确定汽车通过检测器的方向。方向检测器在那些转弯车辆能妨碍对面车道上的转弯车的地方（由于缺少分层通道或因为街道半径小）是很有用的。

② 动态称重。透过埋设于地面的测压装置来测得车辆之轴重，动态称重所使用的传感器与压力检测器所使用的相同，差别仅在于压力检测器使用一连串的传感器来测知车轴移动的方向。

弯板（Bending plate）：使用弯板（Bending plate）来测得车辆轴重，当车辆压过时即产生电流。此类产品是将应变片（Straingauge）直接贴在秤台下缘，当秤台受荷重而弯曲时，贴附的应变片会因此而伸长，电阻值因而变大，电压变小，由此可度量荷重大小。

容电条状传感器：依据其受压的程度来计算轴重。

压电式传感器（Piezoelectric sensors）：其使用特殊的材料置于圆管内，材料产生的电流与车轴通过传感器的重量成比例。

③ 地磁检测器。地磁检测器是在地磁场磁通量变化的基础上工作的。把一个具有高导磁率铁芯的线圈埋设在地面下。当一个金属体，例如车辆接近或通过这个线圈时，通过线圈的恒定的磁通线因车辆的影响而歪曲变形，因而在线圈内产生一个电压。用一个高增益的放大器将这个电压放大去推动继电器，从而给信号机发出一个表示已检测到车辆的信息。

地磁检测器的线圈和铁芯装在一个保护套内，里面填满非导电的防水材料。正常情况下，一个地磁检测器可以用于检测 1～3 个车道，这取决于放大器继电器组合的灵敏度。这种地磁检测器是没有方向性的，即它不能区分行驶方向相反的车辆。有方向性的地磁检测器方案由一个套内的两个线圈组成。

不过，地磁检测器不适用于安装在需要检测车辆存在的地方，因为这种情况下的车辆速度很低，产生不了可用信号。在这种检测器中，当探测到车辆上的类铁金属时就能产生地磁场的集中效应。

④ 环形线圈检测器（LOOP）。环形线圈检测器的振荡器发射它自己的能量（电场），其工作原理是：一辆车停在线圈内或从线圈上通过时，环形线圈将使一个调谐电路失去平衡并向检测器的放大器发出一个脉冲。

环形线圈检测器设计灵活，它检测车辆的范围最广，设计环形线圈除了可以检测通过的车辆还可以检测存在的车辆。从环形线圈检测器输出的信号还可以确定车道占有率、速度和交通量。

设计线圈的电特征要与振荡器及放大器相匹配。振荡器作为线圈的能源。当一辆车经过线圈或停在线圈里面，它就吸收一定量的能量，造成振荡器和线圈之间的不平衡。这种不平衡推动继电器，给信号机发出一个脉冲表示它已检测到有车辆的存在。

⑤ 雷达检测器。雷达检测器根据多普勒（Doppler）效应原理工作，即由检测器部件在路面上发射一微波波束。车辆通过这一波束时，使波束反射回感应部件（天线）而表示检测到车辆。感应部件将接到两个短脉冲：一个对应车辆进入检测域，另一个对应车辆离开检测域。

用于车辆检测的雷达基本上有两类：其中一类传感器和检测电子设备装在一个部件内，并装设在道路上空或路边消防点上。另一类传感器和检测电子设备是分开的，检测电子部分安装在杆子上，其高度要便于从地面进行维修。

雷达检测器使用两类感应器（天线）。最通用的是一类天线能覆盖 1～3 个车道。另一种检测域较窄的天线可以用于检测一个车道上的车辆。

⑥ 超声波检测器。超声波检测器和雷达检测器工作原理是一样的，即它们都是向空间发射一束波，然后接收从车辆来的反射波。超声波检测器通过换能器向道路发射超声波脉冲。有车辆存在时，这些波被放射回到换能器，换能器把它们转换成电能送到收发器。然后，收发器发出一脉冲到信号机，从而指示有车辆存在或有车辆通过。

换能器也是一种传感器。收发器接收传感器的脉冲并把它传送到信号机以指示检测到车辆。换能器安装在道路上空，而收发器有它自己的机箱或装在信号机柜里。超声波检测器不像雷达检测器只能检测运动的车辆，它还可以用作车辆存在型检测器。

⑦ 无线电频率检测器。一种与城市交通控制系统课题有关的公共汽车检测器系统已在华盛顿进行了成功地表演。它是由一个无线电频率公共汽车发射器，一个埋在路面下的接收环形线圈和一个路旁接收器组成。

安装在公共汽车底盘上的公共汽车发射器有两种频率：一种频率指示该公共汽车将停在下一个交叉路口，以便上下乘客；第二种频率指示公共汽车将不停下来而直接驶过路口。

利用公共汽车仪表盘上的一个两位开关选择发射机频率。环形线圈天线，是公共汽车发射机整体的组成部分，把选定频率的电波发送给路上的一个特殊设计的立式的环形线圈检测器。这个检测器把该频率的信号传送到路旁的一个双信道接收器，该接收器可以接收公共汽车发射的两种频率。设定的信号（停或通过）传送到 UTCS 的主计算机，经过处理以便确定在公共汽车驶近交叉路口时，绿信号时段的延长对于要通过的公共汽车是否合适（这种对公共汽车优先的办法后来在 UTCS 系统中做了修改，使用两种频率简单地指示公共汽车的存在）。

⑧ 发光检测器。发光检测器利用光电池、红外光（包括阻断式和反射式）以及可以用于检测紧急车辆或优先车辆的高强度光。

光电检测器：由位于道路一侧的发光器和位于道路另一侧的光电池组成的检测器称为光电检测器。通过的车辆阻断这一光束并使继电器动作，通知信号机检测到车辆。

阻断式红外线检测器：这种检测器工作原理和光电检测器相同，只是它使用富有红外光的光源。反射式红外线检测器使用一种发射-接收器，发射并接收反射光，通过发觉路面和车辆顶部发射情况的差别实现对车辆的检测。为了消除周围环境光源的影响，使用一个斩波器形成某种频率的光脉冲，同时把接收器调到这一频率。

高强度光检测器：另一类发光检测系统是由安装在车上的一个高强度的发光器和一个安在交通信号灯上或信号灯附近的检测器组成。一旦检测到紧急车辆或优先车辆，检测器就发一个信号到相位选择器，这个选择器是和信号机相连的。然后，由相位选择器检查信号机的状态，从而决定要么为紧急车辆延长绿信号时间，要么结束紧急车辆和优先车辆对面街道上的绿信号，并把绿信号分配给优先车辆行驶的方向。

⑨ 图像识别。图像识别采用对拍摄到的照片进行分析，判别得出对车型的分类。

视频处理器：利用精密的算法与应用软件，将视频图像数字化，经处理后，再将其转换成交通数据。其处理结果可用于交通控制、数据采集、管理、规划、研究与其他更先进的应用。通过与软件系统结合，可提供车辆占有率检测、事件监视及多种交通数据采集等功能。交通数据包括车流量、占有率、速度、密度、车头时距及车型分类等。可以设定各种数据的检索周期。

图像识别技术在行业内具有广泛的应用，具有灵活性及易扩展性，可应用在十字路口控制、道路管理、隧道管理与交通数据采集。用户可以根据不同的外场条件，设置最适当的检测器，进行最有效的检测。

上述的车辆检测设备在应用的最初主要是为了检测交通量、占有率等交通参数，随着应用的扩展，有些设备开始向车辆分型的方向发展，比如环形线圈、地磁检测、图像识别等均有车辆分型方面的应用。由于需求的不同，这些检测设备的分型精度、分型方法均有不同。

根据目前国际上的自动车型分类的应用，使用较多的是环形线圈、地磁检测、图像识别、红外线检测技术，这四种技术的识别精度在最近几年提高很快，但是否适合我国的特点，仍需进一步作试验。

8.4.4 路径确认的方法

本节讨论的路径确认方法有 5 种，均采用数学或管理的方法解决路径确认的难题，根据我国的实际情况来看，完善的电子收费技术在几年内无法在大范围内使用，所以这些方法在目前的道路收费系统中有一定的应用价值。

（1）最短路径法

计算车辆在从起点到终点存在两条或两条以上的路径如何选择行驶，在交通规划的分配方法中，有许多种理论，最短路径法是在交通分配中使用较为简便的一种方法。

最短路径法假设道路使用者在选择同一方向不同路径的时候，以两点之间里程（时间、费用或综合参数）作为惟一的考核指标，认为同一方向的不同道路使用者一定是选择最短的路径行驶。这种方法计算简便，无需对路网交通状况作分析，投资最少。有一定的可行度，但其假设基本违背了实际路网交通分配情况，所以最短路径法不太符合投资者的意见。

（2）动态交通分配法

动态交通分配法是为改善最短路径法的缺陷而产生的，同时也是基于计算机计算能力提高的基础上。动态交通分配法认为最短路径的情况并非是一成不变的，所以在交通分配时，逐步将交通量分配到路段中，每次分配结合上次分配的交通量计算道路服务水平、路阻函数等参数确定新一轮的最短路径。随着交通量增加，路网中的最短路径也是在动态变化的。这种方法可以反映实际路网的分配情况，但与最短路径法一样存在参数选取的问题。选取不同的参数和不同的计算方法可能导致收费拆分的不同结果。

（3）协商法

由涉及二义性路线的相关路公司业主进行协商，确定各路公司拆分金额办法。此法有一定的偏差，但路公司如能达到一定的共识，具有一定的可行性，但缺乏科学依据。

为改进协商法的缺陷，在协商法的基础上，通过对二义路径路段上加装自动车辆分型设备实时统计路段上的交通量，依据检测数据制定拆分比例。

自动车型分类技术随着收费道路的发展在国外得到了越来越多的应用，由于其市场前景较好，逐步显现出蓬勃发展的趋势。自动车型分类最初使用感应式检测器来实现，期间也引入了工业上使用的照相识别、红外线探测车型等技术，随着 ITS 技术的发展，射频技术和公路通信网的建成，车型分类不再只是一个孤立的问题，ITS 将车型分类揉合到综合性的对车辆跟踪、定位、抓拍和管理中，成为其中的一种功能。

自动车型分类技术相对于标志站法而言，总体成本要低得多，表 8-3 以一条日平均交通量为 30000 辆的道路对这两种方法的比较。

表 8-3　标志站法和自动车型分类技术对路径识别的影响比较

项　　　目	标志站法	自动车型分类技术
双向 4 车道的交通量	30000 辆/天	30000 辆/天
使用的车道数	单向≥12	单向 2～4
运行时所需人工数	≥60 人	无
维护时所需人工数	2 人＋统一维护	统一维护
机电设备投资	大	小
年均设备维护成本/元	高	低
年均人员维持成本/元	高	无
土建建设费用/元	高	低
土地征用/亩	4.5	0.2
建设期的交通影响	关闭或部分关闭车道 60 天	无需关闭
运行期产生的交通延误	120～480s/车	10～30s/车

续表

项　目	标志站法	自动车型分类技术
运行期产生的环境破坏	大	小
对收费拆分的影响	非常精确，＞99％	90％～99％的误差
收费拆分的宏观损失	无	有
与多义路径数量 N 的关系	可建设 N-1 个标志站	可建设 N-1 个门架
是否需对现有车型作调整	否	需要

自动车型分类技术对收费存在两种影响，第一种为总体收费的减少，第二种是拆分不精确导致某一路公司的损失。除标志站法以外其他方法均存在着这两种损失。

一种可以考虑的方法可能可以减少损失，路网大环中采用标志站法识别，小环或交通量大的环采用自动车型分类技术。如以这种结合的方法实施，那么第二种损失的影响面可大大降低，只出现在小环和交通量大的环中。

第二种影响是由于分型精度引起的。以较不利情况计，大型车比例为50％，每一级别的车辆收费相差10％～50％，分型精度为95％，且均为单向误差，即将所有的大车均识别为小类型的车，损失最大的路径可能会损失0.75％的收入，而这0.75％的收入会误分配给其他路径的路公司，其实这种情况很难出现，因为存在着多种校正的方法和统计学的方法可以降低或平衡这种误差，并且从统计的角度来看，通过每天不同的误差出现概率的平衡，路公司的损失会更小。更何况，即便在较不利情况下，这些损失与标志站法的年均维护费用接近，所以从经济的角度，采用自动车型分类技术也是可行的。

（4）出口确认法

在出口车道和匝道之间放置隔离墩，使不同匝道上的来车在不同车道上交费，这样区分不同路径的来车，此法对于单一环线可准确判断路径，对于多条路径时，此法不适合。

（5）标识站法

标识站法是在路网中行驶车辆会产生二义性路段中设置标识站，车辆在通过该路段时在通行卡上记录标识站的代码信息，车辆经过不同的路径其标识站的代码不同，以此来确定车辆实际行驶路径，准确地判断车辆在路网中的行驶路径。标志站法是在道路上设置几条带收费岛的车道，前方设标志说明，收费车道上安装两个高低不同的非接触式IC卡读写设备，高者适合于大车，低者适合于小车，司机将IC卡在读写天线的规定距离内划过，收费员不做任何动作，自动栏杆开启、车辆通行，记录该标识站信息。标识站还要设置摄像机（对冲卡车辆进行抓拍）、雾灯等安全设施。标志站可以精确做到收费的拆分，但其缺点也是相当明显，尤其对交通的影响，违背了联网收费的原意。

（6）最长路径法

取最长路径为行驶路径。最长路径法使得驾驶员不得不主动取得路段的标记，以确定行驶路径，否则按最长路径计算。该方法综合了以上两种方法的特点，又考虑了我国高速公路驾驶员的心理特点，使收费系统的管理功能合理化。采用最长路径法要求收费系统合理配置相应的设备，为驾驶员提供有效的路径选择环境。

8.4.5　路径识别方案比较

综合上述的描述，表8-4和表8-5将各种路径确认的方法分别从各自技术优缺点、确认方法的实际操作难度、是否易为各方接受、确认方法的应用范围、实现该确认方法投资费用、运行费用、运行时是否会带来损失、建设难度、对交通的影响、建设周期方面因素做了简单的比较，有些因素很难以量化指标衡量，表中以文字来描述不同的程度。

表 8-4　路径确认方法的比较（一）

比较项目	路径确认方法		
	最短路径法	动态交通分配法	标志站法
方法简述	在拆分时，假设车辆选择起终点最短路径的路段行驶	在拆分时，通过计算机计算交通量逐步加载到路网上得出拆分比例	利用设置在路段标志站在 IC 卡上作通行标记，可准确拆分收费数据和收入
优点	实施方便	实施较方便	拆分准确，无收费损失
缺点	未考虑实际存在的各种因素，且最短的参数（时间或里程等）难以选取	考虑实际存在的部分因素，但仍处于假设阶段，且参数（时间或里程等）难以选取	对交通影响极大，投资和运行费用高，环境破坏大
实际操作难度	极易	易	难
是否易为接受	不为接受	不易为接受	难于接受
应用范围	用于较早期的交通规划	用于交通规划	
投资费用	无	较少	大
运行费用	无	较少	大
运行是否存在收费损失	是	是	无
建设难度	无	无	难
对交通的影响	无	无	大
建设周期	无	1 月	4～5 月

表 8-5　路径确认方法的比较（二）

比较项目　　路径确认方法	协商法	
	纯协商法	基于自动车型分类
方法简述	通过协商确定拆分比例（拆分比例是通过交通调查、分析和路公司之间的协商最终确定的）	利用分型设备实时确定拆分比例，可实时较准确拆分收费数据和收入
优点	能够反映路公司的实际需求	客观反应实际车流，调查数据可用于其他方面的交通管理
缺点	人为因素较多，难以达成一致结果，并且需定期协商	对交通可能存在轻微的影响
实际操作难度	难	易
是否易为接受	不易于接受	易于接受
应用范围		
投资费用	较少	少
运行费用	较少	较少
运行是否存在收费损失	是	是
建设难度	无	易
对交通的影响	无	轻微
建设周期	1～2 月	1～2 月

8.4.6 路径确认方法的选择

在选择路径确认的方法时应注意以下几点。

① 从区域内路网出发，将在建公路和规划公路统筹考虑；

② 从区域内路网的全局出发，考虑整体不能局限于个别路公司的利益；

③ 根据路网情况对各种路径确认方法进行投入产出分析、效益分析；

④ 标识站法比较适用于二义性路径较长、路网拓扑结构简单，交通量不大的地方，这样可以准确判断车辆的正确路径，便于收费的正确拆分；

⑤ 在抽样调查基础上的协商法比较适用于二义性路径较短且交通量比较大的地方，能从宏观上达到平衡的效果；

⑥ 车辆分型统计法对行驶二义性路径的车辆实现按日动态地调整分配比例，能相对精确拆分各路公司的通行费，具有一定的可行性；

⑦ 动态交通分配法比较适用于路径相差较长的二义性路线，其精度较大，但对于本来二义性路径相差较短的路段来说，会有较大的偏差，因为路径较短，即使相差10％的里程，也不过几公里，车辆的行驶主要会考虑路况、习惯、交通量等情况。

在初期加入联网收费的道路较少的情况下，建议采用基本不增加费用的协商法。协商法建立的基础基于对路网交通流量流向的调查之上，利用调查得到的分配概率对联网收费进行拆分。分配概率是相对动态的，根据协商确定的计划、方法来制定。随着加入联网收费的道路增多，采用协商法较为困难的时候，可考虑改变分配概率的制定方法，利用自动车辆分型技术来实时确定分配比例，减少甚至消除协商法中分配概率制定的人为因素，从而使联网收费能够在更大的范围更容易为路公司接受。

思 考 题

1. 交通需求与道路收费之间是什么关系？

2. 收费系统结构中的协助机构是指哪些部门？

3. 收费系统付款方式有哪些？

4. 简述路径识别的几种主要方法。

5. 开放式收费与封闭式收费有什么不同？

6. 收费结算中心的职责有哪些？

7. 简述收费管理体制结构组成，并画出相应框图。

8. 名词解释

① 通行券

② 电子标签

③ 非接触IC卡

④ 协作机构

⑤ 冲卡

第9章 收 费 站

收费站工程包括土建工程与机电工程两部分，土建工程包括收费车道、收费岛、收费广场、收费广场配套设施（收费雨棚、地下通道、收费站房、安全设施、路基路面等），机电工程包括收费车道设备、收费站计算机系统、供电子系统、通信子系统、收费监控系统与机电系统的接地和保护，本章内容讲述讨论半自动方式收费。

9.1 收 费 广 场

收费广场内的设施包括收费车道、收费岛、路基路面及排水、人行通道、电力、通信管线、雨棚、安全设施及照明等。收费广场是为了便于车辆加速、减速缓冲过渡，并停车缴费的设施，其设置不应妨碍交通安全畅通，因此收费广场的设计应能最大限度地防止交通事故和产生交通拥挤，适应收费业务和管理的要求并提供一个安全、舒适、高效的收费工作环境。

9.1.1 收费广场线形设计

收费广场的线形设计原则上应保证交费的车辆有足够的视距，便于驾驶员从远处看清，并作好停车准备。收费站的线形布置一般包括：平面线形、纵断面线形、横断面、从收费广场到一般路段的渐变段等。

（1）平面线形

收费广场的平面线形应综合考虑车道、收费岛、站房及配套服务设施的布置，收费广场的线形应尽量采用直线。

收费广场设在主线上时，平面线形应与主线线形一致，尽量设置在直线段，而不设在超高平曲线上。收费广场设在匝道或其连接线上时，要求平曲线的最小半径为200m。收费车道同样以直线为好。若为曲线段，需要加宽收费车道。不能在曲线车道处设超高，否则容易引起收费车道一侧积水，从而影响收费设备，如检测线圈的损坏。

（2）纵断面线形

收费站往往是一个交通混乱的区域，车辆处于走走停停的状态。在进入收费广场之前先是减速，以后驾驶员根据收费站标志、标线的指示，根据自身的车型选择车道（分流），如军警车选择军警车道，有不停车车载识别装置的选择不停车收费车道，一般车辆选择一般收费车道等。分流车辆先是排队，再完成收费交易手续，如领卡、交钱等，最后，离开收费车道的车辆加速同主线车流汇合。由于驾驶员完成的操作较多，注意力分散，因此要求收费广场及收费车道应尽量平坦，收费广场中心线前后最大纵坡小于2%，特殊地段小于3%，一般要求广场中心线前后坡长大于100m，最小50m。

主线收费广场宜避免设置于凹形竖曲线的最低处或长下坡路段的下方，收费广场设在主线上时，收费广场的竖曲线的半径应与主线标准一致；收费广场设在匝道或其连接线上时，竖曲线半径应大于800m。

（3）横断面

为了便于收费广场排水，要求收费广场设置一定的横坡，其标准值为 1.5%，最大值为 2.0%。

（4）收费广场直线段

收费广场直线段的长度一方面满足收费岛长度要求，另一方面为使车辆容易进入各收费车道，在交通高峰时容许各车道有某种程度的排队长度，一般匝道收费广场直线长度为 30～50m，主线收费广场直线段为 50～80m 为宜。

（5）收费广场前后渐变段

从收费广场向标准宽度路段过渡的渐变段，要求能够使车辆顺畅行驶，便于分合流，随意进入或离开任一车道。为使车辆行驶不致过于勉强以及美观，过渡段为曲线，渐变段长度为 10～25m，一般取 10m。

（6）从匝道收费广场中心线到匝道分岔点的距离

在互通式立交的匝道收费站，对于不熟悉路况的驾驶员，如果从收费广场中心到匝道分岔点的距离不够，交完费的驾驶员容易产生操作困难而无法进入相应的匝道。考虑驾驶员自离开收费亭行驶 2～4s 后，才能开始注意前方道路的状况，而状况判断与反应行为等需要 3～4s，合计 5～8s。以此时间为计算标准，为使驾驶员有充分时间判断方向，要求收费广场中心到匝道分岔点的距离要大于 75m，到被交叉公路的平交点的距离不小于 150m。不能满足时，应在被交叉公路上增设停留车道。

9.1.2 收费广场平面布置

开放式收费的收费站由于出口车道和入口车道相等，广场轴线和路线轴线一般会重合。但封闭式收费由于进、出口收费车道数量差异。

（1）收费岛的平面布置

收费岛在平面上有两种布置形式，一种是将收费亭对齐，一种是将收费岛对齐。

（2）地下通道与预留管线

当主线收费站的收费车道数大于等于 8 条时，宜设置地下收费员专用人行通道。人行通道的净宽宜大于 2.0m，净高宜大于 2.2m。人行通道应设置有排水、照明和电缆排架等设施。

收费车道数小于 8 条或不宜设置收费员专用人行通道的收费广场，应预留（埋）横穿管，横穿管的内径不宜小于 90mm。横穿管在穿光缆、电缆之前应预穿子管。横穿管的孔数可参见表 9-1 选择，强电和弱电横穿管应选择不同的路由，其间距应符合有关规定。

表 9-1 收费广场横穿管数

收费车道数	横穿管数			合计	备注
	弱电	强电	备用（弱电）		
4,5	2	2	2	6	①强电包括收费雨棚照明、收费亭空调、取暖等 ②弱电包括 UPS、非 UPS 设备用电；数据、图像、话音用光缆、电缆；报警和接地电缆等
6,7	4	2	2	8	
8,9	4	2	2	8	
10,11,12	6	2	2	10	
13,14,15,16	8	4	2	14	
17～20	10	6	2	18	

由于主线收费站前后一段距离没有中央分隔带，并且主线收费站有 200m 左右的水泥混凝土路面，因此，当主通信管道通过主线收费站时，宜在收费站开始拓宽前将主通信管道改在路线外侧通过。

9.1.3　收费广场路面及排水

收费广场是高速公路中的特殊构造物，应进行路基、路面、排水等综合设计。

路基的填挖高度是在收费广场纵断面设计时，考虑收费广场纵坡要求、路基稳定性和工程经济性等因素确定的。从路基稳定性和强度要求出发，路基上部土层应处于干燥或中湿状态，路基高度应根据临界高度并结合收费广场具体条件和排水及防护措施确定路堤的最小填土高度。在南方多雨且取土困难的平坦地区，收费广场的填土高度至少应比原地面高 $1.0\sim$ $1.5m$，力求不低于规定的临界高度，使路基处于干燥或中湿状态。

主线收费站车道数多，收费广场宽度较大，汇水面积也较大，边坡坡面易遭受路面表面水的冲刷，应沿路肩外侧边缘设置拦水带，汇集路面表面水，然后通过泄水口和急流槽排入路基边沟内。因为排水量较一般公路路段大，应根据流量大小加大边沟横断面尺寸，并进行防护，以满足暴雨排泄的需要。另外还应注意人行通道的排水。

收费广场周围的车辆处于走走停停状态，车辆经常刹车、停车，冲击力与摩擦力大，加之常年有车辆泄漏机油，而沥青混凝土路面遇油容易破坏，因此宜修建水泥混凝土路面。

9.1.4　收费广场附属设施

（1）雨棚

收费雨棚主要功能是遮阳，挡雨雪，并提供醒目视觉效果，提示驾驶员注意前方有收费站，其结构多为金属网架结构或钢筋混凝土结构，造型一般应体现当地建筑风格或民俗风情。雨棚的长度一般为收费广场中心线宽度。雨棚净空除考虑通行净空外，还需考虑视觉效果，因此其通行净空高度一般可取 $5.5\sim6.0m$，对于较大的主线收费广场，为避免产生压抑感，可增加至 $6.0\sim7.0m$。雨棚信号灯、照明灯具等都需要安装在雨棚上，因此设计时应考虑供电、通信线路的路由，同时考虑排水管的设置，使雨水汇集后经排水管通过预埋管道流入道路排水系统。

（2）收费广场标志标线

在收费广场设置的标志包括以下几点。

① 每条收费车道的正上方应设置收费车道的类别。人工半自动收费车道设置"收费车道"，电子不停车收费车道设置"ETC 专用车道"。

② 在中心收费岛两侧醒目位置上应设置省（自治区、直辖市）级人民政府批准设站收费的标志。该标志的格式与内容应符合交通主管部门的规定。

③ 在每条收费车道迎交通流方向的醒目位置上设置经省（自治区、直辖市）级人民政府交通主管部门和同级物价行政主管部门审查批准的收费标准标志和投诉电话号码等。

④ 主线收费站、大型收费站的收费广场侧边应设置经省（自治区、直辖市）人民政府批准的有关收费公路管理的主要条文。

在收费广场设置的标线包括以下内容。

① 收费岛标线。用来表示收费岛的位置，为驶入收费车道的车辆提供清晰的标记，避免车辆撞上收费岛。颜色为黄黑相间的斜线，线宽各为 15cm，由岛头中间以 45°角向两边标画。

② 收费岛迎车流方向地面标线。用来表示收费车道的位置，为缴费车辆提供清晰标记，并要求在标线区内的车辆顺序排队，不能越线插队。颜色为白色，线宽 45cm，间隔 100cm，成 45°斜角，外围标线宽 20cm，迎行车方向，长 15m。

③ 减速线。用于警告驾驶员前方应减速慢行，避免发生车辆碰撞，设置于主线收费站前和出口匝道适当位置。减速线为白色反光虚线，根据设置位置的不同，可以是单虚线、双虚线和重复三次，垂直于行车方向设置。减速标线间距应使驶向收费车道的车辆通过各标线间隔的时间大致相等，以利于行驶速度逐步降下来，其中第一道减速线（指最靠近收费站）设置于距收费广场中心线 50m 的地方。

9.2 收费车道

9.2.1 收费车道数

车道数目与建造投资额紧密相连，需要认真考虑。车道数决定该收费站的最大通过率（辆/h），它应该满足该站的设计交通量，并留有增容余量；特别是主线收费站的车道数目与全路通行能力紧密关联，极易成为全线的瓶颈，选择主线车道数目需要慎重对待。

车道数目由进出该站的交通量、收费服务时间和准备给予该站的服务水平所决定。由于车辆到达以及服务时间规律并非为常数，而是随机的，通常在设计收费广场所需收费车道数时，根据交通量、收费需要的服务时间与服务水平三要素。由于根据三要素计算车道数需要假定车道数反复试算，手工求解较困难。由于相关计算比较复杂，为了缩短设计、计算时间和提高可靠性，人们利用已有的经验和公式，预先求出各种条件和指标下的单向收费车道数目，列成表格，以供选用，见表 9-2。

表 9-2 与设计小时交通量、收费服务时间、服务水平相对应的收费匝道数

| 收费服务时间/s | 设计小时交通量/(辆/h) | | | | | | | | | | | | | |
| | 6 | | | 8 | | | 10 | | 14 | | | 18 | | 20 | |
服务水平 /(辆/道) 匝道数	1	2	3	1	2	3	1	3	1	2	3	1	2	1	2
1	300	400	450	230	300	340	180	270	130	170	190	100	150	90	140
2	860	980	1040	640	735	780	510	620	360	420	445	280	350	250	310
3	1420	1570	1630	1070	1180	1225	850	980	610	670	700	480	550	430	490
4	2000	2160	2230	1500	1620	1670	1200	1340	860	930	960	670	740	600	670
5	2590	2760	2830	1940	2070	2120	1550	1700	1110	1180	1210	860	940	780	850
6	3180	3350	3430	2380	2520	2570	1910	2060	1360	1440	1470	1060	1140	950	1030
7	3770	3950	4030	2830	2960	3020	2260	2410	1620	1670	1725	1260	1340	1130	1210
8	4360	4550	4630	3270	3410	3470	2620	2780	1870	1950	1980	1450	1540	1310	1390
9	4960	5150	5220	3720	3860	3920	2980	3130	2125	2210	2240	1650	1740	1490	1570
10	5560	5750	5820	4170	4310	4370	3330	3490	2380	2460	2495	1850	1940	1670	1750
11	6150	6340	6420	4610	4760	4815	3690	3850	2635	2720	2750	2050	2140	1850	1930
12	6740	6940	7020	5060	5210	5265	4040	4210	2890	2975	3010	2250	2340	2020	2110

收费服务时间/s	设计小时交通量/(辆/h)													
	6			8			10		14			18		20
服务水平/(辆/道)	1	2	3	1	2	3	1	3	1	2	3	1	2	1	2
匝道数														
13	7340	7550	7620	5500	5655	5710	4400	4570	3145	3230	3265	2450	2540	2200	2290
14	7940	8140	8220	5950	6100	6160	4760	4930	3400	3490	3520	2650	2740	2380	2470
15	8530	8740	8820	6400	6550	6610	5120	5290	3660	3745	3780	2840	2940	2560	2650

如交通设计量为 3000 辆/h，入口收费平均服务时间为 6s，出口为 14s，要求服务水平达到 1 辆/道，则从表 9-2 查出，入口匝道应选为 6 条，出口匝道为 13 条。

从可靠性考虑，收费站任一方向的车道至少应设 2 条。长途运输车辆比例较大的地区，应在收费站前进方向右侧设一条 4.5m 宽的加宽车道，以便大型超宽车辆顺利通过。

9.2.2　车道宽度与收费岛设计

（1）车道宽度

收费车道的宽度主要取决于通行车辆的宽度尺寸以及在通过收费站时可能的横向摆动幅度和收费操作的方便性。收费道路上一般都是客货混行，车道宽度主要考虑大客车及货车的宽度。货车宽度，进口车一般为 1.98～2.5m，个别为 2.65m；国内车一般为 2.26～2.60m；牵引车为 2.80m；大客车、公共汽车的宽度为 2.27～2.60m；国内矿山货车目前最宽为 3.55m，进口车为 3.75m。因而一般可采用货车 2.5m，大客车、公共汽车 2.6m 为标准设计车道宽。

收费车道一般宽为 3.0m，对于以大中型车辆为主的收费车道，宽度宜为 3.2m。行驶方向右侧最外车道宽度为 3.5～4.0m，为特种车辆通行使用。为使使用不停车收费车道的车辆能以较高车速通过收费站，不停车收费车道宽度一般为 3.5m。我国对收费车道宽度要求如表 9-3 所示。

表 9-3　收费车道宽度

收费方式	电子不停车收费		人工半自动收费		
	标准值/m	一般值/m	标准值/m	一般值/m	高寒积雪地区/m
内侧车道	3.5	3.2,3.75	3.2	3.0,3.5	3.5
超宽车道	3.5	4.5	3.5	3.5～4.5	4.0,4.5

注：最外侧车道为设置排水井等的侧向余宽 0.5m。

（2）收费岛

收费岛的主要作用是分隔收费车道、安装收费亭及收费设备，并为收费员提供一个安全的工作场所，一般为混凝土结构。

收费岛的长度应根据收费岛上安装的收费设施和设计的广场通行速率确定，其长度一般在 20～30m。自动化程度越高，在岛前部设置的设备也就越多，采用的收费岛越长，反之，则采用较短的收费岛。采用不停车收费，则必须考虑不停车收费的设计速度和车道控制设备的合适位置相适应，而对收费岛长度提出的要求。如采用设计车速 40km/h 的不停车收费，又准备使用自动栏杆进行控制，其岛长可能超过40m。收费岛的宽度一般采用2.2～2.5m。

收费岛设计的一般原则如下。

① 收费岛设计以防撞和美观、整体协调为主。混凝土岛头的混凝土标号不低于40号。

② 收费岛内应按不同收费方式预埋（留）基础和管线，预埋管的内径不低于60mm，并预留有穿缆线用的穿线带（或铅线）。车道设备基础离收费岛边缘的安全距离不小于0.5m，最小不低于0.25m，为了保护收费亭及收费岛上收费设备，在收费亭两侧设有高强度防撞栅栏或防撞柱。

③ 收费岛体不宜采用混凝土整体浇注，以方便收费车道外围设备的定位、安装和敷设管线。

收费岛一般涂以红白交叉立面标线，以醒目显示收费车道位置和方向。收费岛主要设计要求如表9-4所示。

表 9-4 收费岛尺寸

收费方式	电子不停车收费				人工半自动收费			
	主线收费站		匝道收费站		主线收费站		匝道收费站	
	标准值	一般值	标准值	一般值	标准值	一般值	标准值	一般值
计算行车速度	60km/h		40km/h		停车交费		停车交费	
岛长/m	60	48	48	36	36	28	28	22～28
岛高/m	0.2～0.25		0.2～0.25		0.2～0.25		0.2～0.25	

9.2.3 车道设备布设

车道设备包括中央的收费亭、亭外摄像机线圈、栏杆等。收费车道的系统设备布设如图9-1所示。

收费车道是收费系统的基础设施单元，它完成征收路费和采集实时数据两大功能。我国高速公路目前主要采用封闭式、半自动收费，即车道收费员人工判别车型，计算机收费，闭路电视监控。依据此收费模式，收费入口车道内主要有如下设备：车道控制机、收费终端、收费键盘、亭内摄像机、IC卡读写器、对讲设备、报警设备、自动栏杆机、车道通行灯、车道摄像机、抓拍线圈、计数线圈等，此外，出口车道增加票据打印机与费额显示器。

车道收费岛头要装闪光雾灯，可采用航标雾灯或光纤雾灯，用于在雾天、黑夜或能见度低的条件下开启以指示车道位置，应具有很强的穿透力以保证视力在0.8以上的司机在75m以外清晰辨别；手动栏杆要装于收费岛岛头前部，为悬臂式栏杆上喷有红白相间的反光漆和一个"禁止驶入"的反光标志，用于关闭收费车道防止冲卡；收费亭安装于距离岛头大约3/5岛长处，用于安装收费车道控制平台及收费操作工作间，收费车道设备的配电走线也在收费亭内完成；通行信号灯安装于收费亭侧后方由立柱和红绿两色灯组成，由车道控制机控制，正常状态下为红，收费员发卡或收费后，按确认键，信号灯转绿，车辆通过车辆检测器后转红；车道摄像机由彩色摄像机自动光圈镜头、室外全天候防护罩、转角器、立柱组成，安装于通行信号灯之后迎车流方向，用于拍摄收费员与驾驶员的交易过程和车辆近景镜头，可与车辆检测器共同工作，作为异常事件的抓拍取证，应能看清车的轮廓及车牌照；电动栏杆安装于收费岛岛尾，用于控制车辆的通行，防止车辆闯站，堵塞收费漏洞，通常收费员按"放行键"时，栏杆抬起，车辆驶过环形线圈栏杆自动落下，在落下的过程中，遇物体受阻

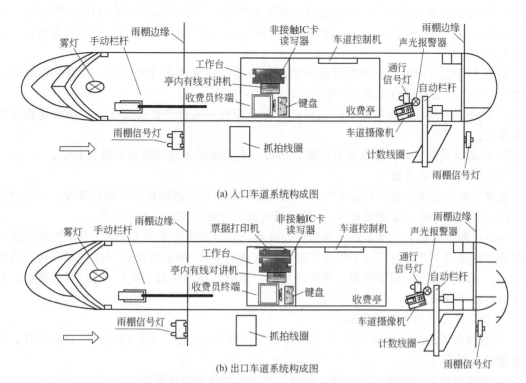

(a) 入口车道系统构成图

(b) 出口车道系统构成图

图 9-1　收费车道入口、出口系统构成

后应能停止下落并自动返回竖直状态，栏杆被车辆碰撞时易损坏，应有保护装置防止栏杆杆体及其机械传动装置的损坏，电动栏杆具有联锁开关，既可与车道控制机联动，又可由收费员手动锁定，当断电或发生故障时，栏杆应始终处于竖直状态。

　　车辆检测器通常选用环形线圈车辆检测器，线圈埋设于各车道收费亭侧和出口处的路面中，用于统计出、入口车道的交通量、控制自动栏杆和图像采集，检测器由环形线圈和电子单元组成，其灵敏度可调，并有复位按钮。

　　目前我国车型太多，普遍采用的按吨位和按客车座位分类原则与国外车型分类基点不同，车型自动分类设备还未到达实用阶段，故暂不介绍。

9.2.4　收费亭

（1）收费亭基本要求

　　收费亭安装在收费岛上，它既是车道收费工作人员的工作间，又是收费系统车道控制设备的安装平台。收费亭的设计制造应当满足下述技术要求。

　　① 收费亭外轮廓尺寸应适应收费岛的尺寸，收费亭内部空间应能保证各种设备安装运行以及收费员工作的要求。

　　② 考虑到防雨、雾及汽车废气、油类对收费亭外表面的侵蚀作用，收费亭外表面材料可选用彩钢板或不锈钢、铝合金制造，考虑到收费设备对环境温度的要求，收费亭内装饰面与外壳间应装有隔热保温材料。

　　③ 收费亭左侧应设有方便收费员收费的推拉窗，窗应牢固、可靠、美观、滑动灵活。

　　④ 收费亭前部设有隔板，将亭前部空间隔成一个小舱，作为配电走线的配电舱。收费亭左半部墙内应预埋费额显示器数据线。

⑤ 收费亭内所有照明、供电设备的电源线走线均应采取暗线形式并用 PVC 管保护，以保证亭内整洁。亭内控制所有用电设备通断的配电盘，应安装在接近门口的合适位置，安装高度 1.3m 左右。

⑥ 收费亭设计时应考虑到空调设备的安装位置及空调排水管的走向。收费亭设计时还应考虑亭内安装摄像机的位置及方便性。

⑦ 收费亭内地板采取防静电地板形式，为了检查亭底设备状况及接线，亭内地板应留有检修孔。

⑧ 收费亭应有良好的防水密封性能，所有门窗的玻璃安装均应加橡胶密封条。

（2）收费亭设备布置

收费亭内的设备是整个车道系统控制的核心，其中包括雨棚信号灯控制开关、有线对分机、票据打印机、非接触式 IC 卡读写器天线、收费员键盘、显示器等。

车道控制计算机是收费车道设备的核心设备，必须采用工业级 PC 机，车道控制计算机要配备各种接口，其中包括与主机通信的接口（或网卡）、控制外设的 I/O 接口（包括通行信号灯、电动栏杆、车辆检测器、费额显示器、视频数据混合器、读写卡机等）、键盘、显示接口、打印机接口等。其功能包括：

① 收集车道内检测器的信息；

② 控制车道的执行设备（如 IC 卡读写设备、费额显示器、票据打印机、自动栏杆、视频数据混合器等）；

③ 完成收费数据的统计、整理、存储，并上传到收费站计算机；

④ 在处理免费、违章车辆时，将报警信号实时送到收费站控制室，可根据需要采集免费车图像或全部车辆图像；

⑤ 收费员通过键盘、显示器，以人机对话方式完成收费全过程；

⑥ 接收收费站计算机下发的时钟信号、费率信息和各种命令，向收费站计算机传送收费车道的各种收费信息；

⑦ 当通信线路或收费站服务器发生故障时，车道控制计算机应能自动独立正常工作，当故障排除后可自动将数据传送到收费站服务器；

⑧ 具有设备状态自检功能。

收费员键盘根据系统功能设计，可采用专为收费设计的机械式小键盘，由车型键、功能键、数字键和若干备用键组成，通过标准接口与车道控制计算机连接。键盘应根据功能区分，方便收费员操作。收费键盘种类多种，1 种典型的收费键盘如图 9-2 所示。

收费员显示器安装于操作台上，帮助收费员方便进行收费操作，检查输入操作是否正确，为收费员提示有关收费信息。为方便使用，收费显示器常分为四个显示区域。

① 状态显示区，包括：日期、时间、车道号、收费员工号、车道状态、栏杆状态模拟、设备状态等。

② 业务处理显示区，包括：车型、收费处理情况（交费、公务、紧急、无券等）以及收费金额。

③ 帮助显示区，给收费员操作予以提示。

④ 业务汇总区，包括收费员自上班开始的累计处理业务量，如交通计数，金额总计等。

票据打印机是为驾驶员打印收费凭证的针式专用票据打印机，一般票据有两类信息：

① 预印刷的信息，包括：业主的名称、高速公路名称、收据监制单位名称、收据顺序号等。

图 9-2　收费操作键盘图例

② 现场打印的信息，包括：日期、时间、收费员号、收费站号、车型、收款额等。

费额显示器安装在出口车道靠近驾驶员一侧，给驾驶员提供应缴费额信息。当采用预付卡时，还应将卡上余款信息告知驾驶员。费额显示器由车道控制机控制，车辆驶离检测器检测域后，或没有新的收费车辆通过时应处于全黑状态。

费额显示器有以下两种形式。

① 自立式。自立式费额显示器安装在收费亭后部 1.0～2.0m 范围内，由立柱和显示板两部分组成。安装高度为 1.5～1.7m，应与车道有一夹角，以利于驾驶员观看。

② 附着式。附着式费额显示器一般安装在收费亭侧壁，可做成锲形，安装在收费窗外侧，与亭表面成 20°～30°角，距路面高度以 1.2m 为宜。

有线对讲分机设置在收费站控制室的主控台与收费亭内的工作台之间提供语音通信，当发生异常情况时，便于收费监控室值班人员直接向收费员了解情况，或发布命令，实时控制收费车道。

报警按钮用于收费员在遇到紧急情况时向监控室发出报警信息，可以采用脚踏式报警开关，也可采有侧壁式按钮。

红绿灯控制开关用来控制雨棚信号灯。

非接触 IC 卡读写器，用来读写非接触式 IC 卡片，可用于收费员身份识别，上下班后收费数据校核，公务车身份识别，以及月票、预付等方式的收费，在封闭式收费系统中入口发卡，出口校核收费模式中作为单程票介质记录出入口信息是一种较好的选择。

亭内摄像机安装在出口收费亭内右侧上方，视角覆盖亭内操作台票据部分及收费员，同时可通过收费窗口观察收费车道内车辆局部情况，主要用于监视收费过程。

9.2.5　收费车道系统

9.2.5.1　收费车道系统构成

在典型封闭式收费系统中，入口车道负责对进入本站的车辆判别车型，将车辆信息和本站信息（包括车型、入口代码、车道代码、日期时间、收费员工号等）写入 IC 卡中，然后放行车辆。入口车道的硬件设备主要包括车道控制计算机、收费终端、收费专用键盘、通行信号灯、雨棚信号灯、非接触 IC 卡读写器、自动栏杆、人工栏杆、车辆检测器、安全报警触发器等。

出口车道主要是检验车辆携带的 IC 卡，校核车型并据此计算、收取通行费，打印收费票据，放行车辆。因此，出口车道在硬件上除具备与入口车道相同的设施外，还配备费额显示器、收费票据打印机和字符叠加器。出口收费车道设备构成图出口收费车道设备构成图如图 9-3 所示。

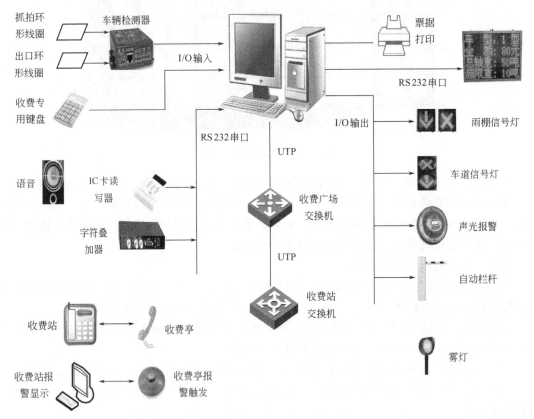

图 9-3　收费车道系统组成（出口）

一般情况下，各设备与车道控制计算机接口如下。

显示器：VGA 端口；

票据打印机、IC 卡读写器：RS232C；

专用小键盘：PS/2；

电动栏杆、车道通行信号灯：I/O 多串口卡；

费款显示器：RS232C；

视频数字叠加器（VDM）：数字 RS232C，视频 BNC（通过视频卡）。

雾灯由收费站统一控制，雨棚信号灯，报警装置可单独在亭内安装开关或按钮。车道控制计算机配置 100/1000M 网卡，接口为 RJ-45，通过 5 类 UTC 与车道集线器相连。

封闭式收费系统车道设备配置及接口方式见表 9-5。

（1）车道控制计算机

① 设备组成。车道控制计算机安装在收费亭内，由中央处理单元、扩展接口板、电源和机箱等部分组成。由于车道控制计算机所处的工作环境较差，其中央处理单元必须采用工

业级计算机。车道控制计算机除配备 CPU、内存、硬盘以及电子盘外，还需要配备多种扩展接口板，至少要有 16 路数字 I/O 接口板，并具有光电隔离保护以减少雷电及高能浪涌的冲击。这些 I/O 接口板分别与各种信号灯、声光报警器、自动栏杆和车辆监测器等相连。此外，还配备有与收费站计算机网络相连的通信接口以及键盘、显示器、打印机接口等。通常把工业控制计算机、外围通信控制电路板、接口板、电源等设备安装在特制的设备机箱内，并把这些设备统称为车道控制机。

表 9-5　封闭式收费系统车道设备配置及接口方式

设备名称	入口车道	出口车道	与车道计算机的接口	设备名称	入口车道	出口车道	与车道计算机的接口
车道计算机	有	有		费额显示器	无	有	并口或串口
收费键盘	有	有	PS/2	雨棚信号灯	有	有	I/O 口
收费显示器	有	有	VGA 端口	通行信号灯	有	有	I/O 口
视频数据叠加卡	无	无	内置插槽	声光报警器	有	有	I/O 口
视频捕捉卡	无	无	内置插槽	自动栏杆	有	有	I/O 口
网卡	有	有	内置插槽	车辆监测器	有	有	I/O 口
票据打印机	有	有	USB	雾灯	有	有	不连接
非接触 IC 卡读写器	有	有	RS-232 串口	手动栏杆	有	有	不连接

②　车道控制计算机功能。车道控制机是收费车道的核心设备，其主要功能如下。

a. 收集车道信息，并通过收费站计算机网络定时上传。

b. 控制车道设备的动作，如 IC 卡读写器、费额显示器、电动栏杆、票据打印机等。

c. 通过键盘和显示器，以人机交互方式完成收费全过程。

d. 将各种报警信息实时传送到收费站监控室。

e. 自动保存收费数据，包括费额数据和摄像机抓拍的图像，经过一段时间后，自动删除。

f. 能自动检测设备状态。

车道计算机的核心设备是一个具有多处理器系统结构的标准工业微型计算机。每个单元处理器用于控制各自的任务模块，各处理器控制模块与中央处理单元（CPU）相连，由 CPU 协调并依序执行各个任务模块，记录所有过程数据，处理与广场计算机系统的数据通信等。

（2）自动栏杆

自动栏杆安装在收费岛的尾部，栏杆能挡住收费道口。自动栏杆通过特定 I/O 口与车道控制计算机相连，并受其控制。当收费员确定收费操作完成后，启动栏杆升起，车辆检测器检测车辆离开后，栏杆自动回落。

自动栏杆机由通信接口、微处理器、驱动器、伺服机构、限位状态开关、栏杆等组成。自动栏杆微处理器通过通信接口，接收来自车道计算机的控制命令，并根据限位开关所反馈的栏杆的位置状态信号，经驱动器、伺服机构控制栏杆的起落运动。自动栏杆组成框图见图 9-4。

（3）非接触 IC 卡读写器

非接触 IC 卡读写器是非接触 IC 卡的专用读写设备，它由具有收、发双重功能的射频天线，标准串行接口和上位机组成。读写器与车道计算机通过标准 RS-232 串行接口相连。

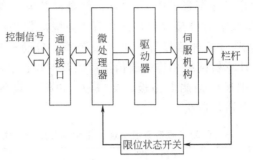

图 9-4　自动栏杆组成框图

天线发射和接收射频信号，对卡读出和写入信息。上位机通过串行接口接收和读出数据信息，进行处理、响应、存储、显示和打印。

IC 卡与读写器之间为无接触通信，所传输的字节和信息块都有各自的校验方法。在卡与读写器正式工作之前，要先进行 3 次相互认证，在通信过程中交换的数据都经过保密交叉算法以进行保密处理。

读写器由控制器、天线、电源 3 部分组成，它们协同工作，以射频方式完成对非接触式 IC 卡的读写操作。其中，控制部分是整个非接触式 IC 卡读写器的核心，它包括一个高性能的微处理器、一个专用的 ASIC 电路和一个射频发送/接收电路及串行（或并行）接口电路。图 9-5 为非接触式 IC 卡读写器的组成示意图。

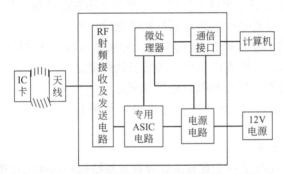

图 9-5　非接触式 IC 卡读写器的组成示意图

（4）费额显示器及票据打印机

费额显示器由车道计算机直接控制，没有人工界面，显示数据与数据库保持一致，通过 LED 显示屏向司机显示收费费额。费额显示器显示内容分为两部分：车型和收费金额数。费额显示器通过车道控制机的串口与之相连。

票据打印机用于打印票据以代替定额票据。票据打印机放置在收费亭的操作台上。收费员收取通行费后，启动打印机打印票据。通行费票据上有两种信息，即预印刷的确定信息（包括业主名称、高速公路名称、收费监制单位名称和收据顺序号等）和现场打印信息（包括日期、时间、收费员工号、收费站名称、车型代码以及收费额等）。票据打印机与车道控制计算机的 USB 口相连。

（5）雨棚信号灯、通行信号灯、雾灯

① 雨棚信号灯由红绿两盏信号灯组成，红色"×"表示该车道关闭，停止收费操作；绿色"↓"表示该车道开放，驾驶员可以驶入交费。雨棚信号灯的状态直接由车道计算机控制，它与收费过程相联系。当无人操作收费设备或车道处于维修状态时，信号灯应为红色。

② 通行信号灯是收费车道必备的交通指示设备，它由红绿两盏信号灯组成。红色为禁止通过，绿色为通过信号。在车辆正常缴费后，车道控制机控制自动栏杆升起，同时通行信号灯由红变绿，指示车辆可以通过。

③ 雾灯灯色为橙色或黄色，高亮度。在能见度低的情况下（如雾天），用于指引车辆进入车道。雾灯由收费亭内的开关控制或由收费站控制室统一控制。

（6）车辆通过检测器

车辆通过检测器是收费车道必不可少的检测设备。它是收费车道中通过车辆的计数装置，且具有一定的相对独立性。车辆检测器通常是由埋设在地下的环形感应线圈所组成，它以结构简单、可靠性能好而被大量使用。其工作原理同前述，但技术性能要求不完全相同。收费车道的车辆检测器根据控制功能的不同有入口检测、出口检测、存在性检测等。入口检测是当车辆进入收费车道，检测环产生一个状态信号给车道控制器，以便驱动其他设备开始工作。出口检测是当车辆离开收费车道时，检测环发出一个状态信号给控制器，表明该处理过程结束，车道将进入下一个循环状态。存在性检测是检测和记录离开收费亭的车辆数。

9.2.5.2　收费车道操作过程

目前我国普遍采用人工收费、计算机管理、CCTV 监视这种类型的半自动收费系统，以非接触式 IC 卡作为管理及通行收费介质的半自动收费系统也得到推广，下面以某高速公路封闭式非接触式 IC 卡收费管理方式介绍收费车道的操作过程。为了说明这个过程，首先给出了入口及出口收费基本流程，然后再对其中的一些关键过程作一描述。其中图 9-6 是入口基本流程，图 9-7 是出口基本流程，图 9-8 是出口收费处理程序。

（1）初始状态

① 雨棚信号灯显示红色；

② 手动自动栏杆处于关闭状态；

③ 费额显示器处于空白状态；

④ 除了"上班"键可操作外，其他键无效；

⑤ 显示器可以显示以下内容：收费站名称；车道号；车道计算机的日期与时间；自动栏杆状态；检测器工作状态等。

（2）上班操作程序：首先打开手动栏杆

① 收费员开始上班，按"上班"键，非接触式 IC 卡读写器开始工作，显示器上显示"请输入身份卡"。

② 收费员通过非接触式 IC 卡读写器读入自己的身份卡内信息，如果该身份卡有效，则：

车道计算机记录收费员号、车道号、日期和时间；在显示器上显示收费员号和班次；

测试检测器、打印机的状态，如果有故障，则显示故障设备；

显示器显示"输入车型"，提示收费员可以进行收费操作。

③ 将雨棚信号灯置为绿色。

④ 如果收费员输入的身份卡被确认为无效身份卡，可以进行以下处理程序。

向收费站控制室报警器发出报警信号；

在收费车道及收费站控制室计算机上显示"无效身份卡"信息。

（3）出口收费车道的处理

① 当某一车辆驶入车道，收费员判定并输入车型，同时控制 VDM 进行字符叠加。

② 车辆驶到收费亭侧环形线圈，检测信号触发视频图像捕获卡从车道摄像机通过 VDM 传送的视频中自动捕获 1 帧静态图像，压缩成 JPEG 格式文件。

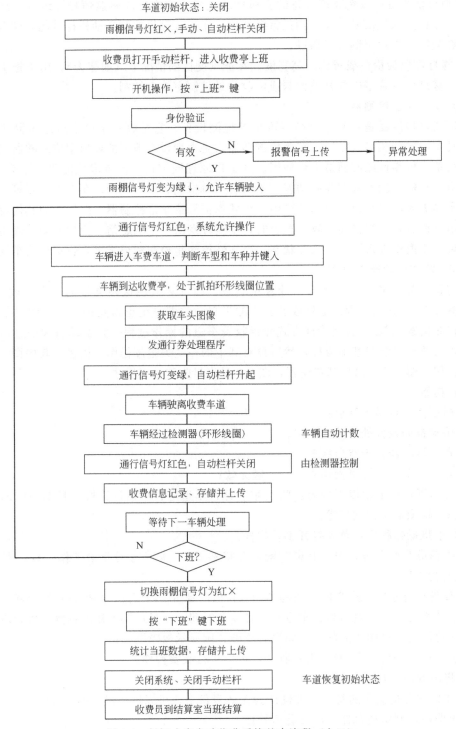

图 9-6　封闭式半自动收费系统基本流程（入口）

③ 收费员收取驾驶员手中的 IC 卡，放于读写器上，比较卡中记录的车型是否与自己判定输入车型一致，如车型不一致，向收费站发送报警信号，收费员可以通过内部对讲系统与收费站值班员通话，由值班员协助确认车型，并变更整个过程录像。

④ 通行费通过收费员显示器、费额显示器同时显示和告知收费员和司机。

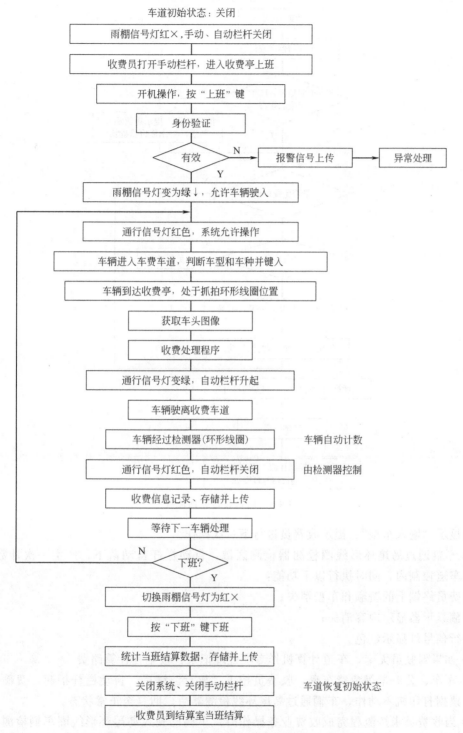

图 9-7　封闭式半自动收费系统基本流程（出口）

⑤ 当收费员确认已收取全部通行费（现金）时，即可按下"放行"键，自动栏杆抬起，票据打印机开始打印收据，通行信号灯变绿色，此时收费员无法改变输入信息。

⑥ 收费员将打印票据和零钱交给司机。

⑦ 产生一次收费业务处理信息，存储在车道计算机内，并上传给收费站计算机。此时：

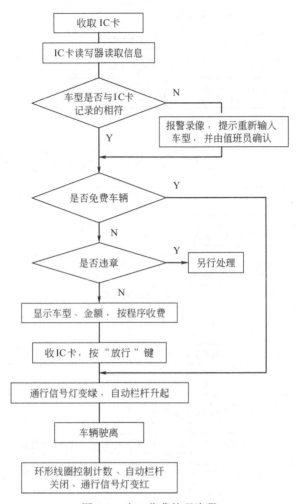

图 9-8 出口收费处理流程

显示器显示"输入车型",提示收费员进行下一次操作。

⑧ 车辆通过岛尾环形线圈检测器检测区域,自动栏杆自动落下,产生一次计数信息,存储在车道控制内,同时执行以下功能:

收费员终端上的费额和车型消失;

费额显示器显示内容消失;

通行信号灯显示红色。

⑨ 如果驾驶员无卡,车道计算机作专项处理记录,按全程计算路费。

⑩ 军车、公务车等免费车辆,收费员按下"放行"键后,自动栏杆抬起,费额显示器空白,票据打印机不动作,车辆通过岛尾环线检测器后,回复至正常状态。

⑪ 当收费员未按流程完成收费业务操作时,车辆已驶入岛尾环形线圈车辆检测器的检测域,则确认该车辆违章,收费车道发出报警信息,并选择违章类型,违章信息及违章车辆图像记录并上传收费站计算机。然后恢复正常工作状态。

⑫ 当司机没有足够现金或无现金支付通行费时,收费员用有线对讲系统向值班站长报告情况,收费员填写欠款单并经值班站长确认后,输入车型后按"未付"键,未付信息及车辆图片记录并上传,按"放行"键后票据打印机不打印票据,其他车道设备的状态和动作同

正常收费车道。值班员将欠费车引至适当地方处理。

9.2.5.3　车道控制计算机软件

根据上面叙述的收费车道系统构成不收费车道操作过程，可以看出，车道控制计算机软件的主要功能是控制车道内的自动栏杆、收费员显示器、票据打印机、费额显示器、视频数据混合器、通行信号灯、键盘、非接触 IC 卡读写设备等，车道设备以协助收费员完成收费过程，并完成收费数据及图像的存储和发送、费率及黑名单等的接收等。一般包括以下几个功能模块。

（1）系统管理模块

包括操作员登录，身份验证以及系统状态的检测，故障处理。

（2）收费员操作管理模块

对收费员的各种键盘操作进行管理，按规定的业务流程完成收费过程。

（3）基本输入输出模块

其中输入包括：

车辆检测器信号输入；

自动栏杆机等状态输入；

键盘输入；

打印机状态输入；

IC 卡读写器状态输入。

输出模块包括：

亭内收费员显示器数据（图像）输出；

费额显示器输出；

自动栏杆控制输出；

通行信号灯控制输出；

打印数据输出；

图像数据混合器信号输出。

（4）读写设备管理模块

通过非接触 IC 卡记录或采集收费信息。

（5）数据管理传输模块

收费数据存储于电子盘和车道计算机硬盘中并通过网络操作软件自动向收费站服务器传送，可实时自动检测到通信错误并报警，当出现网络故障时，数据可一直保存在本地数据库里，网络恢复正常后，自动上传。

9.2.5.4　车道设备选型

参照《高速公路联网收费暂行技术要求》选型。

9.3　收费房区

收费站房区是收费站的管理和控制中心，包括管理楼和附属建筑物。管理楼一般设有收费监控室、财务室、点钞间、站长室、会议室、工作室、仓库、休息室、洗澡间、卫生室、更衣室、厨房和餐厅等，附属建筑物包括变配电房、发电机房、车库等，主要包括确定用地面积、建筑规模、布置位置等，其建设应符合我国民用建筑设计规范。

收费站房区用地指标，应根据收费车道数、加减速车道的长度等确定，一般不宜超过表

表 9-6 推荐值。

表 9-6 收费站房区的用地指标

收费设施类型	用地指标/亩
主线收费站	13～15
匝道收费站	5～7
每增减一车道	0.625～0.7

收费站房区的建筑规模可参考表 9-7。

表 9-7 收费站房区的建筑规模

收费设施类型	建筑面积/(m²/座)	收费车道数/条
主线收费站	1500～1700	12
匝道收费站	800～1000	6
每增减一车道	100	1

根据收费站管理模式、收费制式、收费方式确定管理楼的平面组成，包括使用房间和辅助房间的组成。根据管理人员的人数及使用功能确定使用房间、辅助房间的建筑面积。

收费站房一般布置在出口一侧。在场地条件适合的条件下收费站房区控制室的位置宜使值班员能观察收费广场，一般与收费广场中心线成 30°～45°。

9.4 收费站收费系统

9.4.1 收费站计算机网络

（1）网络结构

由于收费站内计算机设备相对集中，为了实现资源共享及动态数据的有效管理，通常通过配置一台 100M/1000M 交换式集线器，将服务器和各计算机通过 5 类 UTP 与集线器连接，使收费站服务器、收费管理计算机及各工作站与车道控制计算机采用局域网的形式联结起来，形成收费站计算机以太网。网络遵循 IEEE802 系列标准，上层采用 TCP/IP 协议，具有便于安装和维护、可靠性高、通信速度快、技术成熟、便于扩展等特点，网络拓扑结构一般可采用星形、总线形复合结构。打印机则通过打印服务器联结到网络上，以实现打印机共享。

对于较大的主线收费广场常常可以在广场两侧的人行通道内各设置 1 个共享式交换机，各车道控制计算机通过 5 类非屏蔽双绞线（UTP）与最近的交换机连接。当收费站交换机与广场交换机之间的实际距离小于 100m 且有良好的防雷电、抗干扰措施时，可采用 5 类或超 5 类 UTP 连接；由于主线收费广场与收费站控制室之间距离往往超过 100m，因此可以敷设光纤以联接广场交换机与收费站交换机；当然，如果收费站与收费车道间距离虽然较短，但是处于雷电、干扰多发区，亦可采用光纤连接方式。典型的收费站计算机系统网络结构如图 9-9 所示，其中网络通信及管理软件分布在网络中各台计算机上，负责完成各计算机之间通信及数据库的数据交换，应具有很强的校验、容错能力。收费站网络结构如图 9-9 所示。

为提高系统和数据的可靠性，收费站计算机系统采用双服务器热备份方式。为了管理需

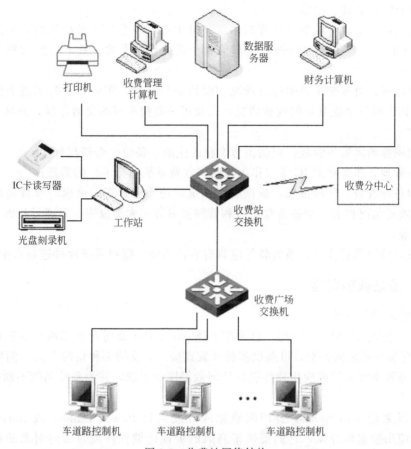

图 9-9　收费站网络结构

要，收费站需配备相应的 A3 规格、A4 规格激光打印机、点阵式宽行打印机，用于打印报表等工作，如果需要输出捕获的静态图像，还需另配备彩色喷墨打印机。如果需要把收费信息上传到收费分中心（中心）以及下载费率表等，则需配置一台路由器，用以形成收费广域网络。

（2）网络安全

数据常会因为病毒的入侵而改变或丢失，或者整个网络系统因病毒攻击而导致系统崩溃。为确保收费站计算机网络的安全一般采取的技术措施是在收费站一级禁止使用外来软盘操作来达到防范目的，同时安装配置在线式防病毒软件以防止病毒侵入。

另外，加强各级计算机系统的权限和口令管理，防止口令外泄，对防止未授权人员入侵网络系统破坏收费程序及数据也是非常重要的。

9.4.2　收费站收费系统功能

一般情况下，收费站计算机系统的主要功能可包括以下几个方面。

① 信息收集：与收费车道控制计算机通信，实时采集各车道每一条原始收费数据，将各车道的收费数据自动传输到服务器数据库中，当网络通信故障时，系统具备数据保护功能。

② 数据统计、处理、存储：将各车道传输的每个通过车辆的原始数据分车道、分日期存储，原始数据在任何情况下都不允许修改。

③ 信息显示、查询、检索。

④ 信息上传与下载：收费站计算机系统与分中心（中心）计算机通信，上传收费业务数据和图像文档，接收下发的时钟、费率信息和系统设置参数，并下传到收费车道控制计算机。

⑤ 收费监视：对收费车道的运行状况实时检测与监视，实时显示各车道当前班次的收费情况，查询了解每个收费员的收费情况，以及每条收费车道的交通流量，并具有故障自动检测功能。

⑥ 抓拍图像的采集与管理：包括图像文档的生成、备份、查核与打印。

⑦ 票据管理，非接触式 IC 卡（作为封闭式收费系统通行卡）的管理。

⑧ 打印各种收费、管理报表：根据收费系统的功能和管理的要求，收费站收费管理计算机可输出收费情况报表、交通流量报表和管理报表等三大类报表。可通过检索和统计随时打印各种报表。

⑨ 系统自检及状态监视：系统软件应具有容错功能，能对系统硬件进行自检。

9.4.3　收费站数据管理

（1）数据库管理系统

收费站主数据库管理（DBMS）可采用美国 Microsoft 公司开放式网络数据库 MS-SQL Server，具有丰富的数据类型，可提供多种开放式接口，支持多种访问方式，例如 ODBC 方式可为其他各种系统软件或应用软件提供访问数据库的手段，并为系统功能不断扩展提供充分条件。

通常可以采用美国 Sybase 公司的数据库开发工具 Power Builder 或 Borland 公司的 Delphi 进行应用数据库开发，它们提供了高效的可视化编程环境，面向对象的编程方法以及客户机/服务器的解决方案等多种先进功能，为应用程序的开发提供了快速、安全的软件平台，保证在开发过程中数据库的安全性和完整性。

（2）数据安全及备份

为了保证收费原始数据的安全性和可靠性，硬件上通常采用双服务器热容错的技术方案，采用微软集群服务器（MSCS）方案。

双机热备份可采用两台服务器进行镜像来实现，也可通过增加冗余磁盘阵列柜实现热备份，即所有的硬盘放置在磁盘阵列柜中，服务器中没有硬盘，主机和副机的切换由硬件实现。

为了防止硬件故障导致数据损坏或丢失，收费站计算机系统还常常采取三级数据互为备份的安全措施，即电子盘、车道控制机本地硬盘和网络数据库服务器均存放收费数据的备份，其中电子盘中保存当班收费数据的备份，车道控制机本地硬盘存放未经加密处理的收费数据，网络数据库服务器利用大型数据库技术对收费数据进行管理。

9.4.4　收费站计算机管理软件

除了向车道控制计算机下发时钟及收费标准外，收费站计算机管理系统软件主要用来对收费额、交通流量、车型分布等进行统计、分析，使决策机构能够快速全面地了解全站收费运行情况，以减轻管理人员的工作强度，提高管理水平与效率。

管理软件的开发应符合有关计算机软件规范的规定，管理软件应该采用模块化结构设计，根据收费站计算机收费管理功能要求，收费站计算机管理软件主要由以下模块组成。

（1）系统管理模块

主要包括口令及权限管理，身份识别，网络维护，数据库的维护、整理和转储，测试计算机网络和车道控制计算机及其他，外部设备的工作情况，发现问题并及时报警，并进行相应的记录。

（2）数据通信模块

其中包括两个子模块，站级模块主要完成从收费站到管理分中心（中心）的通信，对收费站收费数据定时或实时传输，接收分中心（中心）下达的指令；车道级模块主要完成收费站与收费车道的通信，实时采集收费车道收费信息，并对收费车道计算机下发指令。

（3）监视模块

系统实时监视各收费车道运行、收费、流量、车种构成等情况，对所有车道设备的工作状态进行不间断的监视。

（4）录入模块

提供监控室值班人员对收费中必需的但计算机系统无法自动生成的各种原始数据进行人工输入的模块。

（5）统计模块

能对管理单位要求的交通流量和通行费收入进行统计分析，可生成、打印规定的各种统计报表，并根据需要生成直方图、饼状图等统计图形式进行数据对比分析。

（6）检索模块

能够根据给定的检索条件（车道、班次、收费员、车型等任意组合）在任意给定的时间范围内快速、准确地检索出所需的相关数据和信息，并可对检索出的数据进行筛选、汇总、排序等操作。

（7）维护模块

主要供系统管理人员使用，根据实际运行情况调整数据库中相关数据，如对整个收费站系统所使用的站点代码、费率库、故障类型代码库、车道 IP 地址等进行调整、修改、增加、删除等操作，以及更改密码及使用权限，增减收费员/操作员等功能。

（8）帮助模块

应能在系统中提供相关在线使用帮助，提示系统使用的一些基本操作方法。

9.4.5 收费站计算机系统图表设计

图表设计是收费站系统设计的重要组成部分，报表格式应符合有关标准规范的规定，收费站收费管理计算机打印输出的报表一般可分为以下三类。

（1）收费情况报表

班次通行费收入统计表；

收费站通行费收入日、月、年报表；

收费员值班明细表；

定额发票使用表等。

（2）交通流量统计报表

应能按小时、日、月和年统计方式提供收费站交通量报表以及交通流量信息直方图等。

（3）收费管理报表

特殊情况处理明细表；

特殊情况处理汇总表；

车道运行情况统计表等。

9.5 收费监控

收费系统的监控相对独立于收费车道与收费站计算机系统，主要通过三种措施来保证：闭路电视监视系统（CCTV）、有线对讲系统和紧急报警系统。其中电视监视系统对收费车道通过车辆的类型、通行券（卡）的发放、收回、收费员操作过程及收费过程都能直接观察，进行有效的监督；监控人员通过桌面对讲系统对收费工作进行适当的调度，收费人员也可以通过对讲系统及时与监控人员进行业务对话；紧急报警系统用于收费员在遇到紧急情况时向监控室发出报警信息；这样，对于收费过程中出现的一些突发事件、特殊事件能及时妥善地处理，避免事态进一步恶化。

收费车道中的监控设备是保证收费过程按照程序正常进行的必要设施。它在收费过程中负责收费员与客户之间的信息交流，指示客户停车、接卡、交费、驶离收费车道等操作，监视收费员的操作，记录车道实际通过车辆，防止和处理异常事件的发生等。

9.5.1 亭内有线对讲机

收费亭内对讲机为监控楼的监控员与收费员联系的辅助设备；当异常情况发生，如车型判断不一致、设备出现故障、车辆违章冲卡以及各种紧急情况时，配合车型显示器、实时监控管理计算机，监控员可直接向收费员了解情况，发布语音命令或车道控制命令，对收费现场进行实时监控。

对讲机为为全双工通信设备，由屏蔽双绞线连接成独立通信子系统，具有点对点、点对多点两种运行模式，监控员可与某一个或所有的收费员对话，其运行模式由监控员在控制台上切换；收费员使用一个按键，可向监控员汇报现场情况，接受监控员指令，对讲机要求具有声音调谐功能，便于根据不同的环境调节音量。

9.5.2 紧急报警系统

系统由设在收费亭内的报警开关、设在监控室的紧急报警器以及与CCTV的矩阵切换器相联动的报警控制器和信号电缆所组成，报警开关可采用脚踏式或按钮式，可根据具体情况选用。当收费员触动报警开关驱动报警时产生报警信号，报警器产生声光报警，同时视频矩阵切换控制器中的报警自动切换器利用报警信号将收费亭内图像切换到监控室指定的监视器及硬盘录像机。紧急报警系统设计时，应注意报警开关的设置位置，既要方便收费员在不被察觉的情况下使用，又要防止正常收费操作时经常误触动开关；另外紧急报警器报警声应能使监控室内的人员清楚地听到。

9.5.3 收费监视系统

（1）监控系统结构

CCTV收费监视系统对车辆通过收费站的运行状态、各车道的收费过程和收费员的操作实施全面实时图像监视，以便及时作出有效反应。系统由收费亭内、收费车道和收费广场监视三部分组成。目前数字视频监控已取代模拟视频监控，收费站视频监控系统采用数字方式。系统实例见图9-10。对于大型收费站，监控点多，传输距离远，视频数据需要光纤传输，视频监控系统见图9-11。

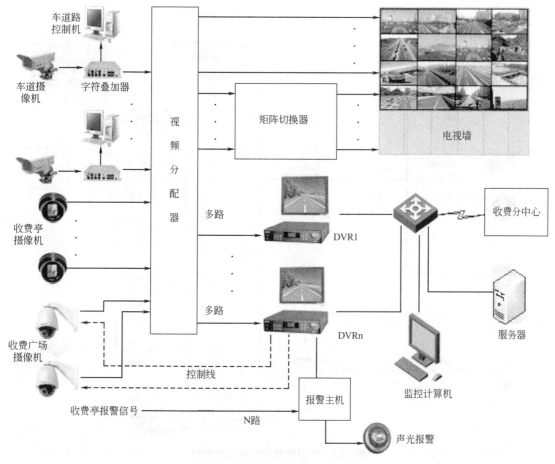

图 9-10 收费站视频监控系统

（2）收费对电视监视系统的功能需求

为了达到最大限度地对容易出现收费漏洞的环节进行观察的目的，闭路电视监控系统必须满足以下一些要求。

① 提供亭内收费员收费过程的动态图像。提供通过车辆外型的动态图像，并将收费员操作过程中键入的"车型"、"入口号"、"车情"、"收费金额"、"时间"等信息与动态图像叠加，使得站内监控人员对收费人员收费操作的正确性进行观察。

② 提供免费车辆确认过程的动态图像。

③ 提供收费广场车辆通行、收费站的征费状态的动态图像，便于收费监控室内监控人员宏观观察收费广场的工作状况，及时开启或关闭部分收费车道以协调收费广场交通流运行，以及对一些紧急事件及时处理。

④ 收费监控室内能实现图像显示、图像切换及图像记录功能，为进行收费工作的动态分析、随机管理和善后处理提供科学依据。

（3）系统设备配置及技术要求

通过前面的讨论，已经知道较完善的收费站闭路电视监视系统由收费亭彩色摄像机、车道彩色摄像机、视频数据混合器、收费广场摄像机、控制光电缆、信号传输光电缆、站控制室的视频切换器、监视器、硬盘录像机、图像管理计算机、控制台及电视墙等组成。摄像机采用 PAL 制式彩色 CCD 摄像机为整个系统提供监视信号；镜头的主要参数包括：焦距、光

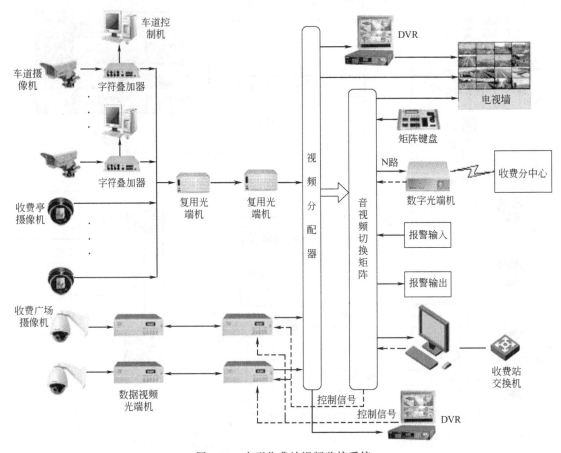

图 9-11　大型收费站视频监控系统

圈、视角、最低照度、光通量等，摄像机的技术参数包括：成像面、照度、分辨率、信噪比、供电、接口、逆光补偿等；镜头的选择应与摄像机相匹配。下面介绍系统各组成部分特点。

　　① 收费亭内摄像机。每车道收费亭内设置 1 套亭内摄像机，主要用于监视收费过程。亭内摄像机由彩色摄像机、自动光圈镜头、室内防护罩等组成。亭内摄像机安装在收费亭内侧上方或顶部，视角覆盖亭内操作台票据部分及收费员，同时可通过收费窗口看到收费车道内车辆的局部（车头及司机）情况。摄像机及镜头的选择要适应亭内光强的变化，保证图像清晰，并能看清桌面上的票据，一般采用 5～10 倍手动变焦自动光圈镜头；摄像机外配防护罩的玻璃须为光学玻璃，一般采用室内半球形吸顶防护罩。其主要技术指标如下：

　　最低照度≤0.95Lux；

　　水平分辨率≥480 线；

　　适应昼夜亮度变化，自动亮度调节；

　　视频前置放大器具有自动增益控制，其信噪比≥48dB；

　　视频输出接口：$1V^{P-P}$75Ω/BNC 连接器；

　　具有分片自动逆光补偿功能；

　　镜头焦距 5～10mm、f1.2～1.4、平面电机、自动光圈镜头，标准"C"镜头支座；

　　工作温度：－10～＋50℃。

　　② 车道摄像机。每车道设置 1 套车道摄像机，主要作用是防止驾驶员冲卡逃费，防止

收费员利用免费车辆和车型类别等情况弄虚作假。车道摄像机由彩色摄像机、自动光圈镜头、室外全天候防护罩、转角器、立柱组成，摄像机安装在收费岛面后部，要求视角能清楚覆盖缴费车辆的轮廓并能清晰辨认车牌照。为了保证夜间图像质量不受车灯影响，要求摄像机适应昼夜亮度变化，自动亮度调节，在高亮度（≥10000Lux）及低亮度（≤1Lux）下均能得到清晰图像。当摄像机安装在收费岛面上时，应采用不锈钢立柱以达美观及防腐蚀，并且需要配带风扇室外全天候铝合金全密封防护罩及遮阳罩，能防尘、防雪、雨。其他基本技术指标与收费亭摄像机类似。

③ 广场摄像机。收费广场摄像机可监视整个广场的收费运作及交通情况，由一体化CCD 摄像机、解码器、遥控器、云台、保护罩、立柱（15m）及视频电缆等组成。

广场摄像机一般采用快速球形摄像机（快视球），为摄像机、镜头、防护罩、云台、解码器一体化设计，具有安装简单、移动速度快、自动聚焦、维修方便、可以程序预置及自动巡视等优点。典型广场摄像机技术要求如下。

a. 摄像机。

1/2" 彩色 CCD 摄像机；

分辨率≥580 线；

最低照度；≤2.5Lux；

信噪比：>48dB；

视频输出接口 $1V^{P-P}75\Omega$。

b. 镜头。

焦距 8～120mm，15 倍变焦，自动光圈，自动聚焦镜头；

最大焦距与最小焦距相互之间的变焦时间不超过 5s；

具有预置功能。

c. 云台及防护罩。

具有智能预置功能；

全天候室外 15" 球型防护罩，内置解码器，具有自动加热、风冷功能，载重云台负荷≥20kg，额定承受风负荷不小于 140km/h；

水平转动范围 0°～360°，转速 0°/s～9°/s；垂直转动范围 0°～90°，转速 3°/s。

d. RS-422 控制接口。

e. 电源：AC（220±10%）V、50Hz。

f. 立柱型安装支架：摄像机安装高度≥12m，牢固安装在不锈钢管立柱上时，在140km/h 的风速下不能有明显的抖动。

④ 字符叠加器。字符叠加器也称视频数据混合器（VDM）。字符叠加器可以将这些字符信息与原有复合视频信号中的内容一起显示在视频显示设备，如监视器、硬盘录像机等上的电子处理装置。

字符叠加器按照功能分型可分为动态字符叠加器和静态字符叠加器。

动态字符叠加器是指字符叠加器与计算机或其他设备配合，可接收处理、显示随现场情况变化的数据信息，将此信息与现场视频信号相结合，为监控者提供更为详尽准确的信息。简而言之，动态字符叠加器就是跟随外部数据即时变化的字符信息叠加处理装置。

静态 VDM 是指不需要接收外部数据，即可在视频信号上显示相对固定形式字符信息的设备。多用于在视频信号上叠加摄像头位置、日期、时间等固定信息。如矩阵字符叠加器等。

用于高速公路、普通公路收费站的收费监控系统中，一般连接到车道工控机上，在显示车辆和收费人员钱票交接的同时叠加收费人员姓名，收费金额、出入口站名称以及收费员键盘操作细节等字符信息。

为了能够通过站控制室的监视器、录像机清晰观察和记录收费过程，在视频信号中同步叠加入口××，车道××（固定），工号×××××，车型×（键人），车情处理××（收费、公务、违章、军车、更改、欠费），所有内容均显示在监视器上方，这样就可方便地与监视器图像中车道上的车型对比，观察车型判断是否正确，对收费员的整个键入过程跟踪显示，当收费车辆通过出口的车辆检测器后显示的字符消失，以便将前后两辆车明显分开。每个 VDM 可具有两路视频叠加通道，除在亭内摄像机图像上叠加字符外，还在车道摄像机图像上叠加字符，这样多媒体计算机采集的报警图像上既有车辆图像又有叠加的收费信息，可以方便地观察收费员对特殊类型车的处理是否正确。

对字符叠加器的一般要求是：视频图像通过视频数据混合器应不影响图像质量；叠加的字符的颜色，在不同背景下均清晰可见，不产生抖动；视频数据混合器和车道控制机之间采用 RS-232 串行数据通信，采用光电隔离控制，以免相互干扰。

⑤ 彩色监视器。监视器安装在电视墙上，清晰度指标应对应于摄像机的指标，其配置数量与摄像机数量及显示方案有关。在目前应用的系统中，对于收费广场摄像机大多采用与监视器一一对应的方式，而监视器与车道、收费亭摄像机对应方式则有以下几种。

a. 监视器和摄像机一一对应方式，显示直观，可以观察到所有的摄像机图像，缺点是如果车道数较多，监视器数量也相应大大增加。

b. 监视器多画面显示，这种方式的优点是监视器数量少，但是图像较小会造成观察不清晰，不方便。

c. 监视器和车道摄像机一一对应，并通过数字视频多工器和时滞录像机将亭内摄像机图像录像，每台摄像机的图像均可无间断地进行记录，同时配两台监视器用于录像显示及切换选择显示。当车道数较多时可以选用。

d. 所有车道、收费亭摄像机图像均接入视频切换控制器，并输出至有限几台监视器，通过切换轮流监视，当投资有限时可以选用。

有时，为了显示重点车道及民警车道图像，还可对车道摄像系统与亭内摄像系统各设置一台主监视器，安装在控制台上便于清晰观察。

⑥ 视频切换矩阵。视频切换矩阵也称视频切换控制器，由视频控制矩阵、控制码转换器和控制键盘组成，其基本功能是接受多路摄像机视频信号输入，由键盘选择一路或几路信号切换输出到监视器进行显示，更重要的是视频切换器一般提供报警接口，具有报警自动切换功能，由收费车道控制计算机通过 I/O 卡接口输出的报警信号通过视频切换器自动切换对应的视频信号至主监视器或图像管理计算机，进行重点显示及录像。控制码转换器用于控制解码器；矩阵切换控制键盘具有无级变速云台控制手柄，用于控制云台动作，镜头控制（光圈开/关，聚焦远/近，变焦长/短），报警控制，视频信号切换控制以及预置设置。系统切换容量由收费监视系统的规模及监视控制需求确定。

⑦ 视频分配器。具有一路视频输入，多路视频输出的功能，基本单元为一分四，可通过单元间不同组合实现更多的输出。主要用于同一图像同时多种应用的场合，与视频切换控制器配合使用可以构成灵活的显示及控制方式。

⑧ 硬盘录像机（DVR）。硬盘录像机实际上是一种数字视频服务器，方便联网监控，它是数字视频监控的核心设备。DVR 不仅是图像存储设备，还是重要的视频控制设备。可以

控制、存储多路视频，能够多画面显示、云台控制、摄像机变焦聚焦、录像和回放、报警的多种控制。录像视频数据大小与其硬盘空间有关。

收费监控，需要监控的视频路数较多，一般宜采用 32 路嵌入式 DVR。

⑨ 多媒体图像管理计算机系统。利用图像管理计算机可解决图像难于查找、检索等缺点，并可用光盘长期保存，还可通过通信线路将需要的图像很方便地传输到需要的地方，既可方便地拷贝又可在计算机监视器上直接查看。多媒体图像采集计算机系统可采用以下两种工作方式。

a. 一种是车道控制计算机配置图像捕获卡采集车道摄像机图像后，进行图像压缩（一般采用 JPEG 格式），然后传输到图像管理计算机并由该计算机存储到硬盘数据库中。

b. 另一种是车道控制计算机发出报警信号，控制视频切换器将对应车道（或收费亭）的摄像机视频信号输出到主监视器上，同时图像管理计算机配置的图像采集卡的报警输入也收到同一报警信号，管理计算机捕获图像，并进行压缩，然后存储到硬盘数据库中。

多媒体图像采集计算机系统，应具有以下技术要求及功能：

图像数据存储采用大型数据库格式，查询软件可在采集计算机上运行，也可在与采集计算机连网的计算机上运行；

每个采集图像与记录上有与该图像对应的车道号、收费员号、日期，时间、班次、车型、车情等信息；

具有按时间、工号、班次、车道号等组合检索功能，具有图像打印、数据自动备份功能；

在图像检索、打印、备份时不影响图像的正常实时采集；

具有图像多画面显示，进行放大、缩小等处理功能；

非正常收费车辆长期保存，正常交费车辆以一周（7 天）为限，采用先进先出原则存储；

正常收费车辆既可实现对每一辆通行车辆图像采集，同时可人工选择自动采集。

（4）视频传输

一般采用同轴电缆或多模光纤，距离较远时，可采用单模光纤。同轴电缆视频基带传输是短距离电视监控中最经济的一种方式，传输系统较为简单，不需附加设备，但传输距离不能太远并且易受外界电磁波的干扰，而光纤完全不受外界电气干扰，传输频率特性优良具有传输距离长、传输容量大、图像质量高的优点，因此有条件的情况下应尽量采用光纤传输方式。

电视监视系统中最重要的外设当属镜头、摄像机及传输线路，它们一直处于全天候连续工作状态，处于温差、光强变化比较大、高湿、多尘的野外恶劣环境中，以及车辆在收费站附近频繁的制动、启动产生的油烟，车辆行进中产生的振动，风荷载的作用，车辆起动和雷电、50Hz 电流等产生的电磁干扰，都直接影响了摄像机的摄像质量及图像的传输质量，因此在系统设计与设备选型时应充分注意这些问题。例如，对于多尘、油烟、高湿、高温的解决办法是采用带风扇的室外全天候防护罩，能防尘、防雪、雨等，在低温下则可通过电热丝或半导体加热器加热，为防止阳光直射镜头，可配遮阳罩；对于夜间或照度较低情况，广场摄像机需要对广场照明提出具体要求；而考虑晚上车灯的影响，车道摄像机则可配备亮度抑制器，一般要求摄像机能够适应昼夜亮度变化，自动亮度调节；在风荷载较大的情况下可以加大立柱刚度；对于电磁干扰的处理如下。

① 可以在视频传输系统的前端加放大器，具有自动增益控制，既提高整个传输系统的

信噪比以抑制各种干扰，又可减少信号传输衰减。

② 最好采用光纤传输，如果采用同轴电缆，同轴电缆屏蔽层网格应均匀，埋设时应穿放于钢管中，中间少用接头。

③ 同时为了增强屏蔽效果，整个传输系统应采用独立一点接地方式。

9.6　称重计费子系统

(1) 概述

目前在国外高速公路管理中普遍使用了动态称重子系统，国内的应用时间不长。我国公路运输存在着比较严重的超限现象，这将导致公路设施的损坏，降低公路、桥梁的使用寿命，增加维护成本。此外，超限运输车辆的行驶，还影响高速公路的行车安全。交通部于2000年2月发布了"超限运输车辆行驶公路管理规定"，对货车单轴、双联轴、三联轴的质量及总质量作出了明确的规定，禁止超限车辆上路行驶。称重收费系统是治理超限运输的有效技术途径之一。

称重系统分为静态称重系统和动态称重系统。静态称重系统主要用于路侧车辆检测站，属于精确称重。动态称重系统是对运动中的车辆进行称重，能适应高速公路收费管理的要求。

动态称重系统分为高速称重系统和低速称重系统两类，目前在高速公路系统中都有应用。高速称重系统精确度一般不高，多用于概略检测超载车辆。有些高速称重系统还具有车型检测、超速检测、车牌检测、信息提示等功能。低速称重系统精确度高，一般用于收费道口，可为收费计算机提供轴重、轴组重、整车重、车轴数量、轴型、轴距、车型、车道号和行驶方向、日期和时间、数据记录序号、超限识别等信息，实现计重收费和超限检测功能。

根据动态称重系统国际 E1318—02 标准，对应于称重车辆的速度，动态轴重衡可分为高速、中速和低速 3 类。

高速（高达 130km/h）：主要用来收集交通数据，进行车辆的预分类，可以测量车辆的轴（轴组）重、总重、车速、轴间距、车辆间距等数据。其称量精度误差一般在 10%～25%。

中速（50km/h 以下）：主要用于对过往车辆的监控，以发现超载的车辆，并引导超载车辆到特定的场地进行减载或分流。其称量精度误差一般在 5%～15%。

低速（15km/h 以下）：主要用于对车辆的计重收费，对超载车辆进行强制性的管理，同时进行贸易计量。其称量精度误差一般在 3%～5%。

(2) 系统构成及原理

称重子系统一般由称重传感器、车辆监测器、分离器、称重台、称重控制机箱、本地控制主机以及称重显示、报警、导向设施等组成。有些称重子系统还有胎型监测器、轴距和车型识别设备等。称重子系统构成和各组成部分之间及与其他设备之间的连接示意图如图9-12 所示。

图 9-12 中，车辆分离器用于分辨不同的车辆。车辆监测器用于监测车辆的存在、车速等。称重传感器用于测量重量参数。称重控制机箱设备接收称重传感器、车辆监测器、分离器的检测信号并对信号进行处理以计算车重、车速，判别车型等，并把相关数据上传给本地控制计算机。称重控制机箱设备负责称重流程管理，是整个系统的核心。显示控制机箱设备接收本地计算机控制信息，并控制显示器、报警器和导向牌等设备。

图 9-13 是设备安装布设图。该系统中设置胎型检测器，可对过往车辆的胎型进行识别。

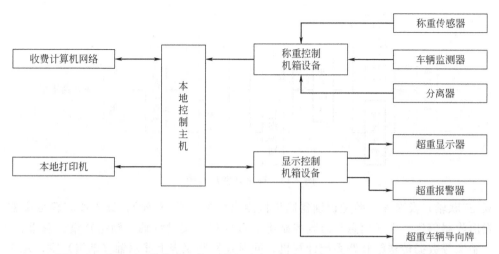

图 9-12　称重子系统构成和各组成部分之间及与其他设备之间的连接示意图

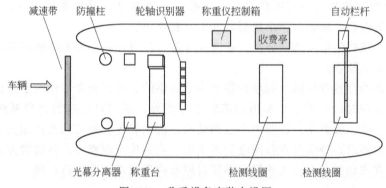

图 9-13　称重设备安装布设图

计重设备由称重平台、车辆分离器、胎型检测器、感应线圈（选配件）、质量显示器（选配件）、处理机箱、相应软件以及配套的部件等组成。当车辆驶过时，其在称重平台上的车轴的载荷，激发传感器输出信号，该信号经处理机处理后在数字显示仪表上显示，显示内容同时经通信接口传输给车道收费计算机。

车辆分离器一般使用红外线光幕作为缺省的车辆分离设备，立于称重平台前方道路两侧，成对安装，分别为红外线的发射和接收器件。其工作原理：红外线光幕使用同步扫描器来识别哪些通道被挡住了。发射器发出一个光脉冲，相对应的接收器同时来寻找此光脉；当接收器找到后即完成一个通道的扫描，接着转向下一个通道，直到所有的通道扫描完毕。系统对于哪些通道受阻，哪些通道畅通都作了记录，以此判断车辆的有无。

胎型检测器由按一定间隔排列的传感器、数据采集器组成。传感器置于称重平台前方的胎型识别器槽中。传感器上表面稍高于地面。轮胎经过时，压在传感器的顶面产生压力信号，传送给数据采集器，经过放大、模数转换后形成的信号传入到控制箱中。胎型识别器的各个传感器信号是独立的，控制箱根据检测到的信号个数及最大间隔来判断驶过车辆的轮胎宽度范围，从而判断轮胎是单轮还是双轮。

称重计费流程可以用图 9-14 表示。具体描述如下。

① 当车辆匀速驶入车道，车轮压上称重平台后，系统自动进入动态称重方式。

② 车辆匀速通过称重平台、胎型识别器、光幕后，控制仪表检测出各轴的轴重、轴型

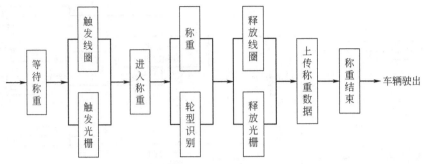

图 9-14 称重计费流程图

（单/双/三联轴）及车速，胎型识别器同步检测出胎型（单/双轮），红外线车辆分离器（光幕）发出收尾信息。上述信息汇总到控制箱进行处理并实时将轴（轴组）重、总重、车速、轴型、胎型等数据传送给收费系统计算机，同时在控制仪表上显示轴（轴组）重、总重、车速、车型、时间等信息。

③ 计算机收到控制箱传送的信息后，由收费软件自动计算出轴超载量、总重超载量、收费金额及相关内容，最后打印出票据，人工收费完毕。

动态称重系统按使用传感器分类，有应变片型、压电传感器型和电容器传感器型等，各有不同的原理及优缺点。

对于车道收费计算机来说，称重设备是一个完整的、可以独立工作的子系统。在高速公路上实施称重收费时，除了安装车道动态轴重系统外，还需对已有的收费系统进行相应改造，包括收费车道、收费站、收费中心数据结构、应用软件、硬件和其他相关部分，以适应系统称重收费的要求。特别是在联网收费系统中，实施称重收费后，其收费方式、收费流程与按车型收费方式相比存在较大差异，必须对原有收费技术标准进行扩展。

思 考 题

1. 简述车道控制计算机的主要功能。
2. 简述非接触 IC 读写器的主要功能。
3. 收费站计算机管理软件由哪些模块组成？
4. 收费视频监控应当满足哪些需求？
5. 简述收费亭内对讲机的主要作用。
6. 简述收费站计算机系统的主要功能。
7. 收费车道数目设置由哪些因素决定？
8. 收费岛的主要作用是什么？

第10章 联网收费系统

近10多年来，高速公路建设在全国各地的发展迅速，经济发达省份的高速公路已初步形成网络格局。在这种情况下，原先的一路一公司，每条路、每座桥单独收费的方法将阻碍高速公路社会效益的发挥，减少主线收费站已成为高速公路收费发展的必然方向。

2000年10月，交通部颁布了《高速公路联网收费暂行技术要求》，联网收费已成为目前高速公路收费建设的主要模式。

高速公路联网收费指的是在高速公路网中的各条道路不独立进行收费，而是在高速公路网出口一次性收取的收费方式。联网收费涉及管理和应用技术的诸多方面，其核心是如何进行通行费的分配，采用何种管理方式及收费体制更符合国情和提高管理水平。

10.1 收费结算中心

收费结算中心是非营利性的中立机构，是一个负责联网收费系统的统一指挥、统一管理、统一结算、统一标准、统一维护和统一监控的高层次应用信息化管理组织。主要完成汇总所有业务处理任务，进行对区域联网收费IC卡的初始化及配发和储值管理，各种路公司收费数据和票务信息的汇总和结算，安全信息的管理，系统基本信息管理，系统监测和制作各种财务、管理报表等。

10.1.1 收费结算中心系统业务需求

收费结算中心系统主要完成对区域高速公路联网收费的实时管理和通行费拆分，并通过银行完成通行费收入的清算划拨。为完成高速公路联网收费的任务，收费结算中心作为高速公路收费环节的最高一层应具备信息交换、IC卡管理、清分系统、银行划账系统、票证管理等功能。

（1）信息交换

信息交换功能应负责为收费结算中心系统取得下层收费分中心和收费站内的收费数据，同时还应负责与银行交换收费数据，接收银行的指令和财务信息，发送清分系统计算得到的结果，此外，信息交换系统将应得到的交通流量信息发送给交通监控总中心。信息交换应保证数据传输的有效性、连续性、完整性、正确性。

收费结算中心与各分中心、收费站、银行、交通监控总中心之间交换的数据主要有以下几种类型。

① 通行费率标准表、全路网车型分类表、收费站编码表、黑名单等；全路网系统时钟；通行费拆分与结算结果，由收费结算中心下传至各收费站和分中心；

② 收费站收费交易原始数据和通行费拆分数据（在收费站拆分），由各收费站上传至收费结算中心；

③ 收费交易统计数据，由收费分中心上传至收费结算中心；

④ 当日支付通知，收费结算中心传至IC卡管理中心；

⑤ 各收费站和分中心的支付情况，由银行传送给收费结算中心；

⑥ 清分结果，由收费结算中心传送给银行；

⑦ 当日路网报表，由收费结算中心传送给交通监控总中心。

（2）清分功能

根据系统关于建立统一结算的要求，系统结算模式为统一交易数据采集、统一结算账户管理、统一结算时间、统一结算资金划拨的四统一结算模式。系统交易数据包括通行交易数据（含通行卡和储值卡）和发卡储值交易数据两大类，收费结算中心每天定时采集全部的交易数据，经处理形成拆分明细报表和资金划拨文件，并通知银行实现资金划拨。其数据处理流程如下。

① 结算数据收集。

a. 各种段收费站将收费交易数据每日实时通过收费站上传收费结算中心。

b. 收费站系统对完成工作的每一班次的每一个收费员进行"清账"处理，对票证及现金金额进行汇总核查，"清账"报表上传给收费结算中心，作为对原始收费操作数据的补充和校核。

c. 发卡储值网点每日将发卡、储值交易数据在规定时间上传至收费结算中心。

d. 在交易数据传输过程中，由计算机网络系统负责对传送的数据进行检查，通过在应用系统中增加身份认证、加密和报文认证来保障数据传输的有效性、完整性、连续性。

e. 数据收集系统对接收到的交易数据文件进行检查，如发现交易数据不完整或不符合要求，提出警告并要求该收费站重新发送。

f. 结算系统主机完成收费数据、结算数据和报表的集中存储管理和转储。这些数据按月进行转储并使用可擦写光盘作为介质，转储的历史记录以备查询。

② 结算处理。

a. 结算系统接收到数据收集系统提交的交易数据文件时，自动对该交易数据文件中的记录进行结算。

b. 结算系统对收费数据文件中的每条记录，根据收费方式和行车路线，确定付款单位。如收取的是现金，则确定该收费站所在的路公司为付款单位，将收费金额记入发卡单位的当日应付账款户中；如储值卡付款，则确定发卡单位为付款单位，将收费金额记入发卡单位的当日应付账款户中。根据入口站号、出口站号，查找收费金额拆分表确定各路公司应拆分金额数，并将拆分金额记入各业主的当日应收账款户中。

c. 系统重复 a.、b. 步骤，结算处理路公司收费数据文件，直至日终结算开始。

③ 日终结算。

a. 收费结算中心在规定的轧账时间开始进行日终结算处理。

b. 结算系统对各路公司的当日应收、应付账户进行轧差处理，结算出当日各路公司及发卡单位的应收或应付款金额。

c. 轧差完毕后，系统打印出收、付款记账凭证，结算系统自动将收付款项记入账务处理系统相应路公司的账户中，并结平各种公司的应收、应付账户。

d. 根据结算出的发卡单位应付款金额，通知发卡单位将款项划拨到收费结算中心的结算集中账户，并结平发卡单位的应付账户。

e. 对账务处理系统中账务之间的平衡关系进行检查；计算业主收款账户存款积数；形成当日结算处理结果文件，发送给各业主。

f. 打印各种报表文件。

联网收费在高速公路网内必须采用相同的车辆分型标准，但因各条高速公路的单位造价、还贷年限不同，允许各高速公路公司制定不同的费率。收费结算中心在清分时，首先根据入口车道代码、路网数据库计算出行驶路径、经过各高速公路的路程；再从费率数据库中读出各高速公路的费率乘以各高速公路的路程，并相加求和得出该车辆的通行费用。

（3）IC 卡的管理

IC 卡管理中心系统主要包含：卡片初始化及配发和储值管理两个内容。

① 发卡中心管理系统。其功能包括以下内容。

a. 空白卡片初始化。发卡中心建立空白卡档案库，利用中心的自动化发卡设备，按照设计格式对空白卡进行初始化，使其具有特定高速公路路网储值卡的特征，将卡片状态置成已初始化状态，设计卡片序列号，在卡片表面打印卡片的序列号，同时修改卡片档案库，此时库中卡片状态为初始化状态。

b. 配发初始化卡。根据发卡储值网点计划需求，以及各路段高速公路通行卡的实际需要，将通行卡配发给相应路段的收费管理分中心，将储值卡分发给相应的储值网点，将发卡中心档案库中的卡片状态改为待销售状态。

② 发卡储值管理系统。根据系统需求，发卡储值网点需要发卡、储值时，以联机方式通过网络向发卡中心传递发卡储值申请，发卡中心接收到这些申请后，利用发卡中心 IC 卡存放的数据进行加密计算，发送一个授权号码，下传给下属网点，网点接到授权代码后方可进行发卡、储值操作。

a. 发卡储值授权。发卡中心授权终端获取发卡储值网点授权申请，根据发卡储值网点编号、交易代码配送加密的授权代码，进行发卡交易、开户交易或充值交易，储值授权交易分为发卡储值、新增储值等内容。系统同时记录授权交易记录，包括日期、时间、待发卡卡号、发卡储值网点编号、交易代码、储值金额、授权号等信息，并写入发卡储值授权交易数据库中。

发卡储值授权功能在系统服务器上实现，操作界面为授权终端。

b. 授权核销。中心授权管理系统依据发卡储值网点回传的电子交单记录，核对卡号、储值金额、授权时间、授权号码、网点编号、交易代码，无误后核销授权。

c. 授权管理维护。根据系统监控信息或其他指令，撤销授权交易和删除非正常授权号码，并保留维护记录。

d. 打印发卡储值流水清单。

e. 建立及自动更新卡片账户。

f. 销户。接收来自发卡、储值网点的销户信息，将档案库中卡片状态置为销户状态。

发卡中心依据下属网点收款或从用户账号中划款分类建立发卡、储值点明细账目。下属各网点交单时，系统将发卡、储值交易与授权记录核销。发卡中心向下授权后，立即建立或更新相应的卡片账户。

（4）银行划账系统

收费结算中心负责高速公路网的统一结算，负责收集上传的车道收费交易数据和发卡储值交易数据，并进行结算，每个工作结束时，计算出各路公司应收、应付通行费金额，并在各路公司开立的账户中进行资金划拨，资金结算处理情况如下。

① 结算系统日终处理完毕，自动生成划款通知文件，通过计算机网络将电子文件发送给银行，银行根据该文件生成记账凭证，完成记账工作。

② 银行收到路公司上划款后，生成到账通知文件，传送至收费结算中心，系统据此打印出记账凭证，由收费结算中心完成各种公司结算账户的记账工作。

③ 每日收费结算中心应与银行核对账户余额、收付款发生额等内容。

④ 结算银行按结算中心的结算结果把各路公司的结算账户中的资金划拨给各业主的收益账户。

（5）自诊断和抵抗各种意外事件的能力

业务要求对系统提出了可靠性的要求，要求系统具有以下能力。

① 应提供连续不间断的服务。

② 具备很强的容错能力，同时具有对意外事故应变处理能力。

③ 具有从灾难性后果中恢复现场、恢复运行能力和原有信息的功能。

④ 系统具有抵抗恶性攻击、侵入或获取敏感数据企图的能力；具有一定的防暴力的监控报警功能。

⑤ 系统能进行各种必要的检测（如认证、鉴别）与控制，并杜绝侵权。

其他功能包括必须对票证（收据、定额票）实行统一管理、统一格式，保证对各业主公平、公开、公正；制定联网收费系统运行参数；收费结算中心系统操作、维修人员权限的管理；汇总、统计和生成收费、管理、交通等报表（分别按时间段、班次、日、月、年）；通过 Internet 网站提供客户服务及信息发布以及通信网络的统一网管等。

10.1.2 收费结算中心管理和运行

与其他系统比较，收费结算中心的管理和运行更偏重政策和行政管理，主要涉及以下一些内容。

（1）工作组类别

收费结算中心的工作组大致可分为以下几种。

① 行政管理：协调各组的工作，分析和决策工作中的重大问题；

② 清分处理：收集并处理收费数据，得出清分结果；

③ 银行支付：负责与银行的业务交往；

④ IC 卡管理：完成对 IC 卡功能的管理；

⑤ 费率、票证管理：完成对费率、票证功能的管理；

⑥ 日志、文件管理：负责整理每日的工作日志、文件（图像、数据等）；

⑦ 计算机运行维护：解决机房计算机系统出现的小问题，提出机房系统缺陷报告给系统承包商。

上述工作组是依据总中心的业务需求确定，不包括作为一个独立机构所需的后勤和行政人员。

（2）工作人员人数

根据收费结算中心的功能和业务分析，将收费结算中心的工作时间分段，依据时间段和各组工作要求确定收费结算中心的人数。

（3）工作人员的知识要求

系统根据高速公路收费系统的需要而设计，因此，系统的核心工作清分处理、支付和其他收费管理，要求工作人员具备如下知识：财务支付和结算、银行的业务流程、公路收费的业务管理、数据的处理等。

（4）机房进出权限

由于机房的设备较多，安全性要求也较高，所以应对机房的进出设定必要的进出权限。设定进出权限可以采用带有识别装置的门禁系统，门禁系统能够阻止人员强行进出，并记录所有进出情况。

除机房工作人员以外，机房一般不允许其他人员随意进出。如存在着进入机房的需求，则应有机房工作人员陪同。

（5）安全要求

为防止随意修改中心系统的数据和程序，导致系统运行错误，或记录错误的结果，系统对工作人员的操作权限进行设定以建立适当的安全级别，以及对重要的数据文件加密。

同时建立健全的系统、网络操作安全规章制度，配合管理手段加强对操作人员安全观念、法制观念教育。

10.2　联网收费基础条件

从一条高速公路收费系统到路网内实现联网收费，除了必要的政策支持外，还需要一定的环境基础条件才能实现，这些基础条件概括起来有以下几个方面。

① 相互兼容或统一的计算机联网通信平台。目前使用最多的是基于 TCP/IP 的计算机以太网通信平台。

② 统一的车型分类标准。车型是路网内计价和收费的基础，没有统一的车型分类标准，联网收费就无从谈起。为了最大限度地吸引交通量以收取尽可能多的通行费和提高收费效率，必须对车辆类型进行合理分类。车型分类标准要客观、公正、便于操作，不能因为出入口车型判别不一致而造成争论，甚至引起交通阻塞。鉴于我国的车型构成比较复杂，而目前的车型自动识别技术尚未达到实用阶段，所以目前所制定的分类标准主要是采用人工判别的方法。从目前的情况看，依据车辆的物理尺寸来确定类型，在实践中不太好操作，一般根据车辆的载重量或者是客车的载人量来制定统一的车型分类标准。如表 10-1 所列的高速公路的车型分类标准可以作为一种参考方式。

表 10-1　车型分类标准

车型	车辆特征描述	车型	车辆特征描述
1	小型客车：6 座以下（含 6 座）	4	重型客车：50 座以上
2	中型客车：6 座以上至 20 座（含 20 座）		大型货车：5t 以上至 10t（含 10t）
	小型货车：2t 以下（含 20 座）	5	重型货车：10t 以上至 20t（含 20t）
3	大型客车：20 座以上至 50 座（含 50 座）	6	特大型货车：20t 以上
	中型货车：2t 以上至 5t（含 5t）		

③ 收费标准明确。收费标准包括：各型车辆每千米的收费标准、尾数进位及取整方法、对特定车辆和地点的优惠办法、对特殊情况的处理办法等。

联网收费区域内车辆通行费的收费标准按照《中华人民共和国公路法》第 63 条的规定制定，由各项目（路段）收费单位提出各自项目（路段）的收费标准，报省（自治区、直辖市）级交通主管部门会同级物价行政主管部门审查批准。收费结算中心根据批准的收费标准，统一制定费率表。收费单位在拟订收费标准方案时，必须兼顾道路使用者和收费单位双方的利益，综合考虑公路长度（包括公路桥梁、公路隧道的长度）、偿还贷款或者集资款的额度、投资回收的时间和水平、收费期限的长短、交通量的大小、用户的负担能力和便利通行等因素，提出合理的收费方案。

④ 网内通行卡一致或相互兼容，包括非接触式卡的射频参数和数据读写格式等。在联网收费中，车辆行驶路线和里程是确定收费额的不可缺少的参数，出口车道需要知道车辆的入口地址和时间等信息，通行卡成为联网收费系统中不可缺少的组成部分。

⑤ 收费系统的软件要统一技术要求和标准，即统一、透明的数据接口（应用软件可以不同），能够实现收费数据库的联网共享。通行费清算中心、收费中心、收费站各级之间要相互传递收费信息并共享收费信息。因此，在收费系统的软件层面上必须要有统一、透明的数据接口。

⑥ 收费数据格式规范、统一，便于统一结算。路网内各条路的收费信息格式必须统一，包括通行卡、公务卡、储值卡、身份卡等各类卡的信息格式，入口收费信息格式，出口收费信息格式等。

⑦ 收费数据库互联，即至少要具有规范的共享数据接口。一般指收费数据库结构要统一，但也可采用具有规范的共享数据接口的"联邦式"数据库。

⑧ 付款方式统一。目前高速公路付款方式以现金为主，其他方式为辅。如采用预付卡，其发行应具备通用性，需要统一发行和管理预付卡机构。

⑨ 网络管理规范，包括线路的检测、路由器的管理、数据库服务器的备份、维护、数据访问权限管理等。

10.3 联网规模

按照联网收费的范围和规模，可以将其分为省内区域联网收费、省域联网收费和省际联网收费3种基本模式。各地区可根据路网的实际条件，先实现省内的区域联网收费，逐步向省域联网收费和省际联网收费过渡。

其管理层次和信息交互，如图10-1所示。

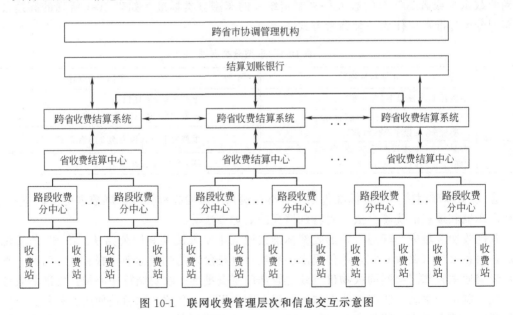

图10-1　联网收费管理层次和信息交互示意图

10.4 联网收费的费率结算

10.4.1 结算原则

对整个高速公路路网中通行的车辆所收取的通行费进行计算、拆分、清算划拨，是高速公路联网收费条件下业主关心的焦点问题，涉及路网内各收费单位的切身利益。结算工作能否正常进行，直接影响到联网收费的实施。

在进行通行费的结算时，要遵循以下原则。

① 执行统一的通行费计算方式。

② 拆分、清算要公平、合理、透明，要准确地反映各收费单位的实际情况，可以在多点拆分，然后由结算中心进行校核确认，账目明细要相互吻合并可查。

③ 确立统一的结算模式，实施有效的数据采集管理、清算账户管理、资金收缴和划拨管理，保障结算工作的高效和顺利实施。

10.4.2　结算管理构成

高速公路联网收费的结算工作宜采用由收费结算中心统一管理数据，按照确定的原则进行统一拆分与清算。当采用路段收费中心（或收费站）进行拆分时，也应由收费结算中心统一校核。其结算管理可采用如下模式。

① 在各高速公路运营管理体制的基础上，设立高速公路收费结算中心，专门负责高速公路联网区域内通行费结算的组织、协调和执行工作。

为保证结算工作的正常进行，该结算中心应具有高速公路收费管理功能，包括通行券（卡）、票据等各类收费票卡发放和调配管理，收费和交通状况数据汇总、统计和查询以及系统运行参数的制定和下传等职能。

② 各高速公路路段收费中心是收费结算中心实施通行费资金结算的对象，接受收费结算中心的统一调度管理，具体负责所管辖的收费站系统正常的运行管理，同时实施对结算结果的查询、核对管理。

③ 在联网收费的结算业务中，资金的收缴和分配等环节均需要商业银行的配合，要利用商业银行的处理网络和清算体系，保证资金清算的准确、及时。商业银行负责接受收费结算中心的划款指令，面向各结算对象，完成资金的最终结算工作。同时，也可利用其在路网区域的各个服务点，解缴各收费站收取的通行费现金。

④ 结算中心还对通行券（卡）、预付卡、电子不停车收费等非现金付费方式提供统一、有效的管理，以提高收费系统的效率。

10.4.3　通行费的计算

（1）计算依据

联网收费一般实行封闭式收费制式，其通行费的计算依据是车辆行驶里程和各路段针对不同类别车辆确定的收费标准。因此，联网收费涉及行驶路径的确认和费率表的制定。

① 路径确认。通常，车辆行驶路径可按照车辆进入公路的入口地址和驶离的出口地址进行判断。但是如果入口和出口地址相同，则车辆经过的行驶路径可能出现二义性，即有多于一种的选择。在此种情况下，要确定路网路径识别的方法。

目前路径识别的方法主要有最短路径法、抽样调查法和路径标识法。最短路径法操作简单，总是以里程最短的路线作为行驶路径。设置标识的方法是通过在路网内的关键点设置主线标识站，以标识行驶路径。抽样调查法以概率统计为基础，通过抽样概率确定行驶路径。路径一旦确定，对每一通行车辆如何计算通行费以及把通行费拆分给哪一个收费单位的问题就可解决。

② 费率表。为完成联网收费计算，收费结算中心针对高速公路网各不同路段，经审查

批准，制定统一的通行费费率表，之后把费率表下达到路网内每个收费站的各个出口车道控制计算机上。

（2）计算方法

对每辆车进行通行费计算是直接在每个收费站的出口车道上完成的。车道系统根据车辆所持的通行券（卡）上记载的入口地址以及路径识别标志（在路径出现二义性的情况下），确定车辆实际行走路线，或按最短路径确定收费里程，同时将所持的通行券（卡）上记载的入口判定的车辆类别与出口的判别进行核对，产生统一的车辆类别结果。然后按照确定的车辆类别，根据联网收费系统制定的费率表，计算车辆实际行走路线中通过的各个路段应收取的收费金额总数。

10.4.4　通行费的拆分

（1）拆分目标

通行费拆分的目标是要把高速公路网内对每辆车收取的通行费准确、合理地拆分、归类到各个结算对象（收费单位）账户名下，形成各收费单位的通行费收入金额。

（2）拆分原则

在联网收费的环境下，为保证各收费单位及业主的收益，联网收费结算中心须对每一次收费进行拆分，使各自获得应有的收费效益。在进行拆分时，应根据通行费计算依据，按照通行费收入分配的要求，确定拆分原则，并照章执行。

在进行通行费的清算拆分时，是以批准的路段收费标准为依据，原则上按照车辆行驶路径中各高速公路业主所占有的里程比例来进行拆分。

（3）拆分方法

① 确定拆分地点。通行费的拆分地点，宜选择在收费结算中心统一拆分。也可在收费中心（或收费站）进行拆分，由收费结算中心统一校核。

② 制定拆分表。联网收费结算中心必需按照联网收费的通行费拆分原则和通行费的计算标准，编制收费拆分表，明确拆分对象及拆分比例。结算中心进行拆分时，根据收费原始数据，对照拆分表，分别形成各拆分对象应得的金额数。

10.4.5　结算模式

在进行网络收费结算业务之前，要及时、准确地搜集全路网收费数据，之后准确、快捷、方便、安全地完成资金清算。

从资金清算的角度上看，目前进行收费结算的主要方式有备付金方式和直接清算方式。

备付金方式是指参与收费结算的各收费单位和路网收费结算中心都在同一银行开设备付金账户和清算账户，在备付金账户中存入一定限额的资金。每次进行清算处理后，结算中心分别按照应收、应付资金额向备付金账户转入或从中转出资金。如备付金账户余额超过限额，则将超出部分划回各单位；反之，则通知各收费单位补足。

这种方式的不足之处首先是每个单位必须在备付金账户中保留一定的资金，造成资金占用；其次，只能控制资金的划付，无法控制资金的收缴，无法有效地对资金进行管理，特别是收费结算中心要对备付金账户余额实施监控，并需不断调整，工作难度较大。

直接清算方式的特点是没有资金占用，能有效实施资金管理，准确及时地进行结算处理。该方式中，对各业主应收、应付账款统一记账，把余额划拨给业主账户或者通知业主拨出。

（1）收费数据处理流程

① 收费数据处理。

a. 收费车道将数据实时上传给收费站，各收费站将原始收费数据上传给收费结算中心进行汇总。

b. 收费站系统对收费员每一班次进行"清账"处理，对其发行的或收回的通行券（卡）的类型和数量、发放的发票编号和数量、收取的非现金通行费的方式和数量等进行汇总核对，对其收缴的现金金额进行核查。完成之后，将"清账"报表上传给收费结算中心，作为对原始的收费操作数据的补充和校核。

② 清算划拨数据处理。联网收费结算中心每日定时对前一工作日的收费额进行拆分和清算。首先，要完成对有关的收费数据和资金收缴数据的一系列核对、检查工作，在确认准确后，按照确定的拆分原则，对每一笔通行费数据进行拆分。针对结算对象产生收入数据结果，并下达给各收费中心，产生资金划拨文件，财务部门在完成收费资金划拨后，将处理结果传回联网收费结算中心。

（2）资金收缴和划拨方式

① 银行账户开设。商业银行为联网收费的清算银行，是完成现金解缴和资金清算划拨工作的主要载体。

根据需要，联网收费结算中心在清算银行开设一系列账户，包括"现金收缴账户"、"预付卡清算账户"、"ETC 清算账户"和"集中清算账户"；各个结算对象在清算银行分别开设"专户"；预付卡和 ETC 管理中心分别在有关的银行开设"预付卡专户"和"ETC 专户"，用于集中存放预付卡的售卡资金和 ETC 用户资金。当预付卡和 ETC 管理中心与联网收费结算中心为统一的机构时，可在清算银行开设"预付卡专户"和"ETC 专户"，此时不再另设"预付卡清算账户"和"ETC 清算账户"。

② 资金结算。

a. 资金汇缴。各收费站当日收费总额（现金部分）直接缴入各路公司自己的开户行，通过银行的业务系统统一汇集至"现金收缴账户"；预付卡和 ETC 管理中心在核查收费数据之后，按时将预付卡和 ETC 用户当日在路网内消费的金额分别从银行的"预付卡专户"和"ETC 专户"汇划至清算银行的"预付卡清算账户"和"ETC 清算账户"上。

b. 清算拆分。联网收费结算中心在确认联网收费资金已汇缴到银行账户后，再对采集的收费数据、收费站清账报表和资金收缴数据进行对照核查，确认无误后，才开始对前一工作口的收费进行拆分清算工作。如检查中发现问题，特别是出现"长款、短款"的问题，联网收费结算中心需逐条核对，直至找出原因。

联网收费结算中心协调参与收费结算的有关方面，对实际收缴的资金与最后检查确定的实际应收的通行费金额数据核对，对出现差距的各种情况讨论形成一个差错处理办法，并作为结算规则由各方共同遵照执行。

在落实各个环节的检查和差错处理后，联网收费结算中心按照确定的拆分原则，对每一笔通行费收入进行拆分计算，列出拆分明细报表，汇总确定各结算对象应收入款项的类型和相应的金额。

③ 资金划拨。联网收费结算中心在完成清算拆分工作后，向财务部门提交资金划拨文件。清算银行根据清算中心财务部门的资金划拨通知，从"现金收缴账户"、"预付卡清算账户"和"ETC 清算账户"将拆分所需的资金划转至"集中清算账户"。如预付卡和 ETC 管理中心与联网收费结算中心为统一的机构，同时在清算银行开设"预付卡专户"和"ETC

专户"时，直接从"预付卡专户"和"ETC专户"划转资金至"集中清算账户"。然后根据拆分的结果，从集中清算账户中分别划转资金至各个结算对象专户，这样就完成了资金结算的最后过程。

10.5 通行券管理（IC卡管理）

通行券记录了道路使用者行驶道路的原始数据，对道路收费系统的正常运行有着极为重要的作用，所以通行券的管理也是高速公路收费系统极为重要的一个环节，本节以目前我国高速公路收费系统较为普遍使用的非接触IC卡为例来描述通行券的管理。电子标签可以参照储值卡的模式。

10.5.1 IC卡的应用种类

根据收费业务的要求和应用的需要，非接触式IC卡采用一卡多用方式，具有通行卡、储值卡、公务卡、免费卡、系统管理员卡、操作员卡、密钥卡、测试卡。卡片的管理和发行由设置在收费结算中心内的IC卡发行与管理中心负责。

（1）通行卡

通行卡可以归收费结算中心内的IC卡发行与管理中心所有，也可以归各路公司所有，车辆进入路网时在入口收费站领取一张通行卡，在路网出口收费站退还该卡并用现金缴纳通行费，通行卡上不含金额。通行卡使用到一定时限由IC卡发行与管理中心统一淘汰更换。通行卡为车辆通行的凭证，专卡专用，不与其他类型的卡合并，除免费车队外，其他车辆进入路网严格遵照"一车一卡"原则，入口发卡，出口回收。

（2）储值卡

联网收费的储值卡为代金卡。该卡为用户所有并保存，卡上有电子钱包，存有一定数量的金额，用户须预先到储值卡发行点购买、充值，方可使用。车辆进入路网，领取通行卡，出口收回通行卡，校验储值卡，通行费额即从储值卡上扣除。储值卡不能透支，使用时如卡上剩余金额不足则足额交纳现金。

（3）公务卡

公务卡可以归收费结算中心内的IC卡发行与管理中心所有，也可以归各路公司所有，由各路公司分发给特殊机构保管使用，持公务卡的车辆在有效路段范围免收通行费，超出范围则足额交纳通行费。车辆过路时在路网入口领取通行卡，出口收费站验卡并收回通行卡，如车辆出示公务卡，车辆行驶路径属于该公务卡有效范围，则免费放行，否则按实际行车路线足额收取通行费。持公务卡的用户如需到有效范围外路段行驶，超出路段按正常车辆收费。公务卡上无电子钱包，不含金额，有效期限为6个月，用户每半年需到IC卡发行与管理中心重新确认该卡继续使用。

（4）免费卡

免费卡可以归收费结算中心内的IC卡发行与管理中心所有，也可以归各路公司所有，由各路公司分发给特殊机构保管使用，持免费卡的车辆在有效路段范围免收通行费，超出范围则足额交纳通行费。车辆过路时在路网入口领取通行卡，出口收费站收回通行卡，该车辆出示免费卡，如车辆行驶路径属于该免费卡有效范围，则免费放行，否则按实际行车路线足额收取通行费。持免费卡的用户如需到有效范围外路段行驶，超出范围部分按正常车辆收费处理。免费卡上无电子钱包，不含金额，有效期限为6个月，用户每半年需到IC卡发行与管理中心重新确认该卡继续使用。

（5）系统管理卡

系统用卡，该卡归 IC 卡发行与管理中心所有，用于多种系统管理，启动发行/储值系统软件，设备授权管理，由卡片发行系统生成。

（6）操作员卡

系统用卡，归收费结算中心 IC 卡管理中心所有，包括收费员身份证卡、系统维护员身份卡、系统操作员身份卡。分发到各收费站用于收费员上岗有效身份识别。

（7）密钥卡

系统用卡，归 IC 卡发行与管理中心所有，用于存放授权密钥以及系统密钥。

（8）测试卡

系统用卡，归 IC 卡发行与管理中心所有，用于测试和演示发卡系统运行以及使特定系统进入维修运行状态，进行设备维修和软件调试。

10.5.2　储值 IC 卡管理

在道路收费系统中，储值卡作为快速、便捷的代币工具，有着广泛的发展前景。由于在储值卡中涉及用户资金，因此如何安全、有效地管理储值卡是收费系统必须解决的一个问题，不然会引起整个收费系统资金管理上的混乱，易造成道路营运者及使用者的经济损失。参考银行信用卡的管理，储值卡管理包括的内容有：储值卡网点设置、储值卡的发放与充值、储值卡业务网点功能设计、储值卡存储内容设计、储值卡黑名单管理设计、储值卡管理设计、储值卡用户的资金结算。目前道路收费管理部门发放储值卡有两种方式，即由收费管理部门独自发卡和由银行代理收费管理部门发放储值卡，收费管理部门自行发卡。

10.5.2.1　储值卡使用流程

在储值卡收费过程中，车辆进出路网时，收费站的车道收费机即完成对储值卡信息的读出/写入，并自动扣款，收费汇总数据通过拨号网络或其他通信方式（或逐级上传）上传到收费结算中心，并进行数据处理。

（1）储值卡资金管理及清算

储值卡发售所获得的资金统一存入卡管理中心开设的 IC 卡清算账户，结算中心每日终结算处理时，从该账户划出当日储值卡使用金额。

卡管理中心和发卡/储值网点在每个收费工作日结束以后要进行日终结算处理。

（2）IC 卡结算

每个收费工作日结束后，库存储值卡、本日配发储值卡、上日库存储值卡和新配发储值卡在数量上应能够保持平衡，即：

上日库存储值卡＋新配发储值卡＝本日库存储值卡＋本日配发储值卡

（3）售卡金额结算

本日余额：上日余额＋本日网点售卡金额＋网点其他收入

为推广储值卡的使用，储值卡发售时可以给予一定的优惠，优惠应该由 IC 卡管理中心统一制定，每个网点发售优惠储值卡时将实收的现金上交 IC 卡管理中心，差价由 IC 卡管理中心处理。储值卡使用时扣除的通行费应为实际的通行费，不能计算折扣。

（4）储值卡的失效

造成储值卡失效有卡片损坏、丢卡、销卡三种情况。对这三种情况 IC 卡发行、管理系统将采用不同方式进行处理。

① 卡片损坏。如在出口发现储值卡损坏，换用现金收款方式。

如持卡人自行发现储值卡损坏，可以向原发卡/储值网点申请补卡，由卡管理中心核实后，重新发放一张新卡给持卡人。补卡时发生的费用按照卡管理中心的统一规定收取。

② 卡片丢失。卡片丢失时，持卡人可以向原发卡/储值网点申请挂失。挂失时，持卡人应提供身份证件和联系方式，卡管理中心收到挂失申请后，将该卡记入黑名单。经过规定时间后，卡管理中心可以授权原发卡/储值网点补发新卡给持卡人。

③ 销卡。当收费员发现已销户的储值卡时，应予以没收，并通知收费班长处理。

10.5.2.2 储值卡功能设计

储值卡在联网收费系统中，要求储值卡应用多区功能，一般采用四个分区进行各自功能的划分。具体的位置可参见本章第一节的内容。

密钥分区：作为 IC 卡的第一个分区，对卡的识别和储值密钥进行效核。

基本信息分区：存储车辆的车型和车牌号、车主的身份证号码、联系电话等基本信息。

储值分区：储备车主的已储值金额，IC 卡读写器能对该区域充值和扣值。

10.5.2.3 储值卡业务网点

根据系统对储值 IC 卡需求，收费管理分中心、收费站、服务区和出口车道处布设发卡储值网点。设置发卡设备和通信设施，在需要发卡、储值时，以联机方式通过网络向 IC 卡发行与管理中心传递发卡储值申请，IC 卡发行与管理中心接受到这些申请后，利用 IC 卡发行与管理中心 IC 卡存放的数据进行加密计算，发送一个授权号码，下传给下属网点，网点接到授权代码后方可进行发卡、储值操作。IC 卡发卡储值网点的建设可以由联网收费中心自己建设管理，也可以委托银行建设管理。无论哪种管理，IC 卡售出资金的主体是收费结算中心。

储值卡业务网点的功能主要是完成储值卡的发行、充值、挂失、补卡等工作，以及在储值卡中记录卡序列号、预付金额以及个人信息等数据。储值卡业务网点的具体功能设计如下。

（1）储值卡的发行

储值卡的发行由各个储值卡业务网点完成，其基本流程是：IC 卡发行与管理中心利用发卡系统将最初的源卡初始化成写有储值卡初始信息的空白卡，然后根据各储值卡业务网点的计划或需求将空白卡片配送到各个储值卡业务网点。由储值卡业务网点进行储值卡的发放、储值等工作，并且定时从中心下载系统运行参数，并存放在本地硬盘中。用户申请办理储值卡时，储值卡业务网点根据用户的申请取出空白储值卡，然后从本地数据库中提取系统运行参数，对储值卡进行个人化的操作。操作员输入储值卡类型，将储值卡 ID、类型、用户 ID、用户名、预付金额、时间、储值卡业务网点代码等信息写入储值卡，并在本地数据库中保留这些信息和用户的地址、电话等内容，最后打印相应票据。

为了保证储值卡的安全性和保密性，对发卡的每一个环节都应遵循一定的规则。

① 授权。在储值卡业务网点进行发卡操作前，首先向 IC 卡发行管理中心申请对发卡操作的授权，由 IC 卡发行管理中心完成对其请求的授权并给该网点下发授权码，储值卡业务网点接收到授权码后才可以进行以后的发卡工作。

② 发卡。储值卡业务网点在发行储值卡时，为保证储值卡发行过程的安全，同时也为了保证 IC 卡发行管理中心数据库中保存的储值卡信息和储值卡中记录的数据同步更新，发卡时储值卡业务网点需要和管理中心进行联机操作，在储值卡发行的每一步操作中，储值卡业务网点将数据上传给管理中心，由管理中心返回处理结果，然后才可以进行下一步操作。

储值卡业务网点在发卡过程完成后，将结果上传到管理中心。

（2）储值卡的储值

储值卡的储值由各个储值卡业务网点完成。各储值卡业务网点首先向收费中心申请储值，验证储值卡的合法性，然后读出储值卡 ID、用户名、余额等相关信息，根据用户储值金额，重新计算总金额，改写储值卡中记录的预付金额信息，同时打印票据。将储值信息存入本地数据库的同时，上传到 IC 卡管理中心数据库。

（3）储值卡的挂失

驾驶员遗失卡片，可到储值卡发行网点进行挂失申请，系统在核实有效性后，将该卡的账号和挂失时间被录入黑名单数据库，系统接受挂失申请 24h 内生效。系统规定，用户退款在挂失生效一个月后进行，也可以重新进行补卡，但必须办理相关手续。

关于挂失生效日期的确定，每日收费结算中心根据黑名单数据库变化的情况，各收费站和车道收费机定时下载黑名单数据库，保证黑名单的完整、有效。向客户承诺 24h 内生效，是保证万无一失。

（4）报表打印

各储值卡业务网点应定时从管理中心数据库将系统运行参数下载到本地数据库中，并将本网点发放、储值的每一张卡的处理明细及统计该网点储值卡的库存量等信息。

（5）数据库管理

各储值卡业务网点应定时从管理中心数据库将系统运行参数下载到本地数据库中，并将本网点发放、储值的每一张卡的有关数据及时地上传到 IC 卡管理中心。

10.5.2.4　储值卡黑名单管理

黑名单的管理是卡管理系统中较为重要的一个方面，利用黑名单可以保证各种卡的真实性、有效性，从而防止失效卡的再利用，减少通行费的流失。特别是对于储值卡来说，由于它可以作为代币工具，所以其有效性有为重要。储值卡黑名单的管理方案如下。

（1）建立黑名单数据库

为了保证各种 IC 卡的有效性，IC 卡发行管理中心应建立黑名单数据库，用来存放不符合使用条件的储值卡信息，以及超过期限使用的公务卡信息。黑名单数据库中应存放列入黑名单的储值卡 ID、金额、用户名、列入黑名单的简单原因等内容。各收费站、收费车道应定时从管理中心下载黑名单数据，以便及时发现非法使用者。

（2）黑名单的建立

对于下述几种储值卡，应将其列入黑名单：

① 对于挂失的储值卡，经管理中心确认后，将其列入黑名单；

② 对于卡上余额与管理中心数据库中的余额不符的储值卡，可以认为该卡被非法处理，将其列入黑名单。

（3）黑名单的删除

对于下述几种储值卡，应将其从黑名单中删除。

① 对于用户取消挂失的储值卡，储值卡业务网点在核实其有效性后，将其取消挂失的信息传送到卡管理中心，卡管理中心数据库经确认后，将其从黑名单中删除。

② 当列入黑名单数据库中的储值卡因达到使用期限，或者其他原因需要报废时，卡管理中心在确认其报废后，将其从黑名单中删除。

（4）各收费站黑名单的统一

收费站定时从卡管理中心取黑名单，并更新本地数据库，同时各收费车道也定时从收费站数据库取黑名单并下载在本地数据库中，以保证卡管理中心、收费站和收费车道三处的数据库保持统一。如果通信线路中断，各车道可以暂时以本地的黑名单数据为准。黑名单传送时传送数据为 IC 卡账号和状态控制字，状态控制字用语标志数据入库或出库。刷新传送方式为差值传送，即每次只传送最新的数据而非全部传送，这样可大大减轻系统通信负担，提高可靠性。

（5）注销名单

以下几种情况列入注销名单中：

① 对于已到使用期限而损坏的储值卡，系统在用户更换新卡后将其列入注销名单；

② 对于未到使用期限而损坏的储值卡，系统在用户更换新卡后将其列入注销名单；

③ 对于列入黑名单的时间超过一年的储值卡，系统自动将其列入注销名单。

注销名单同黑名单一道进行传送，使卡管理中心、收费站和收费车道三地数据库保持一致。

10.5.2.5　储值卡管理设计

储值卡管理主要包括以下内容。

① 对空白的储值卡，储值卡业务网点系统记录 ID 号码、类型、位置，每日进行各类型储值卡的数量、分布统计。

② 对于合法使用的储值卡，系统应存储其每次使用的记录，其中包括：发行、交费、充值、挂失、取消挂失、转账、注销，并对每一位用户的详细使用资料保存一年，以备用户查询。

③ 对于列入挂失、非法修改和注销名单的储值卡，收费员将没收该卡，并将卡上交。

④ 对于列入注销名单的储值卡，收费车道应对卡进行破坏性写入。

⑤ 列入注销名单的储值卡在回收或进行破坏性写入后，该注销名单继续在中心保留一定时间（可设置），随后可以自动删除或由管理人员手工删除。

⑥ 卡管理中心应定时对储值卡的管理数据进行备份，保证数据安全。

⑦ 系统可为每一位驾驶员提供查询服务，并定期为驾驶员提供明细对账单。

⑧ 系统可为管理中心提供一套完善的报表，包括流通储值卡报表、黑名单报表、注销名单报表、没收储值卡报表、注销储值卡报表、更换储值卡报表等，便于管理中心的统计和管理。

10.5.3　通行 IC 卡管理

通行卡是车辆在路网上行驶的凭证，也是系统提取交通资料的最重要的途径，通行卡唯一的职责就是记录车辆通行资料，专卡专用，不与其他卡合并。除免费车队外，其他车辆一律在入口领取通行卡，做到一车一卡，在出口归还，防止通行卡流失到路网以外。

在通行卡收费过程中，车辆进入路网时，由入口收费站先将车型、入口收费站编码、进入路网时间、操作员编码等信息写入通行卡，并将进/出标志置为进入，然后将通行卡发放给驾驶员，同时将入口信息传送到入口收费站服务器，入口收费站服务器将收集到的入口信息存储记录，驾驶员携带通行卡在路网中行使经过标识站时，标识站上的 IC 卡读写器将标识站编号、经过时间等信息写入通行卡，当驾驶员到达出口时将通行卡交还收费员，车道收费机读取通行卡内信息，判断是否有效卡，如不是，则按照规定进行处罚，如是，则继续由收费员判断车型是否与入口车型一致，如不一致则重新输入车型，车道收费机计算应收金额，收费员收取高速公路通行费。为避免收费员用同一通行卡处理不同车辆，在车道收费机读取通行卡并处理后，自动设定卡状态，使得出口车道收费机不能再次读取该通行卡上的信息。入口车道发放通行卡，该通行卡内记载了相应的入口车道代码、车型、入口时间等信息，出口处司机必须归还通行卡，如司机出示公务卡、免费卡时，车道软件校验相应的功能卡，校验通过则针对功能卡的类别做相应的处理，否则按照普通的通行卡对待。

10.5.3.1　通行卡的储备原则

联网收费系统运行时，各收费站随时需有一定数量的通行卡发给进入路网的车辆，同时也会回收一部分驶出路网的车辆退还的通行卡。在较长时期内出入路网的车辆总数基本平衡，但较短时间内，可能有一定的差额，使得某些收费站出现通行卡备用数量不足或过多的情况。为了保证各收费站正常运转，又避免 IC 卡发行与管理中心购置过多的储备卡造成浪费，必须对通行卡作合理的发放，并对收费站备用卡的不平衡进行动态调配。

IC 卡发行与管理中心根据路网总流量确定备用卡总量，经验公式为：

$$N = 1.5 \times Q$$

式中　Q——路网出入口匝道 24h 通行车辆流量；

　　　N——备用卡数量。

设置在收费结算中心内的 IC 卡发行与管理中心保留一部分备用卡，并根据各路段的流量将通行卡分配给收费管理分中心，由各收费管理分中心再分配给收费站。

系统运行后，发卡管理中心通过收费数据对通行卡的流量和流向进行跟踪监测，同时，各收费站监测通行卡的发放回收情况，如 IC 卡保存量下降至分配量 40% 或上升至超出分配量 60%，则向收费管理分中心调配申请，调配由管理所内的巡逻人员运送来实现。若收费管理分中心内调配发生困难，则向发卡管理中心发出调配申请，发卡管理中心则在各收费管理分中心之间进行调配，同时调整备用卡数量，保证系统的正常运行。发卡管理中心根据系统运行调配情况，调整各级分配数量，逐步延长各级调配时间，降低调配成本。

随着系统运行，路网总流量的逐渐增加，卡管理中心对系统中通行卡总数进行调整，使之处于合理状态。同时，根据通行卡使用时间定期更换，淘汰旧卡，以减少使用中损坏的情况发生，考虑到使用中诸多因数的影响，通行卡的更换周期一般为 3 年。

10.5.3.2　通行卡的调配管理

通行卡调配管理是联网道路收费系统初期最重要的功能模块之一，要求根据各路段车辆通行流量进行核算，由 IC 卡发行与管理中心确定通行卡调配计划。在实际的操作中，发卡系统需要监控各路段通行卡的流动情况，依此在路网内部动态调动通行卡资源。

（1）调配原则

路段收费管理分中心的 IC 卡存量为属下收费站各入口日平均车流量的 1.5 倍。

在 IC 通行卡初始使用时，各收费分中心需上报各入口平均车流量，检测数据以及出口车流量的数据，IC 卡发行与管理中心依据上述原则配发卡片到各收费分中心，收费分中心然后下发到各收费站。各收费分中心内全部收费站的 IC 卡储量低于设计存储量的 40% 或超过设计量的 60% 时，收费分中心需立即向 IC 卡发行与管理中心发出配卡申请，IC 卡发行与管理中心依据配卡申请调配卡片到相应收费分中心。收费站的 IC 卡调配由收费分中心先行调配。

（2）调配流程

高速公路各收费分中心向 IC 卡发行与管理中心提交书面调配卡片申请表格，配卡申请上应注明现有 IC 卡储量，申请前三天入口发卡和出口收卡的统计数据。IC 卡发行与管理中心在审核报批后，签批配卡申请报告。IC 卡发行与管理中心将库存卡片按卡序列配发收费分中心，并进行出库登记。收费分中心根据所辖收费站的 IC 卡存量及配卡申请进行调配。

（3）卡调配方法

① 收费分中心申领卡片数量。收费分中心初始储卡数量：

$$N_1 = 收费分中心各收费站入口车道日平均流量 \times 1.5$$

收费分中心申请配发卡片数量：

$$N_2 = N_1 - (\sum 收费分中心各收费站入口剩余卡量 + \sum 收费分中心各收费站出口回收卡量)$$

条件：收费站储卡量 $\leqslant N_1 \times 0.4$ 或收费站储卡量 $\geqslant N_1 \times 1.6$

② 收费站申请卡片数量（向收费分中心申请）。收费站初始卡片储量：

$$N_5 = \sum 各入口车道日平均流量 \times 1.5$$

收费站申请配发卡片数量：

$$N_6 = N_5 - (\sum 入口车道剩余卡量 + \sum 出口车道回收卡量)$$

条件：收费站储卡量 $\leqslant N_5 \times 0.4$ 或收费站储卡量 $\geqslant N_1 \times 1.6$

③ 入口车道申请卡片数量（向收费站申请）。入口车道申请卡片数量：

$$N_7 = 入口车道平均日流量 \times 1.5$$

出口车道申请卡片数量：$N_8 = 0$

鉴于通行卡的重要性，联网收费系统主要通过以下措施来加强对通行卡的管理，减少通行卡的流失，建立一套严格的发卡、配送、调拨工作流程。首先保证发卡过程的绝对安全（通过密钥），其次在通行卡配送的过程中，根据各路段车流量合理配送，在配送过程中的每一个环节均将配送结果及相应卡数据记录在数据库中。

收费站将收费原始数据上传到收费结算中心，使中心可以掌握每一张通行卡的流向、所在地、发出操作员、收回操作员等信息，各收费站、分中心都可以通过中心查询任何一张卡的信息。在收费站指定专人担任卡管理员，负责通行卡在收费站的存放、发放和回收工作。同时配合卡管理员建立功能完善的通行卡查询管理系统，可以有效地协助通行卡管理员对通行卡进行严格的管理。

针对在收费车道工作的收费操作员，提供多种手段来防止通行卡的流失，如采用严格的操作流程，保证通过一辆车只发一张卡；通过增加卡箱设备来有效地防止操作员造成的卡流失等。上级管理部门（分中心）定期检查收费站通行卡实际数量与记录是否一致。配合高速公路管理部门建立严格完善的防止通行卡流失的制度。

10.5.4　其他 IC 卡管理

收费管理分中心和收费站为了联网收费的正常运行还必须具备其他 IC 卡管理功能。

10.5.4.1　公务卡的管理

公务卡是一种特殊的免费通行卡，它是由收费系统为公务车发放的。所谓公务车是指由于执行特殊任务可以免费在高速公路上行驶的车辆，如道路管理者的车辆等。为保证在整个系统对公务车实施有效的管理，避免通行费的流失，卡管理中心应对公务卡进行统一管理。

（1）公务卡的发放原则

对于经常用于系统维护、系统调试、紧急事故处理等业务的专用车辆，发放公务卡。发放该公务卡时，记录了该公务车的车牌号码和该车行驶的有效时间和范围。

公务卡由卡管理中心统一发放和管理，其使用期限和范围由卡管理中心根据业务的需要来具体确定。

（2）公务卡的发放

由于公务卡是一种免费凭证，车辆持有公务卡时在免费路段可不缴费通过，为保证公务卡发放的严格性，公务卡的发放工作应由 IC 卡发行管理中心负责。有关车辆在办理公务卡时，管理中心根据用户申请取出空白公务卡，然后从数据库中提取该卡的基本信息和操作参数，输入相应公务卡信息：公务卡号、类型、公务车车号、车辆所有机关、核发时间、有效期、发卡机构、发卡人、有效范围等，并进行公务卡的登记，完成公务卡的发放。每发一张公务卡，都必须登记在管理中心数据库中，同时登记日志文件。

（3）公务卡的应用原则

公务卡只能专车专用，不能挪用于其他车辆，并且只能在规定的时间和范围内享有其免费的权利，若超出该卡的使用范围，则要按行驶路径足额缴纳通行费；若公务卡超出使用有效期限，则视为无效卡，应该缴纳通行费。公务卡的有效日期和范围都可以根据实际需要进行相应的调整。

（4）公务卡的应用流程

在出口车道回收通行卡，计算车辆行驶路径，并读取公务卡的信息，判别该公务卡的有效期限、使用范围和车牌号码，若过期，则收取相应的通行费用，若超出范围，则超出范围按正常车辆缴纳通行费用，再归还公务卡；若车牌号码不符，则没收其卡片、缴纳通行费并处以一定的罚款。

公务卡超出范围和时间按正常车辆缴纳通行费用，通行费用可以用记账形式，定时打印出公务卡行驶的路径和金额，在各路公司中进行转账，这种方法既保障了各路公司的利益，又了解公务车的行驶路线，给公车私用提供了稽核依据。

（5）公务卡黑名单的管理

为了避免使用无效公务卡造成的通行费的流失，系统应对公务卡进行有效的控制和管理，可以通过建立黑名单来实现。

① 黑名单的建立。为严格、有效地控制公务卡的使用，应该对每张公务卡设置有效使用期限，用户在公务卡达到使用期限前，应该在管理中心再次进行注册，以延长其有效使用期限。如公务卡超过有效使用期限仍未登记注册，则系统将该卡列入黑名单。收费员发现公务卡挪用，则没收其公务卡并记入黑名单中。

② 黑名单的删除。对于列入黑名单的公务卡，可允许其进行再次登记注册，发卡点在核实其有效性后，将其注册信息上传至卡管理中心，由卡管理中心确认后，将其从黑名单中删除。

10.5.4.2　系统用卡的管理

系统用卡包括系统管理卡、操作员身份证卡、密钥卡和测试卡等。

（1）系统管理卡

用于多种系统管理，启动发行/储值系统软件，设备授权管理，由卡片发行系统生成。同时卡管理中心在发放时，应登记卡型、卡号、发卡时间、持卡人、有效时间等信息，制作备份用卡，并妥善保存。

（2）操作员身份卡

包括收费员身份证卡、系统维护身份证卡、系统操作员身份卡，分发到各收费站用于收费员上岗有效身份识别。该卡由卡管理中心发放，在发放时登记卡型、卡号、操作员信息、发卡时间等信息，同时制作备份。

（3）密钥卡

用于存放授权密钥以及系统密钥。该卡作用于车道读写器的密钥授权和储值网点读写器的授权，保证数据的安全性。

（4）测试卡

用于测试和演示发卡系统运行。对于系统故障，就用该卡进行试运行，以保证整个路网收费数据库的完整性。

（5）系统用卡的黑名单管理

系统用卡各卡具有不同层次的使用权限，每一张卡丢失，都会或多或少的给系统带来不安全的因素，对系统用卡的黑名单管理尤为重要。所以，黑名单的建立对系统管理非常重要，应遵循以下原则：当系统用卡丢失时，必须及时加入黑名单，并尽可能快地传送到各级数据库中，保持三级数据库的一致性；当操作员离开工作岗位后，应没收其卡，并加入到黑名单中；对借用的系统用卡，超过其借出期限，列入黑名单中，并及时追回该卡。

10.5.5　IC卡的初始化

IC卡由收费结算中心统一采购或者各路公司采购送到卡管理中心后，在IC卡管理中心建立空白卡档案库，利用中心的发卡设备，按照设计格式对空白卡进行初始化，使其具有高速公路网通行卡的特征，将卡片状态置成已初始化状态，设定卡片序列号，在卡片表面打印卡片的序列号；同时修改卡片档案库，此时库中卡片状态为初始化状态。

10.5.6　IC卡的配发管理

根据各路对储值卡的实际需要，将储值卡配发给相应路段的收费管理分中心、收费站的储值网点，并将IC卡发行与管理中心档案库中的卡片状态改为待销售状态。

根据各路公司对通行卡的实际需要，将通行卡配发给相应路公司，然后路公司将通行卡按照各收费站通行卡的实际需要配发给各收费站。

根据各路公司高速公路对公务卡的计划需求，卡管理中心根据特殊单位的实际需要，将公务卡配发给相应的特殊单位。配发时在数据库中记录卡型为公务卡，并记录车牌号码、失效日期、使用范围等。同时将车牌号码用钢印加盖在IC卡上，失效日期记录在IC卡内，供收费员验核之用。

根据各路公司对其他IC卡的需求，IC卡发行与管理中心根据工作的需要配发其他类型的IC卡（系统管理卡、操作员卡、密钥卡、测试卡等），配发时记录卡型、卡号、发卡时间等信息，并制作备份卡。配发后，给相应的系统用卡给予授权，待用完交回后注销相应的卡片。

10.6　联网收费计算机网络

10.6.1　联网收费计算机网络结构

联网收费计算机网络在路段收费计算机网络的基础上，增加了区域联网收费结算中心计算机局域网，收费数据的信息量成数倍增加，网络范围大大扩展，结构、设备更为复杂，由于收费数据传输的实时性要求较高，网络的性能必须满足联网收费的需求。

根据要求，收费站计算机与收费分中心计算机系统的通信信道不应依靠相同电缆和线路，以避免因公共线路发生故障而影响整个系统的运行。因此，在网络结构的设计上，应考虑线路的冗余备份，保证网络传输的实时性。网络备份、专线备份、交换网络备份。如采用拨号备份线路，收费站服务器可以自动检测通信线路是否正常，当发生故障中断时，自动启用拨号备份线路。

收费系统区域联网以后，对整个网络的 IP 地址应统一规划。IP 地址规划的合理与否，将影响到网络路由协议算法的效率、网络的性能、网络的拓展和网络的管理，也影响到网络应用的进一步发展。IP 地址空间分配。应与网络拓扑结构相适应，既要有效地利用地址空间，又要体现网络的可扩展性和灵活性，同时能满足路由协议的要求，以便于网络中的路由聚类，减少路由器中路由表的长度，减少对路由器 CPU、内存的消耗，提高路由算法的效率，加快路由变化的收敛速度。同时还要考虑到网络地址的可管理性，即在分配 IP 地址时，既要严格遵循唯一性，又要充分体现简单性、连续性、可扩展性和灵活性的原则。

10.6.2　联网收费软件系统层次

如图 10-2 所示，收费系统应用软件在逻辑上分为 3 个层次，即用户接口层、功能处理层和系统平台层。

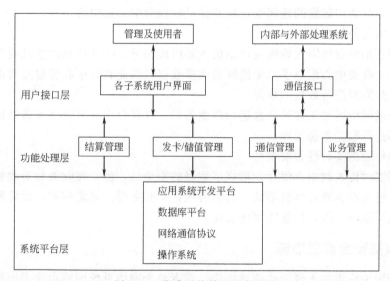

图 10-2　收费系统管理软件层次

（1）用户接口层

该层为系统与最终用户之间的界面层，包括系统与用户之间的人机界面和设备界面。人机界面将采用图形操作环境为用户提供自然、友好、灵活的操作方式，提供给用户多种操作功能去完成相应的业务处理操作和管理任务。

（2）功能处理层

该层对上接收用户接口层传来的格式指令数据，对指令进行识别，对数据进行处理，将用户所需要的功能进行分解和组合，生成系统的基本功能调用；对下则直接调用数据库数据或系统资源完成指定任务。

（3）系统平台层

该层为系统配置的基本支撑软件，包括数据库、网络和操作系统等。应从保证系统的先进性、对硬件的广泛适用性和优良的服务支持性去选择信息系统平台，其中包括网络操作系统、通信软件、DBMS 和开发工具等。

10.6.3　收费数据传输技术要求

（1）路由器网间互联

通信网传输方案中，一般采用路由器网间互联。采用路由器连接通信网具有以下优点。

① 路由器只传输有用的信息，而滤掉一些广播信息，防止信息传输阻塞，提高网络利用率。

② 路由器连接的网络是彼此相对独立的子网，便于分割一个大网为若干独立部分进行管理和维护。

③ 路由器通过身份认证、加密传输、分组过滤等手段对路由器自身及所连网络提供安全保障，对进、出网络的信息进行安全控制；同时还具有一些安全管理功能，如安全审计、追踪、告警和密钥管理。

（2）数据的一致性和完整性

利用 SQL Server 等数据库的复制功能对数据进行管理，可对分布的数据库进行同步。收费站收费数据每隔一定的时间复制到分中心及中心，这样可保证分中心和中心数据与收费站完全一致，且收费站数据的任何变化将直接反映到分中心及中心。

（3）数据的备份与恢复

备份及恢复是所有网络灾难恢复计划的主要组成部分。收费数据因涉及收费金额，且收费具有延续性，收费中心汇总了整个路网的收费数据，因此收费中心要对重要的数据进行备份，以便发生故障时进行数据的恢复。

收费站局域网中通过工作站硬盘进行数据备份，收费分中心可通过收费站或中心获取数据，因此可不进行数据备份工作。

（4）数据传输的实时性和安全性

收费数据实时传输到中心保存，增强了数据的安全性，防止在收费站对收费原始数据的破坏和更改。也可在各级计算机系统中设置各级认证服务器，规定权限，设定密码，避免他人进入。系统可设防火墙，以保障网络安全。

10.6.4　数据安全管理措施

数据常会因为病毒的入侵而改变或丢失，或者整个网络系统因病毒攻击而导致崩溃。为确保收费计算机网络的安全，一般采取的技术措施是禁止使用外来软盘操作来达到防范目的，同时安装配置实时防病毒软件以防止病毒侵入。在客户机、服务器和其他内网的接入点（网关）设置防病毒软件，前两者是为了保证主机不受病毒的侵害；和其他内网的接入点可将其视为一个网关，在网关处设置病毒检测系统可以保证本网段不受来自于其他内网的病毒的扩散影响。主要技术手段可采纳预防病毒、病毒诊断、解毒和网络病毒检测等。

另外，加强各级计算机系统的权限和口令管理，防止口令外泄，对防止未授权人员入侵网络系统破坏收费程序及数据也是非常重要的。

为了保证收费原始数据的安全性和可靠性，硬件上通常采用双服务器热容错的技术方案。例如，采用微软集群服务器（MSCS）方案，双机热备份连接示意图如图 10-3 所示。

双机热备份可采用两台服务器进行镜像来实现，也可通过增加冗余磁盘阵列柜实现热备份，即所有的硬盘放置在磁盘阵列柜中，服务器中没有硬盘，主机和副机的切换由硬件实现。

为了防止硬件故障导致数据损坏或丢失，收费站计算机系统还常常采取 3 级数据互为备

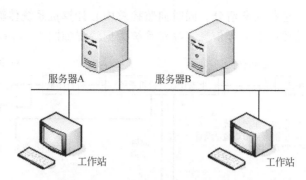

图 10-3　服务器双机热备份连接示意图

份的安全措施，即电子盘、车道控制机本地硬盘和网络数据库服务器均存放收费数据的备份，其中电子盘中保存当班收费数据的备份，车道控制机本地硬盘存放未经加密处理的收费数据，网络数据库服务器利用大型数据库技术对收费数据进行管理。

在联网收费系统中，可以建立一个数据库与应用监测系统，进一步提高数据库及应用，系统的安全性。监测系统的功能如下。

（1）提供专用的 API 接口

关键应用系统可以通过该接口把当前状态和重要的流程信息报告给监测中心，以对应用系统用户的业务操作进行详细的审计。

（2）日志采撷

监测系统主动获取应用服务的日志，处理后转发给监测中心。

（3）用户登录审计

监视用户认证和授权的全过程，一旦有可疑迹象，即汇报给应用监测中心。

（4）数据库监测

采用旁路的方式对数据库的访问进行有效的监控，及时发现非法用户对数据库资源的访问与入侵，并给予报警。

10.6.5　联网收费信息流程

收费站是最基层的管理机构。收费站内的收费车道负责收取车辆的通行费用。收费车道计算机根据车辆类型及车辆在路网内的行驶里程，算出收费额，并控制车道设备的动作，将数据上传收费站计算机；收费站计算机定时汇总各收费车道的数据信息，根据汇总的数据，计算有关各道路分公司的应得金额；收费站计算机存储、打印报表，并将统计信息（包括拆账数据）上传各收费分中心，同时接收收费分中心计算机系统下传的统一时钟、各路段的费率、黑白名单等信息，并下传到车道计算机。

收费分中心监督和管理各收费站的收费业务，实时地汇总各收费站统计信息，并予存储；将分中心管辖段的收费费额进行汇总拆账，打印有关报表，向收费结算中心传送收费汇总数据；定时向监控分中心计算机系统传输交通流数据；接收并下传收费结算总中心下传的统一时钟、各路段的费率、黑白名单等信息。

各收费分中心之间采用对等拆账的方法。各个收费分中心还要将本路段的拆账数据在收费分中心形成数据文件，通过计算机网络互相传送给对方，使拆账数据透明。

收费拆账结算总中心负责统筹安排整个路网的收费工作，制定收费规章制度和标准；全面掌握整个路网的收费情况，收集、汇总、存储各收费分中心上传的收费数据，并且统计各公司的应得收费金额，进行财务清分。同时向监控总中心计算机系统传输交通流数据，生成并下传统一时钟、各路段的费率等信息。收费系统数据流程如图 10-4 所示。

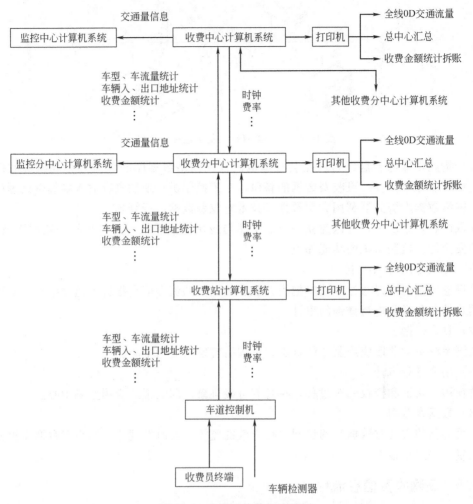

图 10-4　收费系统数据流程图

在联网收费系统中，由于要从相应的共享子目录中读取相应数据，并直接插入到相应数据表中，因此，在联网收费系统中，数据传输采用数据库格式：数据下传可统一采用 AC-CESS 数据库格式，数据库的名字统一采用表名＋.mdb 形式；数据上传统一采用 SQL Server 数据库格式，数据库的名字统一采用表名＋.dbf 形式。

为防止司机换卡作弊，出口车道在发生输入车牌照与入口输入车牌照不一致时，可以由出口车道计算机或出口收费站计算机通过收费结算中心从相应的入口收费站调取相应的入口抓拍图片。

图像的查询、传输需要定位到特定的 TCP/IP 端口，为保证网络传输的畅通，各收费站均分配了特定的端口号。

10.6.6　联网收费网络管理

（1）设立网管系统的必要性

随着联网收费的发展，计算机网络规模越来越大，业务应用日益丰富，网络信息急剧增长，网络也愈来愈复杂，对性能要求也越来越高，管理上也会更困难。为了保证网络的可靠和运行质量，应该设立收费系统网络管理措施，对收费网络系统进行统一管理。

建立网管系统就可以查看全网的网络连接关系，检查各种设备可能出现的故障，检测网络性能瓶颈及时作出报告，并进行自动处理或远程修复，使网络正常、高效运行。

（2）网管系统的主要功能

联网收费系统网管应包括以下主要管理功能。

① 故障管理。网管系统应有自动诊断功能，监控全网络的各种设备，并能够自动发现设备的运行状况。还可以探测到位于广域网上的设备，显示哪些设备和网段工作正常，哪些部分需要引起注意，对接收到的故障事件进行分析和处理，并能执行诊断测试、故障跟踪以及故障修正。

② 配置管理。能自动发现网络内的所有设备，能够正确地产生拓扑结构图并自动更新；提供跟踪网络变化的能力，为网络上的设备配置、安装和分配软件及修改参数；使网络管理者对网络的配置实施控制，可以改变配置以减轻拥塞分离故障。

③ 性能管理。实时监控设备状态，获取网络运行的信息及统计数据，准确地发现系统瓶颈和潜在的性能问题，帮助系统管理人员制订正确的解决方案。

④ 安全管理。网络管理能够提供访问保护，包括授权设施、访问控制、加密及密钥管理、身份认证和安全日志记录等功能。根据收费、监控业务处理的要求严格规定谁可以访问哪些数据、可以请求何种服务、可采取影响系统的措施等，保护服务器和数据库的数据安全。

（3）网管系统的组成

网络管理系统主要由 4 部分组成：若干被管代理、至少一个网络管理站、一种公共网络管理协议、一种或多种类别管理信息库。代理可以应用于多种设备上，例如路由器、交换机、服务器、工作站、打印机、UPS 电源的后援系统等。网络管理协议是最重要的部分。当前有两种计算机网络管理协议，一种是开放系统互联组织（OSI）提出的公共管理信息及协议（CMIS/CMIP），另一种是 Internet 工程任务组（IETF）提出的简单网管协议（SNMP）。SNMP 是 TCP/IP 的一个协议，是一个相当简单的请求与应答协议，它是通过网络控制站定期轮询被管理设备的新信息来工作。网络管理站是网络控制中心，管理信息库（MIB）是 SNMP 代理软件的存储部分，其中存储对象的信息称为变量（或称属性），管理信息库（MIB）可以分为多种类别。OSI 提出的方案定义了故障管理、配置管理、计费管理、性能管理和安全管理这 5 个网管的功能域，对管理的框架、管理信息的定义、对象的属性与行为等都有详细的定义，但实现起来过于复杂，在实际应用中没有得到多数厂家的支持。而 SNMP 协议由于简单实用被迅速地推广开来，得到了广泛的支持。

（4）网络管理方式

网管可以分成集中式与分布式管理两种方式，两种方式的特点如下。

① 分布式管理。在省中心设置一个全网的网管中心对骨干网的路由器、交换机进行控制和管理，并对省中心的收费结算、监控的服务器、数据库系统进行管理。在各路段收费分中心设置本地网管工作站，管理分中心内的网络设备、收费及监控的数据库、服务器和应用系统。当各节点的网络设备和服务出现故障时，首先由分中心管理员进行处理；如出现无法处理的情况，交给省网管中心管理员负责处理。其优点是层次分明，网络及故障处理是分级进行。在网管中心还可以采用冗余配置，满足大型网络管理的可靠性和连续性要求，但是投资较大，要与带外管理方式相结合，增加使用者的负担，不适合于中小型网络。

② 集中式管理。集中式管理方式只在省中心设置一个网管中心，负责全网的服务器、数据库等主机系统、网络设备及网络应用的管理。如果出现网络故障，都由网管中心管理员处理。其优点是统一管理，系统的安全性高、管理性好，但有可能促成网络拥塞，使网管中心出现瓶颈。

对于一个省高速公路联网收费网络管理方式，宜结合本省通信网络的规模、通信专网的性能、维护管理人员的水平及近期远期的规划与投资来选择集中式管理或分布式管理。

省高速公路信息网中宜在省中心的监控或收费 LAN 上配置一台网管工作站，安装相应的网管软件及 SNMP 网管协议，并采用远程监视（RMON）技术对网络中的路由器、交换机等网络设备、计算机及外围设备以及这些设备上的应用程序经过被管代理进行管理。

此外，在各条路收费系统的设计和实施中，应强调收费站、收费分中心路由器、局域网交换机等设备应支持 SNMP 协议和能远程监视，否则在实施联网收费时会无法进行网络管理影响系统的运行。对网络管理软件，宜选择著名厂商、开放性较好、有丰富开发接口、满足网管基本功能适当兼顾系统管理及应用管理的产品，以满足今后信息网络扩展的需要。

思 考 题

1. 对于 IC 卡管理，非接触 IC 卡的应用种类有哪些？其中哪几种为系统用卡？
2. 通行费拆分的拆分原则有哪些？
3. 简述联网收费通行费结算原则。
4. 简述通行卡的调配原则。
5. 简述网管系统的主要功能。

第11章　电子自动收费

电子收费系统 ETC（Electronic Toll Collection System）是采用现代通信、计算机、自动控制等高新技术，实现高速公路不停车收费的新型收费系统。车辆只需按照限速要求直接驶过系统的收费道口，收费过程就可以通过无线通信和微机操作自动完成。收费过程中流通的不是现金，而是电子货币。不停车、无人工操作，无现金交易是电子收费过程三个主要特征。电子收费适用于开放和封闭两种收费方式，它为高速公路收费管理开创一个崭新的局面。

电子收费系统的出现当高速公路形成公路网络，交通量日益加大时，半自动收费开始不相适应。主要表现如下。

① 扼制公路通行能力。主道收费出入口车辆排队等候收费，引发严重的交通阻塞和行车延误，出入口成为整条公路的"瓶颈"，限制全路的通行能力。由于多家公司各管一段路，各公司主线交界面各设一个收费站，路网主线收费站因而加多，车辆加减速、排队等候、办理交费的时间大大增加，行车延误累计时间增大，运输受损很大。

② 用户行车不便。公司各自使用的通行券和收费办法，给客户带来极大的不便。

③ 收费管理困难。现金交易造成找零和点钞的麻烦，给费额流失带来机会，同时也使收费管理趋于复杂，管理成本上升，效益下降。

随着交通量的上升，主道收费口车辆堵塞越来越厉害，成为高速公路瓶颈。增修收费车道可减轻拥挤，但加修一条车道所能增加的车辆有限。同时，也不是所有收费站都有空地可供修建新车道。

电子收费系统优势明显，它将彻底改变半自动收费的窘迫现状，其效果表现如下。

① 方便客户长途旅行。当多条高速公路开通形成公路网络，区域收费势在必行，以车载识别卡作为通行券，可使客户持卡在路网任何道路行驶而无须停车缴费。

② 提高收费车道通过率。与人工收费车道相比，可提高 5～7 倍。

③ 提高管理效益可大量减少收费人员，节省日常管理费用 25%～40%。

④ 费额流失减少。减少车型判别和收费操作差错，也杜绝人为费额流失。

⑤ 节约能源。与停车收费相比，车辆燃油消耗约降低 15% 左右。

⑥ 改善收费站环境。收费站前不怠速停留，汽车排放所造成的空气污染减弱。

ETC 主要的关键技术为自动车辆识别（Automatic Vehicle Identification，AVI）、自动车辆分型（Automatic vehicle Classification，AVC）及视频稽查系统（Video Enforcement Systems，VES），此外，亦需有数据处理的相关计算机设备及收费管理中心。本章主要介绍电子收费系统与其他道路收费系统的区别、电子收费系统的组成与管理方式、自动车辆识别技术。

11.1　ETC 系统构成与工作原理

11.1.1　系统结构层次

电子收费系统是高度自动化和网络化的收费系统，其层次结构可以用图 11-1 表示。与普通收费系统相比，电子收费系统弱化了收费中心和分中心的职能，在收费站设置监控管理子系统，管理各收费车道。收费车道子系统通过微波频段的无线电波实现车辆自动识别和信息交换，获取通过车辆的类型和所属用户等信息，并传送给收费站监控管理子系统。收费站把数据进行整理后，通过计算机网络传送至收费结算中心，执行清分和划账。通行费从用户的储值卡中扣除，或者从用户的银行账户中扣除。

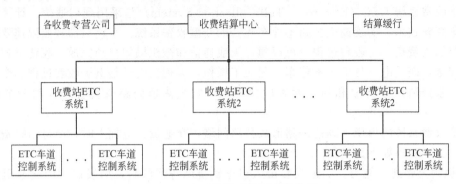

图 11-1　电子收费系统层次结构图

11.1.2　电子收费系统主要设备

组成电子收费系统的主要设备有：车载单元、路侧单元、车道设备（包括车道控制计算机、车辆检测器、自动栏杆、摄像机和信号灯等）和收费计算机网络设备。设备之间的关系如图 11-2 所示。

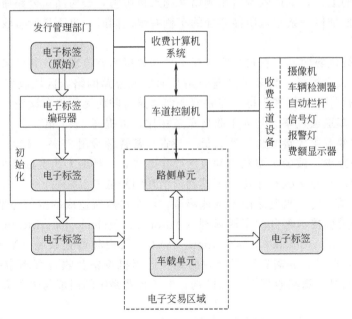

图 11-2　电子收费系统原理示意图

有关设备的组成与功能如下。

（1）车载单元

车载单元 OBU（On Board Unit），也称为电子标签。电子标签是电子收费的通行券，能读出其已有的记录，修改或写入新的数据，相当于一个可供查阅和写入信息的身份证，它安装在车辆前挡风玻璃上，其中存储户主身份识别码、授权证明、资金余额、银行账户、车辆信息等资料。电子标签一般由通信收发器、微处理单元、显示屏和电源组成。

① 通信收发器。通信收发器有接收/发射单元，接收回路中有检波电路和解调器。接收单元能唤醒处理单元开始工作。发射单元接收微处理单元送来的已调制信号，经功率放大后发出。半双工通信电子标签，需要有一个触发信号控制收、发单元的同步工作。

② 微处理单元。微处理单元包括微处理器（MPU）和各种存储器。微处理器由处理和控制部件组成。处理部件完成算术和逻辑运算等工作；控制部件控制处理流程，发出各种控制信号。

存储区最多有 4 种存储器：ROM 存储固化的芯片操作系统（COS）和一些不许修改的数据，如制造代码、卡的唯一编号等；EEPROM 存放发行时写入的数据，如发行代码，用户身份代码 ID 和车型类别代码等，这些数据一旦写入，就只能读出而无法修改；RAM 用来存放处理过程中的临时信息，作为卡与路侧单元之间传送数据的缓冲器；EEPROM 存放应用数据区，可多次读写和擦除，如进出口代码、进出时间、每次通行费额和剩余金额等数据的读写。不同类型电子标签的存储器种类、容量和微处理器的功能不完全相同。

③ 显示屏和电源。显示屏一般为液晶显示器，与微处理单元相连，可显示电子标签当前的状态、交易结果等信息。

电源用于向电子标签提供能量，可以配备车载电源，也可以配备用户无法更换的内嵌式锂电池，对被动式、只读卡的电子标签，没有电源。电子标签的结构如图 11-3 所示。

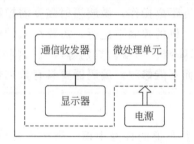

图 11-3　电子标签结构示意图

电子标签有 3 种类型：只读型、读写型和带智能卡型。各类卡的微处理单元的功能有较大区别。

只读型电子标签仅储存使用者或车辆的识别码，存储器件由 ROM 和 EEPROM 组成，外形为单片式，属于第 1 代的产品。标签中的信息只能读出，不能写入任何数据，扣费动作在收费单位的计算机上执行，即在使用者的银行账户中扣除。读写型电子标签数据存储空间较大，包含多种存储器；微处理单元功能复杂，除储存使用者或车辆的识别码外，还包括金额、日期、时间等多项资料，缴费金额由路侧单元计算得出并回写给电子标签，标签自动扣除并算出余额，同时，路侧单元生成收费数据，上传给收费计算机。

智能型电子标签其实是相对独立的两个硬件：电子标签和智能卡（也称标识卡）。智能卡插在电子标签内，可以是专用卡，也可以是银行发行的信用卡或电子钱包。其电子标签的结构可以简化，能进行通信、显示即可。带智能卡的电子标签也称为双片式电子标签。我国 ETC 收费起步晚，具有后发优势，目前我国 ETC 收费多数使用智能型电子标签。

（2）路侧单元

路侧单元 RSU（Road Side Unit）与电子标签相对应，并与之通信，实现收费任务。路侧单元由天线、通信接口、收/发电路、电源和控制器等组成。控制器计算费额，把数据回写电子标签，并上传给收费计算机。依据与电子标签之间信息传输方式，路侧单元可分为单向式（One Way）及双向式（Two Way）。使用第 1 种方式时，路侧单元只识别电子标签并读取其中的信息，再传送到收费计算机执行相关的收费处理。收费数据等信息不回传给电子标签，由收费单位定期向车主寄发通行费账单，或直接从户主的银行账户中扣除。使用第 2 种方式时，则路侧单元与电子标签需进行通信沟通确认，由路侧单元发送扣除通行费（次数或金额）的信息回传电子标签；亦有部分产品是电子标签扣除通行费后而由路侧单元做确认的程序，但基本上需经双向沟通及确认。

（3）电子标签编码器

电子标签在出售给用户时，需要将用户有关信息写入标签的智能卡内，并加以固化，这一过程称为标签的初始化。只有经过初始化的标签通过收费车道，才能由路侧单元读取并生成收费数据。由此可见，编码器给标识—标签提供一个与车道路侧单元通信的环境，同时，管理部门也通过给标签编程而建立所有用户及其车辆的完整数据库。

编码器的主要功能实际是一台室内近距离路侧单元，由编码器和计算机组成，两者通过外部接口联接。计算机内插入专用编码操作控制板，还建有一个用户及其车辆的数据库。编码器的部件安装在吸波材料制作的密封箱内，以防止微波辐射给操作人员的健康带来危害。路侧单元模块是一块复杂的电子器件板：它有由锁相环、振荡器和配电器件组成的振荡发生单元；由调制器和功放等组成的发射单元；有由混频、检波和中放等元件组成的接收单元；有解调单元，还有专设的显示器和其他外设。

编辑器一般放在室内由人近距离操作，微波辐射强度需控制在人体能承受的范围内。编辑器对标签的写入工作是在计算机的控制下进行，需要写入的内容有：发行单位代码、用户身份代码 ID，车辆资料（如车牌照、车型、类别等等）。这些数据一般都存储在 EEPROM 内，一旦写入，就只能读出，而不能修改。编码器要具有数据快速准确传输能力，高可靠性和足够长的寿命。

（4）ETC 车道控制机系统

车道控制机相当于电子收费车道的神经中枢。当车道开放，它指令交通灯显示通行标志。天线需要它发出信号唤醒。卡的有效性由它核对黄、黑名单后确定，并控制栏杆和交通信号灯作出正常或异常反应。正常收费交易完成后，需要对传来的数据编辑成文件，定时转发给收费站。发生冲卡逃费异常通行，需要指挥车道天线连续探测无效代码的运动轨迹，与摄录的车辆运动图像对照，搜索并锁定冲卡车辆，录制车牌照图像，识别牌照号码并予以存储，编辑成文，连同图像一并传送给收费站。

由于车道控制机的工作繁重，对计算机的运算、处理、存储及通信功能和相应的专用软件要有明确严格的要求。

（5）其他设备

不停车自动收费系统的车道设备和计算机网络设备与停车收费系统的相关设备基本相同。除了上述电子收费的前端系统设备外，后台管理也是整个 ETC 作业过程不可缺少的，包括电子标签使用登记、转账、稽查，制作报表和账单，现场告知使用者通行费收取数量与账户余额，响应使用者信息，补充余额或缴付账款，违规取缔与处罚等。

11.1.3　电子收费基本工作过程

不同电子收费系统的收费过程基本相同。车辆驶入收费车道进口天线的发射范围，处于休眠状态的电子标签受到微波激励而苏醒，开始工作；响应天线的请求，以微波发出卡和车型类别代码；天线接收并确认卡有效后，以微波发出入口车道代码和时间信号，写入卡的存储器内。当车辆驶入收费车道出口天线发射范围，经过唤醒、相互认证有效性等过程，天线读出车类及入口代码和时间，传送给车道控制机；控制机对信息核实确认后，算出此次通行费额，存储或指令天线将费额写入电子标签的标识卡。与此同时，控制器存储原始数据并编辑成数据文件，定时传送给收费站并转送专营公司等单位（后台）。

如持无效卡或无卡车辆，在收费车道上高速冲卡而过，天线在确认无效性的同时，启动快速自动栏杆，关闭收费车道，当场将冲卡车辆拦截，及时处理。在无专用收费车道的自由流收费时，可启动逃费抓拍摄像机，将逃费冲卡车辆的牌照号码录下，随同出口代码和冲卡时间一并传送给车道控制机记录在案，事后依法处理。

后台在收到收费数据文件后，应从各个用户的账号中，扣除通行费和算出余额，叠加汇总通行费额，拨入公路公司账号。与此同时，应核对各账户剩余金额是否低于预定的临界阈值，如低于临界阈值，应及时通知用户补交，并将此类卡编入黄名单下发给全体收费站。如持黄卡用户不补交金额，继续持卡通行，导致剩余金额低于危险门限值，则应将其划归无效卡，编入黑名单，并通知各收费站，拒绝无效卡在高速公路电子收费车道通行。

后台应有常设用户服务机构，向客户出售卡、补收金额和接待客户查询。显然，后台必须有一套金融运行规则和强大的计算机网络及数据库的支持，才能实现事后收费。

11.1.4　ETC 系统类型

根据车辆通过收费车道的速度、收费车道结构和通行券的类型，电子收费可归纳为基于收费站的电子收费和自由流电子收费两种类型，两者的车道设施配置和工作流程均有差异。

（1）混合式电子收费

混合式电子收费系统是基于收费站的电子收费系统。电子收费的应用普及必然有一个过程，在初期电子收费用户较少时，收费站一般采用混合收费的方式，即既有电子收费车道，也保留有原半自动收费车道。基于收费站的电子收费系统如图 11-4 所示。

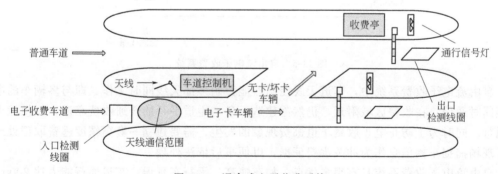

图 11-4　混合式电子收费系统

电子收费车道与半自动收费车道并列修建，普通车辆直接从半自动收费车道缴费驶出，自动收费车辆从电子收费车道驶出；电子收费车道出口设立自动栏杆，以拦截无卡车辆；电子收费车道有一入口进入普通收费车道，如果普通车辆或电子标签损坏无效的车辆驶入电子收费车道，自动栏杆不会升起，则该车辆由通道进入普通收费车道。

在电子收费车道中，无车辆通过时，天线处于休眠状态。当车辆进入线圈检测区，线圈发出电信号，天线进入工作状态。此时，自动栏杆关闭，交通信号灯为红色。随后，车辆进入有效通信区，在微波作用下，电子标签被唤醒，把电子标签的用户身份与车型代码等信息上传给车道天线，进入路侧设备。如果电子标签合法、有效，控制机指令栏杆打开，交通信号灯变绿；如需进一步交换信息，读写数据，可继续通信，直到收费过程结束。如果进入车道的车辆其电子标签无效，路侧单元会立即发现，发出声光报警。现场工作人员将引导车辆从中间通道进入半自动收费车道，办理各项收费手续。在基于收费站的电子收费系统中，车辆以较低的车速通过收费车道，一般速度为 30～50km/h。

（2）自由流电子收费系统

当电子收费用户车辆已成为大多数时，宜采用自由流式电子收费。国外现在趋向于取消匝道收费站，在主车道上每隔一定里程设置一个横跨车道上空的龙门架，架上安装电子收费设备，实施分段开放式电子收费。车辆无需减速，以正常行驶车速完成收费，常称为自由流式电子收费。它的主要特征为：

① 无收费岛、亭之类的设施；

② 进入收费点时不需减速，车辆继续高速行驶；

③ 需要建立一套高精度逃费取证处理系统，现场捕捉车辆冲卡逃费证据，以便依法事后处理，目前大多采用高速、高分辨率的摄像机对车辆牌照进行抓拍；

④ 在收费点附近，需建造一条与主道平行的普通收费车道，以便无卡车辆通行；

⑤ 车道天线控制器能操纵多部天线并行工作，与多辆车的标识卡同时通信。

电子收费系统适合于电子收费非常普及的地区。自由流电子收费系统如图 11-5 所示。

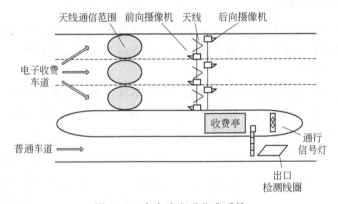

图 11-5　自由流电子收费系统

自由流电子收费系统中，车道天线控制器能控制多部天线同时工作，即与多辆车的电子标签同时通信。在收费区域附近，仍然需建造一条与主道平行的普通收费车道，以便无卡车辆通行。同时为了防止电子收费车道逃费现象的发生，需要建立一套高精度逃费取证处理系统，现场捕捉车辆信息作为冲关逃费证据，以便事后依法处理。

自由流电子收费系统具有很多优点，如车速高，无行车延误，车道通行能力达 2000 辆/h。但设备投资大，技术实施难度也较大，特别是在高速运行时如何防止和扼制逃费车辆等，比较麻烦。

11.1.5　不停车收费车道工作流程

（1）入口车道工作流程

当装有车载应答器的车辆驶入天线通信区域时，读（写）天线将检测和读取车载应答器的信息，并由电子收费车道系统判断车载应答器的有效性，然后将入口车道信息（入口站号、时间、车型等）写入车载应答器并验证上述信息是否正确写入。如果上述程序正确完成的话，车道通行信号灯将由红色变成绿色，允许车辆快速通过。当车辆驶出检测器检测区域时，车道通行信号灯将由绿色变成红色，系统恢复到等待车辆通过的初始状态。

当没有安装车载应答器或安装无效车载应答器的车辆通过电子收费车道时，报警器启动，车道通行信号灯将显示红色。驾驶员必须停车等待收费员处理（如罚款）并发送一般车辆使用的通行卡，然后收费员按确认键，车道通行信号灯由红色变成绿色，容许车辆通行。当车辆驶出检测器检测区域时，车道报警器停止报警，通行信号灯由绿色变成红色，系统恢复到初始状态。

当安装有效车载应答器的车辆紧跟安装无效车载应答器的车辆驶入车道时，由于跟随车辆车载应答器已获确认，前车通过后，不停车收费系统的车道控制器会控制车道通行信号灯由红色变成绿色，并持续至有效车载应答器车辆通过。

入口不停车收费系统还应对可能出现的某些特殊情况采取合适的处理程序。收费处理过程信息应实时传送给收费站计算机系统。

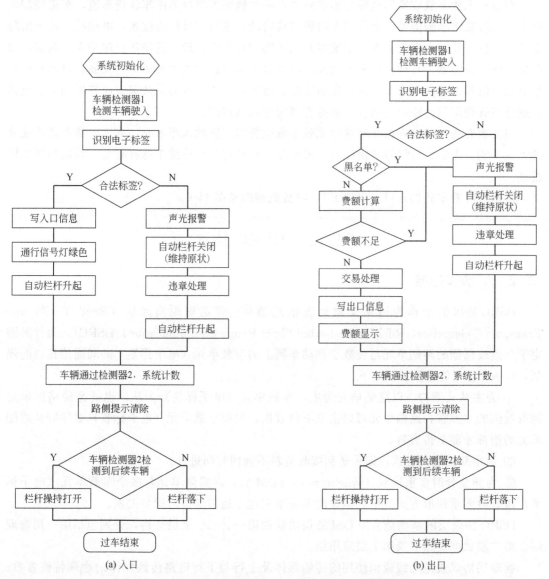

图 11-6　封闭式收费制式入口、出口 ETC 收费流程图

（2）出口车道工作流程

当装有车载应答器的车辆驶入天线通信区域时，读（写）天线检测、读取车载应答器的信息。电子收费车道系统将判断其有效性并计算应上交的通行费，将车载应答器身份号、账号、入口信息、出口信息、当次通行费、车型和余额等记录在路侧控制单元，并实时上传给收费站计算机系统，并将余额写入车载应答器内，车道通行信号灯将由红色变成绿色，自动栏杆快速打开，允许车辆快速通过。当车辆驶过出口处的检测器时，自动栏杆自动关闭，车道通行信号灯由绿色变成红色。

当车载应答器余额不足本次通行费额时，系统将允许车辆通过，但在车载应答器上扣减全部余额，并在账户上记录欠款额，且显示"无效"车载应答器。驾驶员需要到高速公路管理部门重新在账户上或车载应答器中写入预付款，否则收费中心计算机系统将车载应答器列入黑名单，并下传给各电子收费车道。

当装有无效车载应答器或没有车载应答器的车辆驶入出口不停车收费车道，车道控制器检测后，将发出报警信号，黄色闪光报警器将启动，通行信号灯为红光，电动栏杆将下落阻止该车通过。此时人工收费车道系统将对该车辆进行收费处理，其操作程序同人工收费出口车道一样。检测器、自动栏杆和车道通行信号灯由车道控制器进行驱动与控制，自动栏杆和车道通行信号灯等具有人工控制优先的特性。收费员将通知持有无效车载应答器的驾驶员到高速公路管理部门的账户上或在车载应答器中置入预付款。

当安装有效车载应答器车辆紧跟无效车载应答器车辆驶入车道时，人工收费车道系统处理完该车辆，车道通行信号灯由红色变成绿色，栏杆打开后持续至携有有效车载应答器车辆通过。

封闭式收费制式的入口、出口 ETC 收费流程图见图 11-6。

*11.2　DSRC 协议

11.2.1　协议标准

DSRC 协议的全称为道路交通运输信息通信—特定短距离通信（Road Traffic and Transport Telematics，RTTT—Dedicated Short Range Communication，DSRC），为针对固定于车道或路侧的路侧单元与装载于移动车辆上的车载单元（电子标签）的间通信接口的规范，DSRC 协议的主要特征如下。

① 为主从式架构，以路侧单元为主，车载单元（电子标签）为从，也就是说路侧单元拥有通信的主控权，路侧单元可以主动下传数据，然而车载单元（电子标签）必须听从路侧单元的指挥才能上传资料。

② 为半双工通信方式，即传送和接收资料不能同时间进行。

③ 为异步分时多重接取（synchronous TDMA），即路侧单元与多个车载单元（电子标签）以分时多重接取方式通信，但彼此无需事先建立通信窗口的同步关系。

DSRC 协议层的基础是参照 OSI 通信协议的第一、二、七层架构，分别包括第一层物理层、第二层数据链路层及第七层应用层。

物理层协议规范无线通信使用的传输媒体及上行与下行链路传输媒体的物理特性参数；数据链路层规定通信帧格式、帧包装（frame wrapper）方式、介质存取控制（Medium Access Control，MAC）程序、逻辑链路控制 （LoDcal Link Control，LLC） 程序等；应用层规定应用服务资料的分组与重组 （fragmentation and defragmentation） 以及提供一系列的服务原语 （primitive） 给各种不同的应用以实现通信过程的各式操作。

（1）物理层

物理层定义了通信信道的有关标准，包括工作频段、工作模式、编码方式、数据调制方式、通信速率等内容，确定与数据链路层的接口及提供的服务。

工作模式指 OBU 和 RSU 之间通信的方式，分为主动式和被动式。主动式又称为收发器系统。在这种系统中 OBU 和 RSU 均有振荡器，都可以用来发射电磁波。当 RSU 向 OBU 发射询问信号后，OBU 利用自身的电池能量发射数据给 RSU，主动式 OBU 必须带有电池。被动式又被称为异频收发系统或反向散射系统，是指 RSU 发射电磁信号，OBU 被电磁波激活后进入通信状态，并以一种切换频率反向发送给 RSU 的系统，被动式 OBU 可以是有电源的，也可以是无电源的。

目前，国际上尚未形成统一的 DSRC 标准，国际标准、欧洲标准、美国标准、日本标准等多种"标准"共存，各标准定义的物理层也不尽相同。表 11-1 对这些标准及国内标准的主要参数加以比较。

表 11-1　DSRC 有关标准的主要参数比较

地区	ISO	CEN	美国	日本	中国
标准化组织	TC204	TC278	ASTM/IEEE	TC204	TC204，交通工程标委会
频率	不规定	5.8GHz（5.795～5.815GHz）	5.8GHz（5.85～5.925GHz）915MHz（902～928MHz）	5.8GHz（5.85～5.925GHz）915MHz（902～928MHz）	5.8GHz（5.85～5.925GHz）915MHz（902～928MHz）
主（被）动方式	不规定	被动式	主动式和被动式	主动式	被动式
调制方式	ASK，BPSK			ASK	ASK，BPSK
通信协议		HDLC	TDMA	FCMS,ADS,ACTS	HDLC
传输速率		上行：500kb/s下行：250kb/s	500kb/s	1Mb/s	上行：500kb/s下行：250kb/s
标准审批机构	ISO 成员国	CEN 成员国	ITS American 和 FCC	邮政省和建设省	国家技术监督局和国家无线电管理委员会

（2）数据链路层

数据链路层负责信息的可靠传输，提供差错控制和流量控制，使之对上一层呈现为一条无差错链路，定义数据帧的具体结构，提供实现相应功能的程序和程序单元。该层分为 LLC（逻辑链路控制）子层和 MAC（介质访问控制）子层。

路侧单元与车载单元的 LLC 子层之间的数据交换包括：进行 PDU（协议数据单元）收/发的初始化，解释收到的命令 PDU 并生产相应的响应 PDU，执行数据流控制以及 LLC 子层中的差错控制和错误校正功能，并为应用层提供服务。

MAC 子层间的数据交换包括：进行帧控制（如时隙分配），对 LPDU（LLC 子层 PDU）进行分段/重组，生成通信帧，执行 CRC 计算/校验和简单加密（伪随机加密）/解密，PDU 的收/发和确认，MPDU（MAC 子层 PDU）传输的差错控制等。

数据链路层控制着 OBU 与 RSU 之间的信息交互过程，规定双方采用 S-TDMA（时分多址存取）方式通信，对数据链路的建立和释放、数据帧的定义与帧同步、数据帧传送的顺序控制、差错控制、流量控制、链路连接的参数交换等作了规定。

DSRC 数据传送是以数据帧的格式进行的，数据帧的一般格式如图 11-7 所示。

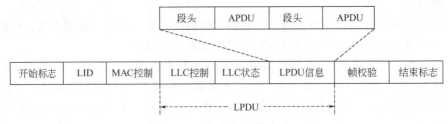

图 11-7　DSRC 数据帧结构示意图

其中，DSRC 控制信息又有以下几种类型：链路帧控制信息、时因数据信息、确认信息、OBU ID 信息、外部 OBU ID 信息（媒介请求激活信息）和激活响应参数。

（3）应用层

应用层制定标准的用户功能程序，定义各种应用之间通信消息的格式，同时预留开发新应用的消息接口。应用层核心由传输核心单元 T-KE、初始化核心单元 I-KE 和广播核心单元 B-KE 组成。

T-KE 提供了 RSU 和 OBU 应用程序之间的信息传输服务，在数据传输方面实现了将应用层的 ADU 转换成 PDU、编码/译码、将 PDU 分段重组、PDU 片段复用、串联和存取等任务。

I-KE 用 BST 对 RSU 和 OBU 应用程序之间的信息传输过程进行初始化，尤其是对 OBU 向 RSU 发送私有 LID（链路 ID）或 VST 的过程初始化。

B-KE 提供了 RSU 向 OBU 应用层广播信息，和 RSU 恢复广播信息的服务。

图 11-8 为 DSRC 协议结构框图。

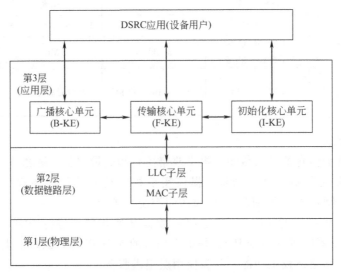

图 11-8　DSRC 协议结构框图

DSRC 协议规范的主要观念为制定通信协议的基本原则，在此原则的约束下，使各种类型不同的道路交通运输系统的发展均能适用。因各种不同应用有其特殊需求，例如传输媒体的选择、通信交易时间与信息量的限制等因素，因此 DSRC 协议的内容仅以规定基本需求为原则。在第一、二、七层协议中除了规定基本需求外还包括许多相关参数是可设定的或可选的，对这些参数只定义它们的功能，但是不明确规定它们的数值，以便不同的应用系统可依实际需要选用或设定适当的数值，例如在第二层数据链路层中规定了通信帧的基本格式，而帧中可承载资料单元的最大长度则是可设定参数。又例如在第七层提供一系列的服务原语，但如何使用服务原语的程序及应用资料的内容与意义，则是由 DSRC 的使用者依不同的应用需求而定。

因此，DSRC 协议只是提供各种不同交通运输应用设备间通信的基础规范，遵循此规范并不表示不同制造商的设备能完全互联，而是增进互联的可能性。

在某些应用场合，若车载单元（电子标签）与路侧单元必须建立点对点通信时，在建立通信的初始化阶段，必须先交换彼此的服务表（service table）以确认对方是否能提供对等的通信与服务能力，在路侧单元端的服务表称为信标服务表（Beacon Service Table，BST）。

在统一的基本规范下可提供多样化应用服务，并且能在相同环境下相互运作而不冲突，同时对日后智能型运输系统可能增加的新应用，提供了可扩充的特性。

在车载单元（电子标签）端称为车辆服务表（Vehiae Service Table. VST），服务表中记载本身所支持的应用服务种类与相关设定文件（profile）信息，而 profile 即是用来说明在 DSRC 各协议层中可设定或可选的参数的明确数值。

（4）DSRC 协议工作流程

以被动式 ETC 系统为例，系统具体工作流程如下。

① RSU 发送 BST 阶段。RSU 向其有效工作区域循环广播 BST 信息。BST 中包含有帧控制信息（FCM），并确定了帧结构、同步信息（开始标志）、时窗分配、信息交换类型和数据链路控制等信息。

② OBU 激活阶段。如 OBU 是第 1 次进入通信区域并接收了一个有效的 FCM，就要比较该 BST 中的 BeaconID 参数值与前一次接收到的 BST 的 BeaconID 参数值是否不同，并且判定这两个 BST 的 Time 参数值相差是否超过 255s，如果结果都是肯定的，则生成私有 LD（链路标识），保存当前 BeaconID 和 Time，根据 FCM 随机选择一个公共时窗发送请求。否则将只保存 BeaconID 和 Time，等到接收到下一个 BST 才有可能被激活。

③ 信息交换阶段。在激活阶段，OBU 向 RSU 发送 VST。RSU 把 VST 中的应用列表和 BST 的内容进行比较，如有可用服务，则调用相应的服务原语进行读/写（如收费，提供信息服务）等操作。否则，将根据不同的实际情况作相应处理（如违章车辆记录、罚款等），释放 OBU。

④ 释放阶段。如果 RSU 已经完成了和 OBU 的所有交易，则发出释放命令，OBU 成功接收到该命令后删除和该 LID 相关的所有 VST（此 LID 不再有效），释放 RSU 为其分配的专用通信链路。如果 RSU 没有发现可用服务，也会发出释放命令（参见信息交换阶段）。OBU 被释放后必须在 255s 之后才有可能与 RSU 重新通信。

11.2.2　安全与可靠性措施

（1）ISO 14906 提出的信息安全服务

要实现不同生产厂家的 DSRC 设备的兼容，除了在通信频率、信息编码、格式和信息内容等方面要相互兼容外，在信息保密措施上也应该相一致。

ISO 14906 对 DSRC 的信息安全用户界面提出了一套较完备的管理机制，包括 OBU 接入许可管理及对电子标签的操作许可权的认证。

ISO 14906 提出以下的信息安全服务。

① 电子标签要出示正确的访问许可（Access Credential）码才能访问特定的路边设备。

② 路边设备要提交正确的信息鉴别码（Authenticator）才能对特定的电子标签进行读写。

③ 电子标签可对多种应用进行分组管理，每种分组（如 Contract、Receipt、Vehicle、Payment 等）都分设不同的信息鉴别码，以便在各种应用之间加以隔离，限制某些用户跨应用访问。

④ 对相同的应用而言，每张电子标签的鉴别码（Authenticator）各不相同，无法利用窥探到其中一张标签中的鉴别码就能伪造出可用的电子标签，也无法利用掌握其中一张标签的密码信息去篡改其他标签的数据信息。

⑤ 每张电子标签中所使用的对各属性数据分组进行保护的各种信息鉴别码均为一种私用的密钥（有时称为过程密钥）所产生。有时为了进一步提高安全性，这种私用密钥往往要通过一种公用（或公开）的密钥所派生，公用密钥不能直接用来产生 Authenticator，这就避免它在无线传输过程中，即使被人捕获也无法用作模仿性攻击的工具。

（2）路边设备的身份检验

电子标签进入到 RSU 的通信区内，收到 RSU 下传的 BST（Beacon Service Table）后，回送 VST，VST 含有由电子标签临时产生的某些随机数 nonce，及一个与标签自身固有的特征值［例如标签 ID 号、当前使用的链路 ID 号（LID）等］。RSU 根据收到引用密钥的 Key-Ref 码，从表上查出应使用的用以证实 OBU 身份的密钥——数据元访问密钥 EAC-Key，从而可以利用标准的加密算法（DES），以 EAC-Key 作为密钥对该标签产生的特征值（如 OBU 的 ID 或 LID）进行处理，所得结果产生一个特定的"访问身份码"（Access Credential）。

与此同时，和在 RSU 方进行的加密运算一样，OBU 以同样的原始数据及相同的密钥与算法进行完全相同的运算，产生一个本地的 Access Credential。

RSU 把计算所得的 Access Credential 回送到 OBU 处后，OBU 会自动把本地的 Access Credential 与回传值进行比较。如这两个值相同，则 RSU 路边设备的身份值得信任，可以继续后续的通信，也就是说，通过以上的各步骤说明 RSU 与 OBU 有相同的密钥与加密参数以及完全一致的加密算法。

（3）电子标签的身份检验

接着 RSU 要对电子标签身份的合法性进行鉴别，只对合法的 OBU 提供服务。标签鉴别的过程与 RSU 的身份检验过程是相仿的，不同之处是鉴别过程的发起方为 RSU，RSU 发送鉴别请求命令时，同时附上 nonce 值、密钥引用函数 Key-Ref 值以及某个特征值，诸如合同流水号等随机值均可作为待加密数据元素。OBU 根据传来的 Key-Ref 函数值索引出用以加密数据的当次使用的密钥 EACKey，以某种算法对加密数据元素进行加密运算，得出数据元鉴别码。与此同时，在 RSU 端也是按相同的加密算法，对具有同一个特征值的数据元素进行同样的计算。RSU 收到从 OBU 返回的鉴别码，并与在 RSU 本地计算出的鉴别码进行比较，如果两者完全相同，说明 RSU 与 OBU 能协同工作，两者的密钥与算法必然相同，身份合法。

（4）其他安全措施

若 EACKey 直接存放在大量扩散的电子标签中，则存在容易对以显式存放在标签中的 EAcKey 进行破译解读的危险。为防止这种现象发生可采用主控密钥推导出 EAcKey 来增加其隐蔽性。这个主控密钥为 MEAcKey，EAcKey 就是以 MEAcKey 作为密钥派生出来的产物，所以即使公开了后者也不能猜出 EAcKey 的内容。也就是说 MEAcKey 可以是一组确定的数据，对每个标签而言，MEAcKey 可以是相同的数值，而且可以以显式存在标签中，但实际用来产生 Access Credential 的 EAcKey 却是隐式的，是经 MEAcKey 推导出来的，因而具有更大的安全性。虽然 ISO 14906 提供了 DSRC 信息安全保障措施的一些方法，但该标准也明确指出，关于信息安全的实际机制是制定该标准范围以外的内容。

（5）ETC 可靠性技术因素

影响 ETC 系统性能和收费准确性以及应用推广的主要技术因素：

① 天线的方向性与增益；

② 同频信号间的干扰；

③ 传输的误码率；

④ 数据的安全性；

⑤ 系统投资大；

⑥ 尚没有成熟的管理机制等。

因此，研制新的方向性好，增益高，隔离度高的天线阵单元和高灵敏度、高增益的路边天线是提高系统性能的主要方法。把路边天线安装在车道正上方，以提高对应答器的定位性能。为了防止相邻车道间的同频干扰，可以在每一条车道上安装一根天线，同时，给每个车道进行编码，以区分不同车道上的车辆。对数据进行编码和加密，防止非法篡改，在应答器和系统间通过密码进行相互确认。除了提高设备的性能外，在全社会范围内摸索和建立一套完整方便的收费、缴费机制，也是应用推广 ETC 系统必不可少的一方面。

11.3　ETC 其他子系统

11.3.1　车辆检测分类系统

车辆类别可从两条渠道获得：一是电子标签标识卡上存储有车辆牌照和车型类别代码；二是对检测所得的车辆各种间接参数进行综合评价而判定的车型类别。前者由于卡存储的车类代码不可修改，无需增添新设施即可在通信过程得到准确度很高的车辆类型判别。但是，一旦用户将卡从原有车辆上拆卸下来，重新安装到与车类代码不符的另一类车辆上，光有通信所获取的车类信息，无法分辨其真伪。第二种判别法需要安装多种检测设备，以检测车辆轴数、轮数和外部几何尺寸（或车重）等特征参数，还得用计算机配以专用软件作综合（或图像）辨识，不但加大系统投资，也增加管理维修费用。特别是车辆类别划分过多，车辆特征参数交互重叠时（如相同外形尺寸，有二轴和三轴，后轴可装单轮或双轮等），还容易产生类型判别差错。

目前常用的分类方法是双管齐下，但有主有次。从卡上获取车辆类别信息为主，再用检测所得的数据进行校核，加以确认。这样做的好处是可大大降低差错率，同时也可节约设备投资费用。目前，常在安装天线的龙门架上并列装有光学摄像机，对车辆外形作三维立体录像，将图形输入车道控制计算机，如果车型类别的几何外形差别明显，则这种分类法较易辨识出伪装作弊的车辆。

如果标识卡从其固定位置被非法取下，卡将自锁进入"阻塞状态"，系统将确认它为"无效"卡，需要到指定的服务点激活，才能重新有效。具有这种功能的标识卡可以采用单一车类别代码法进行车辆分类。显然，这是最经济、也是最简捷的方法，但需要在卡的硬件上增加上述功能。

目前，在自由流电子收费系统中，车型检测分类系统还常对进入收费区的车辆位置、角度和速度等进行实时测量，并将检测结果及时传送给车道控制机，以便及时、有效地捕捉车辆的车牌照号码，以此与微波获取的标识上的车辆牌照代码进行校验。

公路网采用标识卡存储车类代码的 ETC 电子收费系统，必须使网络中各道路管理公司统一车型分类标准，否则将造成分类软件复杂，且极易出现差错。我国原有的车型分类标准是从车辆制造和运输效益角度制定的，难以适应高速公路收费的需要。目前，各道路管理公司考虑车型分类与通行费额直接关联，大都根据所辖道路的交通构成和所在地区的特殊情况，自行选择车型分类标准。在实施区域路网 ETC 电子收费时，有必要统一分类标准。

11.3.2　逃费取证处理系统

半自动收费系统以收费车道、栏杆和收费员组成关卡形式，强迫客户停车缴费，扼制冲卡逃费行为。而 ETC 系统的目标是为客户提供一个不停车就可缴费的交通环境；同时，它也给冲卡逃费提供了方便条件。ETC 系统开通运行前，必须以法规为基础提供一种强大的威慑力，使大多数客户不会产生冲卡心理要求，而对个别冲卡客户，能提供有力的现场冲卡逃费证据，使他们受到严厉的合法经济处分。

并有冲卡取证系统、能提供确切的冲卡者的车牌照号码、冲卡站点和时间、对逃费客户惩罚的法规、强有力的执法人员等威慑力量的存在。

(1) 收费站 ETCS 的冲卡取证系统

收费站电子收费的特点是通行车速较低，利用原有自动栏杆、交通信号灯等车道控制设施可以充分控制车辆的行为。一旦车道通信系统发现来车为"无效"车，车道控制计算机将锁住自动栏杆和红色交通信号灯，并同时发出声光报警信号，车道附近散布的稽查人员将赶来，截住违章车辆，进行现场处理。一般可不设置自动取证系统。如果需要捕捉冲卡逃费的车辆牌照，可在自动栏杆附近安装摄像机，对冲卡车辆后端车牌照录像，再对图像作人工牌照识别。

(2) 自由流 ETCS 的冲卡取证系统

自由流电子收费的特点是通行车速很高，而且没有专用的收费车道及其控制设施，无法勒令违章车辆停车受罚。目前普遍采用一套高速摄像系统记录违章车辆的车牌照号码，作为逃费证据和寻找肇事者的依据，进行事后惩处。这套录像系统常称为逃费抓拍系统。

有了车牌照图像，可以结合光学字符识别技术，由计算机自动确定图像中的车牌照位置和读出车牌照号码，作为事后追查索赔的依据。这样，不仅可以减少逃费处理过程中的人工干预，还能减轻劳动强度和系统的运行费用。

由于牌照设计、制作和使用等原因，抓拍图像的清晰度还不够理想，给车牌照自动识别带来一定困难，影响图像质量的因素有：

① 车牌照脏污、损坏和存在遮挡车牌录像的障碍物；

② 气象恶劣、光源不足或牌照材料对光线反射不佳（如塑料蒙皮车牌照），导致成像模糊；

③ 车牌安装不当或牌照遗失，或车牌照安装位置特殊；

④ 难于辨识易混淆或相似的字母和数字。

科技界一直在改进光学字符识别技术，目前车牌照字符识别的质量已有很大提高，但准确度还不能完全令人满意，还需要继续改进提高。

对我国而言，当前急待解决的是冲卡逃费的惩处法规的制订和执行问题。

11.3.3　ETC 网络体系后台组成和功能

按后台网络体系，将形成收费站、收费专营公司、结算中心、银行和客户服务中心等多层次的管理子系统。

（1）收费站

收费站通常有多条电子收费车道和半自动收费车道，所生成的数据也分属两类；需要一套计算机网络（局域网）采集和分别处理、上传这些数据。

电子收费部分的功能为：

① 实时采集入口车道过车信息，出口车道收费交易记录，经校验后存入本地数据库；

② 实时采集违章车辆图像并暂存；

③ 汇总各车道的原始数据文件（含违章车辆图像），整理、打包、分时传送给专营公司；

④ 接受逐级下传的客户黑、黄名单，转发给车道控制机。

（2）专营公司管理子系统

每条独立经营的公路都会有负责收费工作的专营公司，它既独自管理普通收费的全部数据和财务文件，还需要与结算中心合作，共同处理路网区域收费中该公司承担的工作和结算应分享的费额。具体工作为：

① 分时采集各站暂存的数据，进行整理，对车道控制器无法处理的违章记录作出处理；

② 汇总各站的原始数据进行加工，编辑成所需要的数据文件，打印和统计各种数据指标；

③ 向结算中心上传加工后的数据文件，请求支付；

④ 接收结算中心下传的黑、黄名单，转发给各收费站。

（3）结算中心管理子系统

ETC 给客户带来的最大好处是持卡可以在区域路网的任何道路行驶，而不需停车缴费。这些道路可能分属不同的专营公司，需要设立专门的结算中心，集中管理通行费账目。它应统一核准各专营公司的数据，算出每一个客户在当次旅行中应缴付的费额，以便在他的账户中扣除。同时，需要计算一定时间内（如 8h、12h 或 24h），在某公司管辖道路通行的所有客户应缴付费额的总数，将此金额拨付给该专营公司。具体工作为：

① 接收各专营公司上传的数据文件；

② 计算一定时间内，正常通行时各客户的通行费额，和各专营公司应收入的通行费总额；

③ 对跨公司的异常通行作出判断和处理，如有入口无出口或有出口无入口信息的客户等；

④ 汇总正常和异常两种情况，客户应付金额和各专营公司应得金额的数据文件传给银行；

⑤ 接收和转发黄、黑名单。

（4）银行管理子系统

ETC 缴费属非现金交易，它采用预付和记账两种方式。预付方式要求客户登记使用 ETC 时需交付一笔开户费，它包含标识卡的成本费和预付通行费。客户每在 ETC 路网上通行一次，就会从客户账户中扣除；当账户余额不足时，需通知客户补充资金。记账方式是定期算出应缴费额，客户一次交清，这种方式使专营公司承担坏账风险。ETC 的实质是通行费不在公路现场和通行时刻用现金支付，而是选择另一个时间和地点支付。因此，客户的金额和账目也需要一个单位进行管理，银行是理想单位。具体工作为：

① 为 ETC 客户和专营公司建立和维护资金账户；

② 接收各专营公司传来的数据文件，更新客户和专营公司账号资金；

③ 生成 ETCS 的黄、黑名单，将黄名单传送客户服务中心，黑名单传送各专营公司。

（5）客户服务中心管理子系统

服务中心面向客户，具体功能为：

① 代理客户申办标识卡手续，向客户发放标识卡并对其作初始化操作，指导卡的粘贴；

② 编制客户资金账号，连同收入资金一并存入银行；

③ 按照所收到的黄名单，及时通知客户补交金额；

④ 向客户提供消费明细账查询、资金补充和打印服务等。

后台可以将结算中心、银行和客户服务中心建成三个独立单位，也可以让银行兼职三者。由于银行具有开展此种业务的潜力和丰富的金融财务经验，又有面向广大客户的服务网点，可收到事半功倍之效。它还可减少 ETC 的复杂性，减轻专营公司的操作难度和管理负担，便于公司集中精力开拓 ETC 市场。

11.3.4 ETC 数据传输网络和专用软件

公路通行地域决定数据传输网络是由若干局域网联成的广域网。局域网为各单元内部互联网，如收费站有多条收费车道，这些车道控制机与站子系统的主机（或服务器）就可联接成星形拓扑结构以太网；广域网为各单元间的联接网，如专营公司与收费站和结算中心间的联接。广域网可通过半自动收费系统已建立的光纤专用网实现。

建造广域网要充分利用已有设备的潜力，要从多方面考虑网络的安全，要兼职多媒体传输，可靠性、扩展性和冗余能力等，应该选择开放性好的通信协议。

ETC 专用软件既有财务性的大型数据库，也有与公路交通紧密相关的大型数据库。前者银行已有长期使用经验，有成熟的软件可供参考；后者则与当地的交通有关，需要慎重对待。在制订后者的技术方案时有以下几点值得注意：

① 各层次各单元子系统的功能、职责必须划分清楚，接口规定具体；

② 对于具体路网，通行收费的异常情况有多少类别，各类别出现概率估计，对各种异常通行的处理办法；

③ 数据采集周期，黄、黑名单编制和下发的周期和时间应该符合实际。

ETC 进入高速公路系统时间不长，虽然优点突出，但毕竟经验不多，还需要在多次建造和使用中，积累经验，逐渐成熟。

11.4　电子收费后台管理

ETC 缴费属非现金交易，它采用预付和记账两种方式。预付方式也称为储值卡付费方式，储值卡相当于银行信用卡，客户预存一定的资金在卡中，储值卡插在电子标签中，客户每在 ETC 路网上通行一次，就会从客户储值卡中扣除其本次的通行费。当账户余额不足时，通知客户续存资金到卡中。预付卡也可用银行账户代替。记账方式是把每次的通行费记录在案，定期算出应缴费额，通知客户一次交清。这种方式使专营公司承担坏账风险。可见，ETC 收费的实质是通行费不在公路现场和通行时刻用现金支付，而是选择另一个时间和地点支付。ETC 系统中必须有一个机构负责对用户的预付卡、银行账户、催款等环节进行管理。对预付卡的管理，可由收费单位一方来承担，也可由收费单位和银行系统共同分担。但是在当前情况下，信用业务还不太发达，如何分担利益风险，需要收费单位和银行系统共同研究决定。

由于用户购买电子标签后会在若干条道路上使用，而这些道路可能属于不同的专营公司，所以需设立专门的结算中心来集中管理通行费账目和给专营公司划拨资金。结算中心掌握全系统的收费数据信息，是整个 ETC 系统的中枢系统，负责重要的资金结算工作。

客户的金额和账目也需要一个单位进行管理，银行是理想单位。具体功能为：为 ETC 客户和专营公司建立和维护资金账户；接收各专营公司传来的数据文件，更新客户和专营公司账号资金；生成 ETC 的黑、灰名单，将灰名单传送客户服务中心，黑名单传送各专营公司。

虽然结算中心掌握全系统的收费数据信息，但它的主要任务应是资金结算工作。而为客户提供直接服务功能的一般是顾客服务中心管理子系统。也就是说顾客服务中心可能代理部分结算中心与 ETC 用户直接打交道的工作。如对申领或购买车载电子标签的用户进行登记和审核，向用户发放电子标签，接受客户的挂失和注销申请等。顾客服务中心的数据来源唯一从结算中心获取。服务中心直接面向客户。发达的客户服务网络，是提高用户对 ETC 系统认可的重要环节。

向客户发放标识卡并对其作初始化操作，电子标签的粘贴；编制客户资金账号，连同收入资金一并存入银行；按照所收到的灰名单，及时通知客户补交金额；向客户提供消费明细账查询、资金补充和打印服务等后台管理的业务范围。

后台可以将结算中心、银行和客户服务中心建成 3 个独立单位，也可以让银行兼职三者。由于银行具有开展此种业务的潜力和丰富的金融财务经验，又有面向广大客户的服务网点，可有事半功倍之效。它还可减少 ETC 的复杂性，减轻专营公司的操作难度和管理负担，便于公司集中精力开拓 ETC 市场。

11.5　自动车辆识别技术

除了电子收费系统特有的信息交换方式以外，自动车辆识别技术、自动车辆分型技术、视频稽查系统是电子收费系统应用的三个主要技术，本节主要介绍自动车辆识别技术，对图像稽查系统作简要描述。

11.5.1　自动车辆识别定义

自动车辆识别技术是电子收费系统的基础，与电子收费系统相比，自动车辆识别技术的概念和应用范围要广得多，电子收费系统是自动车辆识别技术的一个重要的、较具经验的应用实例。

自动车辆识别是指当车辆通过某一特定地点时，可以不借助人工，而能将该辆车的身份识别出来的技术通称。车辆的身份，泛指车辆本身的代表符号以及一切的属性。车辆有车牌号码、车主、车籍等资料，但无论多少，车辆本身至少必须具有一个可供识别的标识，并且是唯一的，才能够分辨。传统上，车牌号码即提供极佳的标识，理论上只要能够读取每一通过车辆的车牌号码，便足以达到车辆识别的目的，这对人肉眼来说，是极容易的事，但对机器而言却是很难的事。

用来标识车辆的方式，除了传统的车牌之外，随着科技的发展，陆续发展了一些通行券或者车辆"身份证"条形码（Bar Code）、电子车牌（Electronic Number Plate）、电子标签（Tag）和 IC 卡（SmartCard）等。

其主要的设备包括车载单元、路侧单元及数据处理单元，前面已有简要说明。依车载单元与收费站或路侧（亦可架设于主线门架上）识读单元间所使用的无线通信技术功能，可分点到点通信的定点存取或多点通信的多任务存取。前者系以车道区分，每车道各设立一组无线通信设备，在通信范围内只允许单部车辆付费，在收费广场每车道建立分隔区域，车辆以排队方式进入此分隔区内即不能变换车道或超车，且需减至较低车速以"一对一"顺序与识读单元进行信息交换或付费验证；后者不设立分隔的收费车道，采用一个基地台同时与多数车辆通信的"一对多"方式，车辆经过收费区时可随意变换车道或超车，此种技术方式又可分为分频多任务存取方式（Channel Selection Multiple Access，CSMA），以不同频道管理不同的车道区域，及分时多任务存取方式（Time Division Muhiple Access，TDMA），以时间分隔在同一车道区域的车辆。

AVI 主要用途是在某一时间的某一地点确知某一辆车的存在以及其车种。AVI 的潜在应用领域极其广泛，不仅能用以改善公共运输的营运效率，甚至可以实现以道路定价改善交通拥挤的交通政策。

11.5.2　车辆识别的主要组成部分

目前世界各国厂商所生产的 AVI 产品种类极多，且彼此之间多难以兼容，每一家产品皆有其特色，难加以分别阐述，虽然如此，一些基本的系统架构却都相同，皆由三个主要组件组成：

（1）车载单元（On-board Unit，OBU）

这一部分组件附属在车辆上，可以是固定式的，也可以是活动式的，作为车辆识别用的标识，其本身拥有一种可供识别的信号，这信号一般而言是唯一的，因此可以当作车辆的"身份证"。

（2）路侧阅读单元（Road-side Reader Unit）

用以接收或识别车载单元发（反）射（散）出来的信号，并把收到的信号解译成有意义且可以阅读的文（数）字资料，以供进一步分析计算使用。

（3）数据处理单元

把从解读单元所解译出来的资料和计算机数据库里面的使用者资料比对，验证身份，并进行所有的数据处理工作，这包括通行费的计算、交易时间、地点、流水号等资料的登录。AVI 三个主要组件简单的关系构造如图 11-9 所示。从信号或信息传递与处理的观点看，AVI 的基本运作流程大致可分为三部分：

① 截取自车辆发散出来的模块化电磁波信号；

② 将电磁波信号转译成有意义的信息；

③ 将译读出来的信息输入计算机中，进行资料比对、验证身份、收取通行费、文件查验等数据处理工作。

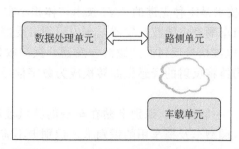

图 11-9　AVI 主要组件关系示意图

11.5.3　车辆识别的主要技术

目前为大多数人所认知的 AVI 系统基本指无线电/微波式（Radio Frequency/Microwave，RF/MW）AVI 系统而言，由于近年来电子技术的长足进步，RF/MW 技术的 AVI 系统始成为现今最普遍，技术可靠度和成熟度也最好的一种。我国无线电委员会推荐使用 5.8GHz 的标准。然而，RF/MW 技术并非是唯一的 AVI 技术，其他可选用的 AVI 技术尚有光学式与感应线圈式等系统。

（1）无线电/微波式自动车辆识别系统

无线电/微波式 AVI 系统是近 10 年来广泛被使用，可靠度和方便性俱佳的技术，目前我国推荐使用的是采用 5.8GHz 无线电/微波式作为电子收费系统的使用频段。

在许多地方，还使用其他的频段，如频率介于 50～500kHz 之间的低频频段，使用此频率的系统为感应线圈式 AVI 系统；频率介于 100～2000MHz 之间的微波波段，使用此频率的有无线电/微波式 AVI、平面音感微波式 AVI 及智能卡式 AVI 等系统；包含红外光波，频率介于 $100～100×10^4 GHz$ 之间的光波及近光波波段，使用此频率的系统为光学式 AVI。

有关无线电/微波式自动车辆识别系统在前面已有较为详细的描述，本节不再描述。

（2）光学式自动车辆识别系统

光学式自动车辆识别系统采用的是光学的原理，利用光波成像及反射的方式直接读取卷标，加以分析解读，这种技术最早发展的是"条形码识别"系统，近年发展的则为"车牌识别"系统。以下分别探讨此两种识别方式。

① 条形码识别。条形码识别式的 AVI 系统使用一种上面印刷有连续宽细、黑线条纹的卷标，就像商店货品上的条形码，粘贴在车门旁边或挡风玻璃上，每一张条形码（卷标）都代表独一无二的号码，作为车辆身份的代码，当车辆经过识别区时，路旁的激光扫描器就会发射 2mW 功率的氦氖激光光束读取贴在车载条形码信息，激光光束照在条形码上所反射回来的能量被接收并传送到条形码解读设备转换成有意义的数字信号。

② 车牌识别。车牌识别是近年高科技使用在交通管理上的重要领域之一，随着计算机影像处理技术快速发展，也就产生了"计算机视觉"。

汽车牌照识别主要组成的组件为车牌、摄影机、影像处理机以及数据处理用的计算机设备。车牌行经识别区时，摄影机将车牌图像摄取下来，经 A/D 转换器把模拟信号变成数字信号，输入视频处理设备，将一些有意义的图形资料抽取出来，去除噪声后进行文字辨认，最后把识别出来的文字送入计算机进行数据处理。车牌识别换作上主要两个部分，一个是目标定位的过程，一个是符号文字辨认的过程。

（3）平面音感微波式自动车辆识别系统

平面音感微波式 AVI 技术是 1 种先进的 AVI 技术，体积小重量轻的识别卡贴在车辆的挡风玻璃内或是侧窗内，当车辆经由微波收发器，车内识别卡受侧微波收发器发射的无线电激发后，识别卡 ID 号码以电波信号反射回到微波收发器，微波收发器将收到的反射电波传输到监控译码器，监控译码器将反射的音感微波转换成为数字信号，并同时将信号传输到计算机作数据处理。

① 识别卡 (ID TAG)。一般情形，识别卡贴在车辆的挡风玻璃内正上方、侧下方或是侧窗内另外也有配合卡车，厢型车及拖车用的识别卡。识别卡不需要电池，卡内锂元素芯片和路侧单元接受极小电力即可激发一种平面音感微波。当识别卡接收微波收发器所发出 915MHz 信号时，电磁波经由锂芯片表面转换成为独特的二位模拟信号，该模拟信号代表数字型 16 位识别卡 ID 号码。由于晶体片的设计生产是在极复杂精密控制的半导体环境中制造，每一个芯片都有独特的密码，晶体本身结构不同，每一晶体片的识别密码都不一样，所以识别卡是现有无线电频率收发器中较安全且不易被仿冒的一种装置。

② 微波收发器 (Reader)。微波收发器以微处理机为基础并具备路侧单元的功能，处理发射和接收 915MHz 微波信号，使用电波功率最高为 0.03W。微波收发器发射安全的低功率微波以激发识别卡锂元素芯片，而产生平面音感波，该音感波反射回微波收发器，收发器将音感波传输到监控译码器，经监控译码器处理后传出的号码为数字信号。

微波收发器包含印刷电路板、路侧单元和金属平面，标准型微波收发器的感应收发范围为 1～6ft (ft 是长度单位表示英尺，1ft＝304.8mm)，适用于停车场管理和门禁管制。另一种感应收发范围为 1～15ft，适用于高速公路收费站与货柜场管理。

③ 监控译码器 (Reader Controller)。监控译码器将接自微波收发器所传送的音感微波转换成为数字信号，并经由 RS232C 传输到计算机。监控译码器除监控微波收发信号收发处理外同时具有因环境变动自行校正的监控功能，数据传输到计算机的速率可达每秒 9600 位 (9600B/s)。

(4) 智能卡式自动车辆识别系统

智能卡或称为 IC 卡，内含集成电路芯片，具有独立演算、处理及储存资料的能力，犹如计算机，比无线电/微波式系统的电子标签功能多出许多。除了作为收取通行费使用之外，智能卡平日还可以作为信用卡、金融卡使用，为一结合多种用途的卡片，智能卡本身不具通信能力，必须在车辆上安装一个有收发电信功能的卡匣 (Car Box)，用以插放智能卡，作为智能卡与路侧设备通信的媒介。卡匣本身主要功能除了和路侧设备进行数据通信之外，也作为和使用者 (驾驶人) 沟通的接口，卡匣上有液晶面板，依使用者要求，可以查看智能卡内记录的储存余额或者最近通行费交易的时间、地点等资料。路侧设备的功能和运作皆与无线电和微波系统相同。

11.6 图像稽查系统 (VES)

作为违规执法的依据，图像稽查系统利用摄影机拍摄并以图像处理的技术，加强取缔未依规定付费的执法功能。VES 不依赖于 ETC 的电子标签，而是以摄取车牌的图像，来获得车牌号码、车主及车籍资料等信息，并将缴费通知寄给车主。大部分的电子收费系统均对此项作业征收费用，且收费标准不低，其主要目的在于防止驾驶者对于缴费习惯性的违规并抵消此项作业的处理成本，若车主接到通知尚不缴费，将被送至地区的司法系统。

VES 所需的相关技术如下。

（1）照相取像

最早期的 VES 是使用照相机拍摄未缴通行费的车辆，由于其由相片获得车牌的相关信息，耗费大量的人力，再者，照相机拍摄的激活、与车道相对位置的校正、照片的日期、时间及储存等问题，使得此种方法渐渐不被采用。

（2）录像取像（Video Tape Recording）

目前，有些地方已逐渐采用以录放机拍摄通过车道车辆的方式，录像带可在事后重新播放，以检视图像并获得车牌的相关信息，但目前此方式从图像摄取的定位到违规处理的定位，仍需耗费大量的人力。

（3）数字取像 VES

近来所采用的方式，是以摄影机摄取数字图像并加以储存，数字化系统可将图像数字化、自动储存图像并可将图像资料透过网络传送至任何地方。此外车牌识别可提升数字化系统作业效率，并可使 VES 达到自动化作业，降低了对人工操作的需求，也降低了 ETC 系统的运作成本。但由于本身的若干限制因素，使得其尚未普遍地用于 VES 系统。

（4）车牌识别

VES 系统的顺利执行需取决于其所取得的图像有足够的品质，得以获得车牌的相关信息（车牌号码、车籍资料等），并经由既有的数据库确定车辆持有人。目前，大部分系统以人工检视图像并键入车牌号码及其他资料，如此将耗费相当人力，并可能在以人工读取图像或键入资料时产生错误。而近来光学字符识别（Optical Character Recognition，OCR）技术已进展至一定水准，有些厂商已计划并建设结合车牌自动识别及 OCR，从图像获得车牌号码及相关信息。LPR 的主要关键在于识别的准确度，但其问题不在技术本身，而是牌照的设计、发照及使用等因素：

① 缺乏牌照统一的标准；

② 脏的、受损的车牌及障碍物；

③ 车牌位置错误、临时的车牌或车牌遗失；

④ 补光系统并非对所有车牌均有效（例如以塑料为其表面者）；

⑤ 车辆设计及车牌的位置的差异；

⑥ 相似的字母或数字无法被完全地识别（如数字的 0 与字母的 O）。

VES 的运作可分为以下六项步骤。

① 摄影的激活。埋设于车道的传感器测得车辆到达时，即通知 VES 激活摄影开关拍摄车辆。

② 图像的取得。以摄影机摄取车辆车牌区域的模拟图像，并将其传送至数字转换的处理。而那些半拖车的车牌位于牵引车前方的情形，亦需加以拍摄。

③ 图像的确认。所有拍摄车辆牌照的图像仅被暂时性储存，若位于车道上的控制器判定其为违规者，车牌号码、道路服务区段、日期、时间违规情形及摄影机的编号等信息将随图像资料被储存。

④ 图像的储存。图像资料储存于车道上的控制器或传送至收费站上的处理系统，VES 系统并与每一个个别的储存图像档案的服务器连结。

⑤ 图像的处理。图像资料通常由一检视系统来作处理并与顾客服务中心的作业连结，图像资料的传输主要通过网络。

⑥ 图像的删除。正常缴交通行费的车辆图像资料将即刻被删除，而违规者图像资料将一直储存于收费站的图像档案的服务器，并传送至顾客服务中心，直至通知违规者缴费，并

完成行政作业上或司法上的处理后，才将资料删除。

思　考　题

1. 简述电子标签的结构组成。
2. 简述电子收费基本工作过程。
3. 简述电子收费系统的基本组成。
4. 自由流式 ETC 与混合式 ETC 的主要区别是什么？
5. 非接触 IC 卡与电子标签都是采取非接触方式，其主要差异有哪些？
6. 电子收费系统优势其效果主要表现在哪些方面？
7. 简述 AVI 主要组件组成。

第12章 其他系统

在公路交通电子控制系统中，监控系统、收费系统、通信系统被称为三大系统。除了这三大系统，供配电系统、照明系统和隧道安全系统都是重要的辅助系统。本章对这3个系统进行简单的介绍。

12.1 供配电系统与 UPS 电源

供配电系统是高速公路重要的辅助系统，它的作用是保证24h无间断供应电源，既能正常供电，又能紧急供电。

12.1.1 供配电设施简介

一个完整的电力系统由分布在各地的不同类型的发电厂、升压和降压变电所、输电线路及电力用户组成，它们分别完成电能的生产、电压变换、电能输送、分配及使用。

（1）高速公路供配电系统概述

供配电系统是高速公路机电系统的重要组成内容之一，是高速公路附属工程配套设施。其目的在于确保高速公路安全、通畅、经济、快速和舒适等综合效益最大限度地发挥，实现高速公路运营与管理过程的现代化。为此，供配电系统必须达到以下基本要求。

① 安全。在电能的供应、分配和使用中，不应发生人身事故和设备事故。

② 可靠。应满足用户对供电可靠性的要求。

③ 优质。应满足用户对电压质量和频率等方面的要求。

④ 经济。系统的投资要少，运行费用要低，并尽可能地节约电能和减少有色金属的消耗量。

高速公路供配电工程设计包括配电房设计和输配电线路的设计。高速公路配电房中设有低压配电柜、10kV/400V 变压器、柴油发电机组等基本配置，现在逐步也配置 10kV 高压环网柜。低压配电柜型式多样，有 GGD、GCK、GCS、多米诺等，GCS 型作为低压配电柜的换代产品，具有分断、接通能力高、动热稳定性好、电气方案灵活、防护等级高等特点和方便安装、维修，缩短事故处理时间等优点。主变压器多采用全密封油浸式变压器和免维护、寿命长的干式变压器，有效降低工作量，减少维修费用。柴油发电机组采用全进口机组。配电房电气部分设计关键在于系统主结线的设计。高速公路的一些重要设施，如通信、监控、收费三大系统、营业、生活设备、消防安全、重要办公场所等需采用市电和自备发电机组进行双电源供电。这些负荷为一级负荷，具体为通信、监控、收费设施，收费亭、收费大棚，厨具，水泵房，加油机，会议室以及重要办公场所、配电房的应急照明等。其余如办公楼、广场、广告牌照明等列为二级负荷，仅由市电供电。

柴油发电机组功率必须根据双电源供电负荷即一级负荷的总容量来选择，且发电机组所带的负荷不应低于机组额定输出功率的30%。通常通信、监控、收费三大系统设备容量仅几个千瓦，一般在 4~5kW，厨具设备、水泵房电机功率大，但用时短，仅在需要时启用，一些照明设施也仅在夜晚使用。所以这些设备同时使用时很少，需要系数较低。如若选择不当，一方面浪费投资资金，另一方面造成柴油发电机组所带负荷过低，"大马拉小车"引起机组漏油。这是因为无论负载轻重如何，柴油机必须以 1500r/min 左右转速高速运行，保证发出 50Hz 的电能。负载过低，机组运行时间较长，未完全燃烧的柴油将积聚在燃烧室内，造成严重积炭，喷油嘴容易堵死；其次，除部分未燃烧完的燃油经排气门从排气管喷出排气管道外，剩余的，积聚在燃烧室内的燃油将会冲刷汽缸壁的润滑油膜，甚至渗入油底壳的润滑油中，稀释润滑油，使润滑油黏度变稀、变质，造成润滑不良，运动部件磨损加剧，变稀的润滑油会窜上燃烧室，经排气管排出机体外。此外，机组还容易出现拉缸、抱轴、烧瓦等严重事故。

配电房根据设备的功能分布，大致分为变压器室、配电柜间、发电机房和值班室。其房间设计应能满足防火、防爆、防电、降噪、排污和设备的运输、安装以及值班人员生活起居的需要。

输配电线路设计考虑到人身安全和环境美观，收费站或服务区（停车场）内采取埋地电缆进出线。通过 10kV 架空线路到场区边界处最后一根电杆，接电缆穿沟到配电房，避免因架空线路对地安全距离不够而留下事故隐患。380V 或 220V 低压电缆再从低压配电柜引出，经房间区电缆沟到各用电设备上。

（2）高速公路供配电系统组成

高速公路沿线各站的供配电系统主要包含以下组成部分，见图 12-1。

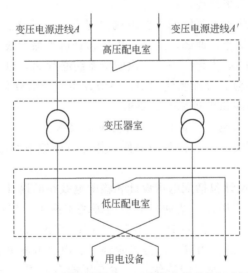

图 12-1　中等长度隧道双回路供电的系统组成图

① 外供配电线路（架空线或高压电缆）。将当地电网的 6～10kV 高压交流电源，传输给各站区变电房。

② 电力变压器。将外线所输 6～10kV 三相交流电，变换为 220/380V 的低压交流电。

③ 高压开关柜。装有真空断路器或稀有气体的断路器，用来控制 10kV 高压传输，并具有短路保护、过流保护、高压计量等功能。

④ 低压开关柜。用以控制 220/380V 交流电源电压输出到各不同低压负载（如通风风机、照明灯具、收费监控设备、水泵房设备等），它也具有短路、过流保护、低压计量等功能。

⑤ 紧急供电直流柜。供给控制线所必需的直流电源。

⑥ 紧急备用电源。在停电等紧急情况下，所配备使用的柴油发电机、UPS 等备用电源。一般高速公路收费站供电系统框图如图 12-2 所示。

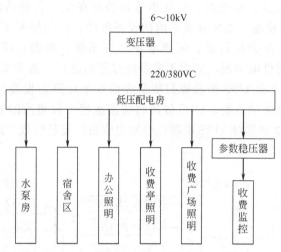

图 12-2　高速公路收费站供电系统框图

12.1.2　不间断电源 UPS

收费系统由车道计算机系统、收费站计算机系统以及收费监控系统构成，属于一级负荷，其供电必须保证不受基本电源的波动和中断的影响，为使收费处理连续正常工作，通常采用 UPS 电源系统为收费系统供电。

（1）不间断电源（UPS）

UPS 按工作方式可分为后备式（OFF LINE）、线交互式（LINE-INTERACTIVE）和在线式（ON-LINE）三种。后备式 UPS 对于各种类型电源污染解决能力有限，只起到断电保护作用，因此很难满足精密负载对电源的严格要求，但是它的价格便宜，对电源要求不高的设备可以使用。线交互式 UPS 在后备式上增加了稳压环节。因此当市电电压低时可以自动调节输出电压，同时市电电压过高或过低时自动转到电池放电、逆变器工作。所以它解决电源污染能力优于后备式，但仍不理想。这种类型的 UPS 中充电器和逆变器由同一功率元件完成，其价格也相对便宜。在线式 UPS 使市电经过交流-直流-交流的变换，真正做到市电与负载的隔离，因此负载得到的电源才是真正的无污染、无中断的电源。尽管在线式 UPS 价格较之前两种 UPS 高，但由于性能优良，使精密负载电源真正得到保护，所以越来越得到广泛应用。

UPS 电源系统由 UPS 主机和外配电池组组成，主机的容量取决于系统的总负荷，外配电池组中电池的数量由停电维持时间决定。在线式 UPS 电源配上一定数量的电池组可以有效消除市电的有害干扰和冲击，保护收费系统的正常稳定运行，减弱电源对电视图像的影响。由于 UPS 自带电源管理软件，能够进行 UPS 状态测试、远程 UPS 管理和环境/电源监测，能实现无人值守的系统关闭，在长时间停电且电池能量不足的情况下可向服务器发出准备断电信号，通知数据库及服务器及时自动关机，确保数据库的完整性。在公路收费系统中得到应用的典型 UPS 电源系统有 APC、SANTAK 等产品，一般要求 UPS 内置 SNMP 适配器，以方便通过网络管理，或者具有 RS232 通信接口，通过上位机实现对 UPS 的监控；以及要求电池供电效率大于 80%，AC-AC 效率大于 85%，功率因数大于 0.9 等技术品质。

（2）收费站 UPS 电源系统

一般情况下，收费系统设备共用一套 UPS 电源系统，采用集中供电、统一管理的原则配置，UPS 及其控制装置、配电箱、电池组等均装配在位于收费站的监控室内的机箱中，机箱内装有绝缘端子以使输入电源和机箱内的设备绝缘。由监控室 UPS 集中向收费系统设备，如：计算机设备、费额显示器、闭路电视监视系统、票据打印机等供电。为避免因 UPS 故障造成收费车道供电中断，影响正常收费过程的进行，通常采用多台 UPS 分别向不同的车道供电，这样，1 台 UPS 的故障只能造成部分车道停止收费，如果采用 1 台大功率 UPS 向所有收费车道供电的方案，UPS 故障时将造成整个收费站的混乱。在实际中往往根据收费站规模配置 2～3 台智能 UPS 电源，分别对收费广场的偶数车道、奇数车道和站内设备供电（如图 12-3 所示）。

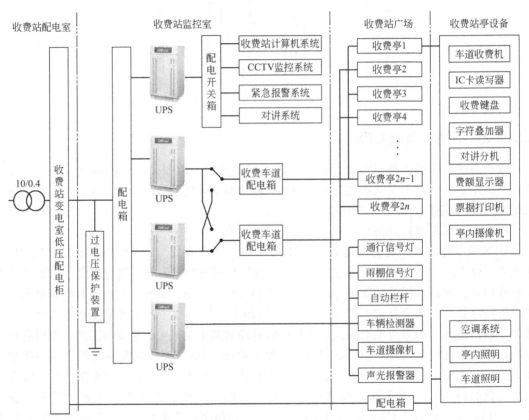

图 12-3　收费站 UPS 系统

例如，南京长江二桥 UPS 电源系统采用 3 台 10kV·A UPS 为主线收费广场及监控室供电，其中 2 台分别为单双号车道供电，1 台为监控室设备、雨棚信号灯及电动栏杆供电，为控制室收费系统设备和车道控制计算机提供维持时间大于 60min 的符合国际标准的不间断电源。

UPS 电池应采用全封闭免维护电池，电池的设计寿命至少为 5 年。当主电源恢复后经过长时间放电的电池可在最短的操作时间内以升压档自动充电，而不影响负载工作。电池适应扩充浮动负载和临时升压充电。考虑到收费站供电的不可靠性和不稳定性，要求 UPS 单相输入电压范围为 160～276V，输入频率范围为 46.5～55Hz，输出电压为 220V，频率为 50Hz；同时为了抑制电网电压波动的影响，在收费站控制室可以配备电源过压保护装置，即浪涌抑制器，或者设置交流稳压器，这样当高频干扰信号通过时，过压保护装置能释放掉有害的暂态来波，保护弱电设备的安全。

UPS 电源容量根据收费系统实际配置设备的总负荷确定（与车道数密切相关），根据《联网收费技术要求》，其计算标准如表 12-1 所示，确定电池数量时，所依据的满负荷后备供电时间根据当地供电条件选择，一般为 0.5～2h。

表 12-1　UPS 电源容量计算标准

位置	配置	UPS 容量	备注
收费车道	(1)人工半自动收费	1.0～1.4kV·A	
	(2)电子不停车收费		
	(3)CCTV 摄像机		
	(1)人工半自动收费	1.2～1.5kV·A	
	(2)电子不停车收费		
	(3)CCTV 摄像机		
	(4)自动栏杆		
收费站	(1)计算机系统	2～5kV·A	
	(2)CCTV 系统		取决于 CCTV 系统规模

12.2　照明系统

照明系统保证高速公路行车安全和旅行舒适，它是高速公路机电系统不可缺少的组成部分。高速公路照明可分为三类：主车道道路照明；隧道照明和立交、广场的照明。

12.2.1　照明系统概述

本节主要对照明系统的重要性，照明系统的组成，以及应用现状简单的介绍。

12.2.1.1　照明系统

（1）主车道照明的重要性

目前，我国只有少数高速公路（如机场路）全程装有道路照明系统。大多数高速公路只在关键路段（如大桥）配置路灯，实施局部照明。主车道利用车辆前照灯对路面的照射，配合诱导标志使驾驶员进行夜间行驶。立交、广场和隧道则普遍设置照明。这说明后几处照明的必要性已为人们接受，而道路照明有否必要还在探索中。

黑夜行车，视觉环境恶化，驾驶员通过前照灯对路面和各种反光膜的反射，能大致看出车前道路走向和近处环境，但并不具备大范围察觉环境变化的能力，无法仔细分辨周围车辆的动向和障碍物的位置，难于辨明前方道路走向。与白天相比，夜间行车的事故率要大得多。有调查报告提到：美国交通死亡事故有一半以上是发生在晚上，按运行公里加权计算，美国夜间交通事故死亡率约为白天的 2.5 倍。在英国，夜间交通事故（包括非死亡事故）按运行公里加权计算约为白天的 1.8 倍。

交通工程学家采用"前后对比"和"类比"方法，进行道路照明和夜间交通事故关系的研究，得出的普遍看法是：道路照明设备能降低交通事故数量 30% 以上。

道路照明的优越性无人怀疑，但需要一笔巨大投资，经常维护费用也颇大，这一事实使很多管理者在主车道全程照明问题上持慎重态度。

（2）高速公路照明系统的组成

根据高速公路照明系统的功能和特点，可将其分为以下 3 个子系统。

① 道路照明。道路照明是为高速公路使用者提供必要的视觉信息而进行的照明，主要包括：高速公路主线照明、互通式立交照明、桥梁照明及隧道照明等。其主要功能是使驾驶员能清晰地观察到道路的几何线形、前方道路上是否有障碍物、路面状况信息及道路的特殊场所及位置信息等，以利于改善道路交通条件，保障道路交通安全。

② 管理业务及服务照明。管理业务及服务照明是为高速公路管理人员开展正常业务以及车辆行驶的视觉需求而设置的，既要满足收费人员的工作环境照明，也应兼顾车辆在收费广场内的行驶需求，具体包括高速公路的收费广场照明、收费雨棚照明及服务区照明等。

③ 景观照明。景观照明是创造美感、兼顾照明的实用艺术，通过运用艺术和技术方法，营造具有艺术价值的夜景环境，创造夜景环境中的艺术效果，是展示高速公路发展、科技进步、文化品位的重要手段。目前主要应用于服务区、大中城市收费站和大型桥梁。

（3）应用现状

高速公路照明系统是防止夜间交通事故的最为有效的手段。随着交通运输及高速公路的发展，世界不少发达国家先后投入了较大的人力和物力，对高速公路照明系统进行了大量的研究，CIE（国际照明委员会）1972 年出版的《高速公路照明的国际建议》，为世界各国制定高速公路照明标准奠定了基础。

随着我国高速公路运输的发展需求和国家经济水平的提高，以及我国服务型交通行业的创建逐步深入，照明系统作为影响高速公路交通安全和服务水平的重要系统，预计在不久的将来，我国的高速公路照明系统也将会有较大幅度的提高。

然而，高速公路照明系统的建设和运行维护费用十分昂贵，受经济水平的制约，各国对照明系统的设置标准采取了谨慎态度。目前，我国高速公路照明的设置尚处于最基本的水平，多数高速公路只是在沿线的重要场所及重要枢纽才设置照明设施，而机场路的照明也只是在有重要的活动时才使用。

12.2.1.2 照明相关基础知识

（1）表示光环境的光学术语

光度量是人眼对光源辐射量的视觉强度。下面是有关光度学参数的名词解释。

① 光能量 Q。发射、传输或接收的光能量，lm·S。

② 光通量 Φ。光源在 1s 内向四周空间辐射的光能量［单位流明 lm，光通量（luminous flux）］。

③ 光强 I。光源在给定方向单位立体角内辐射的光通量（单位坎德拉 cd）。国际单位是 candela（坎德拉）简写 cd。

④ 照度 E。照度（Luminosity）指物体被照亮的程度，采用单位面积所接受的光通量来表示，表示单位为勒克斯（Lux，lx），即 lm/m^2。1 勒克斯等于 1 流明（lumen，lm）的光通量均匀分布于 $1m^2$ 面积上的光照度。照度是以垂直面所接受的光通量为标准。

⑤ 色温。将一标准黑体（例如铁）加热，温度升高至某一程度时颜色开始由红→浅红→橙黄→白→蓝白→蓝，逐渐改变，利用这种光色变化的特征，某光源的光色与黑体在某一温度下呈现的光色相同时，将黑体当时的绝对温暖称为该光源的色温度，单位 K。

⑥ 波长。光的色彩强弱变化是可以通过数据来描述的，这种数据叫波长。单位为 nm，可见光的波长范围为 380～780nm。

红：630~780nm；橙：600~630nm；黄：570~600nm；

绿：500~570nm；青：470~500nm；蓝：420~470nm；

紫：380~420nm。

⑦ 光效。电光源将电能转化为光的能力，以发出的光通量除以耗电量来表示，单位 lm/W（每瓦流明）。

（2）维持视功能的照明条件

视功能可以用视见距离、察见概率、能见度水平等指标来衡量。科学家作了大量试验，发现这些指标都与道路照明水平、亮度均匀度和限制眩光的程度有密切关系。

① 照明水平。

平均亮度 L_{av}。在道路上均匀间隔布置路灯，灯下方会出现明亮的光斑，其他区域相对暗些，这说明亮度不均匀。在指定区域取足够数量的点，求各点亮度的均值，即代表此区域（或此路面）的平均亮度 L_{av}。

实验证明：照明水平主要由平均亮度表征。L_{av} 高，驾驶员容易分辨物体的形状和颜色，即视功能强。一般要求高速公路路面平均亮度 $L_{av}=2\sim4\text{cd}/\text{m}^2$

亮度对比值 C。在平均亮度不高，颜色视觉较差的条件下，视觉分辨主要靠物体和其背景的亮度对比值。

$$C=|L_o-L_b|/L_b$$

式中　L_o——物体本身亮度；

L_b——背景（路面）亮度。

物体比背景暗时，看上去物体是个剪影，称为"负对比"；如物体比背景亮。则为"正对比"。在道路照明中，路面上的物体大都比路面暗，得到的主要是"负对比"图像。

亮度对比门限值 C_{th}。刚能察觉物体的亮度对比值称为亮度对比门限值 C_{th}，低于此值即无法分辨。它是一个随背景亮度增加而下降的变值。路面亮度增加，不但使 C_{th} 值降低，而且亮度对比值 C 反而有所加大，故障碍物容易被察觉，这就是要提高路面平均亮度的原因。

② 均匀度 U_o。为保证驾驶员的视功能，路面任何位置的最小亮度不能低于某一给定值。此项要求由路面最小亮度与平均亮度的比值表示，称为亮度均匀度。

$$U_o=L_{min}/L_o$$

如果暗处亮度很低，则暗处的障碍物就无法察觉，要求 U_o 保持一定的数值是维持视功能的必要条件。一般取 $U_o=0.3\sim0.5$。

③ 失能眩光。眩光为直射人目的光芒，迎面车灯光使人短期丧失视力即为眩光，影响眩光的照明因素有：

a. 视野范围内，光源面积大，数目多，眩光就重；

b. 视场背景较暗，即使亮度较低的眩光，也会给视觉强烈刺激；

c. 光源距离视线近，眩光强。

眩光就其损害后果可分为"失能眩光"和"不舒适眩光"。失能眩光是光线在眼内的散射而导致视功能下降。

（3）维持视舒适的照明条件

某些照明环境给视觉带来一种不舒适的感觉，随之产生心理厌烦，进而削弱察觉环境的能力。大量实验证明，视觉舒适主要由下述照明条件决定。

① 路面平均亮度 L_{av}。路面平均亮度是影响视舒适的重要因素，L_o 愈大，则视觉愈

舒适。

② 纵向不均匀度 U_1。路灯均匀间隔布设，使路面出现一系列亮与暗相间的横带（俗称斑纹效应）。这种现象极大的困扰驾驶员，使他们烦躁不安，降低视舒适性。为了提供舒适的视觉条件，要求沿车道轴向中心线上，即控制最小亮度 L_{min} 和最大亮度 L_{max} 的比值，称为纵向亮度均匀度 U_1。

$$U_1 = L_{min}/L_{max}$$

③ 不舒适眩光。眩光不仅降低视功能，也使驾驶员感到厌烦，降低视舒适性。不舒适的程度由眩光控制等级（G）表征。G 由灯具的光强分配和照明设施的布置决定。G 愈大，不舒适程度愈小。

$$G = SLI + 0.97\log L_{av} + \log h' - 1.46\log P$$

式中　　h'——从眼睛水平线到灯具的垂直距离；

　　　　P——每公里灯具数；

　　SLI——特定灯具指数，由灯具供应商提供。

（4）诱导性

高速公路沿线装有各种视线诱导设施：如路面标线，分、合流及线形诱导标等。它们以不同的侧重点诱导驾驶员视线，使他们了解车辆在公路上的位置，前方道路的走向和线形，以便行车更趋安全、舒适。这些设施能否在夜间发挥作用，有赖于照明系统的配合。照明系统的设计可以在视觉和光学诱导两个方面直接影响诱导设施的使用效果。

视觉诱导：路面标线、两侧诱导标与周围环境的区分，直接受照明的影响，如限制轴向投光量、灯具主要光束同行车方向有一定的交角等。路面标志既决定于本身反光性能，也与标志和路面反光性能的差异有关。

光学诱导：灯具的排列、光色、光强及安装位置等构成诱导标志，例如：灯杆布置表示道路走向；选择某种光色作为危险标志；采用不同光源以显示道路的不同类型，如主干道用钠灯，出口匝道用汞灯等。

（5）道路照明评价

照明系统主要是为夜间车辆行驶提供一个人工光环境，使驾驶员获得良好的视觉可靠性。衡量一个照明系统也应从视觉可靠性的角度来评价，表 12-2 给出常用的各项评价指标。

表 12-2　视觉可靠性的照明评价

视觉	照明评价		
可靠性	照明水平	均匀度	眩光
视功能		均匀度 U_o	门限值增量 T_I
视舒适		纵向均匀度 U_1	眩光控制等级 G

12.2.2　照明设备

照明设备由电光源和灯具组成。道路表面材料和结构对照明效果影响很大，常将路面纳入照明设备一并研究。照明设备的选择对照明质量和成本控制影响甚大。

（1）传统光源

电光源按发光原理可分为热辐射和气体放电两大类。前者利用物体加热辐射发光，如白炽灯和卤钨灯等；后者利用气体放电发光，如荧光灯、高、低压钠灯等。

电光源特性除常用额定功率（W）和亮度（cd/m²）表示外，还有以下特性。

① 光效。输入电功率转换成光通量的比例，单位为 lm/W，反映能量利用效率。

② 光通量。灯泡功率和光效的乘积，光效为 90W 的 100W 的灯光泡，其光通量 9000lm。

③ 平均寿命。一定数量灯泡的平均使用时间，以 h 表示。

④ 光通维持率。经过一定运行时间后，现有光通量和原始光通量之比，%。

⑤ 显色性　物体在自然光与在人造光源照射下所显示的颜色并不相同，为评价光源显示被照物固有颜色的能力，采用显色性指数。它是试验物在所用光源与参考光源照射下的颜色差异，用显色指数 R_a 表示，R_a 为 100 时，显色性质相同；R_a 为 75～100，显色性接近；R_a 小于 50 时，显色差异大。此外，评价电光源性能的电参数指标还有：启动时间、再启动时间、电压、温度对光通量影响等。道路照明常用电光源的主要特性见表 12-3。

表 12-3　道路照明常用电光源主要技术参数表

特性参数＼光源类型	白炽灯	节能荧光灯	高压汞灯	高压钠灯	低压钠灯	金属卤化物灯
额定功率范围/W	10～1000	6～60	50～1000	35～1000	18～180	400～4000
发光效率/(lm/W)	10～20	70～97	40～70	80～140	120～300	60～90
平均寿命/h	1000	5000～8000	4000～8000	24000	20000	10000
显色指数/R_a	95～99	85～95	30～40	20～25		60～95
启动时间/min	瞬时	1～4s	4～6	4～8	7～15	4～8
再启动时间/min	瞬时	1～4s	5～10	10～15	＞5	10～15
功率因数（cosφ）	1	0.33～0.7	0.45～0.62	0.30～0.44	0.06	0.4～0.6
表面亮度	大	小	较大	大	大	较大
频闪效应	无	明显	明显	明显	明显	明显
电压对光通影响	大	较大	较大	大	大	较大
温度对光通影响	小	大	大	较小	小	较大
耐振性能	较差	一般	好	较好	较好	好
需配附件	无	镇流器	镇流器	镇流器	镇流器	触发器,镇流器

光源对降低运营成本直接相关，已基本淘汰光效和寿命都不高的白炽灯等电光源。钠灯，特别是低压钠灯，光效高，寿命长，发出纯黄色的近似单色光，具有较强的穿透烟雾能力，是市郊车道桥梁和隧道的理想照明光源。我国在主车道常用高、低压钠灯，立交和广场用高压钠灯和金属卤化物灯，隧道使用节能荧光灯和钠灯。

（2）新型光源——LED 照明

自从 GaN 基蓝光、白光 LED 的技术问世以来，LED 技术直接引发并推动了白光照明技术的新科技革命。近些年来，随着制造成本的下降和发光效率、光衰等技术瓶颈的突破，LED 在照明市场的优势日趋明显，正在逐步取代传统光源。

LED 产业目前迈入新的扩张期，每年将以两位数速度增长。这种增长将源于更多的高亮度（HB）和高通量 LED 进入一系列新一代照明应用。高通量 LED 也被称为高功率或超高亮度（UHB）LED。

除了普通照明，LED 日益成为多种现有照明应用的首选光源，也是推动该市场快速增长的重要因素。这些照明应用包括汽车、交通和街道照明，以及手机、个人导航设备、数码产品中的小型液晶显示器背光。市场也得益于新应用的出现，如电视机、笔记本电脑和个人电脑显示器的大尺寸液晶显示器背光，以及个人照明。

据我国国家绿色照明工程促进项目办公室的专项调查显示，我国照明用电每年在3000亿度以上，如用LED取代，意味着可节省1/3以上的照明用电。

白光LED的诞生，促进了LED产品在照明领域的应用，已成为极具影响的产品。

① 白光LED的类型。白光LED发光的方式主要按使用LED发光二极管的数量可以分为单晶型和多晶型两种类型。

第一种是单晶型，即一只单色的LED发光二极管加上相应的荧光粉，就如同日光灯的发光方式一样，采用LED发光二极管激发荧光粉发光。通常采用两种方式，一种方式是蓝光LED发光二极管激发黄色荧光粉产生白光，另一种方式是紫外光LED激发RGB三波长荧光粉来产生白光。目前，许多厂商主要从事白光LED的研究，通常都先从蓝光LED开始研发及量产，有了蓝光LED的技术之后再开始研发白光LED，然而目前常用蓝光LED激发黄色荧光粉来产生白光，但是用蓝光LED来发白光的方式的发光效率仍然不足，许多厂商开始向另外一个方向就是往紫外光LED来发展，利用紫外光LED加RGB三波长荧光粉来达到白光的效果，其发光效率比蓝光好许多。而紫外光LED加RGB三波长荧光粉的方法，则关键技术在高效率的荧光体合成法，也就是如何把荧光粉有效地附着在晶粒上的一项技术。

另一种是多晶型，即使用两个或两个以上的互补的2色LED发光二极管或把3原色LED发光二极管做混光而形成白光。采用多晶型的产生白光的方式，因为不同色彩的LED发光二极管的驱动电压、发光输出、温度特性及寿命各不相同，因此使用多晶型LED发光二极管的方式产生白光，比单晶型LED产生白光的方式复杂，也因LED发光二极管的数量多，也使得多晶型LED的成本较高；若采用单晶型，则只要用一种单色LED发光二极管元素即可，而且在驱动电路上的设计会较为容易。因此，现在很多厂商均把单晶型LED作为白光LED发展方向。

② LED的主要优势。作为一种出现时间最晚的照明技术，LED的优点不仅体现在发光质量方面，在其生产、制造、易用性方面都要大大超越白炽灯、荧光灯等传统光源，因此自20世纪60年代诞生以来，得到了长足的发展和应用。相对于白炽灯、荧光灯等老一代发光设备，LED的优点主要体现在以下几个方面。

a. 在结构上没有玻璃外壳，不需要像白炽灯或者荧光灯那样在灯管内抽真空或者冲入特定气体，因此抗振、抗冲击性良好，给生产、运输、使用各个环节带来便利。

b. 元件的体积可以做的非常小，便于各种设备的布置和设计。可平面封装，容易开发成轻薄短小产品。

c. 发出的光线能量集中度很高，集中在较小的波长窗口内，纯度高。

d. 元件的寿命非常长，即使是频繁地开关，也不会影响到使用寿命。

e. 响应时间非常快，在微秒级别。可用于高频场合。

f. 的发光指向性非常强，亮度衰减比传统光源低很多。

g. 在生产过程中不要添加"汞"，非常环保。

h. 使用低压直流电即可驱动，对使用环境要求较低。

i. 可控性强。可对光束进行分散控制、集中控制及对点可调节控制。

LED光源与传统光源相比，其优势见表12-4。

表 12-4　LED 光源与传统光源比较

光源种类	光效/(lm/W)	显色指数(R_a)	色温/K	平均寿命(G)/h
白炽灯	15	100	2800	1000
卤钨灯	25	100	3000	2000~5000
普通荧光灯	70	70	全系列	10000
三基色荧光灯	93	80~98	全系列	12000
紧凑型荧光灯	60	85	全系列	8000
高压汞灯	50	45	3300~4300	6000
金属卤灯物灯	75~95	65~92	3000/4500/5600	6000~20000
高压钠灯	100~120	23/60/85	1950/2200/2500	24000
低压钠灯	200	85	1750	28000
高频无极灯	50~70	85	3000~4000	40000~80000
LED	>100	50~95	2600~10000	500000

③ LED 面临的问题。LED 目前面临的主要问题如下。

a. 高功率问题。作为照明,单个 LED 输出的光通量必须足够大,欲加大 LED 的光通量,首先必须注入足够的电功率。但 LED 芯片的温升不能过高,否则各项性能特别是使用寿命会受到很大的影响。显然,设计较大输入功率的 LED 器件和灯具,除需用面积较大的芯片外,还必须有良好的散热结构。现在国外一些著名公司已设计研制了一些特殊的 LED 器件结构,并已获得了较好的效果。

b. 由于 LED 照明需由多个 LED 管组成,其参数离散性也是一个技术问题。除了通过预选、分类,尽量保证一致性以外,还必须设计合理的灯具结构(包括 LED 的排列和位置布局)和研究合适的驱动电路,防止偶尔产生的能量集中而烧毁部分 LED。

c. 由于多个 LED 组成一只照明灯具时,免不了对 LED 进行并联、串联。而在使用过程中只要有一个 LED 短路或开路,都将会导致整小片或整条 LED 熄灭,影响照明效果。为此,必须研究简单而廉价的保护电路,使这种不良影响降至最低限度。

④ 大功率 LED 照明产品的发展趋势。

a. 价格更低,发光效率会更高,性能会更好,这一点是毋庸置疑的。

b. 应用的领域会越来越多,向专业领域深度发展如专业的高杆灯领域;高速公路系统;加油站系统、停车场系统、工矿企业等。

c. 向数字控制等智能化控制方向发展。LED 路灯属数码产品,它非常适合数码智能控制。开关的时间控制、0~100%调光、远程系统控制等等特性。

d. 与太阳能等新能源节能产品联合。LED 路灯是一种新型节能、环保的产品。太阳能、风能也是一种新型环保、可再生的能源,都是政府大力提倡的新产业,它们的联合是强强联合。太阳能 LED 路灯又是我们国家推广的重点中的重点。以后 LED 太阳能路灯将是中国 LED 路灯发展的一个重要方向。

交通照明中几种常见的 LED 灯如图 12-4 所示。

12.2.3　主车道道路照明

12.2.3.1　道路照明设置和要求

(1) 道路照明设置的条件

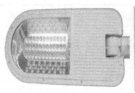

图 12-4　交通照明几种常见的 LED 灯

从行车安全出发，影响设置道路照明的因素如下。

① 道路特征。沿线地形，道路线形、路面状况、立交数目，桥长和航道净空高度。

② 交通流特征。路段高峰小时交通量、交通（车型）组成、最高车速及周围交通环境。夜间高峰小时交通量对设置道路照明有直接意义。

③ 安全要求。事故高发危险路段及场所，相似公路的夜间交通事故及伤亡人数。

④ 经济效益。全程照明对交通安全的支持人所共知，关键是经济上能否承担建造和维持的费用；夜间交通事故的经济损失与投入费用是否相当。这只有通过经济分析对比确定。

（2）道路照明的技术要求和标准

道路照明首先要满足视觉可靠性要求，其次是照明器结构和布置要符合光学诱导性和美学准则。各国为此制订了道路照明标准。我国于 1990 年颁布机动车道照明标准，与高速公路有关部分见表 12-5。国际照明委员会（CIE）和美国推荐的照明标准也列在同一张表上。

表 12-5　高速公路路面照明规范

标准归属	道路类型	平均亮度 /(cd/m²)	平均照度 /lx	总均匀亮度 L_{min}/L_{max}	总均匀照度 E_{min}/L_{av}	纵向均匀度 L_{min}/L_{max}	眩光限制	诱导性
中国	快速道路	1.5	20	0.4	0.4		$r_{max} < 75°$	很好
美国	高速公路	0.6	6～9	0.3	0.33	0.17	T_1	G
CIE	高速公路	2		≥0.4		≥0.7	≯10%	≮6

表上数据说明，各国根据各自的实际情况和要求，所制订的标准不尽相同。我国的标准是从城市道路的需要出发制订的，表上数据仅适用于干燥沥青路面，对水泥混凝土路面，平均照度值应降低 20%～30%。

12.2.3.2　主车道照明

主车道广泛采用杆柱式常规照明。照明器通过杆柱安装在车道上空，杆柱按一定间隔沿车道线形布设。合理选择杆柱结构、照明器型号和布设排列方式，路面将获得良好照明。

（1）杆柱式照明器的结构形式

杆柱式照明器有单边和双边两种。

增加杆高可以加大照明区域，相对减少照明器数量，均匀度可适当改善，眩光也可得到一定抑制，提高了照明舒适感。但杆柱过高，会使平均照度减少，逸散路肩外的光通量加多，同时也会增加成本。目前，常用的杆柱高 10～15m。

加大悬臂长度可使照明器伸入车道的长度增加，车道接受的光通量加多，提高路面平均亮度，而路肩或紧急停车道的光通量下降。但过长的悬臂需加大结构强度，因此，悬臂长度需要优化。CIE 建议悬臂长度不超过杆高的 1/4，目前，常在 1.5～3.0m 范围内。

悬臂仰角增加照明器在某一安装高度对路面横向照射范围，过多地加大仰角并不能使路面亮度相适应地升高，在弯道还易产生眩光。我国规定仰角不超过 15°，CIE 建议仰角控制在 5°以内。

（2）照明器选择

照明器在很大程度上决定道路照明质量、投资数量、维护方便和运营成本。灯具经初步选择后，代入照度计算公式校核修正，并按以下所述的技术要求选择型号。

① 电光源。

a. 光效和功率。电功率大小与道路照明维持费用相关，如每公里设置 25～30kW 电光源，则公里月电费费用颇高。采用高光效光源，在获得相同路面照度的情况下，可降低功率消耗，节省开支。目前，常采用 400W 高光效钠灯和金属卤化物灯作路灯。

b. 光色和显色性。显色性好的光源能帮助视觉更清晰地识别路面上的障碍物，同时光色的差异还可区别不同的路线、标志和某些特殊场所。高显色型的高压钠灯显色指数 $R_a >$ 60，启动和再启动时间也相当短。

c. 可靠性。可靠性既要考虑光源的使用寿命，还要注意光衰退的大小和快慢。考虑光源对电压波动和温度变化的稳定性。

② 灯具。

a. 配光特性。道路照明灯具的配光应满足：光输出比大，下射输出比大于 90%，光束扩散角小于 75°，垂直和平行路轴平面的配光特性应保证向下投射的光通量 60% 以上照射在路面上，而且要使路面照度均匀照度接近于 1。目前，道路照明器大部为直接型和特广照型。

b. 安全可靠。道路照明器的工作环境比较苛刻，有大量灰尘和腐蚀性气体侵袭，还有遭受撞击的可能，应该采用封闭式或密闭式灯具。

12.2.3.3 大桥照明

主车道沿线桥梁的类型很多，照明应按类型分别处理。一般的中、小型桥梁与主车道照明相同；大型桥梁的照明较主车道的要求稍高一些。特大桥则需作专门照明处理。

（1）大型桥梁照明

按技术标准高速公路大型和特大型桥梁应分上行和下行单独建桥，此时桥面侧向净空可能比主车道略小（左、右侧硬路肩较窄），出现交通事故时，车道容易挤塞，设置夜间照明很有必要。在主车道不设专用照明的情况时，桥面宜设置路面照明，照明技术要求与车道路面相同，但在进出桥梁前都应有一个亮度过渡段。如主车道设有专用照明，则桥面的平均照度标准应略高于主车道。

如桥下水道通航，应注意：

① 在桥墩位置设置专用指示照明，将桥墩形状显示出来，以便船舶清晰识别，保证航行安全；

② 桥梁上下照明器的选形、配光及安装应周密布置，避免产生强烈眩光，影响正常航行。

（2）特大型桥梁照明

特大桥梁在照明上有它的特色。

① 照明应包括引桥区。引桥部分应有亮度过渡段，桥面照度应高于车道路面。

② 特大桥常作为道路景观，具有观赏价值，需设置供夜间观赏的立面照明。立面照明常沿桥梁轮廓布设灯具，用光点描绘桥梁结构线条，体现宏伟风姿。但这种方式耗电量比较大。近年来常采用投光照明，特别是对主要结构如斜拉桥和悬索桥的主塔，用自下往上的彩色投光，显得特别壮观，给人以美的享受。

③ 特大桥下面通常具有通航功能，照明要作相应处理。

12.2.4 隧道照明

12.2.4.1 隧道的视觉环境

车辆通过长隧道，白天和黑夜的视觉环境变化不同。黑夜洞内只是洞外视环境的延续，白天则经历突然从亮到黑和由黑到亮的急剧变化过程，人的视觉产生强烈的不适应。

（1）进入隧道的暗适应

白天，隧道内外亮度差别很大，进入隧道内，亮度突然降低，视觉产生暗适应。经过4～9s的时间，才逐渐适应。虽然设置了人工照明，但人工照明环境从技术和经济上都无法达到外亮度，视觉还将经历从洞外高亮度到洞内低亮度的突变，视功能下降和适应滞后问题仍然存在。因此，需要在隧道入口设置亮度逐渐降低的过渡路段和提供足够的适应亮度变化所需的时间。

（2）隧道内的视环境

不论白天或黑夜隧道内过往车辆的排放物中，都有大量微细固体颗粒物（烟雾）悬浮在洞内空间，它吸收部分光能并对光线产生漫反射，形成透明度不高的光幕，使隧道内的能见度降低。同时，隧道侧向空间较窄，难于纠正侧向距离的判断误差，也缺少回避障碍物的足够空间。一辆车如出现操作错误，极易产生连续的严重尾撞。因此，即使视觉已经适应较暗的环境，对比洞外的路面照明，也还是要适当提高亮度，以增强人的视功能。

（3）隧道出口的亮适应

车辆白天接近隧道出口时，看到的是一个刺眼的炫亮白洞，视觉产生亮适应，同样会降低出洞时的视功能和视舒适，无法准确判别与前车的间距。为此，也需要设置亮度逐渐提高的路段和提供相应的适应时间。由于亮适应时间要短得多，故过渡路段的长度也可以缩短。

（4）隧道内的亮度频闪效应

车辆通过设有人工照明的隧道，驾驶员会遇到一种频率与车速成正比的亮暗相间的闪光脉冲，对驾驶员的视舒适造成干扰。闪光来自间隔配置的光源和本车前罩及前车尾部的弱反射。干扰的严重程度决定于下列因素：

① 闪光频率；

② 视野中的平均亮度；

③ 相对于背景的光源亮度；

④ 光源相对间距；

⑤ 由隧道长短决定的闪光持续时间。国外作过试验，闪光频率为 2.5～15Hz 时，出现不舒适感，频率为 6～8Hz 时，出现较严重的烦躁感。

对于长度很短的隧道（如小于 100m），从进口可看到白色的出口亮影，进出口的天然光通过反射和散射等途径在路面产生一定的微弱亮度，视觉适应不严重，就没有必要设置照明。

12.2.4.2 隧道照明对策

隧道路面的亮度应有一个随设计车速而不同的基础值 L_R，即夜间行车的隧道路面亮度。白天由露天亮度 L_0 到基础亮度的变化必须缓慢而不是突变，需要提供视觉对亮度变化的适应时间，L_0-L_B 的变化时间为 7～15s，由 L_B-L_0 的时间可缩短到 2.5～4s。为了获得需要的适应时间，就必须针对行驶车速为隧道设置相应长度的照明适应区段。

下面介绍隧道照明的具体措施。

（1）洞外路段设置专用减光设施

在洞口外路段建造减光设施，使入口和出口天然光变化缓慢，增加亮度过渡变化的路段长度和视觉适应时间，相对减少隧道内设置亮度变化区段长度。对 500m 以下的隧道，能起到增加适应时间的作用。

减光设施目前普遍采用百页天棚、锯齿墙和遮光棚等形式。采用路旁栽植树冠高大的常青树也是较经济的遮光方法。入口遮光路段的长度目前常为 50～100m，出口路段可适当短些。也有不少隧道不设出口减光设施。

（2）分区段设置不同亮度

为使视觉适应洞外和洞内亮度的急剧变化，隧道划分为多个功能区段，各区段的长短和亮度的高低随设计车速、洞外亮度和洞壁及路面反光性质而变化，单向隧道区段照明见图 12-5。表 12-6 是洞外亮度为 4000cd/m² 时各区段的最小长度和最低平均亮度值。当洞外亮度值为 L_0 时，引入、适应和过渡三段的亮度数值应乘以系数 $L_0/4000$。

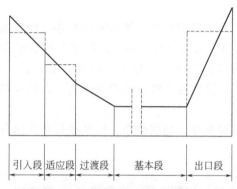

图 12-5　隧道照明渐变梯度图

表 12-6　隧道各区段长度和亮度数据

车速 /(km/h)	引入段		适应段		过渡段		入口照明区总长度/m	基本段		
	距离 /m	亮度 /(cd/m²)	距离 /m	亮度 /(cd/m²)	距离 /m	亮度 /(cd/m²)		亮度 /(cd/m²)	换算平均 照度/lx	
									混凝土路面	沥青路面
100	55	95	60	95～47	60	47～9.5	175	9.5	120	200
80	40	83	40	80～46	40	46～4.5	120	4.5	60	100
60	25	58	30	50～30	30	30～2.3	85	2.3	30	50
40	15	29	20	30～20	20	20～1.5	55	1.5	20	35

注：1. 上表是以隧道口部环境亮度为 4000cd/m² 为基本亮度拟定的，如果洞外亮度大于或小于 4 号 000cd/m²，表值应乘以系数 K_0，K_0＝洞外环境亮度/4000。

2. 当洞口设有减光措施时。可考虑缩短引入段或取代引入段。

3. 表上标明亮度均为平均亮度。

4. 当设计车速超过 80km/h 时，应作专门研究。

5. 平均照度换算系数（亮度系数的倒数）：混凝土路面为 13；沥青路面为 22。

① 引入段。为了使驾驶员从高亮度的露天进入隧道口就能看到洞内环境和障碍物，引入段必须具有较高的亮度。有的资料认为：3s 内亮度降低不能超过 1/3，4s 以上可降至 1/10。引入段的亮度和长度应随设计车速和洞外亮度而变化，亮度还应随路段长度而逐渐降低。逐渐加大灯具排列间距和改变布置方式可以实现亮度随路段长度而减小。洞外亮度随天

气变化很大，要随洞外亮度调节引入段的照明亮度难度甚大。引入段常采用固定的较高亮度，图 12-5 中的粗虚线反映了这种情形。

② 适应段和过渡段。此两段提供一个由高到低亮度的视觉暗适应时间，即再给驾驶员视生理和视心理一个继续完成适应所需的时间。如果在过渡段亮度降低过于急剧，或适应时间过短，能见度和视舒适都将因适应不充分而恶化。适应不充分的主要表现是出现"后像"，即视觉在很短的时间出现与原有观察物在对比度和颜色相反的图像。实验表明此段的适应时间可取 2~4s；如果用图 12-5 中的阶梯形亮度递减代替连续下降，则梯队中的任何一级都有应大于 3:1。

③ 基本段和出口段。隧道内的侧向净空和视觉环境要求亮度应高于夜间露天路面的照明亮度，目前，大都在 $1.5\sim10\mathrm{cd/m^2}$ 范围内，如果隧道很长，适应时间也相应增加，此时可以将基本段亮度适当降低。对于 500m 以下的短隧道，可提供的适应时间也短，应该增加基本段的亮度，以便有可能减小入口区的引入、适应和过渡三段的亮度下降比例，并相应减少各区段的长度。

单向隧道的出口段可从基本段的亮度直接跃升至洞外亮度，而且长度也可适当缩短。

各区段路面亮度均匀度不应小于 1/3，不应出现眩光和不舒适闪光。

夜间隧道的照明亮度为基础亮度，可按基本段的数值设置。如果露天车道不设人工照明，则在隧道出口应设置一段亮度逐渐降低的照明设施，以减少暗适应带来的视觉不可靠。

12.2.4.3 隧道照明方式

隧道人工照明质量与光源类型、光强分布、灯具数量和几何分布等因素密切相关。而这些因素也存在相互关连。

(1) 隧道路面照明计算

① 平均照度计算。隧道空间比较狭窄，高度约 5m，宽度约十来米。除光源直射路面的光通量外，还有来自天棚和两侧墙壁的反射光通量，路面照度会有所增长，平均照度计算式如下

$$E_{av}=KE_{av}=KnMU\Phi/WS$$

式中　K——因物体表面反光而使路面照度提高的系数，$K>1$，具体数值与隧道几何形状、天棚和墙壁材料反射性质、计算点的位置有关，最好通过测试求出；

　　　W——隧道路面宽度，m；

　　　S——邻近灯具距离，m；

　　　M——维护系数，取值为 0.5~0.7；

　　　U——利用系数，由厂家灯具样本提供；

　　　n——每一盏灯具内的广源数目；

　　　Φ——灯泡光通量，lm。

② 亮度和照度的换算。

$L=Q_0E$ 计算亮度，混凝土路面取 $Q_0=1/13$；沥青路面取 $Q_0=1/22$。

(2) 灯具布设方式

灯具布置方式与灯具类型、亮度控制及隧道通风方式紧密相关。合理的灯具布置应保证：

① 路面平均照度和均匀度达到各段要求的指标；

② 隧道侧壁墙面应具有足够的照度，让驾驶员能察觉墙壁的存在；

③ 灯具光轴应指向路面轴线，因为在隧道行驶的车辆，受到隧道"墙效应"的影响，

习惯沿隧道中心线行驶；

④ 尽可能抑制眩光和频闪。按灯具安装在隧道的位置，可分为棚顶中心、棚顶侧和侧壁布置三大类；按灯具相对位置划分，有相对排列、交错排列和中间排列等。

a. 棚顶中心布置。在隧道有足够的净空高度，且顶棚不安装轴流风机或风机安装在顶棚两侧的情况下，沿隧道顶棚轴线用贴顶式安装一列或多列照明器。常采用纵向和横向都具有对称光强配光的管形灯具。国外还喜爱用节能荧光灯，一根接一根地安装成一条光线。这种布置的主要优点有：与相同灯具侧壁布置的效率高 25%～40%；由于灯具基本连成一条，均匀度和诱导性也强于其他方式。荧光灯功率较小，有可能按区段采用 4 列、3 列、2 和 1 列的排列方式，便于获得亮度梯级递减的控制目的。

b. 顶侧和侧壁布置。当棚顶中心不可能安装灯具时，则争取在棚顶中心两侧用贴顶式各装一条平行于道路轴线的灯具。有时，为了获得符合要求的净空高度，整个棚顶（含两侧）不能安装灯具，只有在两侧壁约 4m 高处用嵌入式安装照明器。灯具为高、低压钠灯或荧光灯，而且常采用纵向不对称配光，以便获得部分逆向投光。逆向投光朝迎面开来的车辆照射最大数量的光通量，以获得高路面亮度系数值（$Q_0 = L/E$）。同时，逆向投光只有很少或者几乎没有光线顺着车辆行驶方向射到路面上的物体，这就使得物体以远处亮路面和墙面为背景成为剪影，突出地显现出来。背景和物体间的亮度对比度提高，使驾驶员增强察觉障碍物的视功能。逆向投光时，需要采取某些防止眩光的特殊措施，否则有可能得不偿失。

（3）灯具类型和安装尺寸的选择

隧道内空气污染严重，烟雾大，透明度低；南方沿海地区，空气湿度大，腐蚀性也强。隧道照明宜使用可靠性高的封闭型和密闭型灯具。常规照明使用光效高，寿命长，穿透力强的低压钠灯比较理想；逆向投光照明则常用管形高压钠灯；荧光管灯光效低，但从控制亮度和提高诱导性考虑，目前使用的还不少。

安装尺寸主要是高度 H 和间距 S。H 在隧道内的变化范围较小，间距 S 随要求的亮度指标、安装高度、灯具类型、布设和控制方式而变化。各功能区段亮度指标不同，且要求连续变化，需要根据亮度变化斜率和给定的灯具、安装高度计算间距。此时即使同一个区段，间距 S 也在连续变化。目前，大多数隧道各功能区段的亮度固定不变，区段间成阶梯变化。因此，可按区段内亮度值和安装高度计算安装间距。间距确定后，再核算是否会出现严重的不舒适频闪。灯具间距还可以按照亮度变换、控制要求，逐段逐个进行计算。

改变钠灯排列方式，H 与 S 间有一些经验关系式。相对排列：$S \leqslant 2.5H$；交错和中间排列：$S \leqslant 1.5H$。

（4）应急照明

隧道需要 24h 不间断照明。意外停电时，应急电源应保证隧道路面亮度为基础值的 1/10，以保证车辆的低速行驶。应急电源通常由一组数量较多的防酸漏电瓶组成，具有维持 2～4h 的容量，还可配置相应功率的柴油发电机组。

12.2.4.4　照明控制和维护

隧道内部亮度应根据洞外亮度进行调节，才能满足技术要求和减少维持费用。

隧道照明控制需要以灯具的合理布设为基础。可以将隧道照明灯具划分为两集群：A 群按基础亮度的需求沿隧道全程布置；B 群作为附加灯具分成几个独立回路组，以不同的排列形式布置，满足不同区段的亮度要求。B 群的各组既可穿插在 A 群灯具的间隔中，也可与 A 群平行布置成为另一列灯具。A 群 24h 连续照明，将洞外亮度变化范围划分成有限级数，级数与 B 群独立回路组数相等。按洞外亮度级别，分别接通或关闭相应回路，就可得到满意的控制效果。

道路、立交和广场等处下半夜交通量锐减，可以降低照明水平。灯具布置分为两个独立回路，一个管下半夜，两个共管上半夜。可采用手动或定时控制实现照明水平的变更。

灯具在恶劣环境下工作，灯泡、反光器和透光罩等器件极易黏附烟尘和老化，使光通量迅速下降。经常擦拭、保养非常必要，避免和减少保养工作对交通的影响具有现实意义。保养灯具和更换灯泡要在一定的高度下进行，目前急需一种不影响洞内交通又便于移动的高空作业工具。

12.2.4.5 隧道 LED 照明

隧道 LED 照明设备采用—LED 隧道灯，LED 照明系统可用于隧道的动态视线诱导。LED 隧道灯以及隧道 LED 照明如图 12-6 和图 12-7 所示。LED 光的强弱，其电子控制控制比较容易实现。通过控制电路可对隧道各路段的照度根据需要进行智能调节。

图 12-6　LED 隧道灯

图 12-7　隧道 LED 照明

LED 照明在隧道内应急照明系统中优点是：传统的布置方式间距在 20～30m 一盏，这种应急照明状态的照度均匀度极差，在停电时存在较大的事故隐患，而 LED 灯有很好的优点就是亮度可控特性。将所有的 LED 基本照明灯全部兼作应急照明灯。是系统在断电与未断电之前的照明特性相同，以降低事故的发生率。

在隧道内选择 LED 照明的方式和布置很重要，根据隧道内的照明特点：工作时间长，一天 24h 都要照明，故照明亮度要有足够的冗余量，LED 灯具在隧道照明时不仅要满足隧道特定环境条件下的光效、光通量、寿命及控制配光的难易程度外，还得保证有良好的能见度，避免眩光。LED 灯具必须耐腐蚀、防潮和防喷流等。其布置方式主要有三种，即相对排列、交错排列和中央排列。

12.2.5　立交和广场照明

12.2.5.1　立交照明特点和要求

立交是一座多层次立体型的复杂路桥结构，道路起伏大，迂回盘旋多，分流、汇接点也多。由多条直道、弯道、跨线桥梁和上下坡道衔接而成，是交通安全敏感区，也是驾驶员需要高度集中注意力的地区。车辆行驶在立交区，往往要经过多次急转弯，上坡或下坡，与其他车辆汇合或分流。夜间行驶在这种复杂的道路中，驾驶员要识别大量的交通指示标志和交通信号，需要有一个良好的视觉环境来看清前方道路走向和周围环境。立交人工照明为行车安全、舒适提供一个良好的光环境，对它的具体要求如下。

（1）照明范围大

不能将灯具的光通量局限于照射车道路面。要在立交所在的范围内保持平均照度不低于20lx，均匀度高于0.4的大面积照明，给驾驶员的视野提供充分的环境亮度。

（2）光学诱导性强

立交的弯道、岔道和坡道都较多，利用照明器布置的光点可以形象地显示立交造型、弯道半径、道路前进方向和坡度等视觉信息。取得良好诱导性是立交照明器布置的重要内容。

（3）眩光控制好

立交层次多，转弯半径小，道路起伏变化大，不同位置灯具的投光角度颇难控制，容易产生刺眼的眩光，给在立交中转来转去的驾驶员造成视觉不舒适。

针对立交特殊交通环境和光照要求，照明对策选择高杆照明为主，辅以常规道路照明。

12.2.5.2　高杆照明

（1）高杆灯具

一组灯具装在高度超过 25m 的灯杆顶端，灯光投向预定区域的大面积照明器称为高杆灯具。按灯杆类别将高杆灯分为：固定式、灯盘升降式和吊篮升降式三种。固定式的灯具不能从杆顶下移，维护时需要专用液压高架车；而升降式可操纵灯具从杆顶下移，从而可节省大量维护费用，目前，使用较广。升降式高杆灯由灯盘、灯杆、升降机构和电气装置四部分组成。

（2）高杆照明特点

① 照明水平高。增加灯杆顶端灯具数，采用大功率光源（≥400W 高压钠灯），获得高光强。灯具安装高，可以照明大范围空间，有助于创造类似白天的视觉条件；照射面积大，既可照亮路面，也可照亮道路附近环境，使驾驶员视场尺寸得以扩大。

② 视舒适性好。普遍采用泛光灯具，亮度均匀性好，可采用几组不同配光的灯具排列组合，以取得按指定投向的大范围高均匀度的照明效果。如采用宽窄两种光束扩散角的灯具间隔排列，既可扩大照明范围，又可抑制眩光。

（3）视像清晰完整。灯杆少，视场障碍物少，可以提供整个立交和广场的完整清晰图像。可以选用不同类型的光源组合排列在灯盘上，形成混合色光，以获得较理想的显色效果，使物体本来面目更为逼真。

（4）维护方便。目前大都采用升降式灯杆，起降灵活，更换灯具方便，减少维护费用。

高杆照明的主要缺点是造价高，能耗大。

12.2.5.3　立交照明布置

（1）基杆数目和杆位选择

结合立交地貌、道路平面和立面线形，划分照明区域，确定高杆灯数目和灯杆安装位置。选择杆位要考虑三方面因素：首先要使灯具的光能投射到预定的区域，符合布光要求；其次要使灯具位于驾驶员正常视线之外，以避免和减弱眩光，提高视舒适；同时还要考虑不易发生撞杆事故，不致因维护而影响正常交通。

（2）选择灯具布置方式

高杆灯具布置方式有三种，应根据受照场地及其周围环境的不同情况予以合理选择。

① 平面对称式灯具。对称排列在垂直对称面两侧的水平面上，主要用于宽阔公路的照明。

② 径向对称式灯具。沿径向对称地布置在一个或几个水平面上，主要用于大面积广场和匝道布置比较紧凑的简单小型立交。

③ 非对称式灯具。根据实际需要布设并分别投射预定的区域，主要用于大型、多层的复杂立交和匝道分布广而分散的立交。复杂互通立交常采用中心和周边结合的布置方式。

（3）选择灯具

光源常用高压钠灯；河海旁水气和浓雾较多，可选用低压钠灯。灯具宜用泛光灯，功率 $400\sim1000\mathrm{W}$。要根据受照场所的形状，选择具有不同配光的灯具。泛光灯有多种不同配光形式，有轴对称配光和不对称配光。灯盘上各灯具的配光可以多种多样，以均匀覆盖预定照射面为目标。灯具要尽可能轻，以减少灯杆上部结构的载荷。

（4）合理选择灯杆结构

灯杆分单柱和多柱；灯盘有固定、手动升降和电动升降三种；升降式灯盘用单柱灯杆，固定灯架用单柱、多柱均可。从更换灯泡和维护角度出发，采用电动升降式灯架最方便。

（5）诱导性

诱导性对线形复杂的互通式立交有重要作用，除用高杆照明实施诱导外，也采用常规路灯照明，对一些受到遮蔽的弯道实施诱导。一般采用外侧设置路灯或两侧设置路灯。经验证明外侧设置比内侧和两侧好。

12.2.5.4　广场照明

收费广场、服务区和停车场等地都需要照明，现以收费广场为代表叙述有关内容。

（1）收费广场照明需求

收费广场面积在数百到上千平方米，经常有不少车辆停在收费车道办理收费手续。收费员从亭内应能看清亭外的车辆和驾驶员，达到直接用目光监视车型的目的。有的收费站还设有广场监控楼，通过摄像机对各收费车道和整个收费广场进行监控，广场照明应为这些摄像机提供所需要的照度。广场对夜间照明的要求是：整个区域的照明水平较高，平均水平维持照度大于 20lx，没有明显的光斑，没有刺眼的眩光，均匀度为 0.4～0.5。目前，大都采用高杆照明结合常规照明来满足要求。

（2）广场照明布置

一个收费站有两个被收费车道隔开的广场，面积在 $200\sim1500\mathrm{m}^2$ 范围内，形状比较规整，接近长方形。面积小的广场用适当加高的常规路灯照明即可满足要求；大的广场常用高杆灯具。

（3）收费车道照明

收费站的照明重点在收费车道，每一条车道面对来车方向通常都配备一台摄像机，以便对违章车辆进行抓拍。同时，在灯光照明下，收费员也可以更清晰地看清车型，便于对缴费人员服务。收费车道、收费岛和收费亭都在天棚覆盖下，天棚下弦高约 5.5m，这种环境使车道照明具有室内照明性质。可以沿车道上方棚顶嵌装一列窄光束灯具，光轴可以轻微投向来车方向，以有利于摄像。

收费亭内的照明可以按室内照明处理。

12.2.6　高速公路照明系统控制技术

随着固态照明技术（LED 照明技术）、电子通信技术技术、自动控制技术、总线技术、信号检测技术和微电子技术等的迅速发展，照明控制技术有了很大的发展，智能控制技术成为最有代表性的照明控制技术。高速公路照明系统采用智能控制技术一方面可以提高照明系统的控制和管理水平，减少照明系统的维护成本；另一方面可以节约能源，降低照明系统的运营成本。本节介绍应用于高速公路照明系统的智能控制技术。

12.2.6.1　智能控制照明系统的特点

对于目前越来越复杂的照明系统而言，仅靠简单的开关控制来实现照明系统的控制已不能满足日益增长的照明系统性能要求。而照明系统智能控制系统可以根据环境变化、客观要求、用户预定需求等条件，自动采集照明系统中的各种信息，经对所采集的信息进行相应的逻辑分析、推理、判断，并对分析结果按要求的形式存储、显示、传输，进行相应的工作状态信息反馈控制，以实现预期的控制效果。

智能控制照明系统具有以下特点。

（1）系统集成性

该系统是集计算机技术、计算机网络通信技术、自动控制技术、微电子技术、数据库技术和系统集成技术于一体的现代控制系统。

（2）智能化

具有信息采集、传输、逻辑分析、智能分析推理及反馈控制等智能特征的控制系统。

（3）网络化

传统的照明控制系统大都是独立的、本地的、局部的系统，不需要利用专门的网络进行连接，而智能照明控制系统可以是大范围的控制系统，需要包括硬件技术和软件技术的计算机网络通信技术支持，以进行必要的控制信息交换和通信。

（4）使用方便

由于各种控制信息可以以图形化的形式显示，所以控制方便，显示直观，并可以利用编程的方法灵活改变照明效果。

12.2.6.2　照明控制系统的基本类型

按照控制系统的控制功能和作用范围，照明控制系统可以分为以下几类。

（1）点灯控制型

点灯控制就是指可以直接对某盏灯进行控制的系统或设备，早期的照明控制系统和家庭照明控制系统及普通的室内照明控制系统基本上都采用点灯控制方式，这种控制方式简单，仅使用一些电器开关、导线及组合就可以完成灯的控制功能，是目前使用最为广泛和最基本的照明控制系统，是照明控制系统的基本单元。

（2）区域控制型

区域控制型照明控制系统，是指能在某个区域范围内完成照明控制的照明控制系统，特点是可以对整个控制区域范围内的所有灯具按不同的功能要求进行直接或间接的控制。由于照明控制系统在设计时基本上是按回路容量进行的，即按照每回路进行分别控制的，所以又叫做路线控型照明控制系统。

一般而言，路线控型照明控制系统由控制主机、控制信号输入单元、控制信号输出单元和通信控制单元等组成。主要用于道路照明控制、广场及公共场所照明，大型建筑物、城市标志性建筑物、公共活动场所和桥梁照明控制等场合。

（3）网络控制型

网络控制型照明控制系统通过计算机网络技术将许多局部小区域内的照明设备进行联网，从而由一个控制中心进行统一控制的照明控制系统，在照明控制中心内，由计算机控制系统对控制区域内的照明设备进行统一的控制管理，网络控制型照明系统一般由以下几部分组成。

① 控制系统中心。一般由服务器、计算机工作站、网络控制交换设备等组成的计算机硬件控制系统和由数据库、控制应用软件等组成的照明控制软件等两大部分组成。

② 控制信号传输系统。控制信号传输系统完成照明网络控制系统中有关控制信号和反馈信号的传输，从而完成对控制区域内的照明设备进行控制。

③ 区域照明控制。网络照明控制系统实际上是对一定控制区域的若干小区域的照明控制系统（设备）进行联网控制，区域照明控制系统（设备）是整个联网控制系统的一个子系统，它既可以作为一个独立的控制系统使用，也可以作为联网控制系统的终端设备使用。

④ 灯控设备。通过整个照明控制系统要完成对每盏灯的控制，灯控设备安装在每盏灯上，并可以通过远程控制信号传输单元与照明控制中心通信，从而完成对每盏灯的有关控制（如开/关、调光控制），并可以通过照明控制中心对每盏灯的工作状态进行有关监控，从而完成对每盏灯的控制。

由此可知，网络型照明控制系统的优点为：便于系统管理，提高系统管理效率；提高系统控制水平和维护效率；减少系统运营、维护成本；便于采用各种节能措施，实现照明系统的节能控制。

12.3 隧道安全保障系统

12.3.1 系统概述

公路隧道具有相对封闭、行车环境复杂以及结构及参数特殊等特点，特别是高速公路隧道内由于洞内空气污染严重、洞内外亮度差异悬殊、环境照度低、交通空间受限车速高、流量大以及环境噪声大，容易发生交通事故或者容易引起隧道火灾等严重事故；另一方面，隧道内的事故处理较为困难，交通中断时间长，若发生火灾，危险性更大。因此，为了充分发挥隧道的通行能力，保证隧道的运营安全，公路，特别是高速公路隧道大都配备了相对较为完善的隧道机电系统，该系统对于保障隧道的安全高效运营、改善隧道交通事故的应急处理能力、提高隧道通行能力起到了十分重要的作用。

（1）隧道安全系统的技术需求

隧道机电系统总体需满足以下要求。

① 安全性。系统应能保证交通正常运营，最大限度发挥运输效率。

② 可靠性。系统局部设施故障不影响其他设施功能发挥，关键设施有必要的冗余措施。

③ 可控性。系统收集的交通、环境、语言、视频等信息能得到充分利用，据之合理诱导交通流，并进行有效控制。

④ 经济性。系统投资少、性能价格比高，运营及维护费用低。

⑤ 稳定性。系统可长期（在设计周期内）稳定运行。

⑥ 便捷性。系统操作维护方便。

（2）隧道安全系统构成及功能

隧道机电系统一般由中央控制系统、现场总线系统、闭路电视系统、隧道信息采集系统、火灾报警系统、交通控制系统、通风照明控制系统、通信系统和供配电系统等构成。

① 中央控制系统。主要由监控分中心监控计算机系统及辅助设施构成，是隧道监控系统的核心部分，包括对交通检测、交通控制、环境检测、通风控制、闭路电视、紧急电话、有线广播、亮度检测和照明控制、变供电设备的监测与控制和火灾报警和消防系统的中心控制。

② 闭路电视系统。由外场摄像机、视频传输设备、控制设备、显示设备和录像设备组成。在正常的运行期间用以掌握交通状况，采集交通信息，便于为交通控制提供必要的依据；在发生交通事故或火灾等意外情况时用以确认，并发出相应的报警信息，采取相应的救援及事故处理等一系列活动，充分发挥隧道实时监控的功能。

③ 隧道信息采集系统。主要由交通信息采集系统和环境信息采集系统组成，包括视频交通事件事故检测系统、车辆检测器、光强检测器、CO/VI 检测器、风向/风速检测器等设备，用于系统正常运行的数据支持。

④ 火灾报警系统。包括火灾自动报警系统、手动报警按钮、火灾探测器、监控中心消防计算机及软件等。报警信号上传至隧道监控分中心监控计算机网络后，通过声光报警器发出声光报警，经操作员进行确认，由监控分中心监控通过机网络采取相应的交通控制方案，包括启动通风、隧道照明、消防系统、调整各外场设备的信息等，以便快速、有序地疏导隧道内的车辆和人员，保证隧道的安全运营。

⑤ 交通控制系统。包括信息发布子系统和有线广播子系统。信息发布子系统主要由交通信号灯、车道控制标志、可变情报板和可变限速标志等组成。主要用于道路的正常交通、交通事故异常、道路施工及隧道正常交通、火灾、交通事故、检修施工等各种工况时的交通控制。

⑥ 通风照明控制系统。根据隧道信息采集系统采集上传的数据，产生并下发控制策略，由本地控制器控制通风设备配电箱内的软启动器对风机的正转、反转和停机进行控制，隧道照明设备配电箱内的交流接触器对隧道照明回路进行控制。

⑦ 通信系统。包括传输设备、光缆、隧道现场光纤环网及紧急电话系统等，主要为隧道控制系统和总线系统提供通信通道，为隧道运营管理部门提供业务电话，为与省高速公路通信专网实现数据、图像、语音互联互通的通信提供平台。

⑧ 供配电系统。包括变电所、箱式变电站、不间断电源（UPS）、应急电源（EPS）等，为隧道机电系统供电。可根据隧道区段各用电设施的供电要求，分别为隧道监控、隧道应急照明、隧道消防、隧道通风、隧道照明等用电系统划分用电等级，实行用电优化配置，保障机电系统运行。

12.3.2　隧道控制策略

随着越来越多的长隧道的建设，如何对隧道进行有效规范交通秩序，创造良好的行车环境，减少事故的发生，最大限度地保障道路使用者的人身安全，减少财产损失，已成为长、大隧道安全运营急需解决的问题，制定快速有效的隧道控制策略，已引起广大专家学者的重视。

按执行方式不同，隧道控制策略可分为全自动、半自动和人工策略。其中自动系统可自动通过对隧道信息采集子系统采集的交通、环境等相关的参数进行判读、分析后选择合理的控制措施，有效改善行车环境，提高服务质量；人工半自动控制方式时，在网络正常情况下，各种检测信息可迅速上传到监控中心，操作人员可以根据实际情况和系统提示信息判断事件真伪，选择预先制定的响应策略执行各种控制操作，以适应当前现场的情形；在特殊情况下（如道路改造施工、特殊车队通过进行交通管制等），对情报板、信号灯等，通过人工直接调用相应策略进行控制。

交通控制策略的目的是保证车辆在各隧道及隧道群内行车的安全与畅通，最大限度地减少交通事故的发生，防止造成二次事故。交通控制设施实现各隧道事故信息、诱导信息的发布，保证行车安全畅通，提高通行能力，包括如下内容。

① 当隧道内发生交通事故形成交通阻塞，或者当隧道内发生火灾，或者当隧道内一氧化碳、烟尘浓度严重超标时，使用车道控制标志及情报板进行提示，限制后续车辆驶入隧道，以利于疏导交通、改善隧道内环境。

② 当一条隧道因故关闭时，给出相应的交通控制信号，向后续车辆发出警戒信号。

③ 利用可变情报板向预驶入隧道的车辆提供交通引导信息。

④ 利用车道控制标志及情报板指挥通过隧道的车辆，区分双车道单方向、单车道单方向、双车道分区段单方向、双车道双方向等不同行车方式控制方案。

按隧道通行状况，控制策略可分为正常策略和异常策略。正常策略为系统正常运行、道路正常使用状况下，为优化交通、改善交通质量所采用的交通控制、通风控制、照明控制等策略；异常策略为道路或监控系统发生突发事件（如交通事故、火灾、设备故障等），影响交通或监控系统正常运行情况下，所采用的策略。

（1）照明控制

为减小隧道入口、出口的亮度差异，避免"黑洞效应"和"暗效应"，保障隧道内的亮度，提高道路使用者的舒适性和安全性，同时尽量减少能源的损耗而制定。

在照明控制策略中，通常将入口照明等级分为五级（见表 12-7）：晴天、云天、阴天、夜间交通量大、夜间交通量小；出口照明分三级：白天、夜间交通量大、夜间交通量小；洞内基本照明分二级：夜间交通量大、夜间交通量小。在发生事故路段，照明开到最亮，方便事故的处理。

表 12-7　入口照明等级及策略

照明等级	策略描述
晴天	隧道外亮度最大,隧道入口、出口照明灯全部开亮,以减小亮度差异,路灯关闭
云天	隧道外亮度较大,开启隧道入口、出口部分照明回路以加强照,减小亮度差异,洞口路灯关闭
阴天	隧道外亮度较小,开启隧道入口、出口部分照明回路,减小亮度差异,洞口路灯关闭
夜间车流量小	车流量较小,隧道内外亮度都很小,路灯开启,隧道内开启一侧照明回路,节省能源
夜间车流量大	车流量较大,隧道内外亮度都很小,路灯开启,隧道内加强照明,提高能见度

（2）通风控制

通风策略取决于在正常情况和事件情况下的主要交通状况，公路隧道通风要求有不同的通风控制。作为基本通风方案的通风装置自动控制，应当能够在包括正常情况和事件情况在内的所有运行状态下，保证隧道使用者的最大可能安全性。

通风的主要目的是控制设备向驾驶员（和在隧道中从事经管的人员）供给足够纯的呼吸

空气；在受废气和灰尘污染的隧道空气中，确保足够的视觉条件；阻止通过隧道内的排气在隧道环境中出现不许可的有害物质废气；在车辆起火时，在逃生和救护通道上降低烟和热的作用；抢救阶段之后，隧道的排烟。

为了确保实现上述目标，可以采用带有空气交换中心的分段纵向通风。隧道送通风采用喷风机和空气交换中心的组合方式。借助空气交换中心，通过轴流式通风机，将废气从行车空间中抽出，并将新鲜空气吹进。纵向气流在通风段之内由喷射风机产生。基于在空气交换中心的换气，可以将每个空气交换中心之间的通风段理解为如同带有纵向通风的单个隧道。借此，单个通风段适于如同在纯纵向通风系统一样的控制方案。

① 正常情况。在正常情况下，通风设备的任务是供给隧道使用者足够的新鲜呼吸空气，及确保合格的视见状况。由此构成求出要求的进气量的计算基础，及在顾及到流动机械影响因素时，计算确定一个通风设备的尺寸规模。

② 异常情况。对于要求应急通风的事件，除了车辆火灾之外，还包括挥发性地释放出毒性作用的化学物质。因此，在通风控制上要求应当与车辆火灾时具有可比性。此外，还要求在超出 CO 或视觉极限值时激活相应的通风程序。

③ 超出极限值时的控制策略。基于交通事件出现的高 CO 浓度及降低的视觉值，为了足够的稀释空气，通风系统必须输出最大功率。如果 CO 浓度超出 200×10^{-6}，或者消光系数超出 12×10 时，及当传输值低于 30% 时，还必须要求禁止隧道的通行。

④ 火灾控制策略。在发生车辆火灾时，一般地说，可以由此出发，为了形成烟雾层，通过火灾释放的能量必须产生足够大的升力。也就是说，将上升的烟雾首先在隧道下方中扩散，在此之后，通过与隧道墙壁和环境空气的热交换构成持续的冷却。在距离火头一定距离的地方，最终的烟雾被尽可能地冷却，使烟雾层不能达到保持所要求的升力，并与整个隧道横截面形成充分混合。

只要在隧道中没有或者只充斥着少量的纵向气流，并且在纵向斜度上只显示少量百分数的梯度，烟雾就对称地向火头的两侧扩展蔓延。借助隧道中不断增大的纵向气流，在逆着气流方向上将增大对烟雾蔓延的限制。自一定的流速起，最终将不再发生逆着气流方向上的烟雾蔓延。

救护人员经常延时到达出事地点。现代的安全方案目的基于：隧道的使用者通过适当的措施实施自救。通风的任务在于，尽可能长时间地在逃生通道、行车空间和在救护通道中防护隧道的使用者。基于隧道系统的复杂化，通风的运行应当自动进行。依据交通方式（单向交通，相对行车）和交通状态（畅通交通车流，堵车），原则上产生不同的通风控制公式，其具体策略如下。

① 单向交通运行。为了充分利用通过车辆而引起的纵向气流，原则上在单向交通隧道的行车方向上进行通风。

a. 车流畅通时通风控制。在车流畅通时，通风只用于在行车方向上将烟雾驱逐出隧道或隧道段。对此必须注意：不得通过过大的气流速度附加加剧火灾。

在单向交通隧道，在车流畅通时发生车辆火灾，处于火头和排气侧出口之间的车辆，可以不受阻碍地行驶出隧道；向着火灾处行驶的车辆，结果与此相反，位于新鲜空气侧，就被堵塞在火头之前。在事件发生时，现有的纵向气流基于车辆交通的压力差别，带有很大的可能性高于临界的气流速度 3m/s。由此阻止了在逆主气流方向上烟雾的蔓延。但是随着时间的流逝，在隧道中的纵向气流将减弱。此时将下降至低于临界的气流速度 3m/s，所以就产生了逆主气流方向上烟雾的蔓延的危险性。为了阻止塞车的隧道充满烟雾，必须借助喷射风机将纵向气流保持在大于 3m/s。

b. 堵车时的通风控制。如果在隧道堵车时发生火灾，基于在交通堵塞普通情况下的通风设定，借助气流将烟雾输送到位于火头之后停止的车辆处。唯一的可能性是保持在隧洞拱顶石处稳定的烟雾层。此时在一些涉及的隧道段将通过关断全部喷射风机。这里的问题是，基于不通畅的交通，直到探测出事故，通风一直以最大功率运行。

② 相向交通运行。当在其中之一隧道中从事维修保养时，一个单向行车隧道也可以进行相向交通运行。此时如果发生车辆火灾，在向出事火头地点行驶的两侧车辆都被堵塞。在两侧向远离火头方向行驶的车辆，只要在驶出方向不塞车，就可以安全地开车离开隧道。因为车辆位于与火头两侧的交通状态无关的位置，尽可能地采用在保持烟雾层的条件下，致力于对称的烟雾蔓延。

为了降低烟雾层中的干扰（紊流），世界道路协会 PIARC 推荐，在保持起火地点之前的流动方向条件下，使流速不低于 1m/s。为了尽可能长期地保持烟雾层，特别是在靠近火头附近不使用所布置的喷射风机。在距离火头大于 100m 的送风侧应当只使用喷射风机。排风侧只有当相距大于 500m 时才使用喷射风机。

③ 相邻管道的通风控制。在非常长的隧道和应当在带有防火门的两个隧道管之间设有横断的场合，应当这样地驱动喷射风机：相对这些带火管道能够增大压力，并且不使烟雾到达邻近管道。因此，应当在相邻管道的火灾区段，将喷射风机从两侧向中间吹。

（3）隧道交通事故响应流程

当系统判断出交通异常时自动报警。报警内容包括：交通异常等级（交通流是缓慢、拥挤，还是阻塞）和发生地点。交通监控计算机一方面向操作员报警，一方面迅速中断正常程序，进入紧急处理程序。系统根据异常等级、发生地点提供交通控制、诱导方案，准备好相应的控制指令，待操作员综合电视图像、巡逻车等对报警信号确认后，向外场设备发出控制指令。

当隧道交通流行驶缓慢时，监控所计算机系统向有关的隧道洞口前的情报显示设备发出显示隧道道路情报、限速等信息。在隧道交通流拥挤时，计算机系统向隧道前方可变情报板、交通信号灯等发布控制指令，启动设备显示前方隧道信息、警告、限速、诱导分流等信息。当隧道交通流发生阻塞时，计算机系统向隧道前方可变情报板、交通信号灯、车道控制标志发布显示前方隧道信息、警告、限速、禁止通行、强制分流等信息。操作员还可通过隧道内有线广播发布道路情况，并向路政、交警等有关单位通报，从而完成实时控制。隧道区段主要依靠隧道入口前可变情报板、交通信号灯、隧道车道控制标志、隧道车行横洞车道控制标志来实现各种交通流控制方式，包括双向交通、禁止通行、限速通行等各种情况。

当隧道内部分车道阻塞，其余车道可供继续通行时，事故隧道入口外可变情报板显示事故内容，交通信号灯为黄色。阻塞车道的车道控制标志显示红色"×"，迫使此车道中遗留的车辆并入相邻车道。原则上车行横洞不用于疏导交通，而是发生灾害时提供给救援车辆、疏散车辆使用的。操作员借助有线广播系统协助疏导工作。阻塞排除后，现场人员回报隧道监控所事故处理完毕，操作员确认车道及各设备均已恢复正常功能，系统恢复正常运行程序，可变情报板、交通信号灯及车道控制标志恢复正常显示。

当隧道单洞所有车道因事故受阻时，上、下行隧道入口外的可变情报板显示事故内容。阻塞隧道外交通信号灯显示红灯，禁止车辆入内。事故上游的车道控制标志显示红色"×"，禁止前行；事故下游的车道控制标志显示绿色的"↓"，使车辆按正常方式离开隧道。非事故隧道外交通信号灯显示黄色，非事故隧道内侧车道上方的车道控制标志正面显示红色"×"，禁止车辆通行，反面显示绿色"↓"，以供事故隧道事故点上游的受阻车辆使用。待救援人员布置交通锥形路标等分隔障碍物后，开启事故点上游最近的车行横洞供事故点上游受阻车辆在救援人员的指挥下进入对向隧道内侧车道行驶，到隧道洞口时此处的内侧车道控制标志反面应显示绿色"↓"，指示内侧逆行的事故隧道车辆出洞后通过洞外的转向车道回到原车道行驶。非事故隧道内的车辆按原方向利用外侧车道行驶。如果事故隧道受阻时间很长，可将阻塞隧道外交通信号灯显示绿色"↓"，车辆通过转向车道进入非事故隧道内侧车道通过隧道，确保交通畅通。

（4）火灾控制流程

在火灾开始和发出报警之间，特别是在大的纵向气流情况下，有时会存在很长的延误。基于可达到 8m/s 的流速，烟雾将在火头的后方分布通过整个横截面，并很快传播通过隧道。由此，烟雾可以在大火时自动明显地冷却，以致对温度升高作出反应的传统的火灾探测系统，在这样条件下不能识别到火灾。特别是小的火灾功率（能量释放率）时，对探测存在着困难。因此在 RABT2003 推出一种火灾报警系统，可以在 1min 内探测出火灾。除了温度测量之外，还采用识别烟雾的方法（视觉混浊器），其主要流程如下。

① 当隧道内火灾检测器、手动报警按钮、紧急电话发出火灾报警信号时，监控中心值班人员立即将监测画面切换至相应的摄像机监测区段进行火灾验证并录像（火灾自动报警系统只要发生火灾报警信号，系统就立即自动进行录像，无需人工确认），当确认发生火灾后，立即向监控中心负责人报告火灾案情，请求执行火灾预案，得到监控中心负责人授权后，监控中心值班人员立即执行相应的火灾预案，即隧道控制系统由正常情况下的系统控制方式转入相应火灾情况下系统控制预案，进行通风、照明、交通系统联动控制。同时报告路政执法大队、火警 119、交警 110、急救 120 等相关单位，并请求相关单位派专业人员到现场负责指挥、调度以及进行人员救援和火灾灭火工作，工作人员到达火灾现场，尽可能在火灾形成前疏散出隧道内人员，并将火灾扑灭。

② 关闭隧道，禁止车辆继续驶入，并发布火灾信息。即，两隧道洞口的四显信号灯均显示为"红灯"禁止通行，可变限速标志显示为"0"，可变情报板显示为"隧道火灾，禁止通行"。隧道管理人员立即进入隧道，组织疏散、救援、灭火。火灾上游的车道控制器沿行车方向改红灯，禁止车辆继续前行。

③ 开启风机，开启隧道内所有的照明系统，便于救火及人员的逃生。

④ 非火灾隧道车道控制器改为双向交通模式，即，将非火灾隧道的东车道的车道控制器沿原来的行车方向依次将原来的绿灯改为红灯后，再将背向行车方向的车道控制器由红灯开启为绿灯，火灾下游的车道控制器不变。

⑤ 开启上游所有车行横洞门，打开车行横洞指示器。火灾上游人员弃车，从车行横洞进入到非火灾隧道进行疏散。车行横洞照明与车行横洞门联动控制，即，门开灯亮。此步需要在火灾形成前完成。

⑥ 广播系统进行广播，引导人员进行疏散。

⑦ 在人员疏散完成后，组织相关人员进行灭火，当火势不能控制时，等待专业消防队。

⑧ 专业消防队进行灭火。

⑨ 灭火后，由交警部门和高速公路管理部门进行现场勘察，共同研究决定两隧道采用何种交通控制模式。

12.3.3　隧道安全系统的发展趋势

（1）隧道与线路结合监控

很多长、特长隧道监控范围只包含隧道及洞口前的几百米道路，一般是采用设隧道监控所（站）进行长、特长隧道的独立监控，然后经过通信网络和道路监控相连接，即人为地将隧道与相连线路的交通监控分离。其实，这样的交通监控系统并非最优的监控系统。首先，道路交通监控应是沿道路连续地进行的，隧道的交通监控、交通流控制除了掌握隧道的交通信息以外，还必须考虑隧道上游与下游路段的交通流及道路状况，才能发出正确的交通流控制和诱导指令，在隧道内外发生交通事件时，相连道路互通立交的交通流控制、诱导是必不可少的；其次，隧道与线路两个子系统间要经过通信或网络互连，系统中会增多通道及设备，也就会增加了系统故障点，增加了信息交换的时间，就会增长系统的响应时间；第三，"隧道与线路结合"可以减少监控所（站）和监控值班室，能减少值班员和部分设备，这样既减少了工程初期投资，又降低了运营费用。

（2）隧道监控系统引入供配电监控系统

长隧道和特长隧道的供配电系统是保证监控、通信、消防等重要一级负荷以及照明、通风等负荷的一个系统，供配电系统的安全、可靠，对高速公路隧道的正常运行有着重要作用。一般长、特长隧道的洞口或洞中都会有 10kV 变电所（站），10kV 电源线，10kV 或低压 380/220V 出线等。为了提高供配电系统的可靠性，减少值班员，降低运营费用，业主都要求能对供配电系统实现远程自动监控，并且统一集中在监控分中心（所）进行监控，实现交通监控系统的综合管理，这也是高速公路监控系统的发展趋势之一。

供配电监控系统可以有两种方式与隧道监控结合，一种是供配电监控系统可与公路的供配电系统相结合，构成功能完善、独立的供配电监控系统；也可只对主变压器、重要供配电回路进行遥控、遥信、遥测，将其作为监控系统的一个子系统。其监控范围包括专用变配电所、高压电源线路、馈出高压线路、备用柴油发电机组、主变压器、重要的低压配电回路及低压配电装置等。

（3）增强隧道监控应用软件功能，实现综合监控

在隧道发生火灾、交通事故等事件时，能够在人员疏散、消防灭火、清除故障、恢复交通运行各阶段，实现交通信号、交通疏导、通风排烟等有机地联动控制的监控系统更是难以见到；在有特长隧道、隧道群的工程中也未见实现单洞双向运行的隧道监控系统案例。形成这种情况的原因是多方面的，例如，招标文件中没有规定基本功能需求；工程施工中标单位没有提出详细的系统功能规格需求书；在工程完工和竣工验收时没有进行完善的功能检测等，造成交通监控系统或隧道监控软件不能实现系统的完善功能。

未来的隧道监控应用软件应可以实现以下基本功能。

① 系统正常运行时，能实现交通拥堵、交通事故等事件的预测和处理。

② 不同环境、交通量时，能控制风机的运行台数、风向、运行时间，实现节能和风机较佳寿命的运行。

③ 根据洞外的照度及交通量的变化，对洞内照明进行调节控制，实现节约用电和降低运营费用。

④ 在隧道发生火灾、交通事故等事件时，能够提供疏散、救援、清除故障、恢复交通阶段中的交通信号和交通诱导的控制。

⑤ 在隧道正常运行、发生火灾、交通事故等事件时，实现多子系统的联动监控。

随着隧道监控系统的增多，人们对安全性要求的提高、认真总结隧道监控的经验和教训，会对功能需求和应用软件越来越重视，并且越来越多先进可靠的新技术将应用在隧道监控系统中，使复杂的隧道监控真正实现多系统综合监控，确保隧道的安全畅通。

思　考　题

1. 简述收费站 UPS 电源系统的主要组成。
2. 简述 LED 照明的主要优点。
3. 从行车安全出发，影响设置道路照明的因素有哪些？
4. 隧道机电系统需满足哪些要求？
5. 简述安全系统的系统构成。
6. 隧道交通控制策略主要包括哪些内容？

参 考 文 献

[1]　翁小雄. 高速公路机电系统. 北京：人民交通出版社，2000.

[2]　郭敏. 高速公路收费系统. 北京：人民交通出版社，2002.

[3]　赵祥模，靳引利，张洋. 高速公路监控系统理论及应用. 北京：电子工业出版社，2003.

[4]　许宏科，赵祥模，关可. 高速公路收费系统理论及应用. 北京：电子工业出版社，2003.

[5]　赵祥模，关可，靳引利. 高速公路通信系统理论及应用. 北京：电子工业出版社，2003.

[6]　张洋，赵祥模，许宏科. 高速公路供配电照明系统理论与应用. 北京：电子工业出版社，2003.

[7]　刘廷新. 高速公路监控通信管理. 北京：人民交通出版社，2005.

[8]　张智勇，朱传征. 公路机电工程检测技术. 北京：人民交通出版社，2008.

[9]　张智勇，朱立伟. 高速公路机电系统新技术及应用. 北京：人民交通出版社，2008.

[10]　陈启美，金凌，王从侠. 高速公路通信收费监控系统构成与进展. 北京：国防工业出版社，2006.

[11]　张洋，赵祥模，许宏科. 高速公路供配电照明系统理论与应用. 北京：电子工业出版社，2003.

[12]　史忠科，黄辉先，曲仕茹. 交通控制系统导论. 北京：科学出版社，2003.